民衆の神 キリスト

実存論的神学 完全版

野呂芳男

ぷねうま舎

装丁＝桂川　潤

完全版に寄せて

今回、旧版を改訂・増補して、二つの新しい章を加えた形で世に問うことになった『民衆の神 キリスト――実存論的神学完全版』は、始めには一九六四年に創文社より発行された（旧版『実存論的神学』）。四十歳に入ろうとしていた当時の私の、神学的思想のすべてを注ぎ込んだような書物であった。このような思想を形成するには、多くの神学思想の影響を蒙ったが、この事実は、この書物の内容が読者に直接に物語ってくれるだろう。このようにして、私なりの実存論的神学が誕生した。それは、ルドルフ・ブルトマンの非神話化論による新約聖書神学を土台としたものであるが、当時はそれほどに自分がマルティン・ブーバーの「我と汝」の出会いの思想に影響されているとは思っていなかったけれども、ブーバーの思想が私に、非神話化された聖書の思想をどのような仕方で私の神学形成に取り込むかを教えてくれたことを、今は深く自覚するに至っている。

旧版は品切れになった後になっても、読みたいという読者の方々がおられ、ときどき問い合わせを受けるようになった。それならばと、問い合わせをして下さった方々に励まされて、この書物の出版後の私の神学の発展を増補の形で書き足してみようかと思うようになった。そこで、創文社の久保井浩俊氏に、出版権を譲っていただけるかどうかお願いしてみたところ、同氏は快諾して下さった。ここに同氏に深甚なる謝意を表したい。

なお、一九七〇年に、私は旧版の『実存論的神学』により、京都大学から文学博士号を受領した。

はしがき　一九六四年版

この書物の中に展開しようと私が努力したものは、実存論的神学の一つの試みに過ぎない。ルドルブ・ブルトマンの非神話化論が世界の神学界でさかんに論じられ、聖書の実存論的解釈がどういうものであるかは、日本においても、神学の専門家でない人々の間にも相当理解されてきているように思われるが、しかし、聖書の実存論的解釈を土台にした場合、どういう形態の組織神学が成り立つものであるかは明らかにされているとは決して言えないのが、今の日本の神学界の状況であろう。もちろん、この書物の中にもしばしば言及されているフリードリヒ・ゴーガルテンやパウル・ティリヒの組織神学的努力は非常な尊敬をもって多くの日本の神学者たち——私もその一人であるが——に迎えられている。また、いわゆるブルトマン後の人々の中の二、三の神学者たちの努力もかなりの程度に知られている。しかし、日本ではまだ実存論的な組織神学の面での紹介及び著書は、ティリヒ及びゴーガルテンの翻訳を除いては存在しない。

その紹介をするためにも、また私自身、ゴーガルテン及びティリヒの指し示す方向では満足できないので、不十分な形でしか提示できないことを承知の上で、とにかく私なりの実存論的な組織神学の方向づけを記してみることにした。この書物の中に現されている方向づけは、多くの可能性の中の一つに過ぎない。実存論的な組織神学も、いろいろな形態を取り得るものであろう。

本書の論述の展開の方法は、らせん状の進展である。序章ではいくぶん通俗的に、現実の私たちの場の分析と問題提出を行い、章が進むにつれて、何回か同じ問題に帰ってきては答を与え、さらに新しい問題が提供され、それへの答えが追求される。この方法の欠点は、繰り返しが多くなるところにあると思われるが、らせん状の階段を上昇するにつれて新しい展望が開けて行くというような、漸次に読者の理解が深められて行く長所があると思う。とにかく、そういう試みをしてみた。

一つ一つの章のほとんどが、過去に書いて諸雑誌に発表した論文をその骨組みとしているが、その一つ一つをかなり書き直したので、今の私の考えをそのまま表現している書物として、本書を世に送り出すことができる。

昭和三十九年五月　拝島にて

著者

◇目　次◇

序　章　現代の状況と福音の理解

1　福音と現代――超越・実存とポストモダン

この章での課題は、現代の状況と福音との理解の関係について、できる限り明瞭にすることである。問題の所在を明らかにするために一つの例をあげてみよう。ゲルハルト・エーベリング（Gerhard Ebeling）はチューリッヒ大学の組織神学の教授であるが――彼は、いわゆる「ブルトマン後の人々」（Post-Bultmannians）と呼ばれている神学者たちの一人である――、その言葉を引用してみよう。もちろん、日本とヨーロッパとの状況の相違を十分に考慮しながら聞かなければならない言葉ではあるが、しかし、その趣旨は、われわれ日本人も聞かなければならないものをもっている。

ヨーロッパのキリスト教会が、現代、その影響力において非常に弱く、また、人々の心を把握していないということは広く言われているし、その解決を求めて多くの神学者たちが苦労しているところである。その状況の中での、エーベリングの発言である。「しかし、この全状況の原因を探るにあたって、われわれは、個人の敬神や失敗にそれを帰する試みを全く無視しなければならない。客観的にみて、キリスト教の宣教が、今日、異常に困難な課題であるという事実は、それが現在は、一つの異国の言葉（eine fremde Sprache）のように響くところに原因している」[1]。もちろんここでエーベリングの言っていることは、彼もこの引用された言葉のすぐ後で論じているように、教会の使う一つ一つの言葉や文章が理解されなくなってしまったということではなく、もっと深い次元の事柄である。また、彼の言うところは、キリスト教それ自体の客観的な理解は十分になされているのだが、それを現代人と関係させるという点で、教会の側の努力が十分になされていない、というのでもない。むしろ、彼が現代人にとってキリスト教の宣教が異国の言葉のように響くと言う時、それは、現代という現実のこの状況に生きるものと全く異なった現実に教会の宣教がかかわっていて、その宣教を真に信じるためには、われわれは、現実のわれわれを包む状況から逃れて異なった幻想の世界に移り住むか、または、信仰の追想としてその幻想の世界とこの現実の世界との橋渡しをなすか、どちらかをするように余儀なくされていることを意味している。

前述したように、これがヨーロッパ人の発言であることを考えなければならないが、しかし、この場合には、日本とヨーロッパという地域の相違を、それほど問題にしなくてもよい、と私は考えている。日本においてもこの事情が存在しているからである。確かに、キリスト教は、若い世代の人々に異国の言葉の印象を与えている。したがって、日本でもわれわれは、この問題に真正面から取り組まなければならない時期にきている。そしてこの事情は、日本においても、現代の状況を支配しているものが、ヨーロッパ及びアメリカと同じように、近代科学の成果であることに由来しているのである。この点に関する英国の一神学者の発言を聞いてみよう。

ウィリアム・テンプル（Willam Temple）は、東洋の諸宗教について論じながら、それらが結局のところ、人間の生活に十分な支柱を与えることができないという、東洋人の多くがすぐには納得しかねる結論を出している。だが、彼の議論をよく聞いてみると、東洋の諸宗教とキリスト教との相違を鋭く突いていて、説得力をもっている。テンプルによると、東洋の諸宗教は儒教を除き、真理の客観的認識に根底を置いている宗教である。すなわち、理性に満足を与えるような客観的な真理が宗教的真理として考えられ、理性にそのような満足を与えるものが啓示として把握されている。したがって、信仰体験に現れてくる、啓示する主体と啓示される客体との関係が、キリスト教の場合とは異なって考えられている。東洋の諸宗教では、啓示は人間の理性の中でのみ起こる。自分の外にある何ものかとの出会いというよりは、自分の内側に沈潜することを通して真理と出会おうとする。キリスト教と違って、人間と対話の関係に立つ向こう側の人格的な啓示の主体が存在しないのである。テンプルによると、これは、東洋哲学のもっている、物質的世界が仮現に過ぎず、自分の精神世界だけが真理である、とする思考傾向に適合している。この哲学は、人間の生体験の中での現実の物質的要素の重要性をむしろ否定して、人間の体験を精神化する方向を求めているのである。

ところが、テンプルによると、このような東洋的思想は、結局、生の物質的要素を精神の支配下に置くのに失敗する。なぜならそのような思想は、生の物質的要素の重要性に直面していないからである。そして、大部分の歴史の中の重要な運動が、おもに物質的要素にかかわっている以上、東洋においては、宗教が歴史的運動を指導できなくなっている。インドや中国や日本において、いつも伝統的な諸宗教が、保守的な役割のみを果たしてきて、決して歴史的運動を指導するような進歩的な役割を果たさなかった事情はここにある、とテンプルは考えている。唯一の例外は儒教であろうが——儒教は根本的に現世的であるからだが——、この儒教もテンプルによれば、ある地域の慣習にあまりにも纏綿《てんめん》していて、その地域を離れて、歴史的な新しい運動を指導する力はない、と考えられている(2)。テンプルの言うことは結局、キリスト教は人間に歴史を常に新しく創作させようとする人格的な神をもつという意味での歴史的宗教であるから、そのような人格的な神をもたない非歴史的・現世逃避的な東洋の諸宗教と違って、諸科学の発展を助長し得るということである。

テンプルのこの分析をもっと明瞭に理解するために、宗教を非歴史的・神秘的類型と歴史的・預言者的類型とに分類して、同じ事情を説明しているパウル・ティリヒ（Paul Tillich）の意見を参照してみよう。ティリヒが言う非歴史的・神秘的類型に属する宗教とは、例えば、インドに生まれた諸宗教である。神秘的類型の宗教は、新しいものを造って行くという意味での歴史に関心をもたない。また、その歴史を創る主体である人間の人格性にも関心を示さない。むしろこの類型は、人格が、最後的には、実在の中に解消されることを要求しているのである。その一つの例として仏教をティリヒは挙げているが、最後的には自我の滅却において仏教の救いは達成されるが故に、確かに仏教はこの神秘的類型に属すると言えよう。

神秘的類型の宗教は、偉大な宗教的人格を生み出すことができた事実を、ティリヒは認める。そういう人格は、個性を滅却して、究極的なものの中に没入することができたのである。ところが、ティリヒによれば、神秘的類型の宗教の一つであったあの新プラトン主義がそうであったように、この類型の宗教は、現実を改変することができない。新プラトン主義が栄えたローマ帝国内の道徳的頽廃を、それは改革しようという意志をほとんどもたなかったのである。

ティリヒが預言者的類型と呼ぶ宗教においては、事情が異なっている。そこにおいては、人格の中心である自己が強調され、また、人格的な神への人間の行為による応答として社会的正義が主張される。そして、神が歴史を救う力として歴史の中に働いて下さるという事実が強調される。したがって、預言者的類型の宗教からは、歴史を常に新しく創りあげようとの意欲が生まれてくる、と言うのである。もちろん、ティリヒが預言者的類型の宗教として考えているものの中には、ユダヤ教やキリスト教が含まれている(3)。

このように、ティリヒの主張によっても明瞭であるが、東洋の諸宗教は本質的には歴史に対して関心をもつものではなかったと言える。むしろ、歴史から逃避するところに、その宗教性の滋味があった、と言ってもよいであろう。したがって、歴史を創るための重要な素材である物質的な現実に対しても、それほどの関心を示さなかった。これに反して、預言者的類型に属するキリスト教によって強く影響されてきた西欧やアメリカが、科学の発展を推進してきたということは理解され得ることである。物質的な現実を支配することによって、人間の歴史は展開するのであるから。

さて、このテンプルやティリヒの意見を、日本の状況に適用してみよう。西洋文明の輸入以来、日本は物質文明の面において明らかに急速の進歩を遂げた。そのことは同時に、伝統的な宗教及び人生観の衰退を意味したと言って差し支えない。なぜならば、実際問題として、人間の精神生活と物質生活とは切り離せないのであるから。このようにテンプルに従って考えてくると、日本のわれわれも、現代の状況を多少の陰翳《いんえい》の相違はあるにしても、西欧並びにアメリカのそれと同じ平面で取り扱い、それらとの関係で、福音理解を取りあげてよい訳である。

論述を主題に戻して考える時、それではどのような事柄が、キリスト教の宣教を、多くの人々にとって異国の言葉のように聞こえるものにしているのか。結論を先んじて言えば、今日のわれわれの生の姿勢と、教会がキリスト教の宣教に当たって使っている言葉遣い、思惟の性格との間に、越えがたい溝ができてしまっているということであろう。われわれが何気なく使用している教会用語は、そのほとんどが、中世の思惟の性格を背景にもったものである。現代の状況と教会の宣教との間のこのような溝を、どのようにして埋めていったらよいかという問題に、私はこの章で取り組んでみたいのである。論述を進めるに当たって、神学を自分の学問的使命としてはいない一人の哲学者が、現代の状況をどのように考えているかを、まず検討してみよう。

マサチューセッツ工科大学の哲学教授ヒューストン・スミス（Huston Smith）の論文「西欧の思想における革命」[4]（"Revolution in the Western Thought"）をその一つの好例として取りあげてみよう。この論文は、非常に手際よくまとめられていて、ヨーロッパやアメリカの知識人が、自分たちの状況をどのように考えているかを知るのに都合がよい。彼によると、西欧の思想は、大体、二つの大きな転換点を今までの歴史においてもってきた。その一つは、キリスト教がヨーロッパを征服して、中世が始まったあの四世紀、もう一つは、十七世紀の近代科学成立の時期である、と考えている。宗教改革の時期が、スミスによって、このような大きな転換点として取りあげられていないことは、ある人々には奇異の感を抱かせるものであるかもしれない。しかし、後で中世の思惟の性格が明らかにされる時に分かるように、宗教改革はその思惟の性格から判断して、中世に属させなければならないものであろう。そして、この点については、教会史家エルンスト・トレルチ（Ernst Troeltsch）なども同様に考えていた。[5]

スミスはまた、四世紀以前を古典的世界あるいはグレコ・ローマンの世界と呼んでいるが、この世界については、この論文の中で具体的に触れてはいない。彼が具体的に取りあげているのは、中世と近代である。中世の特徴を、スミスはここに認めているのであろうか。スミスは、中世のキリスト教的な世界観を基礎づけていた主な概念を挙げている。それによるとまず、現実が人格的存在である神によって支配されているということ、第二に、この物質的な世界の構造が、われわれの理解を超越しているものであるということ、第三に、われわれの救いは、自然を征服して行くことの中にではなく、神が啓示された律法を守り、それに従うことの中にある、というような概念であった。スミスのこの考えは、われわれが普通いう二階建ての世界観を、別の発想地盤で言い現したものと言って差し支えないだろう。これは、中世の哲学一般についても言えることであるが、例えばトマス・アクィナス(Thomas Aquinas)などにこの世界観が典型的に見られる。スミスの論述をもっとよく理解するために、この世界観を検討してみよう。

具体的に言って、この二階建ての世界観とは何であろうか。われわれの住んでいる世界、また、われわれがその中に生きているこの歴史は、この建物の一階を形成する。そして、この上に超自然の世界という二階がある。ところで、中世においては、われわれの住んでいる世界の出来事、歴史の中の出来事は、いつでも超自然の世界という二階の方から鳥瞰されていた。すなわち、われわれの住んでいるこの世界の出来事は、この世界自体の中にその原因をもつものではなく、二階の超自然の世界にその原因があったのである。人間は絶えず超自然の世界を仰視しながら、死後にはそこに行けるとの希望を抱いて、超自然の世界のために現実の生を生きるという生活をしていた。超自然的な力に向かって祈り、奇蹟をそこから期待し、教会を通し聖礼典を通して、その超自然の恵みにあずかっていたところに、中世ヨーロッパ思想の特徴があった。それ故に、スミスの言うように、自然の構造は人間の理解を超えていたのである。

ところが、この二階建ての世界観が崩れ始めたのが、近代科学の成立の時期、すなわち、十七世紀以後の世界である。スミスによると、十六世紀及び十七世紀が疑問とし始めたのは、中世のキリスト教的世界観の中にあった、物質的世界の構造がわれわれの理解を超越している、ということについてである。このようにして、キリスト教的世界観から近代的世界観への推移がなされた。近代的世界観は、物質的世界が、それまでに考えられてきたよりもはるかに広大なものではあるが、人間の理性はそれを理解することができるとの自信をもつに至った。宇宙は、統一された法則に支配されている一つの組織であって、理解され得るものである。このような近代的世界観が形成された時には、スミスによると、三つの支配的な仮定が存在していた。第一には、この実在の中心が、人格的存在たる神であるかどうかは、それほど関心をもたれなくなって、むしろ、実在が秩序あるものであることに、関心が集中されるようになったことである。第二には、人間の理性は、この秩序を洞察できるものであって、この秩序を自然の法則として、自然世界の中で把握したのである。第三には、人間の生の完成は、主にこれらの法則を発見して、できる時にはそれを利用し、できない時はそれに妥協するところにある、と考えられたことである。中世をもっとよく理解するために、スミスを受けて私が展開した二階建ての実在観との関係で、このスミスの考えを取りあげてみよう。中世において、二階の方にこの世界の事象の原因を求め、その観点から自分たちの生活を理解していた人間が、近代になると今度は逆に、この世界を支配している法則を自分たちの力で摑んだとの自信をもって、二階の世界をまず不必要と感じ、次には、それを征服する過程が現れてきたのである。それまでは、二階の世界は神秘に満ちていて、人間の理解力を超えていた。ところが、近代科学の成立とともに発生してきた事情は、われわれがその神秘を徐々に剝《は》いできたことなのである。それまでは、神秘な二階の世界によって支配されていた、理解を超えたこの一階の世界の機構の中に、近代は法則を発見し、その法則を踏まえて、今度は逆に、その法則を利用することによって二階の世界をも支配するようになった。近代の特徴は、実に、合理化による神秘性の剝奪である。そして、十八世紀の後半から十九世紀の前半にかけての産業革命を経過したこの合理化は、二十世紀に入って宇宙時代を実現するに至っている。人間は自分の足で大地を踏まえて立っているのだという楽天的世界観が、近代の特徴である。

ところがスミスによると、現代において、文化史的に注目しなければならない新しい現象が生まれてきている。それは、人間が過去の歴史の中で体験してきた二つの転換の時期と同様に重要な現象であるが、それらとは違ったものである。

スミスの言うところを理解するために、少しばかり脇道を歩いてみよう。十九世紀が近代の頂点であったことは、しばしば言われることである。この偉大な世紀には、音楽の面から言うと、例えばベートーヴェンがいた。文豪には、フランスにバルザックがあり、英国にはディケンズがいた。ロシアには、トルストイなどがいた。この時代の特徴である合理的な人間の世界支配という自信に満ちた雰囲気は、彼らの創作に明瞭である。

もちろん、今私が述べているような、この自信に満ちた雰囲気とはおよそそぐわない思想家たちもいたのであるが。例えば、ドストエフスキーやニーチェやキルケゴールなどを思い浮かべることができる。しかし、これらの人々の発言は、例外的な声であって、その当時においては、一般的には理解されなかった。この時代に一般的であった自信に満ちた雰囲気を知るために、少数の例をとってみよう。ベートーヴェンの交響楽を取りあげてみると、そこでは、ベートーヴェンという一人の人間が完全に音を支配し尽くしている。そこにはベートーヴェンの造った音の調和の世界がある。また、文学に例をとるならば、バルザックによる人間喜劇の連作などは良い例である。喜劇的に蠢《うごめ》く人間の世界が描かれ、そして、バルザックという一人物が鳥瞰図的にその世界をながめて、その世界の中の人々の心理の微細な点に至るまでを知る者として書いている。ディケンズにしても同じである。作中の人物は皆ディケンズの傀儡であり、その心理状態のすべてがディケンズに知りつくされている。ところが、われわれは、スミスの面白い表現を使用するならば、そろそろ近代後（post-modern）の世界に入りつつあるのではないか、という疑問をもたざるを得ない兆候が見られるのである。スミスは、その兆候としていろいろな現象を挙げているが、それらはわれわれをも納得させる力をもっている。スミスは物理学の面でもこの事情を書いており、その学的領域においても合理の彼岸の不条理の存在を指摘しているが、私は、物理学の領域には全く不案内であるので、少しはそれよりも理解できる、芸術の領域でのスミスの分析に移っていこう。スミスはまず、現代絵画の傾向について述べている。彼によれば、キュビズムやシュールレアリスムと共に、些細なものと重要なものとの区別が消滅している。目覚し時計やこわれたガラスの破片が、偉大な絵画の主題に適当なものになってきた。さらに、文学の領域に目を移せば、サミュエル・ベケットや現代フランスのアンチ・ロマンの人々にとっては、きわめてありふれた事柄、例えば、ポケットに入っているいろいろなもの、紙屑篭、または、逃げた犬の描写などが、人間の愛や義務や運命についての疑問と同じような注意深さで、取り扱われている。すなわち、ここでは、一つの大きな主題を追って結論まで行くというような小説の技法は、別の技法によって代わられている。ここでは、むしろ、継続した事象を追うよりも、断片的な事柄の、分析的な注意深い叙述が、文学の使命になってしまったかのようである。

スミスの挙げた例に加えて、われわれは三次元の小説の出現を例として加えてもよいだろう。一つの事件の経過を三通りの立場から三度叙述するというような手法が、ロレンス・ダレル（Lawrence George Durrell）の『アレキサンドリア四重奏』に見られる。このような現象は何を意味するのであろうか。バルザックやディケンズと異なって、作者が細微にわたって合理的に、創作される世界を支配するという可能性の喪失であろう。

ダレルがこの作品の中で行ったことは、一つの事件が三つの角度から見られ、それらが綜合された時に初めて、その大体の様相を——不条理がまだ残ってしまうが——明らかにしてくるという仮定の上に立った試作であった。ここにも、多元的な思索が支配的である。一つの角度からすべてが明瞭にされるような、（近代世界の雰囲気であった）あの人間による合理的な支配可能性を、世界について見出すことへの絶望がある。人間が合理的に理解し、また、支配できる領域は、きわめて僅かであって、その向こう側には不条理しかないという不条理観の文学的表現こそ、最近の芸術運動であると言っても差し支えないであろう。この現象はまた、スミスが指摘しているように、音楽の領域でも、若い作曲家たちの「関係のない音の断続」(a disrelation of unrelated tones) の中にも見られる。

「近代後《ポストモダン》」の本質は何であろうか。スミスによれば、それは、合理性の徹底が不条理に突き抜けたところにある。合理的思惟、合理的な機械の力によって支配できない世界が、身近に、合理的領域の直中に、また向こう側に、開けてきたという認識である。このように合理的支配の自信を喪失した人間は、広く外側を見回しても不条理に出会うだけであるから、結局自分の内側や、きわめて身近なものに目を向けないわけにはいかなくなった。これこそ「近代後」という言葉によって表現された精神状況である。私は、このスミスの理解が、当を得ていると考えている。というのは、私の専門の分野である神学に近い研究の分野であるがために、もっと親しみを感じることのできる哲学の今の傾向を顧みても、同様の事情が存在するからである。この事情は、スミスも指摘している。今、世界で指導的な哲学的立場が二つある。その一つは、分析哲学という名称で普通呼ばれているが、これは、伝統的な客観的形而上学への反抗であって、過去のあらゆる哲学的な困惑が、実は、言語の不正確な使用から起こったものと考えられている。ここには、実証主義からの影響が明白に見られるのであって、客観的形而上学の取り扱った主題である全実在の探求というような大きな仕事よりも、むしろ、哲学の作業をもっと身近なものに限ろうとする傾向が見られるのである。この哲学も、形而上学を造る自信を喪失したことに由来して、人間の身近なものに目を向けた、と考えてよいだろう。さらに、今もう一つの指導的な哲学は実存哲学であるが、これも、実在についての広大な知識を諦めてしまっている。むしろ、人間個人がどのように生きるかに思考を集中していると見てよい。

2　永遠と実存の「動」の関係

これまでに私は、現代の状況の文化史的な分析を試みてきたが、それは、われわれの今生きている状況を確実に踏まえた上で、この状況の中でキリスト教の宣教がどのようになされねばならないかを、考えてみたかったからである。しかし、現代の状況とキリスト教との関係を考えようとすると、ここに、一つの疑問が提出されるであろう。キリスト教は永遠の真理であって、時代に応じて変わるものではない。もしそうであるならば、何故にわれわれは現代の状況を、キリスト教の宣教に当たってそれほどまでに気にしなければならないのか。いつの時代においても説かれなければならないキリスト教の使信は一つなのであり、聖書の真理を説けば良いのではないか。

ところが、事情は、この疑問の提出者が漠然と思い込んでいるほどに簡単ではない。その理由の主なものを挙げれば、第一に、この疑問の提出者が、永遠に変わらないキリスト教の真理の客観的な理解が歴史を通じてこれまで存在してきた、と信じているとすれば、それは歴史的にみて誤りである。教会史を振り返ってみれば、明らかにキリスト教の真理の理解は、変化してきている。教会教父の時代、中世、宗教改革の時代、この三つの時代を取りあげただけでも、そこに見られるキリスト教の理解は異なっている。いつまでも変わらないキリスト教の理解は、少なくとも今までは存在しなかった。

第二に考えなければならないことは、人間がいつも無意識にでも、自分が住んでいる時代の人々が共有している世界像に影響されて、聖書を理解している事情である。聖書の理解に限って、時代によって変化してきた世界像からの影響を免れているとの主張は、実際の事情に疎いものであると言わざるを得ない。聖書が書かれた時代の世界像と、現代の世界像とは明らかに違っており、われわれは聖書を読む時に、意識的にか、または無意識的にか、聖書の記述に現代の科学的世界像を読み込んでいるのである。例えば、神の住んでおられる場所が天であるという聖書の発言は、階層的にわれわれの頭上にある天を、空間的に実際予想してなされている。

もちろん旧約聖書の中にさえも、当時の世界像であった空間的に考えられた天に、神が実際に住んでおられるというあの神話的な表現とともに、しばしば、その世界像の枠を破った表現が確かに見られる。例えば、『詩篇』の中などにたびたび書かれているように、神が人間にとってきわめて身近かな存在であるという表現は、天という空間的表現では包みきれない宗教的意味内容を表している、と言っても差し支えない。しかし、神話の中に潜在している宗教的意味を引き出しているような発言は、神話的な世界像に包まれつつ、しかも、それを破るようなものとしてだけ、折りに触れて存在するに過ぎないのである。全般的には、聖書は、その当時の神話的世界像に支配されて書かれたと見るのが正しい。ところが、今日われわれが、「主の祈り」の最初の節を唱える時はどうであろうか。既に、地球中心で階層的な宇宙像を喪失してしまった今日、天ははるかに精神化されて理解されている。しかしそのような精神化は、われわれが自分たちの都合の良いように解釈しているところから生じた訳だが、われわれがここで勝手気儘なことをしているのではないという根拠はどこにあるのか。イエスが復活後に昇天されて行った場所についても、同様の事情が存在する。このように、勝手気儘に行っていることを、われわれは、もっと反省的に秩序立てて、論理的に方法論を設定し、その上で行うのが当然ではないだろうか。

ルドルフ・ブルトマン（Rudolf Bultmann）の非神話化論（Entmythologisierung）は、このような反省の上に立っての方法論の追求である。彼にとっては、新約聖書時代の世界像は神話的なものである。その世界像を土台として成り立っている新約聖書を解釈する方法論を、彼は設定しようとしたのである。なぜならば、彼が言うように、神話的なものが現代の世界像と一致しないからといって、それを削除したり減少させたりすることによって、新約聖書を現代人のために救おうとすることは不可能だからである。聖書の中の神話的なものは、聖書の使信そのものにあまりにも浸透しているが故に、両者を単純に、削除または減少させるという方法によって、分離させようとすることは不可能なのである。ブルトマンが言うように、「われわれは神話的世界像を全体として採用するか、あるいはまた、破棄するか以外に方法はないのである」[6]。それ故に非神話化論は、聖書の中にある神話的なものの全体と、現代の状況とを、連結させようとの方法論的な試みである。このことについてはもっと後に述べることにしよう。

第三に――これが今の論述の段階では最重要なものであるが――何故われわれが、キリスト教の宣教に当たって、現代の状況を考慮しなければならないかというと、キリスト教の使信が律法主義的なものではなく、福音だからである。もしもそれが律法であれば、それはティリヒの言うように、他律的（heteronomous）であって、人間にとって自分の真の内的欲求とは無関係に、異質のものが、いわば外側から、自分を束縛するのである[7]。キリスト教の使信が律法主義的なものをその本質としているのであれば、われわれは、現代の状況を少しも気にする必要がない。現代の状況とは、その中でわれわれがこの現実の生を送っている状況であるから、われわれにとって親しみのあるものなのである。この親しみのあるもの、われわれの生き方にとってきわめて身近なものとは別に、それとは異質的な、聖書の時代の状況を、信仰の名において押しつけてくるところに、律法主義的なキリスト教理解の特徴がある。

しかし、福音の立場からこの律法主義を検討すれば、どのようになるであろうか。それが、現代人であるわれわれにとって異質のものを押しつけてくる限り、それを信仰によって受諾するわれわれを、身近な親しみのある世界から追放して、ゴーガルテンの言葉を借りるならば、「幻想の、または、無理に組み立てられた世界」（eine imaginäre oder künstlich zurechtgemachte Welt）の中に住まわせる。このような幻想の世界に憩う信仰は、現代における現実の実際生活には力のないものである[8]。しかし、キリスト教の使信が福音である以上、それは、われわれを幻想の世界に逃れさせるアヘン的なものであってはならない。むしろそれは、われわれを現代の状況に密着させ、そこでわれわれを生かすものであろう。福音は、われわれを、徹底的に現代的に生きるようにさせ、歴史創作的な前向きの姿勢を取らせる。信仰のもつ力強さは、福音が現代の状況の中に生きているわれわれに実にぴったりしているということ、異質的ではなく、――ティリヒの言葉を借りるならば――神律的（theonomous）であるということから生まれてくるのである。それ故に、われわれはキリスト教の宣教に当たって、現代の状況を考えない訳にはいかないのである。

以上において私が論じてきたことは、神の律法をどのように理解するかにかかわっている。この点に関して、私は、ルターの律法理解を解説しながらゴーガルテンが述べている意見に賛成である。フリードリヒ・ゴーガルテン（Friedrich Gogarten）によると、ルターは、神の律法を二重に考えていた。マルティン・ルター（Martin Luther）によれば、神の律法は、元来、隠されているものであり、人間の心の中に存在するものである。人間の心の中にあるその律法が、現象的には、さまざまな時代に応じて、また、民族的・国家的事情に応じて、異なった形態をもって歴史の中に現れてきた。それ故に、ルターによれば、モーセの律法も、モーセの時代に有効性を発揮し、イスラエル民族に通用したものであり、いつの時代にも有効である普遍的なものではない、ということになる。人間の心の中に隠されている神の律法を、あらわにするものが福音である。その意味において、福音は律法である。しかし、この場合、既に、人間の心の本質はそれを根底づけている、あの現象的には隠されている神の律法に支えられているものであるが故に、福音と出会った人間の心は、その福音の中に律法を発見しても、律法は、心にとって異質ではない。この場合、福音という神の律法は、人間の存在を根底づけているものであるが故に、いわば、真実の意味で自律を成立させるようなものなのである。

このように、ゴーガルテンは、ルターに従って考えながら、他律的ではない、きわめて現代という状況に適応した福音の理解を提供している。例えば、モーセの律法という過去の時代にその有効性を発揮した律法が、われわれの心の中に隠れて横たわっている神の律法の外側から、異質的にわれわれに押しつけられてくる時には、必然的に、律法主義になってしまう。ところが福音は、前述したように、われわれの心の根底にある、隠されている愛という神の律法――それこそ私という実存を、私たらしめている私の根底なのだが――を、あらわにする訳である。しかも、そのことは、神による赦しの言葉の語りかけの中で生起する。したがって、そこでわれわれは、赦されたものとして愛が根底である自分になって行くという、福音的人格形成の中に呼び出されていることになる。

このように、ゴーガルテンは福音と律法とを関係させている。

このことは特に彼が、フランス革命以後のヨーロッパの歴史を、自律の人間像が形成されてきた歴史であると理解し、また、ドイツ観念論の中に現れている自由への憧れを、そのように解釈している事実を考えるならば、なおさら、彼の律法理解は現代の状況に密着したものであることが分かるであろう。すなわちスミスが、近代の特徴として、人間の合理主義的な世界支配を挙げた時に、ゴーガルテンのような観点からすれば、明らかにその人間の合理主義的世界支配の中には、自己の自律的目覚めを体験した人間が、世界を自由に支配するという観念が含まれていた訳である。このように、近代人の自律性と合理性を深く考えるときにはどうしても、律法の理解は、ゴーガルテンの考えている方向を辿ることになるだろう。(9)

スウェーデンのグスタフ・ウィングレン（Gustaf Wingren）が、カール・バルト（Karl Barth）の神学を批判するのも、実は、ウィングレンもゴーガルテンと同様に、ルター主義的な律法理解に立っているからである。彼によれば、人間は創造の中に見出される律法によってある程度の罪の自覚をもっているのであって、そのような人間が福音の中に救いを見出すのである。バルトの主張するように、人間は福音において初めて律法を知り、罪の自覚をもつというようなことではない。このウィングレンの発言の背後には、ゴーガルテンと同じように、既に福音が、人間の隠されている根底と前もって深い連関性をもっていなければ、福音それ自体が、人間との出会いにおいて他律的な一つの律法になってしまう、という危惧がある。ここで明らかに、ウィングレンはバルト神学の改革派的な律法観が、福音から律法を造り出す傾向のあることを非難しているのである。(10)また、ゴーガルテンやウィングレンのこの立場が、ブルトマンの言う「前理解」（Vorverständnis）と同一であることは、本書のあとの展開でやがて明瞭になるであろう。

さて、このように現代性に徹底することは、いつも時代の流れの変化に応じて、福音の理解を変色させる軽薄な流行趣味ではない。決して、福音の現代への埋没を意味しないのである。時代の流れの変化に応じて、いつも福音の理解を変色させることは、福音が、生きているものから死せるものへと移り変わって、歴史創作をやめた時に起こる現象である。それは現代の状況の偶像化に由来しているのであり、本当の意味で、信仰が現代的に生きているからではない。時代は前方に流れて行くものであるが、その時にこの流れから現代という断片を切り取って、それに福音の理解を適合させることこそ、このような現象である。そこでは、現代という状況は、具体の流動性を失って、抽象的な不動のものに変えられている。

真に現代的であるためには、現代の状況を深く認識してその奥底まで到達し、その上で、これを突き抜けて行かなければばならない。現代の美点と弱点との両者を知り、どのような方向にこの現代の状況を突き抜けて行かなければならないかを知らなければならない。福音が現代の状況と折衝するということは、福音が現代にその節操を売り渡すことではない。

しかし、このことは、未来に確乎とした理想の状況を画いて、それを目的として設定することにより、その目的に到達するための一過程として、現代の状況の善し悪しを判断することでもない。もしそのような仕方で現代の状況の善し悪しが認識される時には、既に設定された律法である未来のその理想的状況を、異質的であるにもかかわらず、現代の状況を裁くために適用することになる。これは、明白に、律法主義である。そうではなくて、私がここで意味したい事柄は、現代の状況を突き抜けるための前進の一歩が、実は、現代の状況の奥底に沈潜することの中から生まれてくる、ということである。遠い未来の理想図が、その沈潜から生まれてくることもあり得るが、その場合にはその理想図は、いつでも修正可能な相対的なものとして、現代の状況の奥底を突き抜けるための今において実用的であるものとしてのみ考えられなければならない。

さて、前述の教会史への回想によって明らかなように、福音の理解は、これまでに随分と変化してきた。その事情から類推して、これからも福音の理解は変化して行くのであろうか。福音が永遠であるとは、一体どのような意味なのか。この場合、問題として取りあげなければならないのは、これまでの「永遠」の理解であろう。これまでの理解によれば、歴史は変わるが、永遠は不変であった。しかし、この不変の静的な永遠を、教会は実際には、変わって行く歴史の中の、その当時の哲学的世界観によって解釈してきた。したがって、哲学的世界観の変遷に伴って、福音の理解が変わってきた。これとは異なって、歴史を創りあげて行くという角度から動的にキリスト教を理解し、また、永遠との出会いを解釈したらどうであろうか。永遠についての客観的な思索に耽るのではなく、この歴史の中でのそれとの出会いを思索するのである。永遠との出会いが、常に歴史を創作する人間の一定の姿勢においてなされるものと考えられるのではないか。歴史は遠慮なく変化し流れて行くが、もっとも力強く歴史を創りあげて行けるような人間の姿勢そのものは変わらない。私は、福音の真理を、この動の姿勢に関するものと考える。永遠との出会いは、どのような生き方をすればよいかという、人間にとっての実存的な問題であって、観想や形而上学的思弁の問題ではない。

信仰とは、このような人間の歴史創作的姿勢に関係しているものであるが、このような信仰の理解の上に立っている神学は、具体的にどのような性格の神学であろうか。これこそ、ブルトマンやゴーガルテンなどのそれであり、私が「実存論的神学」と呼びたいものである。例えば、ブルトマンの非神話化論の提唱は、実は、このような信仰理解をその背景にもっているのである。

3　非神話化への決断

ブルトマンの非神話化論は、前に述べたように、聖書の世界像とわれわれ現代人の世界像とが異なっている時、われわれが行いがちである聖書への読み込みから、われわれを解放しようとする。聖書解釈の方法論をまず論理的に設定することによって、聖書の使信を正しく理解しようとの試みである。非神話化論についての細部にわたる論述は後に譲り、この章での論議に関係があると思われる重要な諸点に限定してここでは論じることにしよう[11]。ブルトマンのいうケリュグマ（Kerygma／使信）とは、歴史を創りあげる創作的な姿勢を人間から要求する神の言葉であり、これこそが聖書の使信である、と彼は考えている。使信はわれわれに、歴史上、前向きの姿勢を取らせる。しかし、歴史を前進して行くに当たって、人間にいつもつきまとうものこそ「不安」である。歴史創作の行為においては、常に、予期しないものが将来に出現する可能性を予想しない訳には行かない。この事情が不安を生み出す。不安から解放されたいという欲求は、人間にとって、不変のものに依存したいとの誘惑となる。不変のものに依存した瞬間、われわれは、歴史創作の行為を躊躇している。歴史創作は低迷している。ここには、「あれか－これか」の選択があるだけである。プールの手摺りにしがみついていては、いつまでたっても水泳を習うことはできない。われわれの生存は、不安を含む動の中を、前進して行くことによってのみ安定している。不動のものに安定感を求める時、実はわれわれは、力強くは生きてはいない。使信は、実存せよというわれわれへの神の言葉である。不動の世界観を論理的に構築して、そこに生存の支柱を設けようと試みることは、使信への応答の拒否を意味する。世界観は、神の語りかけとわれわれの応答とのもつ、実存的な緊張をはぐらかす第三者的存在の役割を果たす[12]。

信仰は、しばしば、実存することからの逃避になる。神についての客観的知識の追求は、このような逃避である。神の永遠の本質について、その三位一体について、イエス・キリストの神人二性の一人格について、われわれは客観的・思弁的に克明に理解しようとする。しかし、この努力は、信仰と関係のある事柄だろうか。そこでわれわれの行っていることは、水泳を習う時に、プールの手摺りにつかまろうとすることと同一である。もちろんこの場合には、論理的理性の手を伸ばして、客観的に思惟された神の存在の保証という手摺りや、神の本質という手摺りに頼って、客観的に安全だと思われるものにつかまろうとしているのである。この態度は、ケリュグマへの真剣な応答ではない。前述したように、ケリュグマへの応答と、思弁的・世界観的思索とは、「あれか－これか」の問題である。

信仰は、神についての、また、キリストについての客観的な知識をいくら増したところで、少しも深められたり、豊かになったりはしない。むしろ、逆の事態が起こる。

このような客観的知識への沈潜は、信仰という実存の決断の前か後かに、その決断の正当性を客観的に、すなわち、信仰によらないで論理的に、誰にでも通用する仕方で保証してくれるものを追求することである。これは、使信への応答のもつ真剣さをぼかすものに外ならない。ブルトマンが、新約聖書釈義の領域で神話という言葉で表現したものを組織神学の領域での発言に変えれば、それは、使信への応答のもつ真剣さをぼかすすべてのものである。

聖書の中には、もちろん、神話が存在している。ところが、聖書の中には、自分を覆っている神話的な曖昧さを、打ち破る生命力ある使信も存在している。この使信は、イエスの出来事において、今、神がわれわれを、イエスの生涯、特にその十字架において象徴されているような愛で、愛して下さっていることを告げる神の言葉なのである。この言葉へのわれわれの全存在的応答こそが信仰なのである。この信仰の応答的決断の前にも、またその後にも、少しも客観的な保証――それが奇蹟であろうが、神の本質、及びキリストの贖罪についての思弁的思索であろうが――を求めさせないのが、信仰の真の在り方である。聖書自体の使信が、聖書の神話を、われわれにこのように非神話化するように迫るのである。これこそが、ブルトマンの主張である。

神が、イエスの出来事において、あのような愛の言葉を、罪人であっても決して棄てないというアガペーの言葉を語りかけて下さっているのであるから、不安を泰然と乗り越えて行く勇気ある歴史創作の行為が可能だし、その行為はわれわれに失望をもちきたらすようなものではない。正しい人生の歩みが、果たして勝利で終わるか敗北で終わるか、最後のところ少しも客観的な勝利の保証はないが、神の十字架の愛に信頼してその道を歩けというのが使信である。そこに勝利を信じて、新しいものを自分の生の中に絶えず創作するのが信仰である。移り変わる時代の奥底に沈んで行き、そこを突き抜ける新しい方向づけを創作して行くのである。信仰は、この時代の向こう側に何が起こるかを、前もって客観的に保証するようなものの所有では決してない。それはイエスの出来事に現れている神の言葉への冒険的な信頼であり、その言葉を疑おうとすれば疑えるのである。

それ故に、このような実存論的神学の立場からみれば、伝統的な三位一体論・キリスト論・贖罪論は、新しく考え直されなければならない。ブルトマンは、新約神学の領域の学者であるから、初代教会の形成してきた古典的信条に対しては、その保持に対して消極的であり、しばしば、単に破壊的としか思えない発言をしている。しかし、実存論的神学がなすべきことは、初代教会があれほどの信仰と思索の労苦を体験することによって形成した古典的な、エキュメニカルな信条を破壊することではないであろう。振り返ってみるに、それらの信条が造られた当時の思索の道具であった哲学が、キリスト教信仰を理解するためには不適当であったが故に、伝統的な三位一体論・キリスト論・贖罪論が、一見したところ思弁的・客観的なものに、ケリュグマに矛盾するものになってしまった。実存論的神学のなすべきことは、キリスト教の信仰理解にふさわしい性格の思考によって、古典的な神学が信条形成の際に行ったことを、再び新しくこの現代の状況の中で行うということでなければならない。具体的に言えば、このことは古典的な諸信条の実存論的解釈という様相を呈するであろう。なぜなら、後で明瞭になるように、古典的諸信条が真に表現しているものは、実存論的な事態なのであるからである。すなわち、ブルトマンが、新約聖書の神話の実存論的解釈を行ったように、われわれ現代の教会に奉仕しつつ組織神学の構築に従事する者は、古典的な信条の非神話化、実存論的解釈を行わなければならない。

4　不条理を超えて

実存論的なキリスト教の信仰理解と現代の状況との関係を、もっと明瞭にするために、宗教と現代の状況を取り扱っているもう一つの立場と対照させてみよう。

よくある混合説の立場によれば、いろいろの宗教は、それぞれの特徴をもち、また使命をもっているが、歴史の進展に伴い、変化しない訳にはいかないものである。今までのヨーロッパの歴史においては、キリスト教が確かに大きな役割を果たしてきたが、これからはどのような状況が出現するか、予測を許さない。また、東洋では、キリスト教は、歴史形成にほとんど役割を果たしてこなかった。今までその役割を果たしてきたのは仏教である。これからの状況については、もちろんこれも予測を許さない。今日の世界は、急速に同一化しつつあるので――コミュニケーションの発達によって――、世界宗教とでも言ってよいものが、生まれてくる可能性が存在するのではなかろうか、と考えられている。混合説にも、いろいろの形態がある訳であるが、上に述べたようなものは、漠然と一般に通用しているもののようである。この混合説のキリスト教と現代の状況との関係の理解は、いわば、キリスト教の外側からの把握である。現代の状況との接触を通して引き出された、福音そのものの内側から湧きでてきた福音の理解ではない。

以上のような、諸宗教を混合した、一般に漠然と行われている世界宗教という観念とは異なっており、しかも、キリスト教についての外側からのきわめて学問的な把握が、トレルチによってなされている。もちろんトレルチはキリスト者であったが、彼のキリスト教に関する学問的労作は、外側からの観察であると言ってよいだろう。このようなトレルチのキリスト教理解は、彼がオックスフォード大学での講演のために書いた原稿「世界諸宗教の中におけるキリスト教の位置[13]」という論文の中にもっとも手際よく表されている。トレルチはこの論文の中で、彼がかつて出版したキリスト教の絶対性の探求についての論文「キリスト教の絶対性[14]」に言及しながら、そこに表現されている前の自分の立場が、この時までにどのように深められ、また、変えられていったかを述べている。「キリスト教の絶対性」という論文の中で、トレルチは、歴史上の出来事はすべて相対的であるという意識に強烈に目覚めさせられた近代人として、キリスト教の絶対性をどのように考えるべきかについて述べている。トレルチによると、三つの立場のキリスト教の絶対性についての発言がなされ得る。

第一の立場は、奇蹟によって、すなわち、超自然の力が歴史に介入したことを端的に認めることによって、キリスト教の絶対性を主張するものである。トレルチは、この立場にはさらに二つの種類があるとして、それらを区別しているが、その一つによると、自然の法則を破るような仕方で奇蹟が行われ、それが、キリスト教の絶対性の保証となる。もう一つはそのような保守的な立場ではなく、近代世界においても、一応は受け入れられ易いと見えるものである。トレルチによれば、それは、メソジズムや敬虔主義の影響によって、近代世界の中にその場所を占めるようになった主張である。それは、自然の法則や秩序を破壊するような超自然の介入という奇蹟によって、キリスト教の絶対性を主張するものではなく、むしろそこでは、その超自然的なものの介入が、人間精神の内面の問題として考えられている。超自然的な力の影響下に回心すること、罪を悔い改めて新しく生まれ変わること、というような奇蹟として考えられているのである。しかし、トレルチによると、この第二の種類の奇蹟の観念も、不徹底なものである。というのは、その回心や新生が絶対的な超自然的なものの介入であるということの保証が、結局のところ、外的な、自然の秩序を破壊するような形での奇蹟に求められているからである。この立場も、第一の種類の奇蹟の立場に還元される訳であるから、それと同じように、歴史の相対性と自然科学思想に影響されている近代人にとっては、受け入れがたいものである、とトレルチは考えた。

第二に、近代世界において、キリスト教は絶対的宗教であると主張するものとしてトレルチが取りあげるのは、例えばヘーゲル哲学に表現されているような仕方でのキリスト教の絶対性の取り扱いである。ゲオルク・W・F・ヘーゲル(Georg Wilhelm Friedrich Hegel)によると、絶対精神は、歴史の中でそれ自体を自覚するための弁証法的な過程を辿る訳であるが、キリスト教において、その過程は決定的な段階に到達した。神との究極的な交わりである救いを追求しようとの歴史の衝動が、遂に感覚経験の制限を外し、神話的表現、及び自然の秩序を超越して、もっとも完全な形態を取るようになったのがキリスト教である、とヘーゲルは主張した。キリスト教は、プラトン主義というもっとも精神的な、もっとも高貴な哲学と一緒になることによって、それを成し遂げたのである。このようにしてヘーゲルは、彼の哲学的な思索の当然の結論として、キリスト教こそ他の諸宗教をその発展途上に取り残してきた、絶頂としての絶対の宗教である、と主張することができた。

ヘーゲル的な立場も、トレルチによって退けられている。その理由は、現実の世界の諸宗教を検討する時に、われわれが気づくのは、世界の諸宗教相互の間にある鋭い相違だからである。共通の、遂にはキリスト教の中に結実し解消され得るような諸要素を、そこには発見できないからである。そこでトレルチは、第三の立場を提起する。それによると、世界の諸宗教が、それぞれの個性をもっていることがまず承認される。一つ一つの宗教現象は、常に新しいそれ自体の再生産・再創作に踏み切って行く。世界の諸宗教は、それぞれの個性をもちつつ、それを失わないで、しかも絶えず新しい自己創作を歴史の中に展開している。キリスト教もその例外ではない。しかし、キリスト教が他の世界の諸宗教と異なる点は、他の世界の宗教が、それぞれの文化および地域とその環境に不可分離に結びついていて、環境を超えて人間性そのものに訴える、直接的な素朴な生命力に劣っているのに比較して、キリスト教だけは、ある特定の文化的な背景をもった思弁によってまといつかれている訳でもなく、また、特定の地域社会の風習に身動きが取れないほどに縛られているものでもないところにある。キリスト教は、人間の所有しているもっとも内的な欲求、すなわち、愛や罪の赦しが欲しいという、いついかなるところでも通用する、根源的な人間性に直接に訴えるところにその力をもっているのであるから、キリスト教のみが世界の諸宗教の中で、全世界の人々に訴たえる力をもっている、とトレルチは考えた。

ところが、オックスフォード大学での講演の原稿を書いた頃には、トレルチの思考は相当の修正を受けていた。まず、世界の諸宗教のもつ個性についてのトレルチの強調は、さらに強められている。その上トレルチは、キリスト教のもつ個性が、実は、他の諸宗教と同じように、ギリシア・ローマ・北ヨーロッパの文化、並びに、地域と民族との特性に、切り離し得ないほどに結びつけられている事実を認識した。それとともに、世界の諸宗教の中の高貴なもの、例えば、仏教などが、その独特の文化・地域・民族性と結びつけられながらではあるが、なお直接的に人間性に訴える要素をもっていることに、トレルチは気づいたのである。

その結果、トレルチの引き出した結論の一つは、海外伝道における今までの伝統的な方法とは違った方法の案出であった。もはやトレルチは、他宗教の影響に浸透されている人々を、キリスト教に改宗させようとは試みなかった。むしろ、キリスト教も他宗教も、互いに交わりをもつことを通して、それぞれのもつ個性を一層開花させて行かなければならない。その交わりの場をもつことこそ、海外伝道のなすべきことである、とトレルチは結論した。したがって、このようなトレルチにとっては、キリスト教の絶対性も、ヨーロッパ文化の中でだけ公言してよいものであった。ヨーロッパ文化がキリスト教と不可分離に結びつけられていると同様に、キリスト教もヨーロッパ文化と不可分離に結びつけられているものである。各文化はそれ独自の宗教をその中核に所有しながら、それぞれの孤独な開花の宿命を成就し続けて行かねばならないのである。

もちろん、トレルチは、キリスト教神学者として以上のような結論を、真面目な、また、該博な歴史研究の結果引き出したのである。しかし、トレルチが公にしたキリスト教の独自性についてのこの判断は、果たして真実の意味でキリスト教信仰に身を沈潜させた者の内部からの発言と言えるであろうか。むしろ、キリスト教文化史を、他の文化史と比較検討するというような、キリスト教の外側に一応身を置いて、そこからキリスト教をも眺めたものではないだろうか。後の章で述べるような「主観‐客観の構造」によって、客観的にキリスト教の独自性を発見しようとした試みであった。このような時には、トレルチの主観的な判断の規準が、ひそかに設定されているものなのである。そして、その規準は、キリスト教と関係のないところから造られるものである。キリスト教信仰に身を沈め、そこから生きる勇気の泉を汲み取っているものが、このようなトレルチの結論に満足できないのは当然である。「現代の状況と福音の理解」という問題の検討において、私が考えているようなキリスト教の実存論的理解は、これとは異なるキリスト教の独自性を想定しない訳には行かないのである。実存論的なキリスト教の理解は、キリスト教内部に既に潜在していたものが、現代の状況という産婆によって、われわれの理解の中へと引き出されたものなのである。

既に紹介したトレルチの論議からも分かるように、大体、世界宗教という概念設定が非常に安易な考えである。仏教、イスラム教、キリスト教の各々の中から、世界宗教の構成にとってよいと思われるものを取り出して、これらの諸要素を何とか一つに組み合わせようというのが、そのおおよその傾向である。しかしそのようにして出来上がった世界宗教は中核のないもの——あるいは、あったとしても恣意的に造られたもの——であろう。ところが、これら各々の宗教はそれぞれ個性的で、他に対して排他的なものをその中核にもっており、互いに妥協して、簡単に一つになり得るようなものではない。このことを、トレルチが見事に指摘してくれた(15)。

論議を進めているうちに、キリスト教の絶対性、あるいは独自性と普通に呼ばれている問題にまできてしまった。次の論述に移る前に、どうしてもこの問題について、ここで発言しておく必要があるようである。

他宗教に対して、キリスト教が譲ることのできない独自性とは何であろうか。実存論的な福音の理解に従えば、それは、もちろん、思弁的な形態での三位一体、神人二性の一人格のキリスト論、刑罰代償説あるいはその他の贖罪論ではない。これらのものは、歴史創作的な使信ではなく、むしろ、人間の歴史創作を曖昧にする神やキリストの人格及び働きについての客観的思索に過ぎない。それでは、キリスト教のいわゆる絶対性は、どこにあるのであろうか。キリスト教の絶対性は、それが促す人間の歴史創作的行為の性格、及びその行為を根拠づける神の行為にある、と言ってよいであろう。すなわち、イエス・キリストの出来事、その十字架と復活が、神の言葉として、われわれの歴史創作的決断に出会うことの中で、キリスト教の絶対性は把握されなければならない。

これは、キリスト教の啓示の唯一回性（once-for-allness）に関する問題でもある。もしもこの唯一回性が、単なる世界史の中の、一つの時期に起こった一つの出来事として解釈されるならば、その唯一回性は、過ぎ去って行くものであって、歴史創作的な意味を失う。むしろ、キリスト教の独自性は、生起し続けているものの中に求められなければならないのである。唯一回性は、それのみがわれわれの実存の意味を明らかにするようなものとして理解されなければならない。すなわち、われわれがこの世に対し、十字架にかけられて死んで、神の言葉との出会いの中に復活すること――これのみが、われわれの生存を真の実存たらしめる唯一の言葉である、という意味での啓示の唯一回性である。カール・マイケルソン（Carl Michalson）は、このような啓示の唯一回性の理解に立っている実存論的神学者の一人として、キリスト教のこのような実存論的理解が、決して仮現説（docetism）ではないと主張している。否、むしろ、世界史の中の、過ぎ去って行く一つの時期の一つの出来事を、キリスト教の独自性と考えることこそ、仮現説的であると彼は考えている。と言うのは、彼によると、キリスト教が歴史的な宗教であるということは、「言葉が肉になった」ということであるが、それは、決してキリストが世界の中にかつて住んだという意味ではない。もしそうであれば「肉」という言葉は、かけがえのないキリストの存在を表現するものではない。過ぎ去ってしまい、また、替えることのできるような、そのような一人の人間存在を意味することになる。むしろ、キリストが歴史的であること、言葉が肉になったことの意味は、永遠の生命《いのち》のための条件を備えるために、キリストが、われわれの生の条件の中に、十分な仕方で入り込んでこられたという意味である。キリストが歴史的であることの意味は、全歴史が、キリストにおいてその意味を明らかにする、ということである。すなわち受肉とは、われわれが、全歴史の意味を知らされるとともに、自分の生の意味も知らされることである。したがって、歴史形成の創作的行為へと召し出される仕方で、キリストの出来事が私の時間の中に受肉する、ということである。これこそ、この世に対して十字架にかけられて——自分の力によって、実存するための客観的な保証を得る試みのすべてを放棄して——、キリストとともに復活することである。復活は、この場合、もちろん、われわれがイエスの十字架の意味を知って、その出来事をわれわれのための神の言葉として受け取り、それにのみ全存在を賭けて生きて行くことを通して、今ここで、永遠の生命を味わうことである[16]。

　キリスト教の固有性、あるいは、絶対性をこのように考える実存論的神学の立場から言えば、ティリヒが主張しているように、キリスト教の啓示は——もちろんそれは、イエス・キリストにおいて表された出来事であるが——、究極的(final)なものではあるが、最後(last)のものではない。キリスト教の絶対性は、数や量の問題ではなく、啓示の質の問題である。イエス・キリストとの出会いを通して、われわれが、どのような実存の姿勢を取るようになるか、という視角から考えられなければならないのである[17]。したがって、キリスト教の啓示の絶対性は、決定的な啓示、それを超えることのできない啓示、すべての他の啓示がそれに依存するような啓示のことであるが、しかし、そのことは、キリストとしてのイエスの出来事の後に、そこに表されている絶対の啓示と質的に同じものが、生起しないということを意味しない。

　それ故に、晩年のティリヒが次のような発言をしていても、驚くにはあたらない。現実にわれわれが体験している人類史においては、キリストの出来事の絶対的・普遍的な必要性を認めるが、地球以外の他の宇宙空間に、もし人類が棲息していると仮定するならば、その人類にとっては別の啓示がその歴史の中心であるかもしれないのである[18]。

　ローマ・カトリック教会の神学者、ジョージ・H・タヴァード(George Tavard)は、ティリヒの神学ばかりでなく、いかなる実存論的神学の主張するキリスト教の絶対性に対しても反撃して——どのような形態であるにしろ、実存論的神学である以上は、そのキリスト教の絶対性の主張は、どうしてもティリヒのそれに似てくるのであるが——、実存論的神学においては、結局のところ、キリスト教の絶対性と他の諸宗教の主張する絶対性との差が、程度の相違にしかならない、という批判をしている[19]。確かにタヴァードのように、キリスト教の絶対性を客観的・思弁的な、三位一体論やキリスト論に見出す人々の立場からみれば、実存論的神学の発言するキリスト教の絶対性の主張には、賛成できないであろう。しかし、ここでわれわれは、一つの「あれか-これか」という決断の前に立たされている。実存論的神学の立場に決断する者にとっては、客観的・思弁的な意味での絶対性は、少しも意味をもたないのである。そのような思弁的・客観的な知識は、真実に実存しようとするに当たって、少しも役に立たない、いやそれどころか、邪魔になるからである。逆に、実存論的神学にとっては、タヴァードが程度の相違と軽蔑を込めて言ったあの微妙なものこそ、実に決定的な意味をもっている。その微妙な相違において、キリスト教の方に全実存を賭けて飛び込んで行くことの中にこそ、このような神学の特徴と個性とがある。そのように微妙で繊細なものに全実存を賭けていくことによってこそ、深く、また、動的に歴史を創りあげることができるという確信が、客観的な保証を求める意味でのキリスト教の絶対性の追求を、実存論的神学に排斥させているのである。

　さらにここで前述したところに従うならば、キリスト教の独自性の探求のうち、実存論的神学がトレルチの言う第一の形態に属することを、われわれは認めるべきであろう。第一の形態とは、超自然的なものが歴史の中に介入するという意味での奇蹟によって、キリスト教の絶対性を主張するものであった。もちろん、実存論的神学は、外側から介入してきて自然の秩序を破壊するような形での奇蹟に根拠をおいて、その啓示の絶対性を主張しているものではない。そうではなく、それは、トレルチがメソジズムや敬虔主義から出てきたものと考えた、あの精神の回心及び新生を奇蹟と考える超自然主義に属している。実存論的神学にとって、イエス・キリストは、歴史を超えたところから、歴史の中に送られてきた神の言葉なのである。その意味において、超自然的なものが歴史の中に介入したのであるから、これは、明らかに超自然主義である。ブルトマンが、奇蹟を二つのドイツ語で表現し、それらの意味を区別しながら用いたことはよく知られている。Mirakel《ミラケル》によってブルトマンは、自然の法則や秩序を破るような意味での超自然的なものの介入を表現し、Wunder《ヴンダー》によって、ある出来事にわれわれが出会って実存の根底を揺さぶられ、驚くべき、新しい生の体験を得るという意味を表現した[20]。このような罪の赦しの体験に基づいた驚きの体験という意味での奇蹟は、実存論的神学のどうしても譲歩することができない前提である。しかし、トレルチが主張した事情とは、事態がここから異なっている。既にわれわれが理解したように、トレルチによれば、内的な奇蹟にその絶対性を基礎づけるキリスト教の理解は、その内的な奇蹟の絶対性を保証するために、どうしてもまた、伝統的な、外的な、自然の秩序を破壊するような意味での奇蹟に根拠を置かなければならなかった。ところが、実存論的神学は、むしろそれとは逆に、そのような客観的な保証を求めようとすること自体を、神話的な態度として排斥する。実存論的神学の理解によれば、信仰とは、少しの保証もなしに、そのように生きない訳にはいかないから生きるものなのである。そのようにイエス・キリストの出来事である神の言葉に身を投げかけなければ、神による罪の赦しを根拠にしなければ、真に実存できないからイエス・キリストに一切を賭けて生きるのであって、これは、純粋の冒険であり、少しも客観的な保証がない。したがって、トレルチのような立場から、実存論的神学を不徹底な、近代性に適応しないものだと攻撃することはできない筈なのだ。

以上のように考えてくるならば、スミスの言う「近代後」の時代においても、使信は、その創作性を維持して行くであろう。なぜならば、近代世界の特徴である科学的思惟と適応するような神学が、実存論的神学であるからだ。今みてきたように、実存論的神学は、客観的な意味での奇蹟を、すなわち、歴史の中に自然の法則や秩序を破壊するような仕方で突入してくる超自然的な神の働きを、主張しない。主張しないのは、それがこの神学にとって意味をもたないからであって、科学と矛盾するからそれを棄てた訳では決してない。

さて、ここで取りあげておかなければならない問題があるが、それは、スミスのいう「近代後」の状況のもつ不条理の性格に関係している。彼の言う不条理は、近代のもつ合理性の彼岸に現れてきたものであり、決して近代前の非科学性を意味していないことは、既に述べられたスミスの歴史理解から明らかであろう。それ故に、「近代後」の不条理は、聖書のもっている非科学性を、新たに弁護できるようなものではない。そのような弁護は時代錯誤であって、律法主義である。私は、「近代後」の精神をもっともよく表現した人物の一人は、アルベール・カミュ（Albert Camus）であったと思う。

このフランスの文学者は、『シジフォスの神話』（Le mythe de Sisyphe）及び『反抗的人間』（L'Homme révolté）という書物[21]の中で哲学的・文学的随想を発表したが、これらは、フランス及びヨーロッパの思想界に、大きな影響を与えたのである。特に後者は、政治哲学の労作としても、高く評価された。専門の哲学者ではないために、論述の細部においては多くの欠点を有してはいるけれども、専門の哲学者たちによって重要な書物として評価されていることを考えれば、私がこの論述において、彼の思想を取り扱うことも不当ではないであろう[22]。彼の思想は不条理への反抗がその根底をなしている。カミュの不条理は、合理性の彼岸にあるものであって、スミスのいう「近代後」の状況を露呈している。人間が、質問しない訳には行かないようにしておきながら、しかも、その質問に答えない宇宙というような、人の置かれている状況が、カミュにとっては不条理なのである。人間は宇宙によって失望させられている。死によって表現されている人間の生の不完全、また、悪によって表現されているそのまとまりの無さ――これに対して、人間は、心の底から反抗しない訳には行かない。彼は、自分が死ななければならない存在であることを承認することを拒絶し、また、このように多くの悪に満ちた生存を彼に送らせる力に対して、服従することを拒絶する。これこそ、反抗者の生である。これは単に、彼一人の反抗にとどまらないのであって、彼をこのように反抗させる彼の中にある人間性は、他の人々の中にも発見される。他の人々の失望に対しても、われわれは、連帯意識において反抗しない訳には行かないのである。この反抗において、カミュは、自分と他者とを連結する存在的基盤を見出している。「私は反抗する——それ故にわれわれは存在する」[23]（I rebel, therefore, we exist）。カミュは、確かに、反キリスト教的である。ところが、カミュのキリスト教の理解は、主にローマ・カトリシズムからきているもののようである。ローマ・カトリシズムの神観は、言うまでもなく中世的であって、客観的・世界観的に神を認識しようとの努力である。神を世界観的に認識する以上、そのような神の支配する世界には、究極的には、不条理は存在しない筈である。ところが不条理は厳然と存在するのであるから、もし神が、この世界の究極的な支配者として世界観的に考えられるならば、殺神（deicide）こそ人間の義務である、とカミュは主張する。[24]

私は、カミュの世界観的なキリスト教へのこの反逆に賛成する。世界観的に神の全能の摂理を考えて、人間を脅かす悪の根拠を、究極的に神に帰するならば、そのような神は、人間の愛と崇拝とを受ける資格がないどころか、むしろ、その神に反逆し、その悪魔的な神と闘うことこそ、きわめて人間らしいことである。われわれは、人間らしさを放棄してまで信仰をもつ訳には行かない。それは不正直である。不正直を強制される位なら、喜んで地獄の火をも浴びよう。われわれの生の苦しみが最後的には神から由来していると、どれほど敬虔に思索し、納得してみたところで、少しも生産的ではない。苦しみを忍従的に受け取ることが信仰ではなく、それをなくすように、また、その苦しい条件から逆にそれを利用して、もっとよいものを創作することこそ、信仰的態度である。

世界観的な神の否定は、いきなり、実存論的に信じられる神の否定を意味しない。人間とともに不条理と闘い、その不条理にもかかわらず、逆にそれを利用してそれから新しい創作をなさしめるように人間を助けて下さる神を信じることはできる。創作的生を与える主体として、実存の歴史創作の場で神は思索されなければならない。

カミュの不条理の思想を、もう少し現代の神学的状況の中で問題にしてみよう。現代神学においても、ここでカミュが不条理と言っている状況は、今までにも問題にされてきた。特に、アメリカにおいてそうであった。もちろん、死についての疑問に苦しみ抜き、思索において死を征服することにより、自分の宗教哲学を体系化したスペインのミゲル・デ・ウナムノ（Miguel de Unamuno）や、人間の悲惨や苦しみに対して深い同情から湧き出た強烈な関心を示し、それを宗教哲学的に解決して行ったロシアのニコライ・ベルジャエフ

(Nikolai Berdyaev) がいる。しかし、キリスト教の過去の伝統的な思索からの相当程度の解放感をもって、この悪の問題に取り組んだのはアメリカの神学者たちであった。ベルジャエフ、及びここで私が取りあげたいアメリカの神学者たち、ボストン大学のエドガー・ブライトマン（Edgar Brightman）とドルー大学のエドウィン・ルイス（Edwin Lewis）は、神の全能の宇宙支配という伝統的な思考に、賛成できなかった神学者たちである。

ブライトマンの神は、有限の神である。[25] 彼によれば、神は全能ではなくて、神ご自身の中に、悪の根拠である所与（the Given）をもっている。ブライトマンの所与は複雑な観念であるが、彼の主張する神が有限者であることを考えるならば容易に理解できる。有限者なる神は世界及び人間の創造に当たって、その働きを前もって制限する環境的制約——それには世界の理性的構造も入る訳だが——の体験をご自分の中にもたれる。これが所与であり、神はその働きにおいてそれを前提される。この所与から悪ができているのである。摂理的支配をなされる神ご自身が、その所与によって制限され、しかも、それと闘いつつ、そこで苦悩を背負われながら、それを征服して行こうとされている。そして、この世界の中に存在する悲惨や罪は、神ご自身の中に存在するこの所与と相関関係にある。だから、ブライトマンの思想によれば、伝統的な神学が主張してきたようには、神の全能の支配の中に、自然悪や、その他の人間の自由意志によらないいろいろな悲惨が、併存されて考えられてはいない。むしろ、神は、それらと敵対関係にあるものとして思索されている。

ベルジャエフの場合にも、悲惨と神とは敵対関係にある。ベルジャエフは、神ご自身が無の自由（meonic freedom）から生まれてきたと考えている。その無の自由を材料にして、神が、この世界を創造されたのである。だから、人間は、この材料である無の自由から自由を与えられたのであって、人間のなす自由なる行為である罪の責任は神にはない。世界は、完全なものではないのであって、人間の自由、及びこの世界全体がそこから造られたところのあの無の自由のおかげで、創造者なる神に敵対する悲惨や罪が存在する訳である。[26] ルイスの思索も、これらの神学者たちと非常に多くの類似点をもちながら、しかも、独特なものをもっているので非常に興味深い。彼は、ブライトマンと同様に、いわゆる実存論的な神学者ではないが、その思索の中には、実存論的な要素が多分に存在している。ルイスは、ありのままの実在を理解しようとしていて、「無からの創造」というような、現実がどのようにして今のようになってきたかという論理には、興味をもっていない。ルイスによれば実在は三つの原理からなっている。第一は創造者（Creator）である神であって、この創造者は、第二の原理である原料（Non-Creativity）を場にして、創造の行為を展開する。しかし創造の行為の中には、神といえども排除できない仕方で、もう一つの原理である反創造者、あるいは、破壊者（Discreativity）が介入してくる。ルイスにおいて反創造者は、原料とは違って、どちらかと言えば、人格的な存在である。創造者が、不条理の原理と言ってもよいこの破壊者の働きを避け、それを突き抜け、それを利用して、自分の創造を、原料を形づくるという行為の中て展開するのが歴史である、と考えられている。人間という被造者のもつ自由の中で、この闘いはもっとも深刻にくりひろげられている。そして、創造者の歴史を支配する摂理は、破壊者の力をその考慮の中に入れているものである。一方、破壊者は、破壊する当の相手である創造の行為がなければ、力を発揮できないのであるから、その意味で創造者に依存している。

ルイスの思想の創造者を将棋差し（chess-player）にたとえてみると、よく理解できるであろう[27]。将棋差しは、相手の差すコマを常に気にしながら、自分のコマをすすめて行く。そのように、歴史は決定論的に展開するものではない。しかし、この歴史を生きる人間の救いにとって、決定的な要因をなしているものは、イエス・キリストの十字架と復活の出来事である。神が人類を救うための最後の手段として送られたのが、その独り子イエス・キリストであるが、破壊者は、このイエス・キリストさえも十字架にかけるほどに力強かった。しかし、神はそのイエスを復活させたのである。この出来事の中には、どのような状況にあっても、神の創作的摂理が適応性を発揮できる（adequate）ものであることについての、神の主張がなされている。もちろん、このようなルイスの思索には、世界観的な要素があまりにも目立っている。破壊者にしても、原料にしても、実存論的に把握されているというよりは、むしろ、世界観的に把握されている。神についてもその通りである。しかしながら、もしわれわれが、このような世界観的な思索の中にある実存的な意図を汲み取るならば、それを実存論的に展開することは可能ではないだろうか。われわれは、破壊者という人格存在を仮定する必要もない。実際、現実の世界には、不条理が多分に存在している訳である。しかしその背後を世界観的に透視して破壊者に至る必要は毛頭ない。むしろ不条理は、ありのままに実存的に受け取られなければならないのであって、それをどのようにして征服して行くかという角度からだけ思索されなければならないのである。このように考えてくるならば、神に関してもわれわれは、われわれに対して赦しの意図をもつ愛の絶対他者と考え、その絶対他者とわれわれとの関係だけを思索しなければならないのであって、絶対他者そのものについての思索はその関係に入ってくるだけに限定し、それを思弁的・客観的に思索してはならない。しかし、絶対他者とわれわれとの関係が、絶対他者が先手を打った愛であって、その愛が、不条理にもかかわらずいつもわれわれにとって詮方尽きた状況を突き抜けさせて、われわれを創作的に導いて下さることを信じるのは、きわめて実存論的である。これこそ、イエスの十字架と復活の出来事の意味するものではないだろうか。十字架と復活の出来事は、詮方尽きても望みを失わないという、すなわち、絶望は罪であるという、実存論的な真理を、われわれに語りかける神の言葉なのである。(28)

今、私は、ルイスの思想をある程度詳細に述べて、その中にある実存論的な要素を摘出した訳であるが、ルイスの中に目立っていると私が指摘した思弁的・客観的な傾向が、ベルジャエフの思考の中にも存在している。例えばベルジャエフが、無の自由からの神の誕生という神話を語る時、そうである。実存に関連した神話というには、あまりにも思弁的であるが。また、ブライトマンが、神の体験の中にある所与に悪の起源を考えた時に、彼もルイスと同じように実存論的でない傾向を包蔵している。われわれは、神がどのようにして生まれたか、悪の起源は何であるか、というような問題について思索したところで、われわれが歴史を創作的に生きて行くという場所では、少しの役にも立たない。実存論的神学は、神について、あるいは、不条理について考察する場合でも、それが、われわれが真に実存するという事柄との関係の中に入ってくる限りにおいて考察すべきなのである。

ブライトマンは、ルイスの創造者と破壊者との闘争という思想について、次のように批判している。(29) ブライトマンによると、このような両者の闘争という思考は、世界がもっているあの科学的な真実である統一と秩序という前提に相反する。このようなブライトマンの主張は、もちろん、ルイスの思想に対する不親切な理解である、と言わなければならない。なぜならば、ルイスの言っている創造者と破襲者との闘争は、科学的な次元での問題ではないからである。それは、実存的な次元での問題なのである。世界のもつ科学的な現実が、中断されるような仕方で破壊者が働くならば、ブライトマンの批判が成り立つ訳であるが、ルイスの場合にはそうではない。科学的な現実そのものの中に、それと矛盾しないような仕方で働いている虚無的な現実、カミュのいう不条理の現実を、ルイスは思弁的・客観的に表現したのである。この表現の中に潜在している実存論的な真理を汲み取れば、問題はない。ルイスは明らかに、カミュの不条理と同じ状況を指し示しているのである。さて私は、カミュの思索に相当の興味を示し、また、それへの共鳴を表明してきたのであるが、そのことは、カミュの思索に私が全体的に同調していることを意味しない。

カミュと実存論的神学との対決は、カミュの言う不条理や殺神とはむしろ別の場所にある。カミュの『シジフォスの神話』を取りあげてみよう。いつも転落してくる石を、山頂に繰り返してもちあげて行く神話的英雄シジフォスの無意味な努力の中に、カミュは人生の象徴を見出している。この無意味な石の運搬そのもの、この不条理を背負うという行為の中に、生の意味を発見して行こう、とカミュはわれわれを説得する。

キリスト教の使信は、人生は無意味なものであるという意識からの救いである。生に敵対する多くの不条理にもかかわらず、神がわれわれを愛して下さっているという神の言葉が、イエス・キリストの出来事において語られているのであって、人生の無意味さという根源的な不条理は征服されているのである。この点で、信仰の生は、カミュの提唱したような不条理の思想と訣別する。生の意味を、対話関係に入ってくれる相手である神から、信仰者は受け取る。自分から生の意味をつくるのではない。

カミュの思想との訣別を迫る実存の時は、石を押し上げる無意味な行為の繰り返しという不条理にもかかわらず、生存しようとの勇気が、実際われわれにあるかどうか、決断する時であろう。自分の力で虚無を征服して行くことは、人間にとって不可能ではないのか。律法主義的に、虚無に勝て、というカミュのような実存主義ではなく、信じる者は既に虚無から救われているという喜びの音ずれが、真にわれわれを不条理に反抗させるような、勇気ある実存にするのではないだろうか。カミュの主張とは違って、人間は、恵みによって、すなわち、神の側から先手を打った救いの言葉によって救われるのではないだろうか。これは、思弁的に決定されることではなく、もはや実存的な決断の問題であろう。

フィリップ・ソディ（Philip Thody）[30]は、カミュがキリスト教的な解決を否定した理由として、カミュが罪の意識、また、永遠の生命の必要性を認めなかった、という事実を挙げている。罪の意識のない者に贖罪の信仰を期待することは不可能であり、永遠の生命への欲求をもたない者から不滅の生への信仰を期待することは不可能である。われわれは、カミュのキリスト教の理解が、主にカミュの言う不条理に無関心であったローマ・カトリシズムからきていることを考えるならば、確かにソディの言うような事情がそこにはあった、と考えることができよう。もちろん、ローマ・カトリシズムではなく、実存論的神学の立場からみても、罪の責任の自覚、また、死後の命への欲求は、重要な真理の道への歩みであると考えられるのであるけれども。ソディも指摘しているように、カミュの人生に関する見解は、この点において、非常に狭かったのではないであろうか[31]。

さて、合理の世界の彼岸にある不条理という「近代後」の自覚をもたない訳にはいかなくなってきているわれわれなのに、もしもわれわれが、その不条理に怖れをなして、元来合理化できないこの不条理を幻想的に合理的なものと確信しようとするならば、その時にはこの行為こそ、現代という状況の中で、神話を自分たちの周りに張りめぐらすことによって、安定感を得ようとしているに過ぎないものである。このような神話を張りめぐらす態度は、不条理に正面から取り組み、勇敢にそれと闘い、それにうちかって生きようとする態度ではない。そこには明らかに、元来それを把握したところで、少しも合理的な意味での安心感を与えてくれることのできないものを、幻想的に合理的であると、われわれ自身に納得させようとする空しい努力がある。そのような努力をする人は、不条理の嵐を避けて、静かな港に逃がれたと思うかもしれないけれども、この港は、幻想の世界であるに過ぎない。中世の（上の方で、神や天使たちが下の世界を完全に合理的に支配するという）二階建ての世界観は、それをどれほど現代的に粉飾しても、現代人は喪失している。不条理を、単に、人間の不十分な視力で見る現実という仮現のこととして、この仮現の世界の彼岸には、この仮現の不条理を条理にかなったものと説明してくれるような、超自然の世界が存在するという信念――中世の超自然の世界の現代的粉飾――による不条理の合理化は、幻想として以外には不可能である。もはや、どんな形態においてであろうとも、中世的世界観に帰ることは律法主義的な時代錯誤である。

ジョン・デューイ（John Dewey）の『宗教論』は、キリスト教を経験的ヒューマニズムの立場から観察したものであると言えるが、しかし、彼が主張している、現代の状況の中でも存続して行く「宗教的なもの」（the religious）という思想の中には、傾聴しなければならない真理契機が含まれている。私がここで不条理と名づけてきたような現実を、デューイもやはり人生の悲劇的要素として宗教が認めなければならないことを主張しているが、特に私が、今の論述との関係で注目しなければならないと考えるのは、彼がプロテスタントの根本主義と自由主義との対立に言及し、それらをともに批判していることである。彼によれば、根本主義も自由主義も、現代的状況の中では異質なものである。その理由は、両者が同一の基盤の上に立っていて、その上で根本主義者は伝統的な教義のすべてを守ろうとし、自由主義者はそれらの或る部分を犠牲にしても、現代の状況と妥協しようとしているからである。デューイによれば、両者とも、教義という超自然的な形でキリスト教を現代人に与えようとしている点では共通しているが、実にこの教義こそが既に現代人にとって異質である、と考えている。なぜならば、近代合理主義の中で育まれた科学的方法論こそ、現代人にとって同質的なものであって――もちろん、スミスの言う近代後の状況においても、この事実は変わらないのであるが――、したがって、広い意味での経験できるものにしか、現代人は信頼を置かないからである。広い意味での経験の世界を超えた、超自然の世界から与えられた真理というものが、既に異質的なのである。むしろ現代人が、広い意味での経験の中で把握できるような「宗教的なもの」こそ、現代人にとって律法主義的にならないものである。なぜならば、デューイによれば、われわれは、現代の状況という環境に創作的に適応することによって、人生を築きあげて行くことに集中しなければならないからである。これこそ、広い意味での科学主義的な態度であり、超自然的な思索をすることは、この科学主義的な態度と矛盾するのである。なぜならば、超自然的な思索は、われわれの注意を、実際の今の状況の中で創作的に生きることから逸らしてしまうからである。(32)

ここでデューイは、明らかに自由主義の本質を見誤っている。自由主義は、実は根本主義と同一の地盤である超自然的教義を――根本主義よりも受け入れるその数量は減少しても――受諾することの上に立っているのではない。シュライアマハー、リッチュル、トレルチと辿ってきた自由主義神学は、その神学的方法論において、根本主義的な超自然の教義の受諾とは異なり、むしろ、デューイのような経験論の立場を樹立した、とみるのが妥当である。しかし、結果的にはその意図に反して、自由主義神学が教義の削除に終わったことは、しばしば事実であったが。

デューイの実用主義を、もちろん私は実存主義及び実存論的神学と同一視している訳ではない。しかしながら、デューイの、現代人の生きる姿勢についての分析には、正しいものがあると私は思う。われわれが、何故中世の二階建ての世界観に――それが、どれほどに現代的に粉飾されていようとも――帰ることができないかの理由は、もしそのようなことをすればわれわれの生は律法主義的になり、他律的に自分たちの生を送ることになるからである。科学主義的な経験主義をその生活の土台にしてきている現代人にとっては、そのような超自然を生の根拠として予想することは、幻想の世界に引き摺り込まれることに過ぎない。このように考えてくれば、カール・バルトの神学、ネオ・トミズム、または、E・L・マスカル（Eric Lionel Mascall）などによってみられるアングロ・カトリシズムの復興が、現代の状況の中にあるわれわれに、決して真に生きる力を与えるものではないことが理解されるであろう。

われわれが今日、十九世紀以後の自由主義神学の伝統に対して、どのような神学的態度決定をなすかは、きわめて重要である。バルトは、アンセルムスについての著述以来、この経験主義的な神学の伝統と完全に袂をわかって、むしろ、受肉論を土台とした神学的客観主義に移行した。(33) 受肉の恵みにおいて、神がご自分を、人間の神学的知識の客観的対象となされたのであるというのが、彼の「神の言《ことば》の神学」である。これは確かに、実に大胆な形での、自由主義神学を克服しようとする一つの試みである。しかし、これでよいのだろうか。十九世紀以降の経験論的な自由主義神学は、単に真正面から反対されてよいものだろうか。今までの論述で明らかなように、私には、このバルトの立場は時代錯誤であって、律法主義的・超自然主義的な客観主義であるとしか思えない。十九世紀以降の自由主義神学の経験論的科学主義が、われわれに残してくれた科学的遺産を、そのように簡単に放棄する訳には行かない。*

＊　例えば、トレルチの労作にみられるような科学的歴史主義は、われわれが感謝して受け取らなければならない近代神学の業績であろう。ここに、トレルチの三つの重要な歴史に関する考察を挙げよう。第一に、トレルチによれば、過去の歴史的事件は、すべてそれが実際に起こった歴史の出来事であるという信用度は、常に蓋然性に留まる。絶対に確実に起こったとは、歴史の出来事に関する限り、言えない。過去の出来事の研究である以上、記録資料に頼る訳であって、われわれのそれらの出来事に対する関係は、間接的なものであるに過ぎない。第二は、類推の論理が歴史研究の前提をなす。これは、判明していることによって、未だよく判明していない出来事を理解しようとする方法である。トレルチの提唱している以上の二点を理解するために、私は一つの例を挙げよう。聖書にある、イエスが水の上を歩いた奇蹟物語を取りあげてみよう。第一の蓋然性の法則をこれに適用するなら、それが過去の歴史的出来事である以上、それが事実であったという主張は蓋然的なものである。第二の類推の法則から言うと、このような出来事が実際に起こったかどうかを決定するためには、よく判明している出来事、われわれの身近な出来事から、類推するより外に方法はない。一体水の上を歩いた人間がいるだろうか。いないのである。それ故に、この物語は実際に起こったことの記録ではない、という考えの方が当然蓋然性が強くなる訳である。

第三に、トレルチによれば、すべての歴史上の現象は相関関係にある。歴史の中のどこかに特殊な領域を設定して、この領域だけは他の歴史的現象とは異なっており、独特の法則によって支配されている特殊領域であるなどとは、主張できないのである。すべて歴史現象は相関関係的であり、同一の方法論による観察の対象である。したがって、キリスト教という現象も、それ自体孤立した現象ではなく、他の歴史的諸現象と相関関係にある。そうすると、キリスト教だけを他の歴史的現象から例外的なものとなし、これだけは特殊な歴史的領域だから、特別に信仰的に、すなわち、一般歴史を研究する世俗の方法論とは異なった仕方で研究しなければならないとの主張は不可能である。キリスト教に対しても、他の歴史現象を理解するのと同じ世俗の方法論が使用されなければ、歴史的研究とは言えないのである。このような立場から、前述したようにトレルチは、キリスト教をも相対化して、キリスト教も多数の宗教現象の一つとした。キリスト教は西洋文化の中核であるから、今の状況では西洋文化の範囲内においてその絶対性を保有するかもしれないが、東洋のような他の文化圏では、その絶対性の主張は不可能である。このような見解に立って、トレルチは、相対主義に陥っている。

この機会に、現代神学における、歴史に対する三つの類型的態度について述べるのも、われわれの研究に役立つことであろう。私がトレルチの歴史に関する原理的主張を説明してきたのは、このような歴史主義こそ、われわれが通常、自由主義神学と呼んでいる神学傾向の基底をなしていると信じるからである。シュヴァイツァーのイエス及び原始キリスト教の研究は、全く自由主義神学的な歴史主義によってなされている。そのような研究から実ったものが、イエス及び原始教会の終末論についての彼の理解であった。その理解が通常の自由主義的な結論と違ったものであったとしても、方法論は同一の歴史主義なのである。シュヴァイツァーの神学は「生への畏敬」を中核としているが、この観念は、史的イエスとは一応無関係に成立し得る哲学的観念でもある。シュヴァイツァーによれば、生への畏敬をわれわれは自分の中に、また、われわれの周囲において(イエスの仲介がなくても)直接的に体験することができる。終末論的に生きた史的イエスは、実にこの生への畏敬を実践した偉大な人物として、今のわれわれをも導くことができる。シュヴァイツァー神学の強い影響下にあると思われるのが、スイスのベルン大学を中心とする、いわゆるベルン学派であるが、その代表的な神学者はマルティン・ヴェルナーやフリッツ・ブーリであろう。例えばブーリの実存主義神学は、シュヴァイツァーの「生への畏敬」の思索が、ヤスパースの実存哲学の土壌の上に、さらに精密に展開されたものであると言っても、それほどの誤差はない。われわれがそのように生きなければならない実存的生を象徴するものがイエスである。このベルン学派の立場は、結局のところ、相対的な歴史、蓋然性しかもてない歴史の外の領域に、キリスト教信仰の根拠を見出そうとの努力であろう。

バルトへの批判

自分の立場を私もそこに求めている実存論的神学は、キリスト教信仰の根拠をどこに求めるかに関して、バルト神学とベルン学派とのちょうど中間にあるとも言えそうである。実存論的神学の立場から考察する時、バルト神学には致命的な欠陥がある。それは歴史研究についての方法論的な誤謬である。例えば、バルトの『教会教義学』の中に散見する聖書釈義を丁寧に読めば、私の主張は容易に理解してもらえるだろう。バルトの聖書釈義、したがってそれに基づいた教義学は、トレルチなどによって代表される近代的な歴史主義への反動である。バルトの歴史に対する態度は、(世俗的な歴史研究の方法論とは違った)信仰的な特殊な方法論で、歴史の一現象である(イエス・キリストによる神の啓示を中心とした)出来事をとらえようとする。

相対的な歴史の中に、キリスト教現象に関する限り、世俗的歴史研究と対立する領域を設定しようとする。私にとっては、このバルトの立場は、トレルチの歴史研究の原則から言って、不可能であり、無謀であり、時代錯誤であるとしか考えられない。もしバルトが、このような仕方で、キリスト教を歴史的に弁明できると考えているなら、過去の日本の天皇が現人神であったという神話さえも、歴史的に弁明できることになる。戦争中の日本の歴史家たちは、天皇家の歴史に関する限りは、独断的・信仰的に解釈した。他の歴史現象に関しては相対的・世俗的方法を適用して解釈したが、天皇家の神聖な歴史に関する限りこれを拒否した。それと同じことを、バルトは、原始キリスト教に関して行っているのである。

もう一つの角度から、バルト神学を批判しなければならない。バルトは、ブルンナーとの自然神学論争で明らかなように、自然神学を否定している。バルト神学は客観主義の神学であるけれども、中世のスコラ哲学の客観主義とは異なって自然神学を排除し、イエス・キリストによる啓示から一切を理解しようとする。その点から見ると、バルト神学は、恩恵のみによる救いという宗教改革の教理を貫徹している。ところが、イエス・キリストの啓示から一切を理解するというバルトの主張に、私などは、首肯できないものを感じない訳にはいかないのである。

この点をもう少し説明するために例を挙げよう。例えば、バルトの復活の理解は、それ自体ではきわめて実存論的であるかのようである。バルトは復活の出来事を、歴史研究の対象になるような奇蹟とは決して考えていない。それは歴史を超越している出来事であって、信仰の対象である。ところがバルトは、余計なものとしか私には考えられないものをそれに付加する。「空虚な墓」の復活信仰に対する重要性をバルトは説く。神の子の受肉についても同様であって、「処女懐胎」が受肉への信仰に対してもつ重要性を説く。バルトはこれらの、空虚な墓や処女懐胎を表象(Zeichen)という言葉で表現しているが、これらはいわば、復活や受肉の出来事への危険信号の役割を果たす訳である。これらの危険信号がなければ、人間は、注意しなければならないものを看過してしまう、というのがバルトの主張である。この表象の重要性の提唱とともに、バルトは、トレルチの言う歴史の相対主義とは訣別していることになる。これらの表象は、すべてが相対的で相関関係にある歴史現象の中に、絶対的な特殊領域を作成することなのであるから。

バルトの表象の理解は、たとえその試みがいつも不完全に終わろうとも、啓示から実在の一切を理解しようという、バルトの基本的な立場からきている。啓示から一切を理解するのだから、特殊な啓示的諸出来事の歴史理解ができてきても仕方がないのである。このような立場を私が支持できないことは既に述べてきたところであるが、何故にバルトは、そのような、啓示から実在の一切を理解しようとする立場を提唱しなければならなかったのか。これは、トレルチのような相対主義を克服しようとの、バルトの努力以外のなにものでもない。すなわち、イエス・キリストの出来事は歴史的出来事である以上、蓋然性に満ち、相対的な意味しかないというようなトレルチ的な立場を乗り越えるために、イエス・キリストの出来事が、絶対的な、かけがえのない、唯一回的な神の出来事であると主張したのだ。そして、私のような者の批判を恐らくは承知の上で、その事情に対する客観的な表象、空虚な墓や処女懐胎の表象までも危険信号として打ち立てるという冒険をしたのである。しかしバルトにおいて、この表象の冒険を内実的に支えているものは、「信仰の類比」(analogia fidei) によって彼が意味した事情への信頼だったのではないか。

中世においては、「信仰の類比」は、神についてわれわれが語る言語が、われわれの周囲の世界の中の事柄を語る言語に対して類比するという意味で使用されていた。そのために、この類比は自然神学、つまり周囲の現実を理解するわれわれの理性を正しく使用すれば、神についても正しく理解できるという、人間から哲学的に神へ至る道を基礎づけていた。ところがバルトはこの類比を、神がキリストによって啓示されたものにわれわれが服従すれば、理性的にもわれわれの世界の現実を根底から理解することに繋がるとし、人間理性の役割を神の啓示の方から理解したのである。イエスの出来事が相対的な歴史の中の出来事であったにもかかわらず、絶対的なものであることは、それを鍵としてわれわれの世界の現実を理解すれば、他のどのような鍵によるよりも、実在の秘密の扉をより広く開くことができるという事実によって客観的に保証される、とバルトは主張したのである。

ところで、このようなバルトの基本的な神学的立場の中には、ひそかな形においてではあるが、信仰のみによる救いの否定が隠されてはいないだろうか。自然神学否定によってバルトは、人間自身の理性的能力によって少しでも神を知ることができるという道を遮断し、信仰前の行為――たとえそれが理性的行為であっても――による救いを一切排斥した。

しかし、バルトは信仰の絶対性を――キリストの鍵のみがもっとも良く実在を理解させてくれると、人々に客観的に保証しようとして――、信仰後に理性的な行為で守ろうとしてはいないか。ところが福音はそのようなものであってはならない筈である。ルターが常に主張していたように、信者は罪人であって同時に義人なのである。信じた後といえども、信者は自分の行為によって救われるものでは決してない。実存論的神学の立場から言えば、信仰の前でも後でも、人間は神を信じなければ自分の存在の意味が分からず、生きている意味が見出せないという、その孤独の寂しさと無意味さとに耐えられないから、ただそれだけで信じるのである。信仰の前にも後にも、われわれの世界の現実は理性的に完全に理解できるものとは到底思えず、いつも理性の試みを破れのあるものにしてしまう不条理に直面していて、理性的行為によって信仰は、前も後も、保証など全くされていないのだ。

ここで批判されているような神学的態度をバルトが明瞭に示してしまっている一例を挙げておこう。『教会教義学』の中で、バルトは『ローマの信徒への手紙』九章から一一章の講解をしているが、その中で、神の言葉を信じている教会に対して、キリストを信じないユダヤ人が証している事柄があるとする。キリストを信じないにもかかわらず、ユダヤ人は相変わらず神に選ばれた民であり、その民を棄てない神の選びをキリスト教会に突きつけている、とバルトは言う[34]。このバルトの発言の中で私が特に注意したいのは、彼にとって、今のユダヤ民族がやはり、教会に対してこのような証をなし続けているということである。ここには、隠れた形においてではあるが、実証できる現在の世界史の出来事をもって、信仰の後でではあるが、聖書の使信の真実性を裏づけようとのバルトの意図が見られるのではないか。もしもユダヤ民族が未来において、他民族と血族的にも文化的にも混合し、ユダヤ教を棄てるに至り、もはや旧約の神の言葉さえも聞かなくなるという事態が起こったら、ユダヤ民族が選ばれた民であるという聖書の言葉の実証を、なし得るどころではないであろう。

バルトのこのような信仰後の保証の追求は、現代という状況が許さない、と私は考える。実在はバルトが想定しているように、イエス・キリストの出来事からすべてを理解しようという試みをなし得るほどに、われわれを甘やかさない。現代の不条理の現実が、そのような試みを壊滅させてしまう。

トレルチへの批判

トレルチに批判の目を向けてみよう。歴史研究の方法論に関する限りは、トレルチの主張は正しかった。ところが、トレルチが論議した歴史は、普通には「世界史」あるいは「史実」（Historie）という言葉でわれわれが表現しているようなものである。実証的な方法論で検証し得る歴史である。なるほどイエス・キリストは、世界史の出来事である以上、確かに相対的な出来事であり、それに関してわれわれは蓋然性をもってしか語れない。この点でトレルチは正しかった。ところが、イエスに対して、今の自分が、自分の生き方を決断するためにどのような関係をもたねばならないかという、トレルチが問題にしなかった歴史的態度を取ったらどうであろうか。「実存史」(Geschichte)とわれわれが呼んでいるのは、このような角度で史的イエスを問題にする歴史検討である。すなわち、イエス・キリストを、世界史の相対的で蓋然的な出来事であるという角度からだけではなく、そのイエス・キリストとの対面を今われわれがなすことによってわれわれの生き方が決定される、イエスとの出会いがわれわれの生の方向決定にとって絶対的な意味をもつ、いわば、真に私にしてくれる汝をあのイエスの出来事の中に発見するというような角度から、史的イエスを検討することができるのである。イエスとの関係の質の絶対性である。

この点をもっとよく理解するために、奇蹟の問題を取りあげてみよう。バルトの立場からは当然、相対的な歴史の中に、イエス・キリストを中心にして、相対的な歴史研究の方法論によっては探求不可能な奇蹟的出来事が起こったという主張が打ち出されるであろう。トレルチは、前述したように相関関係の論理から、歴史の中に特殊な研究の方法論を採用しなければならないような領域を否定した。さらに、他の諸宗教現象にも奇蹟物語はつきものなのであるから、前述した類推の論理という原則の上に、キリスト教の奇蹟物語の形成発展をそのような事実から類推することになる。このようなトレルチの立場こそ、近代的な歴史学の正しい結論であって、バルトの立場はトレルチへの反抗ではあるが、やはりトレルチを乗り越えるものではなかった。かえって、それは、トレルチの立場から拒否されるのが当然であろう。バルトは明らかに、ここで時代錯誤を犯している。ひそかな形での信仰の保証の追求としか思えないバルトの奇蹟(Mirakel)肯定に対して、トレルチのそのような否定こそが、他の諸宗教に対して用いられている科学的歴史研究の方法論を、公平にキリスト教にも用いることを意味するし、また、(既に見てきたように、信仰の前後に一切の保証追求を排除して、)信仰のみによる救いというプロテスタント・キリスト教の在り方に神学的に忠実な道なのである。

バルトが肯定し、トレルチが否定した、今までに述べた考え方とは違う、もう一つの奇蹟の考え方がある。本文の中に既に述べたことであるが、これは、イエスとの出会いを通して、私の実存が全く予想できなかった仕方で新たにされる、すなわち、私がイエスとの出会いによって真の実存への道を歩み出すという、ブルトマンの言う驚異的出来事(Wunder)としての奇蹟である。私は、この意味での奇蹟こそ、キリスト教信仰の土台であると思っている。つまり、客観的な世界史上の奇蹟は、われわれの信仰には関係がない。パウロの言う、神による霊の新たな創造の体験こそが奇蹟なのである。外的な自然的奇蹟ではなく、内面的な再生としての奇蹟の考え方を、ブルトマンは、古い奇蹟による弁証論を内面的・精神的に強化した思想であると考えており、決して古来から言われてきた奇蹟であるとは考えない。

ところで、トレルチによると、このような内面的・精神的奇蹟の真実性を論証するために、どうしてもまた、その内面的・精神的奇蹟を保証する外的な奇蹟を導入してこなければならなかった。それ故、結局のところ、外的・自然的な奇蹟が宗教史的に相対化される以上は、内面的・精神的奇蹟の絶対性も実証できなかった(35)。

しかし、トレルチはここで決定的に誤っている、と私は思う。なぜなら、内面的・精神的奇蹟を論証したり、実証的に弁証しようとしたりする努力を故意に排除する可能性が存在することに、彼が気づいていないからである。ここには、少しも外的・自然的奇蹟を導入する必要が実はないのである。ただイエス・キリストの出来事との出会いだけが自分を再生させ、その出会いなしでは自分は真に実存できないが故に、(信仰の前にも後にも、客観的な)保証なしにその(精神的な)奇蹟の信仰へ自分を投入する人間たちが存在し得るのである。

さらに、実存論的神学の立場から、トレルチ——またこれは、シュヴァイツァー、ヴェルナー、ブーリなどにも当てはまることであるが——のような立場に対してなされる批判がある。それは、これらの立場が、神と人間との関係を「我と汝」という関係で徹底的に考えることを忘れている、とするものである。キリスト教には、神がどうしても人格的な象徴で表されなければならない面がある。実存が、自力による自己理解を通して、真の実存として生きようとするだけでは、キリスト教の十分な真理理解とは言えない。イエス・キリストの出来事を通して、神が私に語りかけて下さるという要素が、どうしてもキリスト教には残るのである。そのような神からの語りかけを通して初めて、正しい自己理解がなされ得ると言うのが、実存論的神学の主張である。

特に、この自己理解は、罪の赦しの真理を土台にしている。われわれが、十字架と復活で表されているような真理、すなわち、自分に完全に死ぬことが本当の意味で自分を完全に生かすことである、というような真理を単に行ずるだけでは、それはキリスト教ではない。それを十分には行ずることのできない不完全な罪人が、そのまま赦され、愛されているということを、存在の根底である神から愛され、赦され、支えられているということを、使信は言わなければならない。そのためには、「我と汝」という関係で神人関係を表現しなければならない面が、どうしても出てくる、と私は思う。われわれの内側から、実存しようとの勇気を与えられたというだけでは、片づかない面が神学にはある。したがって、ある意味から言えば、実存論的神学は徹底的な非神話化を拒否するものであって、どうしてもそこには神話が残ってしまうのである。この点については、後にもっと詳しく述べよう。

神と人間との関係を人格的なものとして考え、徹底的な非神話化を拒絶して、ある程度神話的なものを残しておこうとする実存論的神学の立場においてこそ、私は神の恵みという聖書的観念を十分に生かすことができると思っている。しかし、これに対しては、反対もなされ得るであろう。自分に完全に死ぬことによって初めて、自分を完全に生かすことができるという真理の行《ぎょう》は、われわれが自分の力でするものではなくて、自分が（自分の存在の根底である）神に支えられていることにより、内側から湧き出るような仕方でなし得るものであるが故に、このような恵みの現実を表現するには（我と汝が互いに向かい合っているような）「我－汝」の象徴では十分に表現することができないのではないか、という反対がなされ得るかもしれない。

しかし、このような反対論によって表現されている神の恵みの理解は、実は、プロテスタントの宗教改革者ルターが闘った相手であった、あのカトリックの恵みの理解そのままではないであろうか。ルターが、信仰によってのみ義とされるという教理を樹立した時、ローマ・カトリック教会は、愛によって形成された信仰によって義とされる、という教理を主張し続けていた。すなわち、カトリックの教理によると、注入される恵み（gratia infusa）が、まず魂の中に注ぎ込まれ、それに助力されて魂は愛をもつようになる。人間の愛そうとする意志は神の恵みによって浸透されるのであるから、この愛は、当然、神の恵みによって造られたものである、ということになる。しかし、このような、注入された恵みの助力により形づくられた愛によって義とされるという義認の教理こそ、実は、ルターが徹底的に反対したものなのである。たとえそれが注入された神の恵みに基礎づけられていたとしても、人間が行う業によって人間は神の前に義とされるのではない。そのような神の恵みによる人間の義さえも救いの条件としては顧みることなく、無条件で人間の罪を赦されるひたすらなる神の愛を、ルターは主張した。

したがって、実存的決断による死と復活の行が、神の恵みに浸透されてなされたものであるからには、人間の向こう側に立っているような神話的な神を考える必要はもはやないという立場は、私には、カトリック的な神秘主義と同じ立場としか思えないのである。それ故に、神学は神人関係を、「我と汝」という関係で表現しない訳にはいかないのであり、そこにはどうしても神話が残る。すなわち、歴史の外側から歴史の中にイエスの出来事を投げ込んで下さった、歴史を超越した神を主張し、イエスの出来事をわれわれに対する神の言葉として受け取ることを主張する実存論的神学の立場こそ、宗教改革的な伝統に忠実なものであり、それを現代の状況の中で生かした立場である、と言うことができよう（特に、八木誠一「宗教的実存論の試み」『聖書と神学』第七号所載、関東学院大学神学部発行、一九六二年を参照のこと）。

実存論的神学は、広い意味での経験論的な――私は広い意味での経験を「体験」と表現したいのであるが――土台に立っているのである。その点では、それは自由主義神学の陣営に属している。ハンス・フライ（Hans W. Frei）も指摘しているように、実存論的神学による自由主義神学への抵抗は、同一の基盤の上での内部闘争である。同じ体験論であっても、自由主義神学は、神と人間との対話にあって人間の側に、ほとんど一方的に思索が集中していて、神からの語りかけが蔑ろにされているという非難をまぬかれることができない。この点で、実存論的神学はバルトと同じように、自由主義神学に抵抗しない訳にはいかないが、しかし、バルトの神学に対しては、それが神と人間との対話における外側に人間が立って、神を客観的に思索するという傾向をもっているが故に、その客観主義に抵抗しない訳にはいかないのである。[36]

さて、私のような観点からするならば、ブルトマンの非神話化の中にも、まだ真の意味で実存論的でない要素を発見しない訳にはいかない。例えば、ブルトマンが神の世界支配について語る時に、それは徹底的に実存論的な仕方で思索されているであろうか。ブルトマンによれば、将来からわれわれが受納するものはすべて神から与えられるものであり、その中には、私がここで不条理と名づけてきた、キリスト・イエスの出来事を通してわれわれに語りかけられている神の愛の現実と矛盾する悪の現実も含まれている。[37]

これはブルトマンの実存論的神学にある、ルター的な神の独占活動の思想の残存物である、と言わない訳にはいかない。われわれは、将来からわれわれに向かって衝突してくるものの中にある不条理に抵抗しながら、それを利用し、それを超克して、創作的行為に突き抜けるのである。不条理な現実を神から与えられるものとして、唯々諾々と受け取る訳にはいかない。このことについては、前述した通りである。

このように、直面してくる多くの不条理の中において神の愛を知るのではなく、それらにもかかわらず神が、摂理的にわれわれを愛し抜いて下さることを信じる私の実存論的神学の立場は、実は、ブルトマンの非神話化論の徹底である。なぜならば、聖書の中には、特に新約聖書の中には、ルター系統の神学者グスタフ・アウレン（Gustaf Aulén）が、それを地盤にして神学を造らねばならなかったほどに、神と悪魔との闘争という神話が見られるからである。もちろん、実存することへの集中にすべてを賭ける実存論的神学の立場から考えた時、神に敵対する悪魔的な勢力を思弁的・客観的に思索することは許されない。このことについては、ルイスに関連して既に述べた。その意味で、聖書のこのような概念は神話的である。しかし、聖書の中にあるこのような神話を切り棄てるのではなく非神話化した場合には、すなわち、その神話の中にある実存論的な意味を摘出した場合には、私がここで展開したような不条理の思想になると思うのである。

このことは非神話化論の徹底である、と私は言ったのであるが、その理由は、ブルトマンの非神話化の方法論の根底となっている思考からきている。ブルトマンによると、この世界が間もなく終わるという徹底的終末論の神話は、既に聖書自体の中において――例えばヨハネ文書などにおいて――非神話化されている。世の終わりの出来事は、われわれが真の意味で今実存するか否かの決断を迫られる、あの実存を揺り動かすイエス・キリストの出来事として、すなわち、使信として、非神話化されている、とブルトマンは考えている。非神話化論は、聖書を平面的に、まるで同時代に同一人によって書かれたものであるかのように、鳥瞰図的に解釈するものではない。その中にみられる思考の運動の方向をとらえ、その運動の方向を徹底させようとすることが、聖書解釈の原則とみられているのである。徹底的終末論が、聖書の中で、完全にではないけれども、実存論的な解釈の方向に進みつつあると考えているのである。それ故に、この運動の方向を徹底させたものが、ブルトマンの実存論的解釈である。私はこの方法論を、神と悪魔との闘争という聖書の神話の解釈に導入して、その神話が聖書の歴史の中で辿ってきた方向を徹底させたのである。旧約聖書の『ヨブ記』などに表現されている悪魔の観念から、新約聖書における神と悪魔との闘争という神話の中に表現されている悪魔の観念までには、相当の進展が見られる。神に全く支配されていた悪魔が、神に敵対する存在にまで高められて考えられるようになったのが、新約聖書の悪魔神話である。それを徹底させるならば、どうしても、この世界の中には神の意志に背き、神に敵対するものが存在するということになる。これが不条理である、と私は考えている。

実存論的神学は、不条理の中の安住へとわれわれを招待する。安定感を得るための不条理の合理化を拒否することこそ、使信への応答である。神が愛して下さっているが故に、不条理はわれわれの実存を最後的に呑み込む力ではない。神は不条理と闘い、すぐに勝利を得られない時にはそれを迂回し、また、できればそれを利用されて、われわれを真に実存させて下さる。そのような勝利の約束の言葉こそが、イエス・キリストの出来事なのである。不条理を突き抜いて生きる信仰こそ、使信への応答であり、この意味で、「近代後」の状況とキリスト教の使信の理解とは見事に結合し得る。なぜならば、信仰と、思弁的な世界観、及び神やキリストについての思弁的思索とは、実は、相互に矛盾するものであるというのが、実存論的神学の確信なのであるから。否むしろ、カミュの思想における批判の中に見られたような、「近代後」のもつ病的傾向までも救ってくれるものは、この使信のみであろう。

5 「自由の秘密」としての罪と死

現代の状況を私は近代性と近代後との交錯として認識し、そのような状況と福音理解との関係を追究してきた訳であるが、現代人に対して何故キリスト教が、なおも喜びの音ずれであるかをもっと論じてみたい。

聖書の中でイエスという名で呼ばれている人物の画像は、われわれに向かって、われわれの対話の相手である神から語りかけられた愛の言葉であるが、それと同時に、そのイエスは一個の人間として、現代のわれわれと同様に、生の不安の中を生き抜いた。[38] このことは、われわれにとってどのような意味をもっているだろうか。伝統的な神学のイエスの無罪性の強調は、彼をしばしば、不安を体験したことのない超人間であるかのように誤解させた。ネルス・フェレー(Nels F. S. Ferré)も指摘しているように、「罪とは不安を受け入れることであり、恐怖が罪の外的なしるしである」ならば、福音書に語られているイエスは罪人であった。[39] ゲツセマネの園でのイエスの祈り、十字架上でのイエスの叫びなどの物語に象徴されている事実は、イエスの生涯が、不安と恐怖とを体験したものであったことを告げている。しかし、その不安と恐怖にもかかわらず、イエスは死に至るまでそれらを支配して神に服従した。イエスに全く罪がなかったということにではなく、このイエスの服従にこそ、伝統的なイエスの無罪性の教理の真理がある。彼が一個の人間として、徹底的にわれわれと同じ人間性の中で、あのような服従を神に捧げることができたならば、われわれもこの人間性によって神に服従し得る筈である。もしもわれわれが、イエスのようには神への神律的服従に生きられない、イエスとわれわれは違うが故にと言うならば、われわれはそれによって受肉の真理を否定しているのである。もしもイエスが本当に人間であって、彼の人間性を種々の苦しみを通して否定しようとした不条理に抵抗して、あのように神を愛し人を愛することができたならば、そのことは同じ人間であるわれわれにとっても現実の可能性である。このように、受肉の教理の実存論的理解は、イエスとわれわれとの間に、共通の人間性を予想する。人間性という、歴史の変遷に応じてその本質を変えることのない、その意味で歴史を超越した実在を想定する点で、実存論的神学は

――それが受肉を中心とするキリスト教神学である以上は当然であるが――存在論的である。この歴史を超越する存在論的な人間性の名においてわれわれは、いつも歴史の状況の中にある、人間性を蝕む悪に反抗してゆくことができるのである。もちろん、このような歴史を超越する存在論は、決してわれわれの神学の実存論と矛盾するものではない。ここでは、歴史創作の実存的姿勢と無関係な、中世的な、あるいは、世界観的な超越が語られてはいない。カミュの言うような意味での歴史創作的な、実存論に含まれた存在論が語られているのである。[40] われわれは、その達成途上で躓き倒れるかもしれないが、イエスのような存在になることは不可能ではない。原罪の教理への誤解から、または、決定論的な予定論から、その達成を始めから不可能として諦めるのは、受肉を信じるキリスト教的実存の生き方ではない。受肉を信じるか信じないかは、このように実存論的に言われなければならない事柄であり、イエス・キリストの人格についての神話的思弁に関係して言われてはならない事柄である、と私は思う。このことについては、後に詳しく述べることにしたい。

以上のような実存論的な受肉の理解は、例えばブルトマン後の神学者の一人であるジョン・マッコーリー（John Macquarrie）によっても展開されているものであるが、[41] 私はマッコーリーの議論に次のことを付加したい。それは、前述した不条理に関係した事柄である。すなわち、イエスがあのような存在の在り方を、彼を脅かした多くの不条理にもかかわらず実現したということは、次のことを意味する。イエスが人間であった以上、当然われわれにとっても、――イエスと同じように不条理に対して、現在われわれの状況の中で抵抗しているのだが――その不条理が、イエスのような存在にわれわれがなることを妨げるほどに力強いものではない。この事実の力強い約束が、イエス・キリストの出来事である、ということである。どれほど不条理が激しくわれわれを襲おうとも、神の摂理的愛は、われわれにその中を突き抜けさせて、愛の実存になることを可能にして下さることができるのだということへの固い信頼が、イエスの出来事を通してわれわれに与えられているのである。このような確信をもたないならば、受肉の真理を否定することになってしまう。

さらに、われわれはイエスよりも、もっとそのような愛の存在として生きやすい条件をもっている。なぜなら、イエスにはイエスのような存在が神から与えられていなかったからである。預言者などを通して与えられた神の言葉は、実存に揺るがない根拠を与えるような決定的なものではない。決定的な言葉のない、いわば神の沈黙の世界の中に生きるという条件の下で、イエスは、あれほどの信仰に満ちた愛の生を送った。まして、神の決定的な愛の言葉を与えられているわれわれには、そのように生きることが可能でなければならない。

しかし、受肉の真理は、われわれがイエスと同じような愛の実存として現実に生きられるという喜ばしい使信をその中に含んでいるのだと私が言う時に、それは何と楽天的に響くことだろう。ところが、私の意図は少しもそのようなところにはなく、むしろ、これは運命論的な罪の理解への抵抗なのである。アウグスティヌス（Augustinus）の遺伝的原罪説のように、アダムの堕罪以来、遺伝的に人間は罪人であるというならば、それこそ不条理であって、この説では罪の責任は罪を犯す当の私にはない。また、悪魔的な存在を仮定し、そこに罪の原因を求めることも同じことである。罪は、原因・結果というような、自然的次元で取り扱われてよい事柄ではない。[42] 罪は自由に絡んだ責任という事柄であって、人間の自由に関係する問題である以上、私が今までに取りあげてきたような、どうにもならない不条理ではなく、それは罪のない愛の実存の現実の可能性を予想している。

しかも、われわれは、深刻な罪の現実に目を覆うことができない。結局、われわれが言えることは、罪とは「自由の秘密」であって、その原因を問うことを拒否しなければならないものである、ということであろう。愛の実存という山頂に登ろうとしてはいつも転落してしまう、このわれわれの惨めな現実を描写して、その山頂へ登ろうとするわれわれの努力を表現するのに困って、ラインホルド・ニーバー（Reinhold Niebuhr）は「不可能の可能性」(an impossible possibility）としてこの事情を書いている。これでも不十分だが、そのようにでも表現しなければ、どうにも表現の仕様がないのが、われわれの自由と罪の現実であろう。[43]

実存論的な神学者であるティリヒも、罪の現実を自由の秘密としてとらえている。彼は『創世記』に物語られているアダムの堕罪物語を「なかば非神話化」（half-way de-mythologization）するが、完全な非神話化を行うことを拒否する。すなわち、彼はこの神話を文字通りにとることは拒絶するのであるが、しかし、どうしても人間実存の状況を表すに当たっては（この場合もそうであるが）、神話が残ると彼は考えている。彼の「なかばの非神話化」の具体相はどのようになるかというと、「本質から実存への移行」（transition from essence to existence）が原罪の現実であるとするのである。この言葉によって彼が意味する事柄は、第一に、文字通りにとられた神話の意味している、「昔」（once upon a time）エデンの園において堕罪の事実が起こったというあの要素を取り除いて、それをいつ、いかなる場所でも起こる、普遍的な人間実存のもつ問題性の象徴として考えるのである。しかし、第二に、「本質から実存への移行」という言葉の中で時間の推移が意味されている以上、そこにはやはり神話が残っている訳であるが、ティリヒは、この神話を非神話化することを拒絶している。その理由は、人間は限定された自由な存在であるから、その限定された自由の責任として、自分の実存的状況が、その実存に内在している本質から疎外されている事実——本質が実存に内在している以上、本質から実存への時間の推移を語ることはもちろん神話的である——に気づくからである。この自分の責任という自由の秘密を表すために、どうしてもティリヒは、非神話化の徹底を拒否するのだ。自分の責任で本質から疎外されているのだということを、ティリヒは時間の推移という象徴で表したのであった。聖書の中でイエスという名で呼ばれている人物の画像だけが、実存の状況の中にありつつも、本質的な人間性を損うことのなかった存在として描かれており、イエス以外の人間は、存在の根底である神から疎外されている形態でしか実存していないのである。

このようにティリヒは、人間のもつ限定された自由の秘密として、人間の罪の現実をとらえた訳であるから、ティリヒにおいては、罪さえも神の創造であるが故に究極的には善であるとするか、あるいは、それを人間に責任のない不条理として考えてしまうか、どちらかにわれわれの思考をまとめようとする合理主義は見られない。このような合理主義の前者においても後者においても、罪は、その自由の秘密としての性格を喪失してしまう(44)。

以上のように私は、罪が不条理ではなく、自由の秘密であることを強調してきたが、さらにこの論旨を徹底させて、死さえも人間の責任である罪からきていると主張することを拒否したい。そのような主張をした現代の神学者には、エミール・ブルンナー（Emil Brunner）がいる(45)。ブルンナーの主張は次のとおりである。生物学的に観察するならば、人間の存在し始める前に数多くの生物が存在した。そして、それらはことごとく死滅したし、また、存続しているものも死んで行く。人間も、その過程から出現した生物である以上は、やはり自然的に死ぬのだ、という主張が当然なされるであろう。しかし、人間が、人格として他の生物から区別されることを真剣に取りあげるならば、それらの生物と人間との間に鋭い断絶を考えてもよい訳である。そして、人格であることは、人間が自由な存在であることである。その自由と罪とが関連する以上、罪の払う価が死であるというあのパウロの言葉を神話として受け取らないで、それを文字通りに受け取ることが可能である。さらに、罪という原因から死という現象が結果的に現れてきているという認識は、イエス・キリストの出来事を通して初めて、真実の深みにおいて人間に与えられる。その場合には、肉体の死は人格の死でもあるということを厳密に意味し、そして、それは神の刑罰として受け取られ得るものである。

なるほど、ブルンナーが言う通りに、人間が人格として他の生物から区別されているが故に、人間の死の現象を、他の生物から類推することは不可能でもあろう。人間に限り、死が単なる生物学的現象ではなく、神の怒りの現れであると主張することもできよう。人間と他の生物との間に断絶がある以上、それを主張することもできる訳である。しかし、やはり死は不条理の現象であって、罪の結果としては私には理解できない。死の現実が、その恐怖が、逆にわれわれに人生への虚無感をもたせ、罪を犯させ得るという事情を考えるならば、死が罪の結果であるというよりも、死が罪の誘因であるという事態も生起し得ると思う。もちろん、ブルンナーの立場から言えば、不信仰だからそのようになるのだと言えるかもしれないが、これは信仰、不信仰の問題ではない。

このように、人間の罪が、死への恐怖からも生まれていることを含めて考えるならば、罪の払う価が死であると言うのは、あまりにも苛酷である。もしも神がそのように苛酷であるならば、そのような神への反抗が、正当なものとして当然出てくる可能性がある。聖書の中で言われている、死はキリストの最後の敵であるという、あの神話の方にわれわれは味方すべきであろう[46]。それを非神話化することによって、神に敵対する不条理として、つまり、神に由来するものではないとして、死を取り扱う方が妥当であろう。この点、ブルトマンが、死の事実を神の怒りの刑罰として見ることは、もはや現代人にはできないとし、そのような解釈を神話的であると退けていることに、われわれは学ぶべきであろう[47]。残念なことにブルトマンは、彼自身のこの発言を組織神学的に不条理という形では発展させなかったが。

6　世界史の現在とキリスト教

以上の論述において、しばしば脇道にそれはしたが、哲学者スミスの発言を取りあげることから出発して、世界史が、中世、近代、近代後に移って行く過程を、キリスト教との関係で理解しようとする態度を取ってきた。あるいはむしろ、そのような世界史の動向とキリスト教の理解とを、いわば、相互に影響し合う対話の両極として対等に並置して取りあげ、両者の折衝の場を世界史の経過の一時期である現代の状況という側から検討してきたと言った方がよいかもしれない。もちろん、この歴史的進展の理解に当たって、近代と近代後は、われわれが既に理解したように、合理主義とそれを超えた不条理の出現であってみれば、これを一時期と見なして、広義には、合理性の徹底の時代としての近代と見てもよい訳であった。さて、古典的文化の時代から中世を経て現代に至るこの過程を、もう一つの見方で、すなわち、世界史とキリスト教理解との対話の、キリスト教という極から理解することも可能ではないだろうか。この角度からの文化史的理解が可能なのは、実は、キリスト教自体がこの世界史を形成する一つの要因であったことが疑いを入れない事実だからである。そうであってみれば、この世界史の進展が文化史的にキリスト教信仰の立場からみて、徐々に信仰の堕落を示してきた過程であるのか、それとも、信仰の深化に相応した必然的な発展過程であるのか、というようなキリスト教信仰の内側からの質問設定がなされてよい筈である。この質問設定は、もちろん、世俗の歴史家のあまり関心を寄せるところではないであろう。

ここで私が、キリスト教が歴史の進展に影響を与えてきたという時、それは少しも道徳的な価値判断で、キリスト教が人類を善へと進歩させた、というようなことを言っているのではない。エーベリングが、この点をよく表現している。何かの価値規準で測られるような変化ではなく、キリスト教が歴史にもたらした変化は、エーベリングの言葉を借りれば、人間の世界に対する関係の変化、思考及び現実理解の基本的な様式に関しての変革なのである。そして、この面でのキリスト教の世界史への影響は、善悪両方への人間の可能性をともに強烈にした、ということになるであろう(48)。

このような世界史の文化史的理解に大きな貢献をしたと私が考えるのは、ディートリヒ・ボンヘファー(Dietrich Bonhoeffer)によって提唱され、ゴーガルテンによってさらに発展された文化史的理解である。彼らによれば世界史のこのような進展は、キリスト教信仰の内側から見て、決して文化史的な堕落の過程ではない。むしろ、このような歴史の進展は、キリスト教信仰の文化史的深化に相応する必然的な展開である。私はここで、この領域でのゴーガルテンの非常な力作である『神と世界との間に立つ人間』(Der Mensch zwischen Gott und Welt)の全般にわたって展開されている主題の内容を紹介しながら、論述をすすめよう。

古典的な時代であるグレコ・ローマンの時代を、前述したスミスはその論文の中では取りあげていなかったが、この時代にキリスト教は、西欧の歴史の中に入り込んできた。このグレコ・ローマンの世界の特徴は、何であったろうか。それに関して聖書の記事の中で目立つものは、ゴーガルテンの理解によれば、奴隷の恐怖である(49)。世界は、生を脅かす諸力によって支配されている。この諸力へ向かって、人間は絶えず気遣いし、それらから恩恵を得ようと細心の注意を払って生活していた。キリスト教が地中海沿岸の世界に進出してきた当時の一般的な人間の生の姿勢は、中世的人間の超自然に対する態度とは違っていた。中世人にとって超自然は、人間が正しい生活を送る限り、そこから救いと慰めとを期待してよい世界であった(50)。ところが、グレコ・ローマンの時代の人々の、これらの諸力に対する感情は、薄気味の悪さによって彩られていた。

ゴーガルテンによれば、聖書の中で――特にパウロにおいてであるが――目立っているその当時の状況理解である「奴隷の恐怖」は、地中海沿岸の世界に、一時的ではあるが大きな影響を与えたグノーシス主義の結果である。パウロの結婚理解などは、明らかに、このグノーシス主義に危険なほどに近づいている[51]。しかし、パウロのこの世を支配する諸力についての考えは、グノーシス主義と完全に一致している訳ではなく、もっと逆説的である。パウロによれば、これらの力なしでは、世界は収拾のつかない混沌状態に陥ってしまう[52]。しかし、グノーシス主義的なグレコ・ローマンの文化の西欧文化への影響は、もっと永続的な影響を与えたギリシア文化——そこでは、世界が秩序あるコスモスとして考えられていて、グノーシス主義のように無意味であり、悪であるとは考えられていなかった——によってとって代わられた。ただ、グレコ・ローマンの世界観もギリシア的世界観も、ともに人間を世界の角度から理解しようとした点では同一であった。このギリシア的な世界観が、中世の思想に決定的な影響を与えたことは言うまでもない[53]。

さて、前述したような、この世の諸力に対する怖れと気遣いに隷属していた人々の世界に、キリスト教の喜びの音信が入ってきた訳である。キリスト教の使信は、そのような人々が、イエスの生涯、特にその十字架において表されているほどに、創造者（であり、この世の諸力をも究極的には支配している神）から愛されている神の子たちであるが故に、この世の諸力を怖れる必要がないことを告げた。このことによって古代世界の終わりが告げられ、中世が明け始めてきた、と理解してよい訳である。中世は、その当時利用できたギリシア哲学である新プラトン主義やアリストテレスの哲学を用いることによって、超自然の世界を造りあげ、古代世界の恐怖とは違って、そこからは人間が救いと慰めを期待して良いようなものとしたのである。

しかし、中世が十分に展開することができなかった、キリスト教使信の重要な要素がある。それは、パウロの表現によれば、信者がキリストとともに神の相続人であるという真理である[54]。相続人である以上は相続財産がある訳であるが、ゴーガルテンの釈義によれば、パウロのここで意味する相続財産は、われわれの住むこの世界である[55]。これは、天地創造についての『創世記』の物語の中にある、神が創造行為の最後に、この世界の支配を人間に委託されたというあの記事に呼応する。パウロの理解によれば、奴隷の恐怖から解放された人間は、今度は、神から委託された世界——自分たちの相続財産——を管理しなければならない。中世は、この委託された人間の世界管理という真理を十分に生かすことができなかった。中世には、世界を管理する人間という意識はなく、むしろ、世界の中には（神によって造られた）創造の秩序が存在すると想定することによって、世界によって人間が支配されていたと言ってもよいであろう。中世においては、世界のすべての事象が——アリストテレス哲学の影響が多分にあったのだが——階層的に考えられて、この世界の階層的理解が創造の秩序と同一視された。教会も社会も、すべてがそのように秩序づけられていた。中世の人間は、この階層における自分の位置をまず知ることによって、自分の生の在り方、また、それに従った生き方を決定しようとした。すなわち、人間の生（歴史）から世界を理解したのではなく、世界から人間の生（歴史）を理解した。

この中世的な生の理解は、十分にキリスト教的であったとは言いがたい。パウロによれば、世界はわれわれの自由の管理に託されているわれわれの相続財産なのであって、われわれが、自分たちの生の意味を見出す場ではない。われわれは、自分たちの存在の意味を、直接に神から与えられているのである。神によって愛されているという現実から、意味ある生を獲得しているわれわれが、世界にも歴史創作を通して意味を与えて行かなければならないのである。宗教改革は、この角度から考察するならば、世界から人間の生きる意味を見出そうというキリスト教理解への反逆であった。ルターの修道院廃止の神学的土台はここにあったのである[56]。中世の修道院は、階層的世界観の産物である。修道院という一つの階層的な聖域に入った者は、そのことだけによって、世俗の人々よりも神に愛されている、功績ある者と考えられていた。ルターは、すべての人々を平信徒にすることによって、すべての人々を司祭にもした。神以外に人間の生に意味を与えるものを、許容しようとしなかったのが宗教改革の精神である。したがって、当然のことであるが、職業の貴賎も存在しなくなった。生の意味を、既に自分に対する神の愛の中に与えられている人間は、職業によって生の意味をもはや求める必要がない。どんな職業に就こうとも、自分の責任であり自由である。ルターによれば、中世的な創造の秩序から解放されて、人間は自分の理性の力で隣人への奉仕の道を発見して行く。その道を通して、委託された世界管理を成就して行くのである[57]。

それ故に、ゴーガルテンは、人間の中における神の像を考える場合でも、二重の神の像について語る。その一つは、人間の世界に対する委託された支配権を現す意味での神の像であり、もう一つは、人間と神との間に成り立つ関係を表現している意味での神の像である。そして、ゴーガルテンによれば、人間の罪は、神と人間との関係で考えられた神の像を破壊したのであるが、人間が委託された世界管理を実現する手段である理性を、その意味での神の像を、破壊しなかったのである[58]。近代精神の合理的・科学的世界支配は、歴史的にはすぐそのまま結びついてこなかったが、宗教改革の成果と深いところで結びつき得る可能性をもっていたのである。ここでゴーガルテンは、世界から生の意味を探索することを止め、かえって、自律的に科学の諸成果を利用することによって世界支配を実現しようとする近代精神が、そのままキリスト教精神と同一であると言っているのではない。近代精神は委託された世界管理を実行しているのではなく、全くの自律の世界支配を目指しているのである。このようにして、近代人は、自分たちの力で背負い切れない仕事、すなわち、全世界を絶対的に自分たちの力だけで支配することを引き受けた。ゴーガルテンによれば、この状況の中に、現代の苦悩があり問題性がある。[59] しかし、近代精神とキリスト教の使信とは、ともに世界から人間の生の意味を把握しないことを提唱する限り、互いに一致している。

ボンヘファーの言葉をもって表現すれば、近代人であるわれわれは――この近代人の中に、スミスのいう「近代後」の人々を含めてよい訳だが――「成人した世界」（die mündige Welt）、「宗教なき世界」（die religionslose Welt）に生きている（『ガラテヤの信徒への手紙』四章一節以下）。すなわち、われわれは、世界を宗教的に理解することを止めた時代に生きている。[60] 世界から人間の生の意味を発見しようとする宗教的な試みを止めない訳には行かなくなったのが、成人した世界の状況なのである。人間は世界に向かい合って立っていて、神はその世界に所属していない。この故に、人間の創作的管理に委託された世界という本来のキリスト教の使信と、現代人の世界とは適合する点をもっている。したがって、近代科学より逃避することによって、または、それを黙殺することによって、キリスト教をその現代での衰退から救おうとするような試みは、愚の骨頂である。むしろ、われわれは近代性を突き抜けて行かなければならない。このことは、単にキリスト教の文化史との折衝に関係するばかりでなく、宣教の場での弁明にも関係してくるのである。キリスト教の躓きをどのように考えるかに関係してくるのである。躓いてもらいたくないような、キリスト教福音の周辺的な躓きで躓いてしまう人々が多い。ところが、キリスト教の福音には、どうせ躓くのなら、あそこまで行ってほしい、あそこで躓くなら仕方がない、諦めようというような場がある。周辺的な躓きであるとここで私が言うのは、例えば、近代科学の成果によって既に常識化したものと矛盾するような聖書の神話的世界像と、それに付随している奇蹟物語などである。ところが、キリスト教の使信は十字架の躓きを説くのである。この躓きは、どうしても福音から取り去ることのできないものである。キリスト教のもつ真の躓きは、神に愛される資格のないわれわれが愛されることである。このような意味で、すなわち、周辺的な躓きを取り去る点で、使信は護教論的である。

このような意味で、ゴーガルテンやブルトマンなどの主張するキリスト教の実存論的理解は、その中に護教論を包含している。ブルトマンの非神話化論が、少なくともその思索への一要素として、このような護教論的な意図をもっていたことは言うまでもないであろう。[61] ゴーガルテンも、現代神学の多大の努力が、今なお、新約聖書の奇蹟物語の中に実存論的な意味を発見しようとするのではなく、客観的事実としての奇蹟を弁明して、そこに神の働きを見ようとするために捧げられていることを嘆いている。[62] 確かに、実存論的神学は、この意味においても護教論的である。しかし、この護教論の実存論的神学への関係を、私は今までわざと明瞭にすることを避けてきた。この関係は非常に複雑であると言える。普通、護教論は消極的な自己弁明であって、しばしばその名の下に、その時代の傾向に合わない福音の部分を削除する結果をもたらした。ところが、実存論的な聖書解釈は、現代の状況に適応しての削除ではなく、むしろ、聖書自体の終末論的原理に応じての聖書解釈である。この章での論述においては、その事情について詳細に説明することができないのであるが、とにかく、実存論的神学とは、削除的意味での現代の状況への適応ではない。私がこの論述において、現代の状況との対応で福音の理解を取りあげたのは、別の意図からであった。それは文化史的な意図であり、その意味において護教論を展開しようとしたのである。すなわち、キリスト教の理解と現代の状況との対話の設定であって、対話の両話者は、決して相互影響——それはもちろん存在している訳だが——によって、各々の独立性を侵されることがないのである。

ある一つのキリスト教の理解と、その理解を行った当時の歴史的な状況の理解とが、互いの独立性を侵しあってしまった例が、既に述べたトレルチのキリスト教の絶対性に関する理解の中にみられる。トレルチは、キリスト教内部から涌き出てきた原則でもなく、また、徹底的に世俗的な原則でもなく、彼独自の歴史観と宗教観から生み出した原則でもってキリスト教を理解しようとしたし、また、歴史の発展の動向を理解しようとした。これは、——トレルチ自身の意図に反して——キリスト教信仰と（世俗の科学である）歴史学との混同以外の何ものでもない。トレルチの観念論的な歴史理解は、そのような混合物である。私が考えているキリスト教と歴史状況との相互影響はそのようなものではなく、両者の独立性が、その相互影響を通してますます保たれるようなものである。すなわち、キリスト教信仰の内部からキリスト教信仰を理解し、また、キリスト教の歴史的発展の動向をも理解する時に、実は、もっとも冷静に、もっとも科学的に、世俗の歴史の動向を理解することができるようになる、と私は確信しているのである。それ故に、ゴーガルテンの成人した世界の理解の方が、個性をもった各文化がその個性をもったままそれぞれ発展していくというトレルチの理解よりも、世俗の立場からみても正しいし、キリスト教の内部からの発言としても正しいと思うが、これらのいずれが正しいかは、われわれが歴史を主体的に創作していくことの中で証しする外ないであろう。したがって、話を元に戻して言うと、このような立場から考えるならば、現代の状況はキリスト教からケリュグマを引き出す産婆の役割を果たしており、キリスト教の側から言えば、福音がますます自己理解を徹底させただけの話であって、現代の状況に応じて自己削減を行った訳ではない。そうすると、福音が、使信としての自己理解に徹底することによって、逆に、もっとも現代的になり得るとも言えることになる。神学固有の課題であるケリュグマへの徹底が、聖書の世界像と近代的世界像との間隙を埋め、また、現代の非宗教性を肯定させ、その問題点を明らかにしてくれたのである。しかも、この神学の課題はいつも、時代の状況との対話の中でなされなければならないものであることを、この論述が示し得たならば、この章の役割は果たされたのである。もちろん、この論述のほとんどが、神学と現代の状況との折衝における積極的な対応面のみを取り扱ってきている。現代の状況の問題性――それを私は「主観‐客観」の形式における思惟構造にあると考えているが――の克服については、また別の論述を展開しなければならないであろう。

I　神の存在と働き

第一章　話し合いの問題と神学的認識論

1　バルト神学との対話

　序章において主として取り扱った問題は、キリスト教がどのようにしたら現代の状況との対話の中に入っていけるか、ということであった。そして、この取り扱いは、教会というこの世の中に組織をもっている具体的な団体が、宣教という重要なその使命をどのようにしたら有効に果たしていけるか、という視野からなされた。しかし、当然、ここで問題になってくるのは、その教会の構成員である教会員一人一人の実存的な問題として、彼らは個々にどのような仕方で神の言葉と対話の関係に入ることができるか、ということであろう。実存は現代の状況の中にそれによって浸透されつつ生きているのであるから、序章で取りあげた問題とこの問題とは、密接不離の関係にあることは言うまでもない。しかし、一応、単独者としての実存をその周囲の状況から抽象して、その実存が神の言葉とどのような仕方で話し合いの関係に入るかを追求することが必要であろう。

　ここで取りあげる問題についての私の解決は、カール・バルトの「神の言《ことば》の神学」が提供するものとは違っている。バルトの「神の言の神学」が、教会の宣教をこの世のあらゆる人間による救いの言葉から区別し、プロテスタンティズムを宗教改革的な福音理解に導いた貢献は、どれほど高く評価しても過ぎることはない。しかし、彼の神学の影響が教会に深く浸透すればするほど、私がこれから問題にしてみようと思う話し合い（communication）の問題が教会の論議の前面に出てくる。

　バルトの神学に対するこの事情を示す一例として、誰でもが挙げるものがある。私も序章の中でしばしばそれに言及したのであるが、ヨーロッパでのルドルフ・ブルトマンの非神話化による聖書解釈方法論の問題提起がある。何故に大戦後のドイツを中心とした大陸で、彼があれほどの論議の対象になってきたかというと、彼が話し合いの問題を新たな形で提出したからである。ドイツの神学者たちが、従軍牧師として戦場の第一線に出て何を感じたかというと、バルト神学や正統主義神学では、教会外の人々と教会内の人々との間にある深い溝を、どうしても埋めることができないとの現実であった。[1] そして、教会がこの世から分離している事実に気づいた人々の間に、ブルトマンが非常に魅力ある存在として考えられるようになったのである。もちろん、ブルトマンを中心にした非神話化論争の発端は、彼の一九四一年の論文「啓示と救いの出来事」[2]に求められるべきであるが、彼がこのように論議の中心になったのは大戦経験後のドイツにおいてであった。

ブルトマンの重要性は、しばしば、本書において述べられるであろう。また、序章において既に、私はブルトマンの非神話化論が、現代の状況と結びつき得る方法論であることについてある程度述べた。具体的には、ブルトマンが現代の状況との話し合いに入ったのは、教会外の世界で人間を一番よく理解し把握した現代の哲学を、マルティン・ハイデガー（Martin Heidegger）たちによって形成された実存哲学であるとし、この哲学を聖書の解釈に応用して、真実の人間理解が聖書の中に与えられていることを教会外の現代人に、彼ら自身の言葉で語ったことを通してであった。すなわち、聖書と二十世紀の人間との間の話し合い（communication）を可能にしたのである。特別にブルトマンのようにはハイデガー哲学とは結びついていないが、ブルトマンのように実存哲学を話し合いの手段として、福音を現代人に浸透させようとの試みは、パウル・ティリヒによっても行われているのであるが、序章で取り扱った現代の状況との対話は、実は、ブルトマンやティリヒの背景をも形づくっている実存哲学との関係で、私によっても取り扱われたのである。そのことについては、後でもっと詳細に述べよう。

とにかく、私がここで取り扱いたい問題は、既に取りあげた文化的状況との話し合いというよりも、問題をさらに限定して、単独者なる実存がどのように神の言葉を受け取ることができるかということである。もちろん、既に述べたように、このような角度から問題に接近して行っても、文化との接触がいつも切り離されずに問題になるであろうが。

論を進める前に、もう一つ私が明瞭にしておきたいことは、私の立場がエドガー・ブライトマンの考えているような蓋然主義（probabilism）ではない、ということである。[3] ブライトマンは、エドウィン・ルイスの啓示理解を引用しながら、ルイスも、バルトやティリヒやブルンナーたちと同じように、ブライトマン自身の蓋然主義の立場とは異なると言っている。[4] さて、ブライトマンの蓋然主義の立場は、徹底的に経験主義の上に立った宗教哲学である。それは、経験という資料から出発して、神の存在、及び神の本質を探求する。ブライトマンのように、人間の経験の全範囲を取りあげ、その全範囲を調和させ、統一するような存在としてのみ神を取りあげる場合には、神についての理解はいつまでも蓋然的なものに留まる。これに対して、ルイスの立場は、信仰は蓋然性しかもてない程度の確かさでは満足しない。信仰は最後のところで、揺るがない根拠、すなわち、人間の経験の向こう側から経験の中に突入してくるもの、人間が自分の経験で自由にすることのできないもので、それに絶対的な信頼を置けるようなものを必要とする、と言うのである。この点においては、私の立場も、ルイスやバルト、ティリヒ、エミール・ブルンナーなどと同じである。信仰はその対象として確かなものを求めるのであり、蓋然的なものでは満足できない、と私も信じるからである。それ故に、これから展開される話し合いの問題の探求も、始めから蓋然主義の立場を問題にしておらず、神からの啓示という人間経験の彼岸から出発してくるものを前提とした論議である。

手始めに次の問題を考えてみよう。教会が、信仰は神よりの贈物である故に、信仰を神より与えられていない教会外の人々には、福音は全く理解されないものだとの立場に立って、教育し説教することが許されるであろうか。

ニュージーランドのアーサー・プライアー（A. N. Prior）は、バルトの神学的立場は、信仰についての討論がキリストを信じる者とキリストを信じない者との間に行われる可能性を、前提において究極的には否定するものであると言っているが、私も彼の批判に賛成である。[5]

バルト神学に、以上のような意味での話し合いが成立しない理由は何であろうか。第一は、バルトにはいわゆる自然神学を入れる余地がないことである、と私は思う。自然神学がない時に、人間には、イエス・キリストにおける啓示に出会うまで、キリストを信じるために役立つ積極的な結合点が少しも存在しない。キリストの啓示に出会うまでは、自然・歴史・人間の良心の働きに、神の働きを発見し得ないとし、恩恵以外の領域を全く消極的にみている。ただキリストによる啓示に接した時に、全く新しく、信仰への可能性が神より人間に与えられる、とバルトは考えている。この点に関する自分の立場を、バルトはブルンナーとの著名な自然神学論争において確立したのであり、その後も彼は根本的には少しも変わっていない。[6] しかし、次に、バルトは、キリストによって神を知った者は誰でも、歴史・自然・人間の良心や理解力等、すべてのものの中に、神の働きを発見することができると言う。すなわち、バルトによれば、人間はアダムの堕罪以後全く罪に汚れており、神を知る能力は人間から完全に失われているので、神がご自身の力で人間の中にこの失われた能力を回復して下さるまで、人間は、自然・歴史・人間の良心や理解力の中に実際には存在している神の働きに盲目なのである。神のみが神を知らせて下さるのであり、他の一切のものは、この神の啓示に向かってそれを助ける積極的な役目を果たすことなく存在している。[7]

啓示とは何であるか。イエスの人間性は、神の自己啓示に対して、積極的な役目をもっているのであろうか。処女降誕という事実は、この啓示に対して、積極的な役割をもっているのであろうか。また、弟子たちがイエス・キリストを証して書いた聖書は、教会で行われるイエス・キリストについての説教は、礼典は、啓示について積極的な働きをもっているのであろうか。バルトによれば、これらすべてのものは啓示の表象である。われわれが聖霊によってキリストを信じた後に、これらのものは意味をもつのであるが、神より信仰をわれわれが与えられるまでは、イエスの人間性も、処女降誕も、聖書も、説教も、礼典も、信仰に導く役を少しも果たさない。表象（Zeichen, tokens）は、それ自体においては固有の意味をもたず、それらの——神を固有には全く証ししない——表象を通して、神がご自身を啓示する時に初めて、すなわち、信仰者にとってのみ初めて、表象は神を指示する意味をもってくる。表象それ自体には、人間を信仰に導く働きは皆無である。このように、バルトによれば、神が直接人間の中に生み出すところの信仰に一切がかかっているのである(8)。

以上のバルトの啓示論について、われわれはどのように考えたらよいのか。私は、バルトへの批判を次に述べてみたい。

(1) 表象という言葉で表されているものは、既に述べられたように、人間の側の信仰の有無により、意味をもったりもたなかったりするものである。バルトによれば、説教もキリスト教教育も、すべて表象であるから、それらを受ける側に神が信仰を与えて下さるまでは、全く固有の意義をもたないのであり、われわれをいくぶんなりとも信仰に導く手段にはならない。

バルトによる、啓示と人間の行為との間になければならない断絶のこのような強調は、神学として、特に福音主義の神学としては当然であろう。ただここで、問題にしなければならないと私が思う点は、バルトの主張する人間の経験の彼方から、——空間的象徴を使えば——上からの啓示が、人間の側の積極性をどのような形においてであっても排除する仕方で語られていることである。これは神学の出発点を上からの抽象に求めたものであろう。もちろん、抽象それ自体は良くも悪くもない。学問はすべて、具体からの抽象なのであるから。したがって、神学が、バルト神学のように、上からの抽象で造りあげられる可能性を認めない訳には行かない。しかし、抽象は、その複雑さの故に隠されている、具体の深みをあらわにしてくれるところに意味がある。その抽象が真に学問的な抽象であるかどうかは、このことによって試されなければならない。バルトの上からの抽象は、果たしてわれわれの信仰体験の深みを表現するのに適合するものであろうか。私は適合しないと考えている。これに対して、実存論的神学の立場は、もしも抽象という概念を使用するならば、下からの抽象という表現を取ることが可能であろう。この下からの抽象の方が、人間の信仰的現実の深みの表現のためには適切である、と私は考えている。それはとにかく、上からの抽象であるバルトのこの立場を押し進めていけば、われわれが神の力によって神を信じるに至るまでは、われわれのなすすべての人間的努力が、信仰の飛躍のためには無意味になってしまう。

上からの抽象と私が表現したものは、宗教改革者マルティン・ルターの神学に言及しながらのカール・ホル（Karl Holl）の表現を借りるならば、独占活動の意志としての神（Gott als der alleinwirksame Wille）の神学的表現であろう。すなわち人間の、神を知ろうとし、また、神について語ろうとする努力は、一切無である。神のみがご自分を知らせることができるという立場なのであるが、結局バルトの立場はこれである。しかし、上からの抽象は、われわれの信仰の体験に適合しないように私には思われる。それは抽象のための抽象であって、信仰の体験を統一的に把握するための抽象ではないように考えられる。もちろん、私は、前述したように、ブライトマンのような蓋然主義の立場を取らないのであるから、——空間的象徴を使うならば——上からの神の啓示を肯定している。しかし、その上からの神の啓示を、下からの抽象の中で、下からの抽象の中にそれがかかわりをもってくる限りにおいてとらえたいのである。人間には、神を努力して求め、また、他者にも自分の信じる福音を努力して述べ伝える一面がある。これらの人間的行為に対して本質的に少しも意味を認めないような仕方で、神の恵みの絶対性を神学的に主張するような抽象化は間違っている、と私は思う。実は、神の絶対的恩恵の充足的完結性と、人間の主体的な自由による神への努力とは、相反するものとしてではなく、逆説的な統一を形成するものとして把握されなければならない。私がここで言う逆説とは、体験の表面に矛盾として現れるものが、実は、内奥においては調和統一を保つものとして現れていることである。表面的には、神の恩恵と人間の神への努力とは互いに矛盾するけれども、信仰的体験の深みにおいては、神への烈しい努力の中で、しかも徹底的に神に捕らえられているとの自覚をもっているのが、信仰者の現実である。

それ故に、人間の自由と神の恩恵とは、逆説的に思索されなければならないのであり、その逆説を下からの抽象化に含有することこそが正しい。このように考えてくるならば、信仰を目指しての人間の行為が固有の意味をもってくる。説教・キリスト教教育等は、信者と未信者との間に、または、信者と信者との間に、積極的な話し合いをなすための手段として固有の意味をもつ。ところが、バルト神学は、そのような話し合いの可能性を、上からの抽象というその性格の故に、完全に破壊してしまっている。

(2)　バルトの表象という概念は曖昧である。私は、この表象に二種類の区別を設けるべきであると思う。第一の種類は、処女キリストの人間性や聖礼典などであり、第二の種類は、処女懐胎や、復活の時の空虚の墓のような奇蹟である。バルトは、これらの両者を区別せずに並置しているのであるが、この両者の表象の間には、異質の要素がある。処女懐胎や空虚の墓の出来事は奇蹟物語であって、その意図は、人間が信仰をもつにあたり誰でもが可視的によりかかることのできるようなもの、すなわち、信仰の根拠を客観的なものに置こうとするところにある。つまり、そのような人間の欲望の表現である。したがって、これらは、信仰という実存的な冒険とは相容れない要素をもっている。自分の外側にある客観的なものにその根拠を移してしまうことによって、信仰の決断を曖昧にするものである。故に、これらは信仰と矛盾するので、神学の対象になるようなものではない（この点については、序章第4節の注（34）の中である程度述べた）。このことはもちろん、それらが現実に生起したかどうかというような歴史批評的問題とは、一応別の次元に属する。実際にその出来事が起こっても起こらなくても、歴史批評とは別の次元に属する信仰には関係がないのである。したがって、これらの奇蹟物語は、神学の対象にはならない。ところが、キリストの人間性や聖礼典・教会等は、信仰の根拠を形成するための客観的なものではない。なぜならば、それらが、信仰という実存的な決断を繰り返す姿勢を取っていない者にとっては、少しも意味をもたないからである。それらは神の言葉、あるいは、恵みの手段なのであり、信仰に対して客観的な保証を提供するものではなく、神の啓示との出会いの中に生きている者たちにだけ意味をもっているものである。人間の言葉に対する信頼と同じように、それらは、最後のところで、信じるという冒険を必要とするものである。

バルトは、これら両者を区別しなければならなかった、と私は思う。これらのうち後者は、神学の対象として重要なものであることは、言うまでもない。

ドナルド・M・ベイリー（Donald M. Baillie）は、バルトの表象の概念を批判している一人である。ベイリーによると、バルトが主張するように、史的イエスの人間性が、それ自体ではわれわれのキリストによる神への信仰に少しも寄与しないならば、何故に特別にナザレのイエスという人物との関係で啓示が語られ、受肉の事実が生起しなければならなかったのか、その理由の発見に苦しむのである。[9] キリストによる神の特殊啓示に服従しない者にとっても、史的イエスとの出会いが、聖なる何ものかに自分は出会っているのだとの体験でないならば――そして、ベイリーによると、この聖なる何ものかに自分は出会っているのだという体験が、積極的に、史的イエスがキリストであるとの告白まで導く役割をある程度果たすのであるが――、イエスをキリストであるとする告白は、盲目的信仰（fides implicita）にならない訳には行かない。

このベイリーの主張に対しては、次のことが言われなければならないであろう。ベイリーが、この点でバルト神学における自然神学の欠如を指摘しているのは正しい。人間が聖なる存在に出会った時には、その聖なる存在の正体を明瞭に把握できないまでも、深い感動を受けるものなのである。たとえ、イエスに出会った者たちが、一人残らずイエスがキリストであるとの告白へ向かって信仰の決断をしないまでも、ある程度それへの予感に襲われるというような、人間の神の言葉との結合点をバルトは正しく取り扱うことができなかった。この事実をベイリーが指摘したと考えるならば、確かにベイリーの主張は正しいと言わなければならない。しかし、ここで歴史研究という科学的な次元と、信仰という実存的な次元との区別を問題にしていない以上、ベイリーの把握も不十分であったと批評されても仕方がないであろう。イエスが、どのような人間であったかは、科学的な資料研究の問題なのであって、信仰の問題ではない。この点は後で、ブルトマン及びブルトマン後の人々の提起した問題について論じる時にもっと詳しく述べるつもりであるから、ここではこれ以上は触れないでおきたい。

とにかく、われわれにとって今重要なことは、聖書の中に現れているイエスという名をもつ人物のあの画像が、ベイリーの言う通り、確かに聖なるものについてのある程度の体験を人々に与えるということである。しかし、その聖書の中のイエスの画像は、歴史研究の結果明らかにされる史的イエスとは、一応区別されなければならない。

(3) 次に、「人間の自由」ということからの批判がなされなければならない。バルトの主張する神認識では、人間の自由の意味が曖昧になる。もちろん、バルトも宗教改革者たちと同様に「罪よりの自由」を説いているが、人間の、神か無かのいずれかを選ぶ主体的な自由を神学の問題として考えることをバルトは拒否した。もし、バルトのように、われわれの神信仰が、一方的に、神の働きの結果であるとして神学的に取りあげられ、人間の神を信じ、また、拒否する自由が神学の問題の外側に置かれ、われわれの信仰生活を構成する要素としての意味をもたないものと考えられるならば（神学の問題として考えられないということは、われわれの神との関係において、それが重要な一要素をなしていないことを意味している）、前述の如き神に対する自由――神を信じる、または拒否するという――と密接不離の関係にある、われわれの自由の行いである説教、キリスト教教育が無意味であるという結論が出てくるのは当然である。なぜならば、これらの行為はその対象として、人々の信仰への主体的自由を予想しているからである。これは、前に述べたように、バルト神学が上からの抽象であることとの結果であり、主体的な自由は、このような上からの抽象では、神学の問題として少しも重要視されないのである[10]。

(4) 第四の批判は、バルト神学における理性と啓示との関係についてである。バルトによれば、理性は、神の啓示を受け取るにあたって、少しも積極的な役割を果たさない。ここで言う理性とは、狭い意味でのそれではなく、人間の働き全体を含んでいるのであり、人間の体験、及び心情をも意味している。バルトの上からの抽象の神学によると、啓示とその啓示を受ける人間の理性との関係で、理性は全く消極的である。ここに問題がある。

ティリヒによれば、すべての人間は意識的にか、無意識にか、哲学をもっている。この哲学をもっている人間が、神の啓示に出会うのである。一例を挙げるならば、産業革命以後、自然を道具として扱うことに慣れたわれわれは、古代や中世の人々と異なる世界観をもっている。古代や中世の人々とは違って現代のわれわれは、世界と人間との関係を対立的に考えている。ティリヒはこのような人間の理性的態度を、技術的理性（technical reason）によるものとしている。

ゴーガルテンの思索を紹介した時に既にわれわれが知ったように、世界に対立する人間という観念は、決して誤ってはいない。むしろ、キリスト教的人間観と一致し得るものである。しかし、後の章で述べるように、世界を客観視して主観として立つ技術的理性の次元だけで人間が見られるようになると、キリスト教的人間観とは違ってくる。

ところが、このように人間と世界を対立的に思惟することに慣らされた理性は、神と人間との関係をも、対立的にのみ考え易い、とティリヒは言っている。このような世界についての理性的把握をもつ者がキリストの啓示に接した時には、古代や中世の人々が示したものとは異なる反応を示す。私が理解する限りにおいて、ティリヒの思惟の方向を押し進めていくならば、以下の結論が——この結論には必ずしも私は賛成ではないが——、必然的に出てくるであろう。バルトやブルンナーの神秘主義への嫌悪は、むしろ彼らが、神を単に人間及び世界と対立する一つの人格（a person）とする先入観に由来しているのであり、ティリヒによれば、恐らく彼らが初代、中世のキリスト教神学者たちがもっていた存在論を失ったためであろう。ティリヒによるならば、神は人間及び世界と対立する一つの人格ではなく、人格的（Personal）でありつつ、存在の根底（Ground of Being）として、対立面を超えた、人間との神秘的な交わりを可能ならしめる面をもっている[11]。

ティリヒの存在論に対しては、いろいろな批判がなされるでもあろう。私も後で一章を設けて、ティリヒの存在論を批判的に評価してみたい。また、理性が啓示とどのような関係をもつにいたるかは、次の章で啓示と実存という課題を取り扱うつもりであるから、その中でもっと詳しく展開されるであろう。それはさておき、ティリヒの存在論を一つの例として、次のことが啓示と理性との関係について言えるであろう。われわれがティリヒの立場に賛成するか、賛成しないかにかかわらず、われわれの理性的な世界の把握が——無意識的にであろうが、意識的にであろうが――、われわれの啓示の受け取り方に影響することは以上により明らかである。存在論に強く彩どられていた中世と、科学的理性が主流をなす現代とでは、人々の啓示理解が異なってきているとしても不思議ではない。バルトによれば、キリストを信じた時に、今までの世界についての理性的把握は全く崩れて、新しい信仰による思惟体系が成立するという。しかし、私は、われわれの世界についての理性的把握が、キリストへの信仰によって洗礼を受けると表現する方がよいと思う。キリストに出会う前の私とキリストに出会った後の私とは、私であることに変わりがないのであるが、このキリストとの邂逅が、私を全く新しい人間にしているのである。これと同じように、われわれの世界についての理性的把握はキリストによって新しくなるが、しかもなお過去の世界についての理性的把握と連続性をもっている。イエス・キリストによる神の啓示によって、われわれの世界についての理性的把握はその罪を裁かれ、赦され、聖化されてゆく。すなわち、自己を中心とした世界についての理性的把握が、キリストの啓示に接して、神を中心とした世界についての理性的把握に造り変えられてゆくのである。これが正しい啓示と理性との関係である。

パウル・アルトハウス（Paul Althaus）は、バルトが哲学や世界についての理性的把握に対する神学の積極的な関連を否定するのは、決してバルトの神学的思索に由来したものではない、と言う。アルトハウスによれば、バルトは自分の神学が哲学的に無前提であると主張しているが、実際はそうではなく、イマヌエル・カント（Immanuel Kant）やアルブレヒト・リッチュル（Albrecht Ritschl）のように、近代的相対主義と懐疑主義――これらは、アルトハウスによれば、（カントの認識論以後に栄えた）観念論の衰退、及び科学的実証主義の台頭にその原因をもっているのであるが――の哲学的前提に立って、キリストによる啓示以外に神の働きを認識する可能性を少しも認めないのである。

アルトハウスやティリヒに、私はこの点で同意する。実際、哲学的に無前提な神学はあり得ない。それ故に、自然神学の肯定・否定という問題、すなわち、哲学や世界についての理性的把握が神学に対して積極的な関連をもっているか、それとも神学はそれからは少しも影響されることのない、完全に孤立した一つの思惟体系であるかという問いへの答えは、アルトハウスが正しく言うように、啓示だけから導き出されるものではない。その啓示に出会う人の意識的また無意識的な哲学的な世界についての理性的把握にもよるのである。

上からの抽象の神学であるバルトの神学は、啓示だけから一切を導き出そうとしたのであるが、これは非常な無理をその中に含んでいる、と私は考える。何故にこのようなバルトの試みが無理であるかについては、次の章で教理史的な観点から啓示と実存との関係を探求しながら論じてみたい。

とにかく、バルトの立場も、神学的に可能な一つの立場であるには相違ないのであるが、このような立場においては、例えば下からの抽象の試みとも言える実存論的神学とは異なった、啓示と、世界についての理性的把握との関係が、われわれに提供されている。どちらの関係が正しいかを決定することは、前述したように、啓示からの演繹的思索だけでも結論が出てこないし、また、他の極端な立場であるところの、世界及び人間についての理性的把握からの演繹的思索だけでも出てこない。むしろ、この両者をどのように位置づけて考えるかという、両者の関係の思索から出てくるのである。

さて、キリスト者と他の人との間で話し合いが可能であるという立場は、バルト的な立場では成立しない。何となれば、神と人間との交わりが単に啓示の基礎の上だけに成り立つならば、啓示に出会った人間と、そうでない人間との間に、神認識について共通の領域が少しもなく、当然話し合いが不可能だからである。ところが、もしも人間が、人間である以上、意識的にせよ、無意識的にせよ、もたない訳にはいかない哲学的な世界についての理性的把握――私は、後で明らかになるように、この世界の哲学的な理性的把握によって思弁的な世界観ではなく、むしろ、実存論的な世界についての思索を意味している――が、人間と神との交わりに貢献するならば、信仰者と信仰をもたない者との間に話し合いが可能である。

かくして、教会内と教会外の人々との対話、キリスト教教育、及び前章において試みられた現代の状況に対するキリスト教の護教的な試みが意味をもってくる。[12]

以上の論述、及び序章の論述を通して、話し合いの問題がその中に護教論の問題を含んでいることは明らかであろう。われわれの議論が次の段階に入る前に、護数論が、神学にとって本質的な問題であるかどうかを検討しておこう。私自身は、護教論が神学の本質的な問題であると考えているが、もちろん、ここで私の意味する護教論は、初代の教会教父たち、例えば、ユスティノスがキリスト教を弁護したような仕方のものではない。この点は、序章の論述から明瞭にされたことと思う。そうではなく、キリスト教内部にあるものが、現代の状況に橋渡しするために引き出される、というような護教論を私は意味した訳である。既に述べたことを繰り返すならば、例えば現代の状況に対してキリスト教が護教論的な関係に入る場合に、現代の状況はキリスト教にとって産婆の役割を果たし、キリスト教内部にあるものを引き出してくれるのである。そこには、現代の状況に無理矢理に――キリスト教が自己喪失をするような形で――適合させられたキリスト教を生み出すという意味での護教論はない。

しかし、このように護教論は、キリスト教それ自体と外部にあるもの、例えば、現代の状況、または、隣人のもつ実存的な諸問題との間の橋渡しをするという役割だけではなく、それ以前に、単独者としての信仰者の実存の問題として、すなわち、信仰者の内面の信仰的戦いの問題としても取りあげられなければならない、と私は思う。話し合いは自分と他者との間に成立するだけではなくて、実は、自分の内部での自分と自分との話し合いでもあるという一面をもっている。

今、この点をもっと明瞭にするために、十九世紀の前半に偉大な業績を残したスイスの神学者アレキサンドル・ヴィネ(Alexandre Rodolphe Vinet)が、護教論の必要性について述べた事柄を紹介しておきたい。彼によると三つの理由から、護教論はキリスト教に必要である。第一の理由は、自分自身の信仰のためには啓示だけで十分であり、護教論を必要としない者も、啓示に縁遠い他者への愛の顧慮から、これらの信仰の外にある人々にキリスト教を説明する責任がある。そのためには護教論を必要とするというのである。第二の理由は、第一の理由よりも、もっとわれわれの信仰の構造そのものに本質的に関係している。ヴィネによれば、信仰は絶えず自分自身の中に疑惑を内包しているものであり、疑惑と闘いそれを征服し続ける時に、信仰は生命を保ち続ける。疑惑をもたず、したがってこの闘いをもたない信仰は、死せる信仰である。それ故に、信仰それ自体の本質的な要素として疑惑との闘争、すなわち、護教論を内に持っている。第三の理由は、知識的な弁明は必要ではなく、信仰者の良い生活だけが最上の弁明であると主張する人々に対してである。ヴィネによれば、なるほど良い信仰生活はそれ自体が弁明であるが、それだけではなく、このような道徳的弁明とともに知識的弁明も必要である。(13)

以上のヴィネの挙げる三つの理由のうち、特に第二は、ヴィネ自身が自覚していたよりも、もっと深刻な問題を内包している、と私は思う。第一、及び第三の理由はそれほどには重要ではない。なぜならば、二つの理由とも信仰者の信仰の決断に対して関係をもたないものであって、むしろ、信仰にとっては(本質的ではない)付け足しの理由に過ぎないからである。ところが、ヴィネの第二の理由は、信仰の本質に関係している。信仰は懐疑を招くのであり、懐疑を征服してゆくのであり、反対にそれ自体の中に疑惑を絶えずもたず、したがって、それと闘い続けていない信仰は、もはや、より深い神知識へと身を投入しようとの冒険を止めてしまったのである。それは死んだ停止状態にあるか、それとも退嬰しているかのどちらかである。われわれの信仰が生命に満ちている時に、それは何故に信じつつ疑い、疑いつつ信じるという緊張状態にあるのか。そして、何故にこのような緊張関係を失った信仰生活が盲従的なものであり、本来主体的な人間に自然である疑いを抑制し、かえってニューロティックな狂信的服従の生活を生み出すのであろうか。

その理由は、実存論的神学の立場からは明瞭である。信仰は、実存的な決断なのであって、客観的な保証をもっていない。もしも信仰が客観的な知識や思弁であるならば、一度そのような知識を所有した場合には、信仰は確乎としたものであって不安は存在せず、したがって、疑いもないであろう。ところが信仰は、どのようにわれわれが自分自身に欺瞞的態度を取って、それが客観的知識であると納得したところで、それでは済まないようなものを内包している。それは、信仰が客観的・思弁的な理由をもたない冒険であって、したがっていつでも、われわれの信じていることが実際に真理であるかどうかという疑惑がその裏側に隠されているからである。もしも信仰がそのような不安に耐えられずに、その疑惑を逃がれようとして客観的な保証に頼ろうとする時には、もはやその信仰は、信仰としての烈しい冒険性を喪失してしまっている。人間の生そのものが、われわれの存在の客観的な理由を与えてくれないのであるから、イエス・キリストとの出会いにおいて自分の人生の意味を肯定しようとする冒険である信仰は、その中にいつまでも、そうではないかもしれないという疑惑を内包している。これは冒険性のもつ裏側にすぎない。

2 神の存在証明をめぐる対話

今までわれわれは、理論的に話し合いが可能になるための神学的方向づけについて考えてきたのであるが、以下において、少しく過去の話し合いの試みについて述べてみたい。キリスト者と非キリスト者との話し合いの場合、今まで一番問題になったのは神の存在の問題である。私はここに、伝統的に著名な神の存在の証明を挙げ、それを批判しつつ論を進めていきたい。

(1) 最初に取りあげたいのは十一世紀より十二世紀の初頭にかけて、大きな影響を残していったカンタベリーのアンセルムス（Anselmus）の本体論的証明（ontological argument）である。彼によると、神はそれ以上偉大なものを考えることのできない存在である。それ以上偉大なものがない存在は、必ず存在する。なぜならば、それ以上偉大なものがない存在が存在しないならば、存在しているそれ以上偉大な存在が考えられるからである。アンセルムスによれば、存在している方が存在していないよりも偉大なのである。この本体論的証明は、人間の神観念からの証明であり、人間の内側に神を証明する手段を見出したものである[14]。

(2) 次に取りあげたいのは、十三世紀の偉大な神学者トマス・アクィナスの、いわば、人間の外側に神を証明する手段を見出した証明である。彼は五つの証明を挙げているが、ことごとくがアンセルムスの本体論的証明とは異なって、人間の観念にではなく、人間の感覚経験に手がかりを求めたものである。私は、特に重要と思われる第二と第五の証明だけを、ここに簡略に叙述したい。

トマスの第二の証明は普通、宇宙論的証明（cosmological

argument）と呼ばれているものであるが、その要旨は、次のとおりである。感覚的事物の世界には、原因結果の秩序が見られる。そして、どの事物をとっても、それ自体がその原因であるものは存在せず、必ずそれに先行する原因が存在する。この事実は必然的に第一原因を予想するが、それが神であるとする。

次に、トマスの第五の証明は、目的論的証明（teleological argument）と普通呼ばれるものの一例であるが、感覚的事物の世界を支配している或る理性が予想されねばならない、という立場からなされている。それによるならば、それ自体においては理性的能力をもたない事物が、それ自体の目的をもつかのように活動しており、それ自体にとって最善になるように行動しているけれども、これはそれらの物が、理性能力をもった他のあるものから指図されていなければ不可能なことである。ちょうど矢が目標に向かって飛ぶのは、射手がそのように矢を放ったからであるように、目的に向かっている物の背後には、理性的な存在者である神があるというのである。[15]

さて、アンセルムスの本体論的証明に対しては、トマスやカントたちより、鋭い批判がなされている。カントによれば、彼の認識論の当然の結果であるが、あるものの存在が確証できるのは、そのものがわれわれの経験の領域に入ってくる時においてのみである。ところが、アンセルムスの、それ以上偉大なものが考えられない存在は、観念であって、経験の領域には入ってこないが故に、その存在を肯定しようにも根拠がない。それ故に、カントは、本体論的証明は証明としては不成功であると言うのである。[16]

しかし、本体論的証明に対するこのようなカントの批判については、本体論的証明の立場から反論もなされるであろう。本体論的証明は、絶対的な存在を証明しようとしているのであって、カントの言う、感覚経験の中に入ってくる存在は、相対的な存在でしかない。絶対的な存在を証明しようとする本体論的証明を、これでは批判したことにならない、という反論がカントに対してなされるでもあろう。しかし、ここで問題になるのは、それでは何故に、絶対者の存在を証明しようと熱中するのであろうか、ということである。存在の証明という言葉のもっている意味内容は、カントがここで意味しているような内容、つまり、感覚経験に入ってくるものに外ならないのが普通なのであるから。絶対は、そのように感覚経験に入ってくる事物ではないであろう。

次に、トマスの証明に対する批判を試みたい。原因結果による宇宙論的証明から始めてみよう。この証明が、証明としては成立しないことは明瞭である。これは、AがBの原因であり、BがCの原因であるというように、これを押し進めてすべての事物の第一原因であるものとしての神の存在を言おうとする。しかし、これは、証明が証明であるために必要な、人に他の結論を出すことを許さずして、その人を確信させる力をもっていない。なぜならば、われわれは、最後の原因を神まで辿らないで、その手前で、例えば宇宙がそれ自体で、原因を他にもたずに動く、最後の原因であると考えることもできるのである。さらに、われわれの経験領域内における原因であるならば、その存在について確実性を確保できるが、第一原因として考えられた神は、われわれの経験領域を超えたものであり、本体論的証明についてのカントの批判から明瞭なように、その存在についての証明は、証明としての確実性を与えないからである。

次の目的論的証明に対する批判としては、まず次のことが言える。もしもすべてのものが目的をもって存在しており、その目的に満ちた宇宙の背後に、それを造った理性的存在（神）を想定するならば、どうして、そのような理性的存在である神を存在させたところのもっと高い理性的な原因を考えないのであろうか。原因を想定するに当たって、神でとどまる必然性はない。また、すべてのものが目的に適った仕方で存在していると言うが、それは人間の経験を超えた主張ではないだろうか。個々の例をとってみれば、われわれの道徳的理性を憤慨させる例はいくらでもある。例えば、何故生まれたばかりの嬰児が、もって生まれた癌で直ぐに死ぬようなことが起こるのだろうか。このような問題はわれわれの経験領域内では、目的のあることとは思えない。それ故に、目的論的証明も、証明としては説得力をもっていない。[17]

以上において私は、伝統的な神の存在についての証明が、証明としては説得力に欠けるものであり、役立たないものであることを充分に説明し得たと思う。これらの証明で納得できる人々は、既にその前に神を信じている人々なのである。トマスの神の存在証明は、証明としての役は果たさないが、既に信仰をもっている人々にとっては、一つの信仰的世界観を与えるものとはなり得るであろう。信仰者はそこで、神と宇宙との関係を、信仰的にどのように考えたらよいかを教えられ得るのである。*

＊　ブライトマンは、その『宗教哲学』の中に、神の存在証明ばかりではなく、神が人格的存在でもあるという証明を若干挙げている。第一は、経験的に可能なすべての所与は、意識的な経験である。故に、所与は意識的経験と両立する。したがって、意識的な経験、及びそれと両立する所与の現象が、その根底として意識的経験をもつ人格的な神を予想するという方が、他の立場よりはるかに論理的に理解し易い。第二は、すべての物質が知られるのは、そのある段階においては少なくとも、それらの力が意識的な経験に働きかけるから、または、意識的な経験を生み出すからである。このことは、それらの力の根底に人格的な意識を想定した方が、はるかに論理的に説明しやすい。第三に、宇宙にお

ける法則と秩序とは、宇宙の中に人格的な精神が働いていると考えた方が説明し易い。第四に、環境に適応する生物学的な進化の事実から言っても、または、目的を意識する人間や動物の心理的事実から言っても、宇宙の中に目的が存在することは、それらを存在せしめている意識的な人格神を想定する方が説明しやすい。第五に、宗教史は、いつも宗教が唯一神教に向かう傾向があることを証拠づけているし、また、宗教心理学は、宗教が人格の統一をもたらすものであることを確証している。宗教社会学は、社会を形成する共同の精神と普遍の愛という理想が宗教の理想でもあることを確証しているが、これらのことは、すべての宗教的経験の中に、唯一の人格的神が働いておられるという想定を、他の想定よりももっと合理的なものにしている。第六に、人間の価値経験は、単なる法則と秩序以上の力が、すなわち、人格的な力が、世界の中に働いていることを証拠づけている。第七に、もし非人格的な自然主義が、人格的な有神論を拒否した場合、非人格的な自然主義が残されている唯一の可能性であるとするならば、それよりも人格的な有神論の方が、われわれの経験を統一的に説明することにおいてはるかに有力である。第八に、神を否定する論理が、実は、しばしば非常に有神論的な色彩を帯びていることである。例えば、宗教が堕落した時にそれへの反動として無神論が台頭することは、歴史上しばしば見られたことである。その場合にこの無神論は、本来宗教がもっているべき価値をその宗教がもっていないが故に、その価値の重要性を認識している人々が宗教に反感をもって立ち上がったものである。結局のところ、これは価値経験の問題であって、その価値を支えるような人格的神を肯定する方が、その無神論を理解するのにはるかに役立つのである。以上のような証明をブライトマンは、神の人格性の証明として掲げているが、これらはやはり決定的な証明ということができない。すなわち、蓋然的に言って、人格神を想定する方が、論理的に人間の経験をより統一的に説明できるのではないかというものであって、信仰の要求するあの蓋然性を超えた確証を、われわれに与えることができない。したがって、前述した神の存在証明と同じように、これらも証明としては納得させる力をもっていない。しかし、既に人格神を信仰している人々にとっては、これらがその経験を整理するに当たって、役立つものであることは疑えない(18)。

一体、「神が存在する」ということを証明しようとする試みそのものが間違っていないであろうか。「神」という実在と「存在」という観念は、主語と述語との関係を造ることができるのであろうか。

「存在する」は、実証主義的な内容をもった言葉であり、数学上の真理、例えば 2+2=4 という感覚的経験に訴えないでも必然性をもっているものとは異なって、カントの言うように具体的な感覚的経験の強制力をその中に含まなくてはならない言葉である。そのような意味においては、私も神は存在しないと思う。われわれの信じるイエス・キリストの父なる神は、われわれの感覚的経験の対象にはならない[19]。

ティリヒも以上の意味において、神は存在しないと言っている。彼によれば、神は「存在」という言葉が意味するところのものではない。すなわち、神は、実在の中の一つの存在（a being）ではないのであり、存在を超越せる存在そのもの（Being itself）、または存在の根底（Ground of Being）であって、「神が存在する」と主張することは、神が存在しないと主張することと同様に、無神論的なことである。なぜならば、「神が存在する」、「神が存在しない」という議論は両者ともに、神が実在の中の一つの存在であるという意識的または無意識的な前提の上に立っての議論である。ところが、ティリヒによれば、神は存在、非存在を超越するからである。彼によれば、神とは人間がその（以上のような意味での）存在を肯定しようが、または、否定しようが、いずれにしても、その神から離れることのできないような特殊な存在である[20]。

私は、もしわれわれがその言葉の特殊性を良く承知していれば、神は「存在する」と言っても差し支えがないと思う。この場合、存在するとは実在の中の一つとして、われわれの感覚的経験の対象になるようなものではもちろんない。「神」という言葉は、存在の中の善なるものの源であり、存在に目的方向を最後的に与えるものを象徴する言葉である。譬えるならば、存在するもの（被造物）の中の善なるものを葡萄の実、神をその木とすることもできよう。しかし、この譬えでは、神が感覚的経験の領域内のものに変えられている点が注意されなくてはならない。実《み》は木から離れる時、やがては腐り滅んでゆく。木は、実が木など存在するまたは存在しないと議論している時にも、その議論に関係なく、実の存在を可能ならしめている。さて、人間の存在は葡萄の実のように、ただ「ある」のではなく、自分の生の意味と目的とを気にせずにはいられない存在である。自分の生に意味も目的もないと公言する者も、実は、自分の生の目的と意味とを気にしている。このように、自分の存在の最後的意味や目的を気にせずにはいられない事実は、人間が、人間の存在に意味と目的を与える存在の根底に連なって、生きていることを指し示している。この存在の根底が神である。故に、神を否定し、生の無意味を主張すればするほど、神を気にせずにはいられない人間性を露呈するだけであって、神との絆は、切ろうとしても切れない。言い換えるならば、人間は、神を肯定するも否定するもない。神に支えられて存在しているのである。さもなければ、自分の存在の意味と目的など、気にしないで生きられる筈なのである。

もっと単刀直入に言うならば、人間は根源的には神を知っているのであって――これこそティリヒの存在論の基礎でもある訳だが――、ただ人間の、神よりも自分を尊いとする罪がこの根源的な知識を歪めて、神がないかのような生活を可能にするのである。

さて、前述したアンセルムスの神の存在証明は、既に述べたように、証明としては不成功であるが、以上のような人間の根底にある一般的な神知識を――証明としてではなく、人間が離れようとしても離れられない神への、人間存在を根底づけ、人間存在に生の方向を与える神への、根絶することのできない人間の執着として、実存的な知識を意味するものとして見るとき、価値評価を新たにすることができるであろう。

この点について、興味ある議論がジョン・ベイリー（John Baillie）によって展開されている。彼はバルト、ブルンナー、カール・ハイム（Karl Heim）に反対して、神は人間と単に対立する絶対他者（Wholly Other）ではなく、人間の根底においても出会うことのできる存在でもあるとし、アンセルムスやデカルトの本体論的証明の価値を高く評価している。彼によれば絶対的完全の神観念は、相対的な不完全であるものの印象を感覚経験によって獲得した人間が、決してそれを拡大して引き出したものではない。相対的なもの、不完全なものを、どれほど完全に近づくように拡大しても、いつまでたってもそれは、相対的であり不完全なものである。また、ベイリーによれば、それが可能であると仮定して、われわれが相対的で、不完全なものを絶対的な完全なものに拡大するためには、最初に、個々の相対的で不完全なもののうち、いずれが絶対的な完全なものに近いかを比較せねばならないけれども、そのような比較は、人間が既に絶対であり完全であるものを知らなければできないことである。それ故に、絶対的な完全なものの観念は、われわれの相対的で不完全なものの感覚経験に根拠をもつものではなく、生来人間にある質的に異なったものである。このように、ベイリーも、人間の一般的な神知識を、神との存在論的な繋がりに求め、証明と言うよりは実存的な知識として、神を感覚的経験領域に入る一つの存在としてではなく、人間存在の根底に連なるものとして考えている。[21]

しかしながらベイリーの哲学的・神学的思索においては、この（彼の主張する）絶対的観念が、相対的な感覚的世界に生きる人間に、実存的な永遠なるものへの憧憬を与えている面が説かれていないことは残念である。結局、このような実存的な永遠への憧憬は、前述したような、人間が存在の意味と目的に無関心ではいられないところの実存的な苦悩と密接不離のものであるが、今の論議の場合はむしろ、直接的に永遠と時間との連関に関係しているが故に、一応別な角度から検討するのが至当であろう。

この点に関してわれわれは、フリードリヒ・フォン・ヒューゲル（Friedrich von Hügel）の本体論的証明についての評価から多くを学ぶことができる。彼ももちろん、トマスやカントが批判したように、本体論的証明が真実に意図したところのものは「証明」ではなく、われわれの中にある消すことのできない永遠なるもの——アウグスティヌスの言葉によれば、「われわれがそれを見出すまではわれわれの魂が安息を得ないところのもの」（quia fecisti nos ad te et inquietum est cor nostrum, donec requiescat in te. Augustinus: Confessionum, I, 1）——への常に現存するところの憧憬を指示することである。私は、フォン・ヒューゲルのように解してこそ初めて、十分にベイリーの理解した絶対的観念の超越的起源が、実存的に生かされてくると思う。すなわち、フォン・ヒューゲルによれば、真実の人間性の特徴は、単に過ぎ去りゆくもの、単に現象的なもの、単に有限的なものに囚われることに対する精神的な苦悩である。そして、自分の最善の業績さえもが、完全の理想に比較して常に微小なるものであると感じるのである。それこそが、フォン・ヒューゲルによれば、無限なるものの人間における存在論的現在なのであり、神の先行の恩恵（gratia preveniens）なのである。[22]

さて、このようにすべての人間が一般的な神認識をその根底において所有しており、しかもそれを自分の罪によって覆い隠し、いわば無理矢理に、自分が神に繋がれていないかのように自分自身を偽って生きている現実を知る時に初めて、他の同じ地盤の上でキリストによる神の啓示を信じる者と、他の宗教を信じる者、及び無神論的世界観を有する者との間に、話し合いの可能性が与えられる、と私は思う。それ故に、このような意味での自然神学は、神学が棄ててはならないものである。

3　宿命・啓示・決断——ティリヒとシュヴァイツァー

キリストによる神の特殊啓示と人間の実存論的神認識との関係について説明する前に、私は一つの概念を、この論述の中に引き入れなければならない。それは人間の「宿命」（destiny, Schicksal）という観念である。

「宿命」をいう言葉が決定的色合をもっていることを知らない訳ではないが、今のところこれ以上適切な言葉を私は知らない。[23]私はこの言葉を、自分の存在が、存在の根拠である神と正しい結びつきをもち、信仰的・道徳的存在としての本来あるべき人間の状態（それから脱落している現実の状態ではなく）になることを宿命として与えられており、そして、そのような宿命を人間は、自分の自由によって成就して行かねばならないことを意味するものとして用いたい。もしもこの自分の宿命を、自分の自由によって成就することを怠り、人間が自分の存在の根底である神の意志を軽蔑するならば、人間存在が内側から、根底的に崩れて破滅して行くのである。

この「宿命」という言葉の色合を、一般的であるとともに特殊的なものとして私は用いたい。それが信仰的な神への服従による道徳的存在の達成を意味する限り、それは一般的・普遍的であり、一般的理想像の成就を意味している。しかし、それは同時に、個々の人間の孤独な宿命を意味しているのであるから、その意味においてはそれは特殊的である。個々の人間は、それぞれ創造者なる神の創造的な意図により、自分の存在を自分の内の創作的エロースを豊かに燃焼させることにより、創作的に肯定することを宿命として与えられている。そして、人間の宿命における、この一般的なものと特殊的なものとは分離不可能であり、個々人による独自な統一を形成している。このように、私の意味する「宿命」の成就は、唯名論的（nominalistic）でもなく、実在論的（realistic）でもなく、実存的であり将来志向的である。孤独なる創作性を、存在の根底である神との関係により、一般的なものにかかわりをもちつつ、否、両者が独特な統一、及び相互浸透を保ちつつ、成就してゆくことである[24]。

以上により明瞭だと思うが、人間の宿命は神との正しい関係の中で信仰的・道徳的に正しくまた創作的に生きることであるから、それは前述したような人間の実存論的な神認識と密接に関係している。人間は、自分の罪により、現実的にはこの自分の宿命を、そこから脱落している存在として出発し、その宿命を成就して行かねばならない。そこに実存の苦悩と恐怖がある。

さて、この実存論的な一般的神認識は、決して積極的な、内容的な神知識を与えていない。それは、切っても切れない人間の本質的な神との繋がりを指示する実存論的な認識であるけれども、信仰は、人間が自分の宿命を積極的に豊かに成就するためには、このような一般的な神認識だけではなく、神の側からの啓示を予想しているのである。

もちろん、啓示が与えられなくても自分の宿命を成就し得ると主張することは、論理的には一応可能である。啓示が与えられて初めて自分の宿命が成就されるという確信は、その啓示との関係に入った人間存在が信仰体験的にのみ言うことのできるものであって、その関係に入らず、また、その関係を身をもって生きない人々には開かれない扉である。

しかもなお、特殊啓示との関係に入らなくても、すべての人間が根底において神との関係の中に、無自覚的にではあろうとも入れられており、すべての人間の宿命が、ただキリストによりご自分を啓示される神との正しい関係の中でのみ創作的な豊富さで成就されるという思索は、異なった啓示宗教のもとに立つ信仰者相互の間に、またキリスト者と不信仰者との間に、話し合いのできる地盤を提供する。すなわち、キリスト者は不信仰者に、自分の啓示体験による宿命成就的実存の在り方がどれほど豊かであり、どれほど根底的に人間存在を理解したものであるかを示し、信仰なき者の存在の在り方がいかに人間の本質的存在を根底から歪めた、貧しい・不十分なものであるかを指摘することにより、不信仰者に対しても啓示体験へと決断せしめるための話し合いをすることができる。異なった啓示の下に立つ信仰者相互の間にも以上のような話し合いにより、互いにどちらの啓示信仰が、より深く人間実存の不安と恐怖とを露呈させ、どちらの信仰体験が、より豊かに人間の問題の創作的解決へ導くかなどに関し、互いに意見のスムーズな交流を図ることができる。人間実存の分析とその治癒、さらに創作的な本質的存在としての宿命をいずれの生き方が与え得るかについて——これを単なる、自分の実存と関係のない観想的知識の問題としてではなく——実存的・主体的な決断に導くような仕方で話し合いがなされ得るのである。

このような宿命を成就するものとしての神信仰は、人間の幸福追求と同一のものであるかのように誤解されてはならない。私は人間の幸福追求と宿命成就とは、必ずしも一致しないと考えている。幸福はそれ自体においては良いものであるが、ある時には自分の幸福を投げ棄てることが、宿命成就の一過程であり得る。それ故に聖書は、苦難を喜ぶ信仰について語り、人の思いを超える平安について語っているのである。人間の宿命成就とはこのように厳しいものである。

ティリヒはある論文の中で[25]、人間の喜びの状態にある四つの次元を挙げている。すなわち、快楽（pleasure）と幸福（happines）と歓喜（joy）と祝福（blessedness）とがそれらである。ティリヒによれば、快楽とは、ある特定の刺激によって起こった喜びの感動である。これはもっとも皮相的な人間の喜びであって、誰もこの喜びの追求のためだけに生きる人間はいない。幸福とは、快楽よりも深い、もっと永続する性質のものであるが、これは不快感とも、または苦痛とも共存し得る。しかし幸福は、大部分が外的な状況に依存している。すなわち幸福は、家族や友人たち、またはわれわれがその中に生きている社会からの、われわれに対する尊敬などに多く依存しているのである。そして、人間は、ティリヒによれば、この幸福の次元での喜びの追求だけでも生きて行くことができる。しかしその場合には、次に取りあげる歓喜というもっと深い次元に到達することは不可能である。歓喜とは、われわれの存在のもつ、本質的・中心的なものの成就の表現である。これはしばしば、快楽や幸福と衝突するような仕方で所有することのできるものである。しかし、これも人間にとってもっとも深い喜びではない。もっとも深い喜びこそ、祝福なのである。ティリヒによると、これは歓喜の中の永遠的な要素である。祝福は、歓喜が永遠を対象としてもたれた時に、存在するのである。歓喜は、内面の心理的な事柄に集中するものではない。他者のための完全な自己放棄の中に見られるものである。例えば、歓喜は仕事そのものを追求するための自己放棄、または、隣人愛のための自己放棄の中に見られる。ところで、歓喜の向かう他者が、地上の一切のものではなく永遠者である時に、祝福という要素が歓喜の中に生まれてくる。

さて、ティリヒのこのような喜びの分析に従うならば、私の言う宿命成就は、この四つの喜びのうちのどれに当たるであろうか。躊躇することなく私は、それが祝福に当たると言うことができる。

以上のように、人間の宿命成就――これは前述した通りに決して通俗的な意味での幸福主義ではないが――は、アンダース・ニグレン（Anders Nygren）により普及された愛の類型区分によれば、エロースである。しかし、ニグレンの論議は、前提として存在論――この存在論が宿命成就という実存論的観念の土台をなしているのだが――をもたずになされているのであり、その彼の立場から周知の類型区分が行われ、アガペーとエロースとの対立が主張されている。これに反して、実存論の土台としての存在論に立って思索する者にとっては、ニグレン的な意味での対立はあり得ない。アガペー的神中心主義は、決してエロースと対立してそれを壊滅に導くものではない。私は宿命成就とは、このようなアガペー的・エロース的出来事であると思う。

ティリヒのように存在論に立つ神学者が、ニグレンの立場を批判するのは当然である。ティリヒによれば、アガペーとエロースとの間でのニグレン的なあれかこれかという選択は存在しない。確かにニグレンの言うように、アガペーとエロースとを質的に差別することは便利であるが、しかし、それらが対立的な類型を形成してはならない、とティリヒは考えている。むしろ、「両者のいずれもが他の中に存在しているのであって、両者は歪められた形態においてのみ衝突する。真実の愛はエロースとアガペーとの統一なくしては存在しない」。エロースなきアガペーは、存在論的な本質的自己の肯定をその中に含まないところの、道徳律に対する他律的服従であり、アガペーなきエロースは、他者の主体性を犯す混乱した欲望である[26]。私は以上のティリヒによるニグレン批判を正しいものであると思うが、私の言う宿命成就の創作的生の在り方は、ティリヒ的なアガペーとエロースとの統一を、ルイス及びベルジャエフに見られるあの創作性の息吹きの中で把握していこうとするものである。

このような創作性の息吹きをもった宿命成就の理解をもう少し浮き出させるために、第一次世界大戦の間になされた、トレルチによるドイツと西欧との文化的な相違についての考察を検討してみよう。

エルンスト・トレルチによると、ドイツにおける十八世紀と十九世紀とは、文化的にみて異なった時代であった。ドイツの十八世紀は、イギリスやフランスと同じように理性の時代であり、ドイツの十九世紀は観念論哲学の全盛時代であった。しかし、イギリス及びフランスは十八世紀以後も、思想的土台は根本的には変わっていないのである。それでは、ドイツの十九世紀と、アングロ＝フレンチの十九世紀との相違は、どこにあるのか。それは、人間理解の問題であり、その理解における相違が二つの世界を造ったのであった、というのがトレルチの意見である。十八世紀のドイツの人間像と、イギリス及びフランスの共通な要素をもつ理想的人間像とは、一体どのようなものであったか。トレルチの言うところを、私は自分なりの言葉でここに表現してみよう。

　この人間像の土台は、自然の法則であった。フランス文化の場合には、フランス革命に表現されているように、この自然の法則は理性主義的に考えられたが、イギリスの近代は、十七世紀のピューリタニズムが表現しているように、それは神の道徳律であった。したがって、同じ自然――もちろんこの自然は日本的な山や川の自然というよりも、ヨーロッパ的な、人間性という自然であるが――の法則を人格の基底として考えたと言っても、理性主義的なフランス革命によって築かれたフランスの近代文化と、ピューリタニズムによって築かれた英国の近代文化とは、そのニュアンスを異にしている。しかし、今、私の論じている当面の問題のためには、このニュアンスの相違は、それほど重要ではない。

　さて、ヨハン・W・フォン・ゲーテ（Johan Wolfgang von Geothe）は、このようなアングロ＝フレンチ的な人間像の理解に非常に近い理念をもったドイツ人であった、と私は思う。ところが、トレルチによると、これに反してヘーゲル、シェリング、フィヒテなどの十九世紀のドイツ観念論哲学者たちには、人間像の基底としての自然の法則の消滅が見られる。すなわち、彼らにおいては、各個人が自分自身で自分の人格の基底さえもつくるのである。これが、十九世紀以来のドイツ的自由である。そこには、人間同士の共通の基盤が喪失している。トレルチによれば、ドイツの十八世紀と十九世紀の人間像は以上のように異なるのであるが、ゲーテはドイツ思想史上、十八世紀の理想をもっともよく現した典型的人物であった、と私は考えている[27]。

　ところで十九世紀のドイツ観念論に影響されたドイツ的自由の観念とは別に、ゲーテによって典型的に表現され、その後もその流れが消えていないアングロ＝フレンチ的自然理解と根底を同じくする自然理解が、ドイツ語文化圏にも存在している、と私は思う。ドイツのこの伝統を受け継いだ人物を取りあげるならば、例えばわれわれは、ゲーテに対して深い共感を覚えているスイスのアルバート・シュヴァイツァー（Albert Schweitzer）を挙げることもできよう。

　シュヴァイツァーの「生への畏敬」（veneratio vitae）の思想は、トレルチの言うドイツ的自由とは相容れないものである。「生への畏敬」は、生への意志を自分の中に、また、自分の周囲に、既に自然的に与えられているものとして感じる。すなわち、人間同士は、生きんとする意志において、共通の基盤をもっているのである。そこでは、人間をある程度自由に放任しておいても、別に異常な混乱を引き起こすことはないという、アングロ＝フレンチ的デモクラティックな自由主義にシュヴァイツァーは近い。この人間同士に共通の基盤をもたないドイツ観念論的自由が、絶えず混沌を恐れるあまり秩序を強制するのとは、シュヴァイツァーは違っている。

シュヴァイツァーの思想の根底にある「生への畏敬」は実を言うと、既にわれわれが序章において考察してきたあの不条理の思想に相応じるものであると言える。シュヴァィツァーは、河馬の群れの間を舟で進んでいる時、つまり自然の世界の中にいる時に、「生への畏敬」の理念に辿り着いたとのことである。しかし、自然界は弱肉強食の世界であって、そこには「生への畏敬」はない。自然界からこの「生への畏敬」という倫理は導き出されるようなものではないのである。

中国の儒教における「天」という理念によると、自然の中には秩序があり、その秩序に従う人間によって仁という行いがなされるという。これには自然に対する楽天的な考え方が反映しているのであろう。また、古代からインド思想には、自然は移ろいやすく遂には滅するとの宗教的理念があり、それを受け継いだ仏教は元来現世否定的であった。そこから生まれてくる倫理は諦念を基本とするものとならざるを得ない。また、哲学史を見ても、シュヴァイツァー以前の歴史における哲学の倫理思想においては、世界（自然）を楽天的に認める立場に立って、人間を楽天的に肯定する倫理思想及び文化倫理が生まれたとともに、世界（自然）は移ろいやすく、遂には消滅していくものという否定的な立場に立って人間を否定するような否定の倫理及び文化が生まれた。ところが、「生への畏敬」の倫理は、自然に対しては悲観的であるが、インド思想とは異なって、中国の思想のように人間の可能性については肯定的・楽天的である。「生への畏敬」の理念は、シュヴァイツァーの心中に閃いたものであって、自然の観察から導き出されたものではない。彼の心の中にある生きんとする意志から生まれたものである。ここにシュヴァイツァーの独創性がある。彼のこの思想は、実に実存的である。外側の世界（自然）は不条理であるが、しかし、私の中には生きようとする意志がある。ここから、シュヴァイツァーの、世界に対しては悲観的、人生に対しては楽観的な倫理思想が生まれる。このシュヴァイツァーの思想は、現代の不条理の思想に耐え抜けるものである。なぜなら、不条理な周囲の現実にその基礎を置いていないからである。

しかし、このシュヴァイツァーの「生への畏敬」に対して、私は全く批判がない訳ではない。それはシュヴァイツアーの思想にとって、イエスがどのような位置を占めているのかをめぐってである。シュヴァイツァーにとってイエス・キリストは、単に「生への畏敬」の倫理を実践した一人の人間でしかあり得ない。世の終わりが間近であるという世界観に生きていた人々の世界の中で、自身その世界観をもっていながらも、その世界観が時代の変遷によって滅んでも、それとともには滅びることのない、生への畏敬の倫理を実行したのが、シュヴァイツァーのイエスである。イエス・キリストがいなかったとしても、シュヴァイツアーの場合には「生への畏敬」の倫理が創られたのではないか、という批判が当然なされるであろうし、それに対しては納得できる弁明を彼から期待しても無理であろう。彼の思想の中では、確かにイエス・キリストは比較を絶した意味での独自性をもってはいない。イエスは「生への畏敬」をいち早く実践したという意味で、独自性をもっているに過ぎないのである。したがって、イエスの十字架及び復活の十分な神学的理解を彼のイエス理解の中に求めることは不可能である。復活を歴史的出来事として全く認めていないのはともかくとして、シュヴァイツァーにとってイエスの十字架は、「生への畏敬」の典型的実践としての意味しかもっていない。イエスの死が、われわれに対する罪の赦しの神の言葉であるなどとは、考えられていないのである。シュヴァイツァーによるとイエスは、その当時の世界観に制約されて、ご自身間近な終末を信じておられたので、人々の待ち望んでいる神の国を早くきたらすために、終末がくる前に神から人々に要求されている苦しみを一人で引き受けようと決心されたのが、苦しみの死を覚悟してのエルサレム行きであり、結果としての十字架であった。現代人には、イエスの当時の世界観をもつことは不可能であるが、イエスの生き方に従うことはできる。これがシュヴァイツァーの言う「生への畏敬」なのである。

さらに、ドイツにおけるブルトマン及びゴーガルテンたちの実存論的神学の根底には、ドイツ観念論的自由の概念よりは、（トレルチの類型を利用させてもらうと、）アングロ＝フレンチ的な自然の理解に近いものがあると言っても差し支えない、と私は思っている。その証拠には、ゴーガルテンが、その書物の中でゲーテへの共感を強く主張している事実を挙げることができる。ゲーテの世界及び自然に対する態度と自分の実存論的神学のもつ自然に対する態度とが、本質においては同一であることをゴーガルテンは強調している。[28] それ故に、実存論的神学は確かにドイツ神学の伝統の中で育ったものではあるが、ドイツ観念論的なものというよりは、ゲーテと結びつくもう一つのドイツの伝統、すなわち、ヨーロッパ的な（人間性という）自然を尊重する伝統とも言うべきものに連なると言っても差し支えないであろう。これと同じような事情が、ティリヒの実存論的な色合いの濃い存在論にも認められることを、われわれは理解できるであろう。彼がアメリカの神学界においてあのような人気を獲得したという事実の根底には、彼の実在理解がアングロ＝サクソン的な（人間性という）自然の理解と強く結びついたからではないだろうか。

トレルチが第一次世界大戦の中で考えた（前述の）文化の

類型的な相違は、第二次世界大戦後の状況になると、一応、（第一次世界大戦の中の）ドイツと西欧との対立というよりも範囲を拡げて用いられ得るものであった。すなわち、第二次世界大戦後においては、コミュニズムの世界と西ヨーロッパとの対立という形で、その類型は役立つのである。この事実を証明するのが、カミュの『反抗的人間』である。この書物の中で、カミュは、コミュニストの世界と南ヨーロッパの世界、換言すれば、北ヨーロッパ世界と南ヨーロッパ世界とを対照させている。彼によると、コミュニストの世界は「歴史」の世界であるが、南の世界は「自然」の世界なのである。南の世界は、教会堂の建築様式からも分かることであるが、地面を這うようなところがある。ところが、北の世界は、ゴシック建築にその特徴を現していて、空に屹立している。このような感じ方の相違の根底に横たわっているものが、実は当時の北と南の世界の対立である。このようにカミュの思想では、北ヨーロッパのものの考え方の特徴は、地面（自然）より徐々に離れてきているところにあると考えられている。そこでは、人間は、自分の力で社会や文化を築く。人間性（という自然）さえも、人間が創る歴史の変化に応じて変わってゆくと考えられている。これは、人間の中にある自然性さえも、人間の力で変えてゆくことができるといった徹底的な歴史主義であり、地面から離れた空に屹立する教会建築に現れているようなものの感じ方の行き着いたものである。

ドイツ観念論から出発したヨーロッパ的な自然からの遊離が、コミュニズムに行き着いた、というのがカミュの思想である。これに対し、南ヨーロッパは、自然に根を下ろし、歴史によって人間性は変わらないと感じている。人間性という共通の基盤が、どの国の人にも、どの時代の人にも存在している。このようにカミュは南ヨーロッパ的なものの感じ方に立って、（トレルチの言うアングロ＝フレンチ型の）人間性という共通の基盤を主張した。繰り返して言えば、この基盤に立っていればこそ、アングロ＝サクソンの国々やフランスが、デモクラシーを棄てきれず、また議会政治を棄てきれないのだ、と私は思う。人間性という共通の基盤への信仰があるからこそ、人間を或る程度自由にし、勝手なことをさせておいても、結構世の中はまとまって行くという自信がもてるのである。これこそ議会主義の基礎である。もし、これに反して、歴史がすべての事柄の解決をもたらすとし、人間が自分の力で無から歴史の中のすべてを創っていくとするならば、（そして、すべての人間の中に少しも共通の人間性がないのであるから、）すべての人がばらばらの思想をもたないように、また、勝手な生き方をしないように、すべての人を人間の力で統一せねばならなくなる。当然そこからは独裁政治が生まれてくる。これがまた、コミュニズムの帰結でもある。これがカミュの主張であるが、このような人間性という自然の上にカミュは、彼の実存主義を基礎づけた。すなわち、人間は自分の中に与えられている人間性を展開することの中にしか生きる道はないのである。

もちろん私は、カミュの分析、及びトレルチの文化類型的な分析が完全に正しいかどうかについて、断言しがたいのである。しかし、これらの文化類型の相違の探求、及び自然と歴史という対立の想定の中から、次のような結論を引き出すことは、カミュ、及びトレルチの分析のすべてが正しいか否かにかかわらず、できることであろう。

私が主張する宿命成就は、トレルチの分析を借りるならば、アングロ＝フレンチ的な自然観に根差しているものであり、また、カミュの分析を借りるならば、歴史を基礎として生を築いて行く生き方というよりは、人間性という自然を基礎にして生を築こうとする理解であると言えよう。もちろん、ここでわれわれが注意しなければならないことは、実存論的神学が、普通、歴史という言葉を使用する時には、カミュが自然と対立させたような意味での歴史主義をいうのではないということである。そうではなくて、実存論的神学は、歴史そのものが人生の諸問題の解決を含んでいるという歴史的形而上学に反対する意味で、歴史という言葉を使うのである。実存論的神学によれば、歴史の未来の中に人生の解決があるのではない。もし未来にその解決を求めるならば、それは現在に集中して生きることを忘れた生き方になるであろう。むしろ実存論的神学は、現在を十分に深く生きようとするところにすべてを賭けるのである。現在から将来につき抜ける時の決断を、実存論的神学は、歴史という言葉に含ませて理解している。この場合、歴史とは、人間の歴史創作の行為を指す。それ故に、その決断は、未来における解決の確実性という客観的な根拠をもたない決断である。それは、人間の宿命を内側から外側に向かって展開させていくための決断、歴史形成、歴史創作でしかない。

この生き方は主観的個人主義に陥るのではないか、という疑問も起こるであろう。しかし、その批判が正しいかどうかは、もはや論理の問題ではない。われわれが実存的に歴史を創作していくことの中で、解決して行くべき問題であろう。

4 啓示と体験

以上の論述を前提として、啓示と体験の問題を新たな角度から取りあげてみよう。そのためには論述を科学的な実験と信仰の啓示体験との類比（analogia）から始めて行こう。神は科学的実験の対象にはもちろんならない。キリスト教的神認識は、実存的な決断によって啓示信仰をもち、神との関係に入ることにより成立する。このような認識が、実存的決断を伴わない自然科学的知識とは次元を異にすることは論をまたない。しかし、私は、次元を異にしているけれども、両者の間には次のような意味で類比が存在すると思う。

自然科学的実験は、一つの信仰とも言うべき前提があって初めて可能である、すなわち、宇宙が一つの法則的調和であるという前提の上に立って、実験はなされる。宇宙が調和であり法則的であるとの前提なしには、科学的思索は不可能である。しかし、誰も宇宙全体を外側から観察して、この調和信仰を実証できる者はいない。この前提の上で、われわれは個々の事柄を実験し、この宇宙の調和への信仰が誤りなきものであることを経験的に反芻し、この宇宙の調和への信念をさらに強靭な疑いなきものに深めてきている。もちろん、感覚的経験の領域は主体的決断の領域から明瞭に異なるが、類比的な意味においてはここでも「信じてそれから理解する」(credo ut intelligam) が成立する。信じることは人間性に本質的な事柄であり、信仰的な面が先に立ち、体験的な面がいわばそれを後から確証していく。

私は、代表的にジョン・ウェスレー (John Wesley) などによって表現されている、神学上の体験主義と言われるものを現代の神学問題として取りあげるならば、それは以上の自然科学的法則の前提とその実験との関係を、われわれの信仰の問題へと類比的に適用することだと思う。そして、私はこのような意味での体験主義が、現代の神学によって、もう一度問題にされ評価されてよいと考えている。

私がここに言う啓示と信仰体験との関係は、われわれが実存的決断により、啓示者なる神との関係に入ることは信仰の飛躍であるが、その関係に入って後に、その信仰生活がわれわれの宿命をもっとも深く、もっとも豊かに、もっとも創作的に成就するかどうかを、体験的に確証し得るという関係なのである。それは厳しい、ある時は自分をとらえて離さない神を呪わなくてはならないような、逆説に満ちた確証の仕方でもあろう。このように、次元は異なっているが、信仰生活と科学的実験との間には、類比的な関係が存在している。

もちろん、これが類比以上の関係を意味しないことは、もう一度ここで明確にしておかなければならない。自然科学の領域における確証は、客観的に把握できるような確証なのであるが、信仰体験における確証はそれとは逆に、客観的な確証を排除するものである。もしもわれわれの信仰生活において、客観的な確証を所有したいという欲望が目覚めた時には、それは実は、信仰の決断の躊躇を意味するものであり、信仰の深まり行くこととは全く別のものである。したがって、私がここで問題にしている確証は、自分の宿命を成就して行くという決断の連続の直中での確証である。イエス・キリストによる啓示に実存のすべてを投げかけることが、自分の宿命成就の唯一の道であるという認識なのである。

神の啓示と人間の体験との以上のような関係ついては、ラインホルド・ニーバーの神学的認識論からも指針を与えられるであろう。ニーバーは、われわれの神認識を、啓示と人間の歴史の中における体験の、循環的関係によって行われるものと理解している。ニーバーの場合は、明確にキリストによる神の啓示への信仰が存在し、そして、それはもちろん信仰的な飛躍を前提としている。しかし、キリスト者は、その信仰を自身の体験の中で反芻し、その真理性を確証して行くことができる。ニーバーの場合、この信仰の確証の場である体験は、人間の経験の全領域を意味している。ニーバーが政治・経済などの領域とキリスト教との関係を積極的に打ち立てることができたのは、このような信仰と人間の体験との間に循環関係を想定できたからであるが、彼があのように広汎な分野にわたって発言し貢献し得たのは、彼が政治・経済などの諸分野の学問的独自性を失わしめないで、それらの分野をキリストによる神の啓示への信仰と有機的に関連せしめることができたからである、と私は思う。そのように諸分野の独自性を失わしめないで、しかも、相互の深い関連を彼が言うことができた理由は、人間性という共通の基盤の上にすべての分野が立っており、まさにこの人間性をもっともよく理解していることが、また、その人間性のもつ諸問題の解決が、キリストによる神の啓示に基づいて与えられている、とのニーバーの深い啓示信仰にある。このように彼は、啓示信仰をあらゆる人間の体験の分野との関連において確証してゆくような体験的な神認識の方法論を提示している。

イエス・キリストにおいて神と出会うことは、われわれの存在を奥底から揺さぶる出来事であり、われわれの生活体験の中心に関係する。神学は、この啓示に出会ったわれわれが、その出会いを理解しようとする学問である。その外側に神学と密接不離の関係にありつつ、政治、経済、社会等の諸科学の領域があり、さらにその外側には、自然科学の領域がある。これらの領域は互いに区別されているが、イエス・キリストによる啓示を中心として、互いに切り離し得ないし、有機的に相互に影響し合う。これが実存の体験の全体である。

イエス・キリストによる神の啓示を信じた者が、人間を体験の中心からもっとも根底的に理解するが故に、その影響を受けて、人間の体験の諸領域にもっとも深い理解を示すことができるのである。

既に今までの論述から明らかであると思うが、私は体験という言葉を、人間経験の全体を意味するものとして使っている。経験という言葉をここで私が使わない理由は、英国の哲学的伝統である経験主義と私の立場とが混同されることを避けるためである。英国の経験主義は、ジョン・ロック（John Locke）やデイヴィッド・ヒューム（David Hume）の哲学に見られるように、感覚的経験を中心にして人間を理解しようという哲学的試みである。私の場合はそうではなく、イエス・キリストによる神の啓示との出会いを中心にして、実存の全体を理解しようとするが故に、経験という言葉を故意に避けたのである。この体験の中には、既に述べた事柄から明らかなように、人文及び自然の諸科学が含まれている。啓示への実存的な決断を軸としている信仰の次元と、それらの諸科学の次元との全体を含めて、体験とするのである。

この場合、信仰の実存的次元と諸科学の次元との相互関係はどのようなものであろうか。これは既に序章において少し触れたところでもあり、また後に、主観‐客観の思惟構造について語る時にもっと詳しく述べるつもりであるが、私の理解によれば、これら諸次元相互間の断絶は亀裂したままの状況が保存されねばならないものではある。しかし、亀裂の両側にある次元の間には相互影響が存在するのである。しかも、それらの相互影響は、断絶が深まれば深まるほどに、互いの影響が強まるようなものである。その逆もまた真である。

したがって、信仰の次元に徹底すればするほどに、信仰的次元と他の次元との間の断絶をますます深めていくような仕方で、信仰的次元と他の諸次元とは相互に影響するのである。真の神を信じる者は、この世の一切を神とすることができない。これと同じように、信仰的実存はその信仰に深まり行けば行くほどに、この世の知恵である諸科学の方法論においては、信仰の混入した方法論を取ることができなくなる。

ニーバーの神学的な方法論が、しばしばこの次元の断絶を無視している面があることは否めないのではないであろうか。この点でニーバーの方法は、プラグティズムから強く影響されているものであって、次の章で述べるような、実存論的思索とプラグマティズムとの対決を論じるにあたっての触発点となるであろう。しかし、ニーバーが、体験を自分の神学との関連で問題にしようと努力している点には、大いに学ぶべきであるように思う[29]。

第二章　啓示と実存

1　神学の歴史における実存論的神学の位置

話し合いという角度から私はこれまで、啓示についての議論を展開してきた。この議論をもっと詳細に実存との関連で展開するために、まず私の神学的認識論の立場が、教理史上どのような歴史的な流れ、あるいは、傾向に属するかを確定してみよう。それをするに当たって、フランスのトマス主義者の一人エティエンヌ・ジルソン（Étienne Gilson）の『中世における理性と啓示』[1]で繰り広げられている論議をまず調べてみよう。

ジルソンによると、中世には、啓示と理性との関係についての思索に三つの立場があった。ジルソンの意図は、明らかには述べられていないけれども、この三つの中世の立場を紹介することによって、実は、理性と啓示との関係についての思索の立場が、全キリスト教史を通じて、元来これら三形態しか存在しないと言おうとしたものであろう。

まず、ジルソンは、理性に対する信仰の優先という立場を紹介する。彼によると、この理性に対する信仰の優先という立場を代表する神学者たちは、アウグスティヌスやアンセルムスなどであるが、この立場によると、理性はいつも信仰の後を追う。実在についての理解に当たって人間が必要とするもっとも深い理解の鍵は、イエス・キリストにおいて表された啓示を通して、すべて既に与えられているのであるから、あとはこの啓示において示されている事柄を理解すればよく、それが理性の役割であるとされる。信じてそれから理解する、または、理解するために信じる（credo ut intelligam）という立場である。われわれの生存のために必要な実在の知識の根源は、あのイエスの啓示において与えられているのであるから、理性はそれをただ敷衍すればよい、その与えられているものをすべて有機的に統一して理解すればよいとされるこの立場は、ジルソンによれば非常に魅力的ではあるけれども、明らかに誤った立場である。それは何故であろうか。われわれの生存にとって必要なすべてのことが、イエス・キリストの啓示において既に与えられており、理性の役割はただその後を追って理解するだけであるならば、当然それに由来する一つの態度が存在することとなる。われわれの生存にとって必要でもあり、また、十分でもある実在の根元的な理解が、既に啓示によって与えられているならば、何のためにわれわれはその啓示の後を追って、実在をもっと深く理解しようとするのであろうか。生来そのような思索に興味を覚えている者は、自発的に信仰によって与えられる根元的な実在の理解を、もっと深めるような理解の追求をなすでもあろう。しかし、生来そのような思考への傾向をもっていない者は、生存するためには特別にそのような深い実在の理解を必要としないが故に、怠慢を貪ることになる。これが、アウグスティヌスやアンセルムスの立場であり、ジルソンの批判はここに向けられている。すなわちあの理性に対する啓示の優先という神学的認識論に対してである。

ジルソンが、第二の歴史的に顕著な立場としてこの書物の中で展開しているのは、理性の優先を主張する立場である。これを明確に提示するために、ジルソンは主にイスラム教の神学者であるアベロエス（Averroes）を取り扱っている。周知のようにアベロエスは、西欧にアリストテレス哲学がイスラム世界から導入される橋渡しになった哲学者である。アベロエスによれば、信仰とは理性の力よりも想像力の勝っている人間にとって、彼の不得手とする思索の手段によらないで、理性的真理へ到達する道を提供しているものであり、したがって、もっとも低い段階の理性的な探求の道である。その上の段階に位するものが神学であるが、これは、弁証法的な理性の所有者にとって形而上学の代理をする。しかし、最上の段階に属するものは、哲学そのものである。ここにおいては、純粋に理性的な思考によって論証が辿られ、絶対的な真理に到達することができるとされている。このようにアベロエスの場合には、哲学が最優位を占めているのであり、しかも彼にとっては、その哲学はアリストテレス哲学なのである。彼の推奨する純粋な哲学的思考とは、アリストテレスの哲学的思索そのものの借用と言っても過言ではないようである。この立場においては、理性が信仰に対して優位を占めているが故に、信仰はいつもその哲学的な前提によって解釈され、いつの間にか信仰本来のもっているものが、その哲学的理解によって骨抜きにされてしまうことになりかねない。このような信仰の理解が誤っていることは言うまでもないであろう。われわれは中世の思索の世界にまで遡らなくても、この危険をヘーゲル哲学の影響を受けた近代主義の多数の神学者たちの中に見てきた。

ジルソンが取りあげる第三の立場は、理性と啓示との調和を主張する認識論である。これはジルソン自身の立場でもあるトマス主義である。この立場によると、実在の知識には二つの段階がある。啓示の助けを借りないで人間の理性的能力だけによって、人間はある程度ではあるけれども、自分の生存について思索することができる。例えば、神の存在の知識をトマスは、前にも述べたように五つの理性的証明によって、啓示の助けを少しも借りないで達成しようと努力した。ところが、トマスによると、神が存在することは、人間固有の理性的思考によって確信することが可能なのであるが、その神がどのような神であるかについては、そのような思索の次元を超えている。三位一体の神の現実、また、天地が無から創られたという創造の真理は、すべて人間固有の理性的思索だけによって可能なものではない。それには神からの啓示が必要である、とされる。実在を超自然と自然という仕方で階層的に考え、それに呼応する認識の手段として啓示と理性を設定した、この典型的に中世的なトマスの認識論については、序章においても既に触れた。この認識論においてはもっとも良い形態において――とジルソンは考えるわけだが――、人間の理性の自立が許されていると同時に、その理性の自立が、もっとも深いところで啓示と調和を保って存在する。この立場によれば、信仰の理性に対する優位を主張した、アウグスティヌスやアンセルムスの認識論のもっている欠点が避けられている。ここでは、ややもすれば反理性主義にまでなりかねないような、あるいは、理性の怠慢を招来しかねないような、あの第一の立場が棄却されている訳であるが、それと同時に、第二の理性主義の立場も棄却され、そして、理性と信仰との緊密な調和が主張されている、とジルソンは考えているのである。

2 自由と決定論――ウィリアム・ジェイムズ

これまでに詳説してきたジルソンの中世神学の認識論における類型的な分析は、非常に有意義なものと私には思える。それはわれわれに、啓示と理性に関する問題の所在を明瞭に示してくれている。しかしながら、中世の思索は、ここに紹介されたものを検討しても分かるように、すべて思弁的なものであって、実存的なものであったとは言いがたい。ジルソンによって紹介された中世の神学的認識論の三つの形態を、実存論的神学の視角から取り扱ってみるならば、中世において議論の対象となった理性は、今日のわれわれが普通に言うあの実存的理性ではない。中世の神学の根拠とする理性は、思弁的に、また、客観的に働く。実存にとってきわめて根底的な問題となっているもの、例えば、実存することに意味があるかないかというような問題からは、一応逸れてしまっている仕方での理性の働きを指し示している。神の存在証明というような理性主義的な探索、神の本質についての抽象的な発言などがなされ、そこでは、神が人間の実存的問題から切り離されたものとして、余裕のある傍観者的人間の立場から考えられている。このような思弁的・抽象的・客観的な思索に対して断乎とした否を発言したのが、実存主義の哲学であり、また、実存論的神学であった。

今までもしばしばそれとなく触れてきたことであるが故に、繰り返しになってはというぶんの躊躇を感じながらではあるが、私はここで、客観的・思弁的な思索と実存論的な思索との相違を明瞭にするために、今までとは異なった角度から論述を展開してみたい。そのためにジルソンへの言及から少しの間、離れて行くことになろう。また、そこに論述を戻すつもりではあるが。

プラグマティズムを代表する哲学者の一人、ウィリアム・ジェイムズ（William James）の思索の中に存在する実存論的な要素を摘出し、プラグマティズムがその中に実存論的な要素を所有していながら、実存論的な思索とは異なっていることを示してみよう。このようにプラグマティズムと対照させることによって、客観的・思弁的な思索とは違った実存論的な思索の特徴を明らかにし、前者を排除する方向に私の論述を進めたいのである。

ジェイムズは『プラグマティズム』(2)の中で、唯物論と宗教的な信仰との関係について考察している。彼はそこにおいて、唯物論も、また、宗教的な世界観も、ともに宇宙の論理的な説明としてはきわめて優れたものであると主張している。唯物論的であるから下等であって、宗教的であるから高等な世界観であるとは言えないのである。その理由は、もしも物質が、われわれの知っている現実の世界のような、高い水準の存在を生産することができたとするならば、さらに、人間存在までも物質から発生したとするならば、物質そのものがきわめて神秘的な魅惑に満ちた存在となる。ここではもはや、唯物論だから下等な世界観であるということはできない。それは、宗教的な神による天地創造の世界観と少しも劣らないほどに高貴なものになっている、とジェイムズは主張する。

それ故に、もしもわれわれが、過去にだけ生きている存在であるならば、すなわち、人間存在が未来を創作することをその本性としてもっていないならば――われわれが自分の未来の創作を考えないで、単に、既に起こってしまっている世界的事実を説明することだけで満足するならば――、唯物論的な世界観と宗教的な世界観との両方が、ともに世界について の具合のよい説明を提供している。ところが、われわれは未来を創作して行かなければならない存在なのであるから、哲学は未来展望的でなければならない、とジェイムズは主張する。このように考えてくる時に、唯物論か有神論かのどちらかを選ぶことが、きわめて実際的な事柄としてわれわれに迫ってくる。もしもわれわれが未来を展望しながらも、唯物論を正しい世界観であると主張するならば、結局物質は最後には消滅するものであるが故に、われわれが唯物論の立場を固守する限り、われわれの存在そのものがいつかは消えて行くものとしてしか映らない。物質としてこの世界もやがては失せてしまう存在である。さらに、物質は常に法則的なものによって動かされているのであるから、唯物論的な世界観によれば、新しい事態が起こることを少しも仮定することができない。このように考えてくると、唯物論は、要するに希望のない世界観である。われわれは、ただわれわれの運命に対して、諦めて服従する以外に方法をもたない。それに較べて、有神論的な世界観は何を与えるであろうか。有神論的な世界観は、われわれが亡びるもの以上の存在であり、永遠の生命を約束された存在であることを告げる。また、われわれの人生が単に法則的なものによって決定的に支配されているものではなく、そこには新しい事態が生起し得ることを主張する。以上において相当詳細に述べたように、未来を考える時に、世界観の二者択一がきわめて重要な問題としてわれわれに決断を迫ってくる、とジェイムズは主張した[3]。

さて、このようなジェイムズの議論に対して、彼の唯物論の理解が非常に古いものであるが故に、ジェイムズの結論は受け入れがたいという批判がなされるでもあろう。現代唯物論は、自然主義(naturalism)、または、歴史的唯物論(historical materialism)というような言葉で表現されているのであって、ヘーゲルの歴史的な弁証法の影響を受ける前の唯物論や、進化論の洗礼を受けていない唯物論とは違う、とこのような批判は言うであろう。自然主義、または、歴史的唯物論によれば、歴史の中には常に新しい事態が創発的な進化(emergent evolution)として起こり得るのであるが、人間の自由も、新しい事態が創作されて行くその過程の中で、それとの関連で取りあげられる。したがって、現代の唯物論は機械論的なものではなく、ジェイムズの唯物論批判は当らない、という議論がなされることもあろう[4]。しかし、唯物論をこのように弁護する人々の主張も、ジェイムズの結論を無効にするものではない、と私は思う。と言うのは、ジェイムズは、徹底的に、人間がその自由意志によって新しく歴史を創りあげるという人間の創作的行為を、人間の側から問題にした。進化論的に、または、唯物弁証法的に歴史が発展するという角度から、その発展の中に包まれ、また、それによって育まれたものとして人間の自由意志をどれほど考えたところで、そこには、ジェイムズが問題にした人間の主体的決断は積極的な役割をもつものとはされていない。このように考えてくると、確かにジェイムズの発言は古い形態での唯物論に対抗するという形式でなされているにもかかわらず、その本質的な主張は、現代の唯物論に対しても妥当なものである。

また、パウル・ティリヒの次のような発言に対しても、私は非常な疑惑を抱く。彼は、決定論と非決定論とのどちらが正しいかという論議は、触れば火傷をする火のようなものであって、われわれは、それにあまり深くかかわらない方が良いと勧めている。その理由は、彼によると次のようである。決定論は、いつでも論理的には正しいが、人間的には誤っている。それに対して、非決定論は論理的には常に誤っていながら、人間的には正しい。恐らく、ティリヒが言いたいのは、人間は意志の自由を抽象的に所有しておらず、決定論的にしか考えられない具体の状況の中で所有している、ということなのであろう。しかし、この事情は、決定論が論理的に正しい、ということを少しも意味しない筈である。われわれが未来に向かって歴史を創作して行く人間として考える場合には、決定論はいつも論理的にも正しくないと考えない訳には行かない筈なのであり、前述したジェイムズの結論に私は賛成である。ここにも、矛盾対立する両極をいつも包容しようとするティリヒのいつもながらの哲学的な偏向が示されているに過ぎない。要するに、将来に向かっての創作的な姿勢をとりながら思索する立場から言うならば、決定論と非決定論との両方を包容することができる立場は曖昧である。この曖昧さは、歴史創作の情熱に冷水を浴びせる。実のところ、そこには二者択一しかない[5]。

この事情は、思索の上で、人間の自由と相応じる神の自由、及びその摂理を問題にする場合に、重要な要素となってくる。すなわち、決定論的に考えられた神の全能の歴史支配と、人間の自由意志による歴史創作との両方の、互いに矛盾する極を包容しようとする神学上の立場に対して、もう一つの立場、つまり、人間の自由な歴史創作という一つの極から神の摂理さえも考え尽くして行こうとする神学的な立場が可能なのである。私は後者を自分の立場として採用するのであるが、その点については、後に本書第六章「時と永遠」を論じるところで問題にしたいと思うが故に、ここでは取りあげない。

3　理性と実存、三つの類型

ジェイムズの唯物論理解には相当の批判が向けられるであろうが、世界についての非実存的な、抽象的・対象的な接近の仕方と、世界への実存的な接近の仕方とが、以上の論述の中に見事に対照されて描かれている、と私は思う。未来展望的でない時に、われわれが世界をどのように理解しようとも、それは余裕のある問題であり、われわれの実存はその思索の中に含まれていない。そのような思索は、論理的興味と好奇心とによってだけ創られて行く。このような立場で考える時には、ジェイムズの言うように、唯物論であろうが有神論であろうが、出来上がっているこの世界の説明としては、その精妙と徹底とにおいて大差がない、と言わない訳にはいかない。ところが、明日を創って行く人間として、すなわち、実存としてわれわれが世界に対する場合には、確かに唯物論と有神論との間に激しい対立が起こってくる。すなわち、有神論は、われわれに勇気と希望とを、また、われわれの人生を創りあげようと努力する意欲を与え得るような人生観なのである。ジェイムズは現代の実存論的な用語を使わず、自分の思索を表現するのに世界観及び有神論というような言葉を使ってはいるが、実際のところ彼の思考の姿勢は、世界を客観的に眺める世界観（Weltanschauung）ではなく、実存論的な思索、われわれがどのように生きて行ったら真に実存していけるかという角度からの思索である。それ故に、ジェイムズのこのような思索を可能にしている理性は、実存論的理性であると言うことができる。

しかし、ジェイムズのプラグマティズムばかりではなく、一般的に言っても、プラグマティズムと実存論的な思索との間には、性格の相違が見られる。プラグマティズムは、実存論的な思索と異なって、思考上の次元的な相違を明確にしない。例えば、われわれが序章において見てきたように、ゴーガルテンの実存論的神学においては、人間が神に対してとる実存論的な思考と、世界に対してとる技術的な思考とが、明瞭に次元的に区別されている。神に対して人間は、自分の存在の意味を探求する情熱をもってかかわるのであるが、世界に対して人間は、そのような情熱をもってかかわってはならない。むしろ、そこでは技術的に、委託された世界支配を実行する。これは、ユダヤ教の実存論的な神学者マルティン・ブーバー（Martin Buber）の言葉を使うならば、「我と汝」という次元と、「我とそれ」という次元との明確な区別であるが、このように厳密な形での次元的な相違を基礎とした思考が、プラグマティズムの中には見られない。

それは、プラグマティズムが、人間を環境との有機的な結合において把握しようと努力しているからだ、との弁明がなされるかもしれない。確かにこの点は、プラグマティズムが思弁的な哲学とは異なって、近代人であるわれわれを魅了する原因の一つであろう。しかし、実存論的な思索も、環境から無理に摘出された人間を取り扱おうとしているのではない。もしもそのような無理な摘出が行われているならば、それはきわめて非実存論的な事柄であろう。しかし、実存論的な思索によれば、決断という瞬間においては、人間は環境から一応切り離されて、それを支配する姿勢をとる。すなわち、環境の側から人間を把握するというよりは、人間の側から環境を把握するのである。しかし、今はこの問題にあまり深入りしないでおこう。

さて、信仰の学である神学が、その認識論において有効であるとして取りあげる理性は、決して対象的に物を把握する思弁的な理性であってはならない。なぜならば、そのような理性の働きが、人間が真に実存するための答えを得ようとして苦悩するような場において問題とされる時には、興味本位の問題だけがそこで取り扱われていると言わない訳にはいかないからである。例えば、思弁的な理性が神を問題にし、また、キリストを問題にする時、そのような角度から問題にされる神あるいはキリストは、決してわれわれの将来を創りあげていくような態度によって問題とされているのではない。

余裕のある立場から問題にされているのである。このような立場において神学の問題を論じないという決意こそ、実存論的神学のした決意に外ならないのである。

スコラ哲学が、以上のような思弁的な態度で、神・キリスト・聖霊・教会などについて語っていることは明瞭である。そして、それはアリストテレス哲学を採用しながら行われた。中世神学の思索のための手段として用いられたアリストテレス哲学が、元来、思弁的な哲学なのであるから、これは当然でもあろう。その意味において、スコラ哲学のもつ限界を、十分に考えなければならない、と私は思う。

しかし――ここでジルソンへの言及に戻ろう――、ジルソンが中世の哲学において見たような理性と啓示との関係の三つの形態が、現代神学の状況へわれわれの目を向けてみても、実存的理性と啓示との間において（それへの類比とでも言うべき姿においてではあるが）見出される、と私は思う。その第一は、実存論的理性に対する啓示の優位を主張する神学的な立場である。私はその典型的な立場をバルトの人間理解の中に見出すことができるように思う。彼によれば、イエス・キリストの人間性は普遍的な人間性であって、一つの特殊な人間性ではない。普遍的な人間性が個的存在としてわれわれに与えられたのが、イエス・キリストの人間性である。したがってわれわれは、イエス・キリストの人間性において、既にわれわれの内に成就しなければならないわれわれ自身の人間性を啓示されている。われわれのなすべきことは、啓示されたこの普遍的人間性を理解することによって、われわれ自身を理解するより外にはない、とされている。[6]

ここには、実存の把握のための一種のアウグスティニアニズムが見られると言っては過言であろうか。このような実存の問題に関してのアウグスティニアニズムに対しては、ジルソンがそれに対して向けたと同じ批評がなされるであろう。すなわち、このような立場に立つ限り、われわれは啓示の中に十分な自己理解を既に所有しているが故に、われわれの救いのためになすべき努力、つまり、自分が他と違って独特の実存として、独特な悩みをもつ人間であることを理解する努力を行わなくてもよいことになる。

しかし、ジルソンが批判したようなアウグスティアニズムのもつ欠点と関連をもちながらも、それとは違った批評が、バルトの啓示と実存との関係の理解、否もっと広く、啓示と理性との関係の理解に関してなされなければならないであろう。話し合いという角度からのバルトの認識論についての批判は前の章で行われた訳であるが、そこで明らかになったことは、話し合いを不可能にしているのがバルトの上からの抽象としての認識論であった。しかし、その上からの抽象が具体的にどのような内容のものであるかについては、私は前章で触れなかった。今、それを検討する時がきたように思う。

バルトの神学的認識論をもっともよく表現したものは、恐らく彼のアンセルムスの神の存在証明についての研究論文であろう。それ故に、この書物におけるバルトの議論を展開しそれを批判することによって、バルトの神学的な認識論を理解する手段としてみたい。

『神の人間性』[7]という著書以来のバルトは、一つの新しい境地へ神学的な飛躍をなしとげたとよく言われる。確かに、一応はその通りである。彼自身告白しているように[8]、神と人間との間の無限の質的な断絶というあの初期のバルトの神学的強調はここでは姿をひそめてしまい、その代わりに、神がイエス・キリストにおいて受肉され、人間性をご自身に取られたことが強調されるようになった。そして、そのキリスト論を土台としての人間性肯定の面が、バルト神学において強く表現されるようになってきた。さらに、『福音主義神学入門』[9]の中では、バルトは神学（Theologie）という言葉さえもあらため、むしろ神人学（Theanthropologie）と言うべきであろうと主張しているが、このことをみても、彼の思索が『ロマ書講解』[10]などの時代の思索からどれほど異なってきたかを知ることができる。

それにもかかわらず、バルトの神学的認識論は、アンセルムスの神の存在証明についての一九三一年に出版された研究書である『理解を追い求める信仰』[11]の中で彼が表現したものから、彼の神学的活動の終わりに至るまで、根本的には少しも変わっていない。

周知のように、アンセルムスと同時代人であった修道僧ガウニロ（Gaunilo）は、アンセルムスによる神の存在の本体論的証明に、次のような理由から反対した。ガウニロによれば、仮にアンセルムスの証明が正しいとするならば、われわれが比較できないほど豊かな、そして、完全に美しい島が、ある海の中に存在すると空想する時には、それが実際に存在することになるからである[12]。バルトは、アンセルムスに対抗するガウニロのこのような発想が、根底から間違っていたと考える[13]。バルトによれば、ガウニロと同じ過ちを、後の時代のカントも犯したが[14]、それは彼らが、アンセルムスとは違って経験主義的な立場を取ったからである。比較を絶するほどに美しい島ではあっても、それが島である以上、経験可能な世界に属しているのであり、経験可能なその他の存在と同じような意味で存在しているのである。

すなわち、ガウニロが問題にしたような存在は、他の経験できるあらゆる存在と同じように、知力の中に（in inttellectu）存在することと、実際に（in re）存在することとが必ずしも同時的ではない。ある場合には、それが知力だけに存在して、実際には存在しない場合があり、またある場合には、実際に存在していて、知力の中に存在しない場合もあり得る。ところが、バルトによれば、アンセルムスの主張する神の存在は、知力の中に存在すると同時に、実際にも存在しない訳にはいかない存在なのである[15]。ガウニロやカントが間違ったのは、アンセルムスの問題にしている存在が特殊なものであって、経験可能な事物の存在とは違ったものであることに気づかなかった点である。

このように考えを進めてくると、神の存在が、経験可能な事物の存在とは違った存在である以上、そのような特殊な存在についての知識が可能であろうか、という疑問が当然起こるであろう。バルトによれば――ここにもバルト神学の基本的な主張が表現されているが――、このような神の存在についての知識がわれわれに与えられるのは、神と被造の世界との間に類比（analogia）、または、相似（similitudo）が成立しているからである。バルトによれば、神という存在は、その他の一切の存在を存在せしめるような存在である。その意味において、神と被造の存在との間には、以上のような類比または相似の関係が成立する。それ故に、神は被造の世界を超越している特殊な存在ではあるけれども、人間が全く理解できないようなものではない。むしろ、神は、この世界から類推できるような存在の面を所有している。[16]

さらに、バルトによれば、ガウニロやカントが誤解したのは、アンセルムスにおける神のみ名、すなわち、それ以上に偉大なものを考えることができない存在（aliquid quo nihil maius cogitari possit）を、人間性に本来的に内在している観念であるかのように取り扱ったからである。ところが、バルトによれば、アンセルムスにとって神のみ名は、啓示されたものである。すなわちそれは、信仰の箇条の一つなのであり、決して人間性に本来的に備わっている観念としては考えられていない。[17] われわれがバルトの所論をさらに追って行くならば、アンセルムスにおいては、神の存在も最初から信じられている、とされているのである。実は、これも信仰の一つの箇条なのである。[18] また、このように被造の存在を超越した神は、不可知性にまとわりつかれている隠された神である。それでは何故アンセルムスが、そのような隠された神を認識しようとしたのか。バルトによれば、神が隠されているということ自体、つまり、神の不可知性さえも、実は啓示によって知られるものであるというアンセルムスの前提があるからである。[19] それ故にバルトは、人間の理解を超えた超越的な不可知の神についての知識を――神ご自身がイエス・キリストによってわれわれにご自身を示して下さったが故に、その啓示への服従を通して――知られ得る限り追求しようとするのがアンセルムスの意図である、と主張する。

このように考えるならば、アンセルムスの言う証明の意味が理解されてくる、とバルトは主張する。[20] アンセルムスの行った証明の意味は、神ご自身の啓示に服従しながら、人間が理性的にそれを理解することである。もう少し具体的にこれを表現すれば、アンセルムスに関するこの書物の表題『知解を追い求める信仰』（Fides quaerens intellectum）がよく示しているように、バルトの場合にもアンセルムスと同じように、信仰は必然的に、知識を要求するような要素をその中にもっている。これを詳説すれば、神のみ名、すなわち、それより偉大なものを考えることができないような存在が、信仰の一つの箇条として与えられているとともに、神が存在していることも信仰の一つの箇条として与えられている訳であるが、その時に、知識を追い求める信仰は、どのような具体的な活動をするかというと、信仰のこれらの二つの箇条の間にある論理的な内的連関を思弁的にとらえようとするのである。それでは、このような立場は、結局、神の存在を信じない人々にとってどのように有効な役割を果たすのであろうか。信仰のもつ論理、すなわち、神のみ名を信じる時に、どのような論理的・必然的な連関性をもって、神の存在とそれが結びついているかを示すのである。未信者の人々に、信仰のもつこのような内的な連関性を示すことによって、信仰への決断を迫ることができる。しかし、彼らが決断しなければ、信仰のもつこのような論理的な連関性は、その人々にとって意味がないのであるから、それは飽くまで、信仰の内的論理を提示するに過ぎないのであるが。

バルトは、このような知識を追い求める信仰こそ正しい神学の出発点であり、その意味において、アンセルムスの証明の内容こそ、正しい神学の内容を形成する方法論を提供していると考えているのであるが、このことは、具体的にはバルトによると、聖書及び教会の信条への服従を意味する。[21] なぜならば、われわれが服従する啓示は、バルトによると、具体的には聖書によってわれわれに与えられているからであり、また、その聖書の内容を告白した信条として教会の遺産となっているからである。したがって、当然それへの服従によって初めて、神学は成立する。聖書や信条に表されている信仰の諸箇条の内的連関を論理的に探ることこそ神学の役目である、ということになる。

バルトは、自分のこの立場がアンセルムスと同一のものであるが故に、アンセルムスがその当時の自由主義的な神学、及び伝統に対する保守主義者たちの神学と対立したように、当然自分の神学も、近代神学、及び現代の保守的な神学とは異なるものであると考えている。それらの神学からどの点においてバルト神学が異なるかというと、まず、近代神学と違ってバルトの立場は、信仰から、啓示への服従から出発する。内在的な立場、この世的な立場、人間の立場から出発するのではない。それにもかかわらず、バルトの立場が伝統的保守主義と違うのは、バルト神学の出発点である信仰が、理解を追い求めるという点である。そこでは絶えず、自分の立場を啓示から反省し直すという論理的な努力がなされている。[22] 保守主義は、啓示から、いつも根底から論理的に反省して、内的連関を求める意欲をもたない。

しかし、私はここで、バルトの立場に疑問を感じない訳には行かない。バルトが、近代神学から異なることは明瞭である。しかし、バルト神学は、伝統的保守主義の立場に立つ神学から、どのように異なるのであろうか。彼が、イエス・キリストによる啓示を、具体的には聖書及び教会の信条によってのみ、われわれに与えられているものと主張する時に、彼は彼の主張するほどに保守主義から異なっているのであろうか。彼が具体的にその諸著作の中で行っている聖書の釈義をみると明瞭であるが、その釈義の仕方は、非常に伝統的で保守的である。それは、近代的な歴史研究の成果を十分に取り入れたとは到底言えないのではないか。結局のところ、バルトの行っていることは、聖書の中の使徒たちの発言の論理的な統一を追求するだけである。その奥底には聖書の証しする神の言葉であるイエス・キリストの現実と、それを証しする人間の言葉である使徒たちの証言との、同一視的傾向がバルトには存在する、と私は思う。近代的な歴史研究の成果は、このような立場を保守主義的なものとしか見なさない。ところが、近代神学の貢献である歴史研究を受け入れる時に、われわれが取らなければならなくなってきている立場は、イエス・キリストの現実と、その現実を証言した使徒たちの言葉との間に、相当の間隙をみることである。われわれは、これらの使徒たちの証言を、現代の人間としての立場からもう一度根底的に反省し直して、イエス・キリストの現実に迫らなければならない。

以上のようなバルトの神学における保守主義的傾向を考えるとともに、バルトのアンセルムス研究の中にある致命的な欠点とも言うべきものを指摘しておきたい。それは、この研究全般を通して、バルトが少しも疑問として感じていない点である。したがって、バルトが少しも触れていない点でもあるが。

アンセルムスによる神のみ名の理解は、神はそれよりも偉大なる存在が考えられない存在である。そして、アンセルムスは、この存在が、単に知識の中に存在するだけで実際には存在しない場合に、知識の中にも実際にも存在する存在を、それよりも偉大な存在として考えることができる訳であるから、当然、このみ名をもつ神は存在すると主張した。しかし、この議論には、実際に存在することが実際に存在しないよりも良いことである、という暗黙の前提が含まれている。この前提は、どこから出てきたのであろうか。実際に存在することが良いことであるということは、バルトが（アンセルムスに関しての研究書である）この書物の中で、自明のこととしているように、了解ずみの事柄と見なしてよいものではない。存在をよしとして肯定するか、あるいはそれほどよくもないと考えるか、全く無意味で不条理であると否定するかは、きわめて実存的な問題である。バルトの暗黙の前提とは逆に、実際に存在することは少しも良くない、と考えられるかもしれないのである。それ故に、このような信仰箇条の内的論理の統一を見出そうとする思弁に先立って、その思弁を成功させるためにその根底になければならないものは、実存することが良いことであり、意味があるという決断なのである。

存在に関するこのような思弁の前にも、実は実存的決断が要請されているのである。ここでわれわれはもう一度、前にも指摘した大きな問題に突き当たる。上からの抽象の神学では、どうしても、われわれが今問題にしているような、実存的決断は十分に取り扱われることができない。前に述べたように、われわれの実存の質問、すなわち、人生に意味があるのかないのか、生きることは良いことかそれとも良いことではないのか、という質問の側から、その質問に答えるようなものとしての啓示に思索を集中する神学こそ、人間に実存する勇気を与えるために、もっとも強く要求されている神学なのである。

実存することが良いか悪いかというこの実存的な問題が解決されない以上、実存論的な角度から考究されない啓示の理解は、それがどのように内的な論理の統一をもっていると表面的には見えようとも、その土台が欠けているが故に、実は、深層での統一をもたないものと非難されても仕方がないであろう。否、さらに、アンセルムスやバルトの思弁は、今指摘した実存的な問題から、われわれの目を逸らすものでしかない、とも言い得る。この思弁の中では、表面的には少しも疑問の波が存在しないかのように、すべてが平坦なものにされてしまっている。存在することが良いか悪いかというような実存的な質問が、全く閑却されている。否、それは、覆われ隠されてしまっている。この難局を打開するためには、上からの抽象の神学ではなく、別の形の神学的認識論が必要とされているのではないか。実存的質問に答えるものとしての啓示を取り扱う神学の立場、われわれがもっとも当惑している疑問に必要としている答えを与えてくれるような仕方で啓示を取り扱うことに一切を賭け、それに集中し、その集中を少しでも逸らすような客観的な思弁を排除する神学の立場が、当然出現してくるであろう。これこそ、実存論的神学の立場なのである。

ジルソンの三つの類型の第一のものに呼応する現代の神学としてバルト神学に論及したが、次に問題にしたい立場は、実存的な理性が啓示に対して優位を保っている立場である。現代神学の状況の中でこの立場を採用しているものとして、ティリヒの哲学的神学を挙げることができよう。もちろん、ティリヒ自身は決してこの事実を容認しないであろう。彼は実存的な理性の立場を問いの領域とし、啓示の領域をその問いに対する答えとして取り扱い、両者を相互に影響し合う緊張関係に置きつつも、互いに独立した領域として主張している。そして、確かに彼の主張は、その『組織神学』[23]の中に成功した形で展開されていると言って差し支えないであろう。

後で述べるように、いわゆるティリヒの相関関係主義と呼ばれているこの啓示と実存との関係についての理解は、実存論的神学の正しい認識論の理解を示している、と私は思う。そして、この相関関係主義は、ブルトマンの聖書解釈論の中にも見られる。ブルトマンが前理解という言葉で表現した事柄は、啓示の助けによらないで、実存が自分を理解することである。ブルトマンが、啓示の助けによらない実存のこの前理解を展開するに当たって、ハイデガーの歴史理解を採用したことは、周知の事実である。しかし、ブルトマンにおいても、ティリヒと同じように、前理解は実存の質問に対する答えを与えない。答えは、イエス・キリストによる神の言葉を通して与えられるのである。このように考えてくると、ブルトマンの立場を相関関係主義であると言っても、間違いではないであろう。ティリヒに対する私の批判も、このような相関関係主義に向けられているのではなくて、他の面に向けられているのである。

われわれがティリヒの思索の体系を探ってみるならば、シェリング的な普遍的存在論（universal ontology）が優位を占めていて、その立場から啓示が把握されていることに気づくであろう。[24] ティリヒの場合に、啓示の独立性が人間の実存的な理性の理解の圧力から無疵に守られているとは、私は考えていない。この点については、「パウル・ティリヒの存在論」という表題の下に次章で述べるつもりであるから、これ以上の論述はここでは省くことにしたい。

第三の立場は、実存的な理性と啓示との調和を主張して、その立場から実存を理解しようとする。もちろん、私がここで取り扱う調和の神学的立場は、現代神学の状況の中でのそれを意味している。したがって、この立場が一応は、ジルソンが前掲の書物の中で紹介した中世の調和の立場であるトマス主義と類似的なものをもっているとしても、現代神学でのこの立場は、スコラ哲学のようなものではない。スコラ哲学のようには、アリストテレスの思弁的な哲学を、キリスト教的世界観の構築のために使用しない。さらに、現代神学の状況の中でのこの立場は、スコラ哲学とは次の点でも異なっている。実存論的な神学――これが現代神学の中での調和の立場だが――からみて、スコラ哲学の致命的な欠点と思われるものは、単に思弁的なアリストテレスの哲学をそれが採用したことばかりではない。それともちろん関係はあるが、スコラ哲学が、自然と超自然との関係について考えるに当たって、その両者をそれぞれ独立した領域としてしまい、例えばティリヒのようには、問いと答えという形で相関的に考えなかった点にもある。スコラ哲学においては、自然は自然で、また、超自然は超自然で、それ自体の質問と答えとをもち得ると考えられていて、両者の関係は取ってつけたような印象を与えるが、そこが問題なのである。現代神学の状況の中でこの調和の立場に立つ神学者には、組織神学的に意識的に、また、明瞭にこの立場を採用した人物として、例えば、アメリカ合衆国のカール・マイケルソンがいる。彼はその『歴史のむす

び め』の中で、明瞭に実存的な理性と啓示の領域とを区別しつつ、しかも、緊張関係にあって相互にに調和を保つものとして把握した。[25]

マイケルソンの上掲の書物は、二つの部分から成り立っている。第一部は「実存的な歴史」(existential history)であり、第二部は「終末論的な歴史」(eschatological history)という表題をそれぞれもっている。彼は、「実存的な歴史」において、人間の実存的な問いを論じているが、その答えは実存的歴史の中には見出されないのである。彼によると、「終末論的な歴史」において初めて、その問いへの答えは見出される。もちろん、ここに言われている終末論は、世の終わりの出来事という神話についての論議ではない。そうではなく、実存的な歴史を根底から支えるものの論議である。実存的な歴史がそれ自体解答をもたないが故に、歴史の彼方からイエス・キリストを通して、この実存的な歴史への答えが与えられることを表現したものこそ、終末論なのである。

さらに、ゴーガルテンもマイケルソンと同じく、人間からの問いと、それに対する神の答えとを次元的に相互に区別し、しかも関連させた。彼が、その『神と世界との間に立つ人間』の中において、人間を神と世界との中間に立たせ、人間の神に対してもつ次元と世界に対してもつ次元とを、明確に区別して理解していることは既に述べた。彼は、世界に対しては、人間は理性的な支配をなすことが可能であると主張した。もちろん、ゴーガルテンの言う世界に対する人間の理性的支配は、神から委託されたものであるから絶対的なものではなく、限界をもったものではあるが。ところが、神に対しては人間は信仰的な服従に生きなければならない、とゴーガルテンは主張したのであるから、この両者は明らかな形で区別されている。しかも、人間の世界に対する理性的支配が、神への服従を忘れてなされる時には、それ自体が破滅して行くという立場を提示した際には、ゴーガルテンのしたことは、明らかに、実存的な理性と信仰の立場との峻別でありつつも、同時に両者が関連し影響し合っているという事実の指摘である。

それでは、このような実存的な理性の次元と信仰の次元との区別と調和とは、具体的にはどのように考えられるのであろうか。その点をもっとも明瞭な形において展開しているのはマイケルソンであるが、彼はその『歴史のむすびめ』の中において、人間が実存的理性において把握できるものは、神なしでは人生は無意味である、という事実であると断言する。[26]この人生の無意味さは、神からの啓示である終末論的な歴史に出会った時に初めて解消され、もはやそこにおいては、実存主義的な思索は超克される。確かに、マイケルソンの主張するように、実存主義の哲学が人生の無意味さを究極的なものとしている限り、イエス・キリストによる終末論的な出来事に出会った者は、実存主義者であることを止めるのである。しかし、私が実存論的神学という言葉を使用する時には、問いの次元である実存の理解という角度からのみ、答えである啓示の次元を取り扱おうとする特徴をもつ神学の形態を、言い換えれば実存の立場からの神学への接近の仕方を表現している。したがって、キリスト者は実存主義者ではない。答えを既に与えられており、歴史の中に意味を認めている存在が、キリスト者――この点は、実存論的神学に立っていても同じである――なのであるから。

今、マイケルソンが歴史を「実存的な歴史」と「終末論的な歴史」との二つの次元に区別しながら考察したことを述べたが、これをもっと詳細に説明すると、実は、以上の二つの次元の各々を、彼はさらに二つの次元に分けて考察している。それ故に、全体的には、歴史を四つの次元に分割して考察しているのである。

まず彼によれば、実存的な歴史は、世界史と実存史との二つの次元に分けられる。世界史（world history）とは、過去のいろいろな出来事を記述するような意味での歴史であって、ここでは何が起こったかが問題になる。その起こった出来事の意味は問題にならない。ここでマイケルソンの言う世界史とは、もちろん、ブルトマンの言う世界史（Historie）と同じである。それに対して、そのような世界史の出来事を、自分の実存との関係において考える次元をブルトマンは実存史（Geschichte）と呼んだが、マイケルソンもブルトマンと同様にそれを実存史（existential history）と呼んでいる。

この次元では、歴史の意味や解釈が問題となる。ところが、実存史は、マイケルソンによると、それ自体においては空虚なものである。この事情は端的に、マイケルソンの次の言葉が示しているように思う。「実存史は歴史の次元であるが、その次元においては、世界史というアーチの中の裂け目が感じられるのである。その裂け目は、人間生活の完結性を破る不足、人生を意味あるものとして送ることを失敗させるある不足なのであるが[27]」。

この空虚、歴史それ自体からは意味を獲得できない空洞を与える実存史の中では、もちろんわれわれは、啓示との出会いをもたない。実存史は問いを提出する次元であるが、それに答えを与える次元が問題になってくる。それが、前述したように、終末論的な歴史であるが、マイケルソンは、終末論的な歴史をさらに二つの次元に分割して考えている。その第一は、聖書の歴史（biblical history）である。これは、聖書の中に見られるような、神による歴史の摂理的な支配を示す救済史（Heilsgeschichte）のことである。イスラエル民族を通し、また、教会を通して歴史の中に摂理的に働く神の行為が、ここでは問題になっている。しかし、マイケルソンは、救済史を歴史にとって究極的なものとは考えていない。彼によれば、実は救済史さえも、キリストの出来事からのみ徹底的に解釈されなければならない。すなわち、救済史は救済の出来事（Heilsgeschehen）からのみ解釈されなければなら

ないのであって、救済史が救済の出来事を解釈してはならないのである。(28)

これは正しい、と私も思う。このような立場によってわれわれは、歴史を自然的に解釈しようとする意味での存在論的な思考から逃れることができる。救済史という観念は、ややもすれば、歴史がどのように具体的に進展して行くかを、確実な仕方で客観的にとらえようとする試みとなる。しかし、これは、その時々の歴史の状況の中で、その状況の具体にもっとも密着した決断をすることからの逃避となる。もちろんこれは、実存的な歴史創作の態度ではない。それは、歴史の中に、自然の観察に適用されるような一つの法則的なものをもち込むことによって、歴史の当面の決断から逃避しようとすることであり、歴史の自然化以外の何ものでもない。これを避けるためには、どうしてもわれわれは、救済史をその時々の具体的歴史の状況の中で、われわれに決断を迫る神の言葉である、イエス・キリストの出来事から解釈しなければならない。これこそ、最も終末論的な歴史理解である。人間は、歴史の中に将来を、自然を支配するような仕方で支配する手がかりを、何ももたないのであるから。この点についてでは、実存論的神学は、ティリヒの歴史理解について、いくぶんの疑惑を抱かない訳にはいかない。これは、次の章で詳説することにしよう。

4　次元的思考／時間論と倫理

今までの論述で既にある程度明瞭であると思うが、私がここで啓示との関係で取り扱っている「実存的な理性」が、どのような意味内容をもつ言葉であるかをもう少し明瞭にしておこう。私は今までこの言葉を、中世のスコラ哲学に見られたような抽象的・対象的・客観的な理性に対立するものとして用いてきた。それは、自分の存在の意味を問う理性の働きである。政治問題や経済の問題、または、われわれの過去の世界史の探求に取り組む理性は技術的な理性（technical reason）である。ゴーガルテンやボンヘファーの成人した世界の思想、及びブルトマンの世界史的な探求に見られるものは、この技術的な理性である。そして、そのような政治・経済・世界史探求において働く技術的な理性が、人間存在に意味があるかないかというような事柄を問題にする実存的な理性と、明らかな次元的相違をもちながらも、調和の関係にあるものとして、しかも、それが啓示との対立という点では一つの設定された領域を形成するものとして、私は考えている。

さて、私は以上のような啓示と一応区別された実存的理性の領域を設定することによって、実は、第一章「話し合いとしての神学的認識論」で展開した事柄と同一のことを言っているのである。アウグスティヌスによって代表されるような立場、啓示が理性に対して完全な優位を占めているが故に、理性は啓示に含有されているものを引き出して理解する機能を果たすのみであるという立場においては、信仰者と不信仰者との間、また、異なった神学的思索をしている者たちの間に、少しも話し合いの余地がない。私はこのことを、すでに第一章「話し合いとしての神学的認識論」の中で、バルト神学への批判として述べた。また、哲学が啓示に対して優位を占めるところにおいては、話し合いは十分になされ得る余地があるけれども、問題はそれが果たして厳密な意味におけるキリスト教信仰と言えるかが問われなければならない。この点に関して私は、やはり否定的な答えを出さない訳にはいかなかった。それ故に、キリスト教信仰の立場を厳密に守りながら、しかも、話し合いが可能であるという立場は、これまでに私が展開してきたような、啓示と理性との関係を調和的に考える立場でなければならないと思うのである。なぜならば、この立場によれば、次のような話し合いが可能だからである。前述したように、実存的な理性は、われわれの実存にはそれ自体で、人生に意味を与える基底がないこと、したがって、この空虚を満たすためには啓示を指し示さない訳にはいかないことを教えている。そうすると、信仰をもっていようがいなかろうが、実存的な理性の平面では、話し合いが互いの間に可能である。人生が結局のところ答えをもたない――その意味で虚無的な――現実であるという事実は、不信仰者とも話し合える事柄である。

このような話し合いの立場を固持する神学的認識論は、既に「話し合いとしての神学的認識論」に提示されているように、体験論的な局面を所有している。これまでも暗黙のうちに表白されてきたものであるが、この体験論的な局面との関係で、ここに明瞭に言われなければならない事柄がある。それは、実存論的神学が次元的な思惟であることと、この体験論的な局面との関係についてである。次元的な思惟という実存論的神学の性格は、われわれが客観的に世界観から導き出したものでもなく、また、われわれの体験を客観的に分析することによって発見したものでもない。そうではなく、(私の次元的理解も、マイケルソンに見られる歴史の次元的な理解、また、ゴーガルテンに見られるあの――人間を神に対して、また、世界に対して次元的に別々の関係をもつ存在であるという形で把握する――次元的理解とも基を一つにするものであるが、)これらの次元的理解が正しいかどうかは、どのような形であっても客観的に証明されるようなものではない。歴史を創作してゆく体験の場において、その歴史形成の決断そのものの中で把握する以外に、次元的な思惟の正しさを把握する方法はないのである。

各次元が、断絶と同時に、相互に影響し合うという面で調和的でもあることについては、既に「成人した世界」という思想を問題にした時に述べたことである。神への関係という人間の次元が徹底する時に、それが人間のもつ世界に対する関係という次元にどのような仕方で影響するのかを、われわれは見てきた。神への次元が徹底すればするほど――偶像崇拝から、それがわれわれを解放するという意味で――、世界を世界として冷静に技術的・理性的にわれわれは取り扱うようになる。それ故に、神への関係という次元と、世界への関係という次元との両方が、その断絶をますます深めるという仕方で、相互に影響し合うということを前に述べたのである。

これと同様のことが歴史に対しても言える。われわれが世界史という次元に冷静に技術的に対処できるのは、実は、その世界史の出来事との実存的な関係を強烈にもつことを通してなのである。

実存論的神学が次元的な思惟であることは、これまでに明瞭になったことと思うが、このような次元的な思惟は、もっとも近代的な思惟の構造でもある。私がここで近代的な思惟という時には、それは、（中世におけるような）神学が諸科学に対する女王としての位置を喪失した近代的状況を指している。その意味において、バルトの神学は時代錯誤的であると私は思うが、それは、バルト神学においては、神学が他の諸科学に対して、――例えば、信仰が聖書の歴史研究を支配しているが故に――女王としての位置をまだ保っている中世的なものが残存しているからである。ところが、次元的思考（dimensional thinking）によれば、神学が神学固有の次元での思索に徹底すればするほど、それ自体と他の次元との間の断絶を深めるような仕方で他の次元に影響する訳であるから、諸科学を神学から独立させる方向に沿って神学は諸科学に影響する。また、単に諸科学を神学から独立させる方向に沿って影響するばかりでなく、神学は、他の諸科学が、それ自体を絶対化しないように警告する。すなわち、いつでもそれらの科学の分野では技術的な事柄が取り扱われているのであり、実存的な問いが問われているのではないという警告を発するのである。このような仕方で、偶像崇拝という陥りやすい誘惑から、神学は他の諸科学を守る。このように、諸科学が独立した分野であるという自意識に徹底するような方向に沿って影響するのが神学なのであるから、神学は諸科学の僕《しもべ》であるということになるであろう。神学と諸科学との近代的なこのような関係こそが、実は正しい。なぜならば、われわれの救いのために僕の姿をとってこられた、神の言葉たるイエス・キリストへの服従としての神学を、われわれは取り扱っているのであるから、僕の姿をとって諸科学に仕える神学の方が、女王として君臨するよりも、神学として当然の在り方を示しているからである。ここにもまた、近代性とキリスト教の実存論的理解とが、見事に一致する面がある。

さて、これまでの論述との関係で、実存論的な神学の立場から時間についてどのように考えるかを述べてみよう。その理由は、次元的な思惟との関係で、人間の世界支配が完全な世界支配ではなく、委託された世界支配であると主張したあのゴーガルテンの立場が、どうしてももう一度、問題にされなければならないと思うからである。それが空間的な意味で完全な世界支配ではないことはもちろんであるが、ゴーガルテンの主張する事柄を時間的な意味でも理解することが、きわめて大切であるように、私には思われる。もしも人間が、委託された世界支配を完全な自律の世界支配に転換しようとする時には、自分を神の位置に引き上げようとしている訳であるが、自分をこのように偶像化する傾向は、空間的にというよりは、むしろ、時間的に理解されるのが適当である。この事情を明瞭にするために、もう一度、前に問題にしたジェイムズの思索に戻ってみたいと思う。前述したようにジェイムズは、未来展望的な面が哲学の中に場所をもたなければならないと主張した。この場合に、彼が言う未来とは何であろうか。彼の場合には、そのことが厳密に思索されているとは言いがたい。しかしながら、問題になる未来が、遠い未来の事柄であるならば、われわれは、そのような事柄をわれわれの信頼する神に任せておけばよいのである。過ぎ去った事柄と同じように、遠い未来の事柄は、われわれが今日生きようとしているきわめて緊張した次元においては、一応、問題にはならない。もちろん、遠い未来の事柄を自分の歴史形成の一つの目標として定め、われわれがそれを望み見つつ、それを実現するための計画を立てて、その計画の中で目前の未来になすべきことが決まってくる、ということはあり得る。しかし、そのようにして決定された目前の未来の仕事は、われわれにとって、きわめて緊張した決断の対象になるものであり、その未来は、実は、未だ来らない未来というよりも、まさに来らんとする将来である。[29]もちろん、私がここで言う事柄、すなわち、われわれの歴史の未来に一つの目標を定めることが、その定められた目標のために、われわれの現在が未来から一つの枠を与えられ、現在の状況がその未来の目標によって束縛されてしまうようでは困るのである。逆に、われわれが遠い未来に設定するこの目標は、いつでも現在の方から見られなければならない。現在の状況を突き抜けて、一歩前進するための目標でしかない。故に、この目標は、いつでも修正可能でなければならない。これこそ実存論的な思考が強調する時間であって、将来に向かってわれわれは、決断を集中することを要求されているのである。故に、われわれが真剣に生きようとするならば、それは、将来をいかに生きようかとの決断にすべてを集中し、その集中に支えられた生活でなければならない。したがって、われわれが世界支配を考える場合には、それを将来的に考えなければならないのであって、遠い未来までもわれわれが、完全に支配し得るかのように考えてはならない。そのような錯覚に満ちた傲慢こそ、ゴーガルテンの排斥する人間の世界支配の絶対化である、と私は考える。

このような時間論を基礎にしたところに、実存論的神学の大きな特徴が存在している。すなわち、われわれは、神ご自身についての思弁的思索に耽ることが神学の任務ではないと主張する訳であるが、その理由は、われわれがそれを知らなくても生きて行けるからなのである。むしろ、明日を私はどのように創って行くのかということとの関係の中でのみ、神がどのように明日を私に創らせようと問いかけておられるか、自分はそれにどう答えるかというような実存的な次元での神と人間との関係のみに、集中して思索しようとするのがこの神学の決意なのである。そのような思索を散漫にするような次元の混同は、決断という次元から注意を逸らせるものであり、われわれはそれを排斥すべきであると主張するのがこの神学である。

これこそブルトマンの非神話化論の根底にあるものでなくして何であろう。ブルトマンが、ハイデガーの『存在と時間』の中で展開されている時間論に徹底的に影響されていることは、多くの人々の指摘するところである[30]。ブルトマンの意図は、私がハイデガーに倣って前に展開してみた時間論を基礎として聖書を解釈することである。聖書の中に語られている神やキリストを、眺めるような客観的な形で問題にしないのである。聖書の書かれた時代の世界像との関連で客観的に把握されている神やキリストについての神話的な聖書の記述を、その客観的な記述の中に含まれている使信の立場から解釈し直そうというのが、この非神話化論なのである。使信とは、どのようにわれわれが明日を創って行くのかという、神からのわれわれへの問いの言葉である。その問いをもっとも真剣に取りあげ、われわれの実存にその問いを迫り、答えを要求するような仕方でだけ神とキリストとを思索しようというのが、ブルトマンの非神話化論である。したがって、神話的な世界像の中に包まれて語られている神話的なキリストの救済の出来事も、われわれの実存を真に生かすような角度からのみ取り扱われることになる。ブルトマンの立場は、神話の実存論的な解釈であるといっても差し支えない。

しかし、将来的決断は、われわれの過去の歴史から影響されてはいないのであろうか。ここで問題になるのは、個人的な過去ばかりではないのであり、世界も問題になる。もちろん、私は人間がすべて過去の影響下にあることを忘れたくない。将来への決断は、過去の影響を無視しては考えられない。しかし、われわれが将来への決断をするというその実存的な瞬間においては、過去は、その決断からは一応、切り離されたものとして考えられない訳にはいかない。われわれは、自分の決断の責任を厳粛に考えれば考えるほど、その決断の瞬間に、自分のこの決断は過去からの影響によってなされるものだ、というような言い逃れをもって、その責任から逃避できはしない。過去はわれわれの将来的決断に影響するけれども、しかし、われわれは自分の決断に当たって、その過去の影響に責任を転嫁することを許されないのである。その意味において、過去は決断にとって無である。実存論的思索は、それほどに決断を真剣に取り扱う。

したがって、ここでも実存論的な立場は、次元的思考にならない訳にはいかない。確かに、われわれが決断した後でその決断を振り返ってみる時に、そこに過去からの影響が認められるし、過去との繋がりを肯定することができるのであるが、しかし、それは過去からの影響であって、そのことによって決断の責任からわれわれが逃避することは許されない。決断という次元においては、われわれは全責任を負わされている者として、過去を無化し、過去から切り離されて立っているのである。故に、この次元的思考は、決断の次元とわれわれに影響する過去の次元とを一応区別し、決断の責任的厳粛さを最後まで守りつつも、しかも、過去がわれわれの決断に影響する事実を認めるのに決して躊躇しないのである。

このような次元的思考は、われわれの周囲の自然とわれわれの歴史形成的決断との関係にも、同様に当てはまる。人間は、もちろん自然の中に生存しているのであり、自然は人間に深い影響を及ぼす。そして、われわれの周囲の環境が、われわれにいかに大きな影響を与えるものであるかは周知の事実である。実存論的な思索は、決してこれらの事実を否定するものではない。むしろ、これらの影響をきわめて重要視する。さもなければ、実存は具体から離れた抽象化に転落する。実存は、当然の事であるが、自然や環境の影響下にある。それにもかかわらず、これらの自然的な、また、環境的な影響は、次元的に異なったものとして、決断の次元からは一応区別されなければならない。われわれは、自分の決断の責任を、これらの自然的な、また、環境的な影響になすりつけることによって逃避することを許されないほどに、厳粛な将来への決断へ向かって促がされている存在であり、そのような存在として神の前に立たされているからである。

同様のことが、人間の世界支配の次元である政治の領域・経済の領域・過去の世界史探求の領域と、実存的決断の次元との間にも存在することは、既に述べた事柄であるが故に、再びここで詳説する必要はないが、実存論的な思索は、具体的な実存を取り扱うのである。他者から隔絶した抽象的な孤立した実存を取り扱うものではないが故に、すなわち、実存は「我と汝」という他者との交わりの中にこそ真に実存して行けるものであるが故に、当然倫理の問題を考えない訳にはいかない。

しかも、この倫理の問題においては、今述べたばかりの自然との絡み合いが非常に重要である。例えば、カール・レーヴィット（Karl Löwith）は実存主義の哲学を鋭く批判しているが、彼の批判の理由は実存主義の哲学が、自然という概念を十分にその中に取り入れて活かすことができなかったというところにある。彼は、実存主義の哲学者のうちで、もう一度自然概念を取り入れようと努力した代表的な例として、フリードリヒ・ニーチェ（Friedrich Wilhelm Nietzsche）を取り扱っている。ニーチェが、実存主義的な思索を徹底させた結果、自然概念を最後的には活かすことができないで、決定的な虚無主義に陥り、結局は自然概念を取りあげようともしなかった人々と同じに、行動の基底としての規範さえ少しももたないような、全くの虚無の自由の中に転落してしまっているという事実を、レーヴィットは指摘している。[31] 確かに、レーヴィットの言うように、実存主義の哲学の立場からは、十分な形での倫理が展開されないであろう。

　したがって、最近、実存主義の哲学に深い共感を覚えつつある哲学者の一人、ハーバード大学のジョン・ワイルド（John Wild）が、倫理の問題について深刻に悩み、その解決を目指して努力しているのには深い興味を覚える。ワイルドは、レーヴィットの指摘したような実存主義のもっている弱点を十分に認めた上で、実存主義と、西欧の思想の中に深く根を降ろしてきた自然法の概念とを結び合わせることによって、倫理を新しく築こうと努力しているが、この試みはなかなか面白い。[32] しかし、実存論的な神学の立場からは、これらの哲学者たちの発言に耳を傾ける時に、私は以下の発言がなされるだろうと思う。

　実存論的神学は、実存主義の哲学とは異なる。イエス・キリストによる神の愛を信じる時には、既に実存主義の哲学が言う意味においては、われわれは実存主義者であることを止めているのである。神学は、当然のことであるが、啓示との出会いをその出発点としている。それ故に、われわれの実存的な理性が——啓示との出会いなしで——歴史の中に見るものは、無意味さのみであることを、神学はその前提とすることができる。しかし、神学は、その無意味さを根底として思索するのではない。したがって、啓示との出会いをもたない、純粋に哲学的な思索のみで十分な倫理が形づくられるとは、実存論的神学は考えていない。むしろ、レーヴィットの指摘した意味ではないかもしれないが、歴史の中にある種の自然的なものを仮定している。

　それでは、この自然的なものとは、どのようなものであろうか。カトリック神学が主張する自然法の概念は、十分に動的な柔軟さをもっていないものと、私には思われる。歴史の一つ一つの局面がもつ具体的な状況に対して、カトリック神学の言う自然法に従って行動することは、ある種の既定の枠をその状況に当てはめて行動しようとすることであって、十分に実存的なものだとは思えない。この点は、実存主義の哲学者ジャン＝ポール・サルトルたちが、きわめて鋭い批判の鋒先を向けた点であるが、私はその批判という消極面においては、サルトルに同意したい。

　実存論的な角度からキリスト教神学にとって必要で欠くこ

とができないと言える自然的なものとは、単純に二つのものだけではないであろうか。すなわち、その二つのものとは、生命を肯定し意味あるものと思うことであり、また、十字架の愛であるアガペーがわれわれの実存の根底である、ということであろう。これら二つのもの以上に自然的なものを求めることは、結局のところ、封建的な社会制度の下に形づくられた中世的な慣習を自然法として認める、あの時代錯誤的なカトリック主義の立場に陥るか、あるいは、その時々の民族の、または国家や階級のもつ個性的な法則を、自然法として普遍化してしまう誤りを犯すことになるであろう。以上の二つのもの以外に歴史の場での自然的なものを認めないことは、いつもその時代時代の社会の倫理や慣習に対して動的で自由な、そして、批判的な立場をもち得ることなのである。

この立場は、革命的な一面を所有している。しかも、その時その時、また、その場その場の状況に応じて行動のための何の規準もなしに行動する御都合主義は避けられている。隣人の生へのアガペーが、その行動の規準になっているからである。このような倫理の立場をもっとも良く表明したものが、ラインホルド・ニーバーのキリスト教倫理である、と私には思われる。ニーバーは、人間の有限の自由を主張し、カトリック主義のもつ自然法の概念を歴史のその時その時の状況に密着していないものと考え、十字架のアガペーからそれを批判している。しかも絶えず、社会的な正義や、身近な人々の間に展開される相互愛の倫理が、その根底に十字架の愛をもたない時に、結局のところ互いの自己主張という悪へ転落することを解明し、相対主義的な倫理をも攻撃している。すなわち、ニーバーによれば、啓示としてわれわれに与えられている十字架のアガペーの愛が、一切の移り変わりゆく、正義及び相互愛の形づくる社会の倫理的制度の上にあって、その倫理的制度がいつも自己絶対化の主張に落ち込まないようにと批判しつつ、しかも、それらを愛の制度的表現として根底づけるのである。それ故に、十字架の愛と、正義及び相互愛との関係は弁証法的なものであるというのが、ニーバーの主張である。[33]

この点においては、ニーバーは、ともすると中世的な自然法の概念に陥りがちなブルンナーとは異なり、非常に優れた倫理の基礎をわれわれに与えている、と私は思う。[34] このように、倫理においては当然のことであるが、歴史の過程で、トレルチの思想との関連で前にも言及した人間性という自然——これが歴史の根底をなすものなのだが——が問題となる。しかし、歴史の中のこの自然的なものは、飽くまでも人間性という自然、すなわち、(有限なものではあるが) 自由によって浸透されている自然の問題なのであり、通常の自然ではない。したがって、歴史を自然化する試みは、ここでも徹底的に排除されなければならない。存在論的な思索が、人間の自由によって設けられているこのような制限を超えて、人間性という自然を、存在論的に自然を考察するのと同じような仕方で考察するならば、それは歴史の自然化なのである。歴史と自然との断絶をそれは十分に考慮したとは言えないが故に、実存論的な思索はこれを退けない訳には行かないであろう。

実存論的な思索は次元的思考であるという事柄との関連で、もう一つわれわれが取り扱っておきたい事柄は、神学文化史という思索の領域についてである。例えば、マックス・ウェーバー（Max Weber）やトレルチによってなされた、あの資本主義の精神とプロテスタンティズムとの関係についての歴史的考察、及びトレルチの行った厖大なキリスト教の諸教派の使信と社会倫理との、あの研究を私は指して言っているのである[35]。さらに、その他のすべての、信仰と政治史及び経済史との関係の研究に見られるような、歴史的教会の信仰がこれらの領域に対してどのように影響したかの考察を、私は神学文化史的な研究と言いたいのである。われわれはキリスト者として、経済や政治の錯綜しているこの世界に生きているが故に、政治・経済の問題に対して、自分たちの信仰が影響する事実を否定することはできない。しかし、同時に強調しなければならないことは、キリスト教的な政治学とかキリスト教的な経済学とかキリスト教的な世界史の探求などというようなものは、あり得ないということである。このことについては、これ以上ここに詳説する必要はないであろうが、この機会に私が指摘しておきたいことは、次のことである。最初の章で紹介したゴーガルテンの意見、すなわち、キリスト教が、近代社会の成立に当たって、それを妨害する勢力ではなく、むしろ、それを援助する勢力であり得たことについての考察は、このような神学文化史的な研究の好適な一例である。

5　神の超越性

以上において「啓示と実存」の関係をいろいろな角度から問題にしてきたが、それをまとめる意味で私は最後に、神の超越性について論じてみよう。古典的な意味で語られる神の超越と、実存論的な意味で語られる神の超越との間には、相違が存在するのである。古典的な神学における神の超越は、空間的な象徴によってとらえられてきたと言って差し支えない。この事実は典型的に、既に指摘したスコラ哲学のあの実在観、すなわち、実在は二つの部分から成り立っており、その両者がいわば二階建ての建物のように形成されているとした実在観に見られる。ここでは、われわれの住んでいる現実のこの世界と、その上位に位置づけられる超自然の世界とが、空間的な象徴である下と上との関係において考えられていたのである。

それ故に、神の超越は、空間的な意味でわれわれのこの世界を超越したものと理解され、したがって、その神の超越を理解するためには、われわれは、この世の外側、歴史の外側を凝視し眺めるという立場を取らなければならなかった。超自然の世界は、この現実の世界のどの視点からも眺めることができるような等距離にあるものとして、そのような（眺めるという象徴を使わざるを得ない）客観的な思弁の対象であった。そのような立場から古典的な三位一体論やキリスト論が成立したのである。

しかし、このような空間的な象徴によって考えられた神の超越は、人間を将来へ向かって決断させるような超越ではない。それに対して、実存論的な神学における神の超越は、時間的な象徴において考えられなければならないであろう。神はいつも、われわれの将来からわれわれに向かって、神への決断を促すような仕方で邂逅する存在なのであって、その意味において神は超越している。われわれの上位に、空間的に超越するのではなく、われわれの将来から語りかけてくるという意味で、現在から時間的に超越しているのである。それ故に、この超越者とは、われわれが決断することの中でのみ出会うことができるのであって、観想的な、また、思弁的な思索をする時に出会う存在ではない。そして、実存論的な神学は、そのように将来からわれわれに語りかける神を真剣に問題にするあまり、そのような超越に排他的に執着する。もちろん、この排他的な執着は、将来を創るためのあの技術的な理性の思索の次元を蔑ろにすることでは決してないのであるが。

このように、神の超越を空間的な象徴によってではなく、時間的な象徴によって考えることは、空間的な象徴を全部棄却することを決して意味しない。たとえそのようにしようと思ったところで、それは不可能である。カントに思い出させてもらうまでもなく、われわれ人間は時間と空間とに縛られた存在なのであり、時間的な象徴の使用のみに自分の思索の手段を限ることは不可能である。時間についての思索といえども、空間的な象徴を用いなければそれを行うことができないのが、実は、人間の思索の特徴である。

したがって、ここで私の取っている立場は、実存を思索する時に空間的な象徴を主にして、その手段によって思索するに当たって、必要な時だけ時間的象徴を挿入させるというような立場の棄却である。そして、それとは逆に、時間的な象徴の手段によって思索し抜くのだが、必要とあれば空間的な象徴をも挿入するが、しかし、必要以上にはそれを挿入しないという立場を、私はここで自分の立場として設定したのである。

神と人間との関係について語ろうとする時に、既にそれは、空間的な象徴の使用を内包している。関係という以上は、関係をもつ両者の空間的な位置設定が既に暗黙の中になされている。したがって、神の超越について時間論的にのみ考えようという立場をどれほど厳密に取ろうとも、神の本質について語らない訳には行かない。本質という概念は、固定した内容を表現するものである以上は、一つの空間的な象徴であると言えるであろう。この本質を、傍観者として眺める立場から問題にするか、それとも、それに決断的にかかわる立場から関係概念として問題にするか、ここに実は問題の焦点がある。神と人間との関係がいつももっている本質的な性格は、実は、神の側から基礎づけられているのである。したがってその関係は、絶えず変動する不安定なものではないという事態を表現するために、すなわち、その関係が神の本質に根差しているという意味での神の本質について発言する場合には、それは少しも客観的な思弁とはならない。実際のところ、キリスト教神学にとって必要なのは、そのような神の本質概念であり、客観的なものではない。以上の理由で私は、ティリヒが主張している関係概念としてのみ本質を考えるという立場に賛成である[36]。後で述べるように、ティリヒの場合、この関係が「我と汝」という次元で徹底的に考え抜かれているかどうかは、大いに疑問のあるところではあるが。しかし、繰り返して言うが、神学は、対話の両極である人間と神とについて語らない訳には行かないのであって、これはもちろん、空間的な象徴である。もしもこのような空間的象徴までも排斥してしまうならば、どのようなことになるであろうか。結局のところ、われわれは自分の対話の相手を本当には知らないでしまうことになろう。すなわち、相手の本質について語らない時には、相手がいつも、欺瞞的な関係をわれわれに対してもっていて、実際は、その関係が表現するものとは違う本質を相手がもっているかもしれない、という不安にわれわれは悩まされることになってしまう。この不安は、神学を根底から崩すことになるであろう。

さらに、空間的な象徴が、時間的な神の超越について実存論的に語る場合にも必要になってくる一つの例を、ティリヒの神学から私は引き出すことができる。彼が、神を存在の根底と言う時に、もちろん、彼はそこで人間の深みの次元について語っているのであり、しかも、空間的な象徴を明らかに使用して語っている。さて、このような空間的な象徴の用法は、深みにあって自分の存在を根底づける存在そのものを指示するという、きわめて実存論的な用法である。存在の根底としての神は、私の生を支える実存的な根底なのであり、その根底を客観的に眺めるという態度からは、ティリヒは、確かに神の超越を問題にしてはいない[37]。

ただ、ティリヒの神学において私が疑問に思うのは、この「存在の根底」が、人間との関係において特別の仕方で果たして用いられているかどうかということである。すなわち、人間と自然との断絶を曖昧にするような仕方で、ティリヒは、この「存在の根底」という概念を用いていないであろうか、自然に対しても人間に対してと同じように用いてはいないであろうか、という疑問なのである。実はこれこそ、ティリヒの神学のもつ存在論の問題点である、と私は思う。さて、われわれが、このような事柄を問題にし始めると、歴史と自然の問題、時間と空間の問題との関連で、ティリヒの存在論をどうしても取りあげる必要がでてきたように思う。

第三章　パウル・ティリヒの存在論

1　ティリヒの存在論と「歴史的現実としての二元論」

ラインホルド・ニーバーの次のような言葉は、この章の中で私が取り扱おうとしている、ティリヒ神学のもつ問題性をよく表現している。

通常次のように言われている。われわれは、われわれの宗教を、また恐らくはわれわれの倫理をも、われわれのヘブル的な遺産からもらっている。そして、われわれの哲学を、ヘレニズム的な遺産からもらっている。一般的に言って、この概括は正しい。しかし、この概括は、われわれの遺産の両方がそれぞれもっている特有の美徳と欠点とを、正確に指摘していない。ヘブル的な文化におけるのと同じように、ヘレニズム的な文化においても、究極的なものへの熱望が存在するという事実、また、両方の文化に、倫理的及び宗教的な概念が存在している事実について、この概括は正当な認識を与えるものとは言えない。しかし、ヘレニズム的な遺産は、自我と自我の展開する劇とを理解するに当たって十分ではない。なぜならば、それは自我とその劇を、理性主義的に、また存在論的に理解しようと試みるからである。これに反して、ヘブル的な遺産は、この世の諸事件の流れの中にある、永久の構造を分析するに当たって十分ではない。ヘレニズム的な遺産にとっては、歴史は自然のもつ一つの次元に変えられてしまっており、ヘブル的な遺産にとっては、自然が歴史の下に包摂されてしまっている。後者においては、自然と歴史とが、神の主権の下に立つものとして理解されてしまい、両方ともがそこでは、自明の法則に従っているものとしては理解されていない。このように、ヘレニズム的文化は、人間の自我とその歴史とを誤解するが、それは、自我及び歴史においては、法則よりも自由が明白なものだからである。ヘブル的な文化は自然を誤解するが、それは、自然が主として、分析できる法則に

従って理解されなければならないからである。(1)

今までもたびたび取りあげてきたティリヒの神学をこの章では、今引用したニーバーの言葉の中にあるような観点から、すなわち、ヘブル的な歴史理解とヘレニズム的な自然理解との関係が、彼の神学においてどのようになっているかという観点から検討してみよう。ティリヒはその神学の中心的な部分——私はそれを存在論であると思うが——において、歴史を自然化してはいないであろうか。ヘブル的であるのが当然であるところで、ヘレニズム的な理解をしていないであろうか。

彼の神学の性格をこのような観点から検討することが、実は、歴史と自然という現代神学の緊急な問題の解決のために、光を投げかけてくれるであろうという希望をもっているが故に、私はこの章を特に設けた。ティリヒの膨大な神学体系の根底に横たわるものは、その特殊な存在論であると言っても私はよいと思う。現代という状況の中にあるキリスト教が、いかなるものであるべきかについての彼の鋭い認識も、また、その認識から発する彼の神学も、すべてこの存在論に根拠をもっていると思われる。

ティリヒの神学組織は、実は、非常に単純な——しかし、この単純さは、深い思索の結果として生まれてきた単純さであって、恐ろしい深みをもっている——構造によって成り立っている。その明晰な構造を次のように説明してもよいであろう。人間は、そこからどのような手段を用いようとも自分自身を切り離す(separate)ことができない「存在の根底」の上に生きている。しかし、自分自身をそこから切り離すことはできないけれども、人間は、「存在の根底」からは疎外(estrangement)の状況の中に実存している。したがって人間は、真の生を与えてくれる「存在の根底」との一致への憧憬をもちつつ生きている。しかも、「存在の根底」から現実に疎外されているが故に、本質的な自分を実現し得ずして、人間はいつも不安である。実存的人間が、そこから疎外の状況にある、その「存在の根底」に回帰せよ、というのが彼の思想の根本的なモチーフであろう。

しかし、現代という思想的状況の中に生きる思想家は、誰も実存主義との対決を避けることができない。ティリヒの場合もその例外ではない。しかも彼の場合には、明らかにこの対決を通して実存主義の影響を多分に受けている。しかし、彼の実存主義は、彼の哲学博士論文が示しているように、主に後期のシェリングの哲学に由来しているのであって、それは既に存在論を内包した形での実存主義である。したがって、われわれがキルケゴールやブーバーなどの実存主義から考えるような「我と汝」の邂逅を、その基底としている意味での実存論と言うよりも、多分に神秘主義的な色彩を帯びた存在論をもっている実存論であると言える。今、私はここで使う実存論という言葉によって、ブーバーなどによって表現されている「我と汝」という邂逅の次元にその中心をおいて、人間の実存を把握しようとする実存論を意味したいのである。したがって、存在の根底に対するティリヒ独特の思考と、この「我と汝」の邂逅としての実存論との独特な統一が、彼の思想の中心的支柱をなしている、(2)と私は見ている。ティリヒは、このような独自の存在論を基礎にして現代の状況との折衝に入ろうと企てている訳であるが、この折衝を検討することは、彼の存在論の(右に述べた)特色をわれわれに明らかにしてくれるであろう。(3)

まず、彼がそこで活躍していた時期のアメリカ合衆国に起こっていた宗教復興に対して、どのような批判的な目を向けていたかを見てみよう。例えば、ビリー・グラハム(Billy Graham)、ノーマン・ピール(Norman Vincent Peale)等の出現をティリヒはどのように考えていたのであろうか。彼はその実情を分析し、それが真の宗教復興であろうかと問うている。彼の結論を先に言えば、それは決して真の宗教復興ではなかったのである。なぜなら、この宗教復興は、現代の機械文明の中に巻き込まれて人間としての自己喪失の恐怖を覚えている現代人の、一時的な不安解消の手段でしかないからであった。したがってそれは、この機械文明の時代がさらに発達して、そのような一時的な不安解消の手段がもはや役立たなくなるとともに、消え去るものでしかない。そのような宗教復興では単なる皮相的な解決が試みられているだけであって、現代人の自己喪失のもつ問題性を根本的に解決しているものではない。ティリヒによれば、現代の西欧人の一番の危機は、実は「深みの次元の喪失」(Loss of the Dimension of Depth)にある。その人間の深い根本的次元をとらえることに失敗し、それを問題としていない現代の宗教復興は、決して長続きするものではなく、一時的現象でしかない、と彼は考えていたのである。

ここでティリヒが「深みの次元」という時、それは明らかに彼の言う象徴である。彼においては象徴(symbol)と標識(sign)とは異なったものである。標識とは、ある建物の位置を指示する立札のようなもので、その建物とその立札とは、内容的に何ら本質的関係をもたない。それに対して象徴とは、例えば国旗のようなもので、国旗が象徴している国民の現実と国旗とは、内容的に本質的なかかわりをもつものである。その国民の現実が変わらない限り、その国の国旗もまた変わることがない。すなわち、国旗はその国民の現実に参与(participate)している。(4)

さて、この「深みの次元」という言葉は、ティリヒの存在論の特徴的な概念である、あの「存在の根底」を指し示している。それ故に、この象徴を理解することが、彼の神学の理解にとって大きな役割を果たすことになろう。

この「深みの次元」における深みとはもちろん、空間的な、また場所的な概念であるが、その使用を通して、実存的な状態を言い表したものである。実存的な状態は、空間的また場所的概念によっては、本来は言い表し得ないものであるが、しかしわれわれは、そのような概念を使わなければ、このような実存の状態を全く言い表し得ないが故に、やむを得ずこのような概念を使うのである。その時には、この実存的な状態と空間的で場所的な概念との間に、本質的な類比（analogia）が存在するのである。また、そのような意味で、彼においては、「神」という言葉も同様に象徴でしかない。

この「深みの次元の喪失」という象徴的な言葉で、ティリヒが意味している内容は、次の問いに対する答えを人間が失ってしまっているという事態である。すなわち、「人生の意味とは何であるか。われわれはどこからきて、どこへ行くのか。われわれは何をすべきであるか。生まれることと死ぬこととの間にある僅かな時間の中にあって、われわれは何にならなくてはならないのか」。そして、ティリヒは、宗教（キリスト教とは限らない）はこの人間の深みの次元に直接関係するもの、すなわち、上の問いへの答えを提供するものでなければならないと考えている(5)。

それ故、ティリヒにとって宗教的であることは、人間の深みの次元を探し求めることであり、奥深い次元において人間の本質を問うことであり、また、このような仕方で情熱的に自己の実存の意味をたずねることである。そして、情熱的に実存の意味を問い、その答えがたとえわれわれを傷つけるようなものであっても、勇気をもってその答えを受け入れることである。このような事情は、宗教が神々、または唯一の神の存在への信仰（belief in the existence of gods or one god）ではないことを意味する。このような神々または神に対する思想、敬虔な奉仕、服従、それによって成り立つ組織を、ティリヒは宗教とは考えていない。今日までこのようなものが宗教として伝統的に考えられてきたことは確かなことであるが、しかし、それにもかかわらず、最も深い本質において、宗教はそのような狭い意味での宗教以上のものである筈である、とティリヒは言う。宗教とは、自分自身の存在について、また、存在一般についてかかわっている状態（the state of being concerned about one's own being and being universally）である(6)。

ゴーガルテンやボンヘファーが、キリスト教は世界を偶像視する宗教とは異なると主張し、世界の非宗教化を提唱したことは前に述べたが、これとティリヒの宗教観とは矛盾するものではない。どこに人間がその実存の情熱のすべてを賭けるかが問題なのである。真の神へ賭けた宗教的情熱は、当然世界の非宗教化をもたらす。

ティリヒの宗教観を知るためには、象徴をどのような意味内容をもった言葉として彼が使用しているかをもっと詳細に検討することが必要であろう。ティリヒ自身が、自分の象徴という概念のもつ内容を箇条書きに説明した文章があるが、これはこの点で非常に役立つ。

ティリヒは、標識と同じように象徴が、それ自体を超えたあるものを指し示していることを取りあげ、それを象徴のもつ第一の特徴とし、第二の特徴としては、標識と違って象徴は、指し示すもの自体に参与するという特徴をもっていることを述べているが、この第一と第二の特徴については前述した。第三の特徴としてティリヒが取りあげているのは、象徴が、象徴の手段を用いなければ人間に閉鎖されている現実(reality)の次元を開き示してくれることである。彼は、このような特徴をもつ象徴の例として、芸術を取りあげている。第四の象徴のもつ役割は、先に述べた象徴によって開示されている現実のあの次元に呼応するような、人間の魂の中の次元を開き示してくれることである。第五の特徴は、象徴は、故意に(intentionally)造ることができないことである。それは、個人や集団の心理の無意識の底から成長し、人間の心の無意識の次元によって受け取られない限り、その機能を果たすことができない。したがって、特に社会的な機能を果たさなければならない象徴、例えば政治的な、または、宗教的な象徴は、集団の心理の無意識の底で造られ、また、受け入れられなければならないのである。

象徴の第六の特徴としてティリヒが主張するのは、象徴が故意には造られるものではないという事実の結果であるが、象徴は生ける存在と同じように成長し、また、死んでいくという事実である。事態が象徴の成熟にとって都合の良い時には象徴は成長するが、事態が変わるにつれて象徴は死んでいく[7]。

さて、以上のようなティリヒの象徴についての説明を読む時に、われわれは直ちに、次のような疑問を抱くであろう。既に述べたように、ティリヒはここでキリスト教的な象徴に限定しないで、宗教的な象徴について語っている。彼によれば、キリスト教も、その他の宗教に対して質的な断絶をもつ訳ではない。むしろ、それは他の諸宗教との質的な連続において存在するのであるから、キリスト者といえども、どうしても「宗教的な」象徴を使用しない訳にはいかないのである。その場合に、それでは何故にキリスト教という宗教を他の宗教から区別して、われわれは特別に信じるのであろうか、という疑問が当然のことながら提出されるであろう。

この疑問に対するティリヒの答えは、彼の象徴の理解と密接な連関をもちながら語られる、彼によるとキリスト教だけが、(多数の宗教的象徴の複合体であるという、それ自体の本来の姿を忘れて他の宗教が陥る、)それ自体の絶対化から免かれ得るからである。宗教はすべて究極的なものを指し示す象徴を内に所有している訳であるが、その場合に、象徴がそれ自体を絶対化して、それ自体にわれわれの礼拝の情熱を完全に注がせ、それを超えた究極的なものを指し示す機能を果たすことを止めた時に、その宗教は偶像崇拝となる。

ティリヒによれば、キリスト教の中心的な象徴である十字架は、それ自体を否定することを積極的に要求する象徴なのである。史的イエスのもつ啓示的内容は十字架の象徴の中に表現されているのであるが、それはそれ自体を否定するという契機を内包した象徴なのであり、いつでもそれ自体を超えた究極的なもの（the Unconditioned）を指し示しているからである。

もしもキリスト教が、その象徴の使用に当たって、他のどの真理にも勝る真理をもっていると主張するならば、その時には、この事実が表現されているのは、十字架の象徴、すなわち、キリストの十字架という象徴の使用によってである。キリストには、神的なものの十分な充満が具体化されている。そのキリストは、偶像にならないために、神の傍らのもう一つの神にならないために、自分自身を犠牲にする。弟子たちはキリストをそのような神に造りあげようと望んだのだが。それ故に、ペトロがイエスに「キリスト」という称号を呈する時に、イエスがその称号を受けられるというあの物語は、決定的な物語である。キリストはその称号を次のような一つの条件の下に受け入れられる。彼はエルサレムに行き、苦しみ、そして死ななければならない。この事柄が意味しているのは、キリストがご自分に関する偶像崇拝的な傾向を否定されていることである。このことが同時に、他のあらゆる象徴の規準である。そして、この規準に対して、すべてのキリスト教会が服従しなければならないのである。[8]

このようにわれわれは、十字架の象徴に出会う時に、自分自身の造りあげる一切の安全性から、自分自身の中に生の根拠をおくことの一切から解放される。そして、すべてを超えた、象徴さえも超えた、無条件的なものにわれわれの目を向けるのである。ここにこそ、ティリヒの主張するキリスト教の独自性がある。

しかも、究極的なもの・無条件的なもの（the Unconditioned. the Unconditional）も一つの象徴である。それは他の神々と並列して存在する一つの神を指示しているのではない。それの指示するものは他の存在の間に介在する一つの存在ではないのであって、むしろ人間の究極的なものに対する実存的な態度である。言い換えるならば、究極的なもの・無条件的なものとは、客観的にそのものを指示するというよりは、人間から究極的な関心を要求するものという意味であって、本質概念と言うよりも関係概念なのである。[9]

この事情は、ティリヒが「聖なるもの」（das Heilige）をどのように考えていたかを見れば、さらに明瞭となる。ティリヒによれば、聖なるものについての自覚は、神的なるものの近接についての自覚であり、われわれの究極的な関心のもつ内容についての自覚である。人間の心情は無限を求め、有限な人間はその無限の中に安息を見出すことを望む。無限の中に自分自身の成就を待望するのである。それを通して究極的なものがそれ自体を現しているすべてのものに対して、人間が恍惚的な魅惑を感じる理由がそこにある。しかし、究極的なものは、人間をこのように引きつけると同時に、有限な人間が無限なものからどれほど遠く離れているかを示す。引きつけられ、しかも同時に、退けられるこのような人間の無限へのかかわりの状態を、ティリヒは、ルドルフ・オットー(Rudolf Otto)の『聖なるもの』(Das Heilige)の中に展開された、あの聖なるものの概念に従って考えている。それ故に、聖なるものは、人間を無限者に向かわせるという意味では創作的であるが、有限存在である人間に対して無限からの距離を示し、人間が自分を聖なるものに祭りあげようとするあらゆる試みを破壊するという意味においては破壊的である。

聖なるものは究極的なものと同一であるが、ここにティリヒ神学のもつ実存論的な傾向が明瞭に見られる。これらの概念は、われわれの究極的な関心というあの実存的な事態から離れた、傍観者の態度をもって観察され得るような、存在するものを意味していない。究極的なものを客観的に叙述するものではなく、むしろ、それとの関係を表現するものこそが、これらの象徴なのである。以上のように象徴の概念は、ティリヒ神学における実存論的な傾向を、きわめて良く表現していると言うことができる。

しかし、既に述べたように、ティリヒの象徴の概念の特徴の一つとして取りあげたものに、象徴が人間の心の中の次元を明らかにするという事情があったが、さらにティリヒによれば、象徴は、通常は隠されている実在の次元を明らかに示すのである。ここには、ティリヒ神学における存在論の傾向が垣間見えている。後で問題にするように、この点でティリヒは、本当の意味で実存論的思索を徹底させたとは言えない、と私は考えているが、しかし、今問題にしていることはティリヒの神学の実存論的な傾向にあるので、この問題は後回しにし、われわれの今の課題に話を戻さなければならない。

ティリヒ神学のもつ実存論的な傾向を逆に際立って明瞭にする結果をもたらすような批評が、カトリック神学者、ジョージ・H・タヴァードによってなされている。タヴァードは、もしもティリヒの言う象徴が、真に神に対する人間の実存的な関係を表現しているならば、神の実存にかかわりをもつ限りその象徴は死ぬことがない筈だという角度から、ティリヒの象徴の概念を批判している。[10] タヴァードの主張は、次のような彼の思考からきている。実存的な関係の両極である人間と神との両方に、象徴はかかわっている。そうすると、神が変わらない以上、その神にかかわる象徴も、不変の要素をその中にもたざるを得ない。

このようなタヴァードの主張は、ティリヒの実存論的思索についての誤解からきている。ティリヒにおいては、実存的な関係の両極である神と人間とが、ある一定の距離を互いの間に隔てて相対立する両極としては考えられていない。そうではなく、この両極は、相互に重なり合っている。実存を支える存在の根底こそが、神なのである。ティリヒにおいては、人間が自分の実存を真に生きるという事態そのものが同時に神との関係であるが故に、神との関係を表す象徴は、人間が本当に生きること、すなわち、深みに生きるということだけにかかわるのである。したがって、象徴は人間の無意識的なものの生死と呼応して生死を経験する。タヴァードは、ティリヒのこのような思索が理解できていない。象徴の指し示す神と人間との関係のもつ内実には不変のものがあるが、象徴そのものは生死を経験するのである。

さて、このようにしてティリヒは、ブルトマンとは異なった形で非神話化を行っているとも言える。確かに、ティリヒは神話が絶対に神学から取り去られ得ないものだと主張する。彼はこの点において、表面的にはブルトマンの非神話化に反対しているのである。その理由は、ティリヒによれば、われわれは超越的なものをわれわれの世界内の経験によって語らざるを得ないのであり、これは当然象徴（symbol）によって語ることである。そして、神と人間との出会いを物語ろうとすれば、どうしてもわれわれはいくつもの象徴を結合して、その物語を展開しなければならないのだが、これが神話なのである。したがってティリヒによれば、神学には神話が必須のものであって、神話的表現以外のものによって神と人間との出会いを語ることはできない。[11] この角度からティリヒは、ブルトマンの非神話化論の試みに反対するのであるが、しかし、ブルトマンもこの事実を知らない訳ではない。むしろ、ブルトマンの非神話化論は、ティリヒの言った意味での神話をなくすことではなく、神話的表現をもって語られている、実存論的な神と人間との関係にすべてを集中して、キリスト教の使信を解釈しようとする試みだと言えるのである。[12]

ティリヒは「非神話化論」（Entmythologisierung. demythologizing）という言葉を嫌って、「字義への囚われからの解放」[13]（deliteralization）という表現の方をむしろ好むように思われるが、タヴァードも指摘しているように[14]、ティリヒの試みも、確かに非神話化論の試みである。ティリヒによれば、既に述べたように神話とは、神と人間との関係を象徴をもって表したものである。ところで、究極的なものにかかわっている象徴が、それ自体絶対的なものではなく、象徴に過ぎないことを自覚して神話の中で用いられる時には、その神話は「破られた神話」（broken myth）である。「破られた神話」とは、実存論的に解釈された神と人間との関係の表現を意味する。ここでティリヒの意図しているものは、実は、ブルトマンの非神話化論と少しも変わらない、と私は思う。[15]

しかし、われわれが組織神学という角度から見て、ブルトマンよりもティリヒから学ぶものが多くある。その一つとして、ここで取りあげたいのは教義（dogmas）に対するティリヒの態度である。組織神学はどうしても、教理史的な発展を対話の相手にしなければならないのであり、ブルトマンのように新約聖書の釈義を現代の状況の中に生きる人間として行うだけでは、組織神学としては十分ではない。ティリヒは、教会の教義は初代教会が、その当時の異端からその立場を守るために造られたものであるとする。教義がキリスト教にとって、生か死かを意味するほどの事柄になったのは、その理由からである。確かに、キリスト教の使信を初代教会のあの状況の中で守ろうとするためには、教義が必要であった。この意味において、神学はいつでも教義的でなければならない。すなわち、その時の異端から教会を守るという意味においてである。

ところが、初代教会以後、教義の果たす役割についての理解が歪められてきた、とティリヒは考えている。というのは、教会の使信の中核を守るというあの機能を果たさなくなり、むしろそれは、キリスト教的国家の法律と同一視されるようになってしまったからである。そこでは、異端は社会的な罪悪に変化した。これは教義の悪魔的な使用に過ぎない。

ティリヒによれば、教会は絶えず、その当時の状況の中で、告げなければならない使信を新しく解釈し、状況に対して使信を弁証していかなければならないのである。その意味においては、弁証論をその中に有機的に生かしているティリヒの組織神学の試みは、初代教会の教義形成の努力の連続であると言える。また、彼においては、その教義と自分の神学とは質的な連続性をもっていると考えられているのであるから、彼の試みは教義の非神話化論であると言っても差し支えないであろう[16]。組織神学としては、新約聖書の使信だけではなく、教義の実存論的解釈が必要とされる、と私は考えるが、ティリヒはこの点で正しかった。

それ故に、ブルトマンとティリヒとの相違点は、前者が神話をなくそうとし、後者がそれを保存しようとしたところにはない。むしろ両者の相違は、もっと根本的なところにある。両者の相違点は、ブルトマンがブーバー的な「我と汝」という人格的な邂逅の形で、実存論的に神と人間との関係を考え、その関係の中における人間の実存論的自己理解として――この関係を無視しての人間の実存主義的自己理解ではなく、関係の中における実存の自己理解であるが――、キリスト教の使信を理解しようとすることに集中しようと試みているのに対して、ティリヒが、むしろ存在論的・神秘主義的な形で、キリスト教の使信を理解しようとするところにあると思われる。ブルトマンの人格的邂逅という関係の中での自己理解としての使信理解の仕方は、当然ティリヒのような、存在論的・神秘主義的な使信理解とは衝突するものと思われる。

もちろん、ティリヒも神と人間との関係が「我と汝」という邂逅の次元をもつことを主張するのではあるが、しかし、彼が絶えず強調する点は、このような「我と汝」という邂逅を超えた次元が、神と人間との関係には存在するということである。彼が神を「存在の根底」と呼ぶのは、実はそのような意味においてである[17]。

ここで注意しておきたいことは、私が決してティリヒの「存在の根底」という概念のもつ内容のすべてを、また、ティリヒが存在論を神学の中に取り入れた事実を、非難しているのではないということである。実存論的な思索が人間という存在を問題にする以上は、どうしても存在論とかかわってくる。非存在ではなく、存在しているのは何故か、また、その存在の性質はどうか、を問う科学こそが存在論なのであるから。神を人間という存在の根底として把握したことそれ自体は、一つも非難すべきことではないであろう。むしろ、問題にされなければならないことは、ティリヒの存在論が、人間という存在を理解することに集中しているかどうか、ということである。ティリヒの存在論は、この集中性を欠いている、と私には思われる。ティリヒは、人間がその進展の中心である筈の歴史を、人間の自由の行使の場として徹底的にとらえているであろうか。いつのまにか、自然と人間との質的相違を不明瞭にするような仕方で両者の橋渡しをする、または、自然と人間との両極をそのような仕方で根底づける存在として、ティリヒが神を考えていないかどうかが問題なのである。前述したようにティリヒも、「存在の根底」が人格的であり、人間との人格的な関係に入るものであることを肯定している。その意味において、「存在の根底」という概念は、私が繰り返し強調してきたように、きわめて実存論的なのである。

しかし、ティリヒは、「存在の根底」としての神と、その「存在の根底」に基礎づけられて存在している人間との関係を、徹底的に人格的な出会いの中でとらえているであろうか。神が人間を愛して、とらえ、人間を導いてご自分の方に引きつけるという面は、確かにキリスト教信仰に本質的なものである。しかし、このようなキリスト教信仰の面が、徹底的に二者の人格的な出会いの中でとらえられるのか、それとも、出会う片方がその「我と汝」の出会いという次元を超えたもう一つの次元で他者を含んでしまうのか、この両者の間には明白な相違がある、と私は思う。

「我と汝」の出会いを超えたもう一つの次元において両者の関係を考えるならば、それは決断という厳しい人格的な出会いからは逸れている存在論的な思索である、と私には思える。ティリヒには、このような非人格的な思索への転落があるのではないか。

その一例として、ティリヒの祈りについての発言を取りあげてみよう。彼によれば、人格的な出会いの祈りは最後的なものではない。もちろん、神を「それ」として取り扱った場合には、祈りはできない。しかし、「我とそれ」の次元でもなく、「我と汝」という出会いの次元をも超えた、瞑想的な次元があることを、ティリヒは主張する。[18] 祈りが恍惚的な、また、神秘的な要素をもち得ることを、私も否定はしない。問題は、「我と汝」という人格的な出会いそのものの中で、そのような神秘的要素が考えられるか――なぜなら、われわれはお互い同士の愛の経験の中に、神秘的要素を多分に見出すのだから――、それとも、そのような出会いを超えたもう一つの次元で考えるかにかかっている。ティリヒは後者を取っている。私には、ティリヒがどれほど巧みに論理を操ろうとも、このような思索は結局のところ、神を「それ」に変えてしまうものであり、「我と汝」という出会いから逸れている非実存論的な存在論であるとしか思えない。

この事情は、次の事実を考えることにより明白となる。神がこのように存在の根底として考えられている背後には、ティリヒにおける神秘主義の非常に高い評価があると言える。例えば、ティリヒはマイスター・エックハルト（Meister Eckhart）を例に取りながら、神秘主義者たちは次のような逆説的な真理を知っていると述べているのを見ても、この事態は明瞭である。[19] 神と人間との同一性（identity）を述べるため神秘家には、自分と神とが非同一（non-identity）であるとの事実が想定されている。[20] ティリヒはさらに、この存在の根底たる神を、存在を所有するところのすべてのものに「先立つもの」（prius）とも表現しているが、この「先立つもの」はあらゆる分離に先行し、すべての相互作用を可能ならしめる。それは、この「先立つもの」が同一性の点であり、これなくしては分離も相互作用も考えられないからである。ティリヒのこの発言は、認識や行為における主体と客体との分離と相互作用に言及しているのであるが、主体と客体とに「先立つもの」は、論理的にも実践的にも、それに対して人間が主体となり、それを人間の客体とすることのできないようなものである、と彼は主張する。神はこの主体・客体の分離に先立つものである。[21]

以上のような検討を経てくると、ティリヒにおいては、究極的な神と人間との交わりの奥底が、実は交わりではなくなっており、「先立つもの」の中に解消されているのではないか、という疑問を私はもってしまう。すなわち、ティリヒの言うところは、神と人間とは同一性（identity）と非同一性（non-identity）を同時に所有するものであり、このような事実がティリヒをして、決断という「我と汝」の出会いの次元に踏みとどまろうとするブルトマンの実存論的解釈を、行為主義であり、業《わざ》によって義とされるものであると非難せしめる理由なのである。[22]

この事情をもう少し詳しく説明するならば、両者の相違は、われわれの決断に対する神の恵みの働きが、どのような仕方でなされるかについての理解の相違でもある。ブルトマンは、神の恵みのわれわれに対する働きかけを、われわれが神に向かって決断していく——その決断はきわめて人間的な仕方でなされ、きわめて人間的な様相を呈しているものであるが——ことの中で、逆説的にとらえて行かなければならないものであるとしている。信仰の目をもってのみ、自分のなす決断が神から喚び起こされたものであることが理解できるのであって、信仰の目をもって見なければその決断は、きわめて世界的な出来事として、すなわち、世俗の出来事として映るのである。それは少しも他の人間的な動きと異なるところのないものなのである。すなわち、人間は神へ向かってきわめて人間的な形で決断する。それに対して、ティリヒが神の人間に対する恵みの働きかけを理解する時には、「我と汝」という関係が一応超越され、向こう側に立っている汝としての神の働きが、向こう側に立っているという性格を超越し、むしろ、こちらの人間の魂の中において働くような、きわめて神秘主義的な様相をもって象徴されている。ここでは「我と汝」という人格的邂逅を超えた神秘的な次元において、神と人間との関係が問題とされている。ここに実は、ティリヒが宗教と哲学との一致を求める根拠がある。神の働きかけの人間の中における内在的な性格が、むしろ「我と汝」という人格的邂逅の性格を、この神秘的な存在論的な次元で失わせているということができる。ここにティリヒの存在論の特徴がある。ブルトマンの場合には、どれほど内在的な神の働きが語られようとも、それは超越を保ったままでのきわめて接近した、神と人間の邂逅を表すに過ぎない。そこでは、非同一性を超えた同一性というような神秘的表現は許されないのである。

ティリヒは、「我と汝」というような人間に対して向こう側に立っている神は、ただ単に人間から異なった一存在（a being）であって、われわれの存在の根底としての神ではないと言う。すなわち、一存在としての神は相対化された神であり、われわれの実存の根底を支える絶対的な神ではない。これが、ティリヒが神の存在（the existence of God）を否定する理由である。[23]

もちろん、実存論的な神学の立場を徹底的に思索し抜くならば、今まで述べてきたティリヒの立場は受け入れられない。むしろ、ブルトマンの立場に立って組織神学を形成する方が、神学の性格に忠実であろう、と私は思う。

ティリヒの存在論は、確かに一応は神学的な存在論ではあろう。このことをタヴァードが主張しているのは正しいと思う。[24]なぜならば、その存在論は確かに啓示との関係において形成されているからである。ところが、タヴァードがローマ・カトリックの神学者であることを想起する時に、彼のティリヒに対する前述の発言の再検討をわれわれは余儀なくされる。トマス主義に立つ今日のカトリック神学は、多分にアリストテレスの哲学との妥協であって、その存在論は純粋に啓示に依存した神学であるとは言えないからである。ティリヒの存在論は、ヘブル的な、歴史形成的な激しい意志的な面を含んではいるけれども、それ以上に――ニーバーの言葉を使うならば――ヘレニズム的な・自然的な神秘主義的なものが優勢ではないであろうか。この点においてティリヒは、ヘレニズム的な色彩が濃い、と私は感じる者の一人である。

　ポール・ラムゼー（Paul Ramsey）がある論文の中で、リチャード・ニーバー（H. Richard Niebuhr）の神観、特にその神の人格性について書いているが、そこで彼はリチャード・ニーバーの立場を、ティリヒ及びバルトの神の人格性についての思索と対照させながら記しているので、ティリヒにおける存在論と神の人格性との関係を知るのに参考になる。

　ラムゼーによれば、ティリヒは、神の人格性（personhood）や命（life）よりも、存在（being）を神学にとって根底的な概念と考えた。もしもわれわれが、存在の概念ではなく、人格性の概念を根底として考えると、神の擬人論（anthropomorphism）に転落することになるとティリヒは恐れたからである。それに対してバルトは[25]、三位一体論との有機的な関連で神の人格性についての議論を展開する。バルトにとっての神の人格性とは、父・子・聖霊という三つの存在の在り方（Seinsweisen）をする人格的な神であり、そのようなご自分の人格をキリストの啓示の出来事を通して、神は客観的に人間の認識の対象である「それ」に変える。これこそがバルトにとって恵みとしての啓示の現実であり、単にティリヒのように、神の存在を実存との関係でのみ、すなわち、深みの次元としてのみ問題にすることを拒否している。

　ラムゼーに従いながら、バルトとティリヒのこの相違をさらに検討してみよう。バルトによると、神学は類比的な（analogical）言葉によってしか神を表現することができないけれども、その言葉はティリヒの主張するように実存的な深みについての象徴のみであってはならないのである。実際に実存を超越している神ご自身に関する発言を、神学は行わなければならない。ラムゼーは、リチャード・ニーバーの神学的位置をティリヒとも、また、バルトとも異なっていて、大体のところ両者の中間に立つものと規定している。すなわち、ラムゼーによれば、リチャード・ニーバーはティリヒと異なって、神を人格的な他者（personal "Other"）であるという角度から強烈な光をあててとらえている。当然この立場からニーバーは、人間と神との人格的な出会いの次元を超えた次元を、ティリヒが想定することを非難することになる。それと同時に、バルトとは異なって、この他者が現実に人間との実存的な関係の中においてのみとらえられているのが、リチャード・ニーバーの立場であろう、と主張している[26]。

　この点でのラムゼーのリチャード・ニーバーの神学に関する理解は正しいと思うし、また、この点では私もリチャード・ニーバーの立場に賛成であるが、しかし、今ここではこれ以上ニーバーの神学を追求する必要はないであろう。ティリヒの存在論の性格、また、それに対する私の批判さえ明らかになればよいのであるから。

ティリヒの存在論にマイケルソンは非常に鋭い批判をあびせているが、この箇所でその批判を取りあげることも、われわれの今論じている事柄をもっと明らかにしてくれるであろう。私はこのマイケルソンの批判に賛成なのだが、彼によると、ティリヒの存在論は、ハイデガーやヤスパースの存在論と同じように、ヘーゲルの人間理解に多くを負っている。このような存在論によれば、人間存在は、時間に束縛されている有限の存在ではあるけれども、その人間を通して無限がそれ自体を啓示するのである。マイケルソンによると、このような人間存在の理解は、実は究極のところで、人間それ自体への興味の欠乏を示しているに過ぎない[27]。さらに、マイケルソンは、晩年のハイデガーの存在論についても、厳しい批判を向ける。この点、ハイデガーの晩年の存在論をバルト神学の批判する存在論とは異なるものとし、存在論に対するバルトの反対がそれには適合しないとハイデガーを弁護しているハインリヒ・オット（Heinrich Ott）とも、マイケルソンは違っている[28]。晩年のハイデガーの「存在」は、自分を自覚した存在（Selbstbewußtsein）であり、中世のスコラ哲学が問題にしたような存在ではない、というのがオットの弁護であるが、それにもかかわらずマイケルソンが言う通りに、ここでも人間は、人間自身としての興味を示されているとは言いがたい。人間は「存在」のためだけに興味を示されているに過ぎないからである。結局マイケルソンが問題にしているところも、存在の根底と人間との関係を、徹底的に「我と汝」という形でととらえていないところが、ティリヒの存在論及びハイデガーの晩年の存在論の欠点である、ということである。

バルトとは異なって、その汝を客観的に観察の対象にすることを、私は拒否する。最後まで、人間との「我と汝」という決断的な出会いの関係の中に入ってくる限りにおいて、神たる汝を問題にしたいのである。このようにして初めて、ティリヒの存在論のもっている危険性、すなわち、神秘主義的な、非人格的な要素を克服できるとともに、バルト神学のもっている客観主義をも克服できるであろう。

このことはもちろん、前に述べたように、ティリヒが用いる象徴、「存在の根底」の有用性を否定するものではない。「存在の根底」と、その「存在の根底」に生の根拠を置いて生きている人間との関係が、徹底的に「我と汝」の関係として把握されていればよいのである。また、この事実から当然推論されるように、宗教的象徴は、象徴である以上、生死の経験をするのであって、タヴァードの主張するような、この経験をもたない神についての不変の象徴が存在するという意見は、私は誤っていると思う。

もう一つの角度からのティリヒの存在論についての批判を考察してみよう。それはティリヒの存在論を原罪の教理の角度から非難しているラインホルド・ニーバーの批判である。私はこのニーバーの批判は正しくないと考えている。ティリヒが堕罪の神話、及び人間の罪をどのように考えているかは既に触れたところである。その時に私は、エデンの園におけるアダムの堕罪の神話を、ティリヒは「半ばの非神話化」によって解釈していることを述べたが、今それに付け加えて、その「半ばの非神話化」が、プラトンやオリゲネスによる霊魂の超越的な堕罪――この世界の前の世界に存在した時に霊魂は罪を犯し、その罪のために罰としてこの世界において身体の中に閉じ込められた――という神話的思想にも適用されていることを言わなければならない[29]。

それについてラインホルド・ニーバーは、次のように批判する。ティリヒは、堕罪の出来事が、人間及び世界を創った神の創造を構成する一つの要素であると主張しているのである、と[30]。

ニーバーが指摘しているように、聖書の中には、オリゲネスが意味したような超越的な霊魂の堕罪の物語は存在しない。むしろ、エデンの園における内世界的な堕罪の神話しか存在していないのである。前に述べたようにティリヒは、内世界的な堕罪の神話を心理的に解釈し、人間が個人的な成長の過程で、どのような心理的な経験を経て罪人になってゆくかを言い表したものと解釈している。しかし、オリゲネスの超越的な霊魂の堕罪の思想を取りあげ、これを存在論的に解釈することのできる神話として考えている。

エデンの園のアダムの堕罪という内世界的神話に対するティリヒの解釈について述べた事柄を、もう一度超越的なオリゲネスの神話のティリヒによる解釈についても繰り返さなければならない訳だが、ティリヒによるアダムの堕罪の神話の解釈を想起してみよう。堕罪の前の人間の状態は、心理的に言って、夢見る無垢[31]（dreaming innocence）状態であった。ところが、善・悪の知識を人間はやがて獲得して、この夢見る無垢から追放され、善・悪の知識の下における決断の前に、常に立たされるようになる。ティリヒの言葉を使うならば、ここで本質から実存への跳躍[32]（leap from essence to existence）が起こる。もちろんこの事実は、心理的には個人的なものであるが、しかし、普遍的にすべての人々が経験する出来事なのである。

以上が内世界的なアダムの堕罪神話に対するティリヒの心理的な解釈であるが、既に指摘したようにそれとは別にティリヒには、オリゲネスの超越的な神話についての存在論的な解釈があり、それをニーバーは批判するのである。実存している人間は、その根底である神から疎隔（estrangement）の状態にあるが、その疎隔は実存に根源的である、というのがティリヒの存在論的解釈である。ところが、その疎隔が、創造の一面として語られている、とニーバーは批判するのである。

ニーバーのこの批判は当たっていないと私は思うが、一応ニーバーの理解に基づいて表現されているティリヒの思想を追ってみよう。ニーバーの理解したところでは、ティリヒによると、このようにして、人間の生は生まれながらに悲劇的である。相対的な自由と同時に、自分の力でどうすることもできない「存在の根底」からの疎隔である堕罪の出来事を、生まれながらその身に背負って生きなければならないのが、人間存在の運命なのである。このように、ニーバーは、ティリヒの罪の理解の仕方を指して、運命論的であると批判している。ティリヒによるオリゲネスの超越的な神話の存在論的解釈は、前に述べた「半ばの非神話化」であって、人間が罪を犯さない自由をもつ存在でありながら、いつでも罪を犯してしまう存在であるという宿命的現実を表現しているのであって、ニーバーが批判するように、罪の現実を人間の自由に関係のない運命であると主張しているのではないと思うが、ニーバーの批判の角度を同情的に考察すれば、結局のところ、ティリヒの存在論が人間の自由――それは神と人間との「我と汝」という形での邂逅が、いかなる親密な両者の交わりの中においてさえも、徹底的に保たれる時に初めて、純粋に保持されるものであると私は思うが――を最後的には不明瞭ならしめるというところにある。

ニーバーはティリヒを批判する時の自分の立場として、堕罪神話のもつ歴史性を重要視しているが、それはどういう意味であろうか。有限の自由たる人間は、堕罪した被造物として存在するのが運命的であり、本来的であるというティリヒの主張は――実は、これはニーバーの誤解だと私は思う訳だが――、罪の神秘を解明してしまうことにより、人間の自由と責任とを不明瞭ならしめている、とニーバーは考えたのである。

原罪の事態をいくぶんなりとも運命的な色彩を染めた形で把握することは、ガブリエル・マルセル（Gabriel Marcel）の言葉を借りるならば、原罪の事態を一つの問題として把握してしまうことである。マルセルによれば、問題（problem）と神秘（mystery）とは質的に異なったもので、人間からそれに対処する異なった態度を要求する。「問題」は、人間から完全に離れており、そして、人間の前にあるが、「神秘」の世界は、その中で人間が生きていることに気づく場所である。すなわち、「神秘」には、人間は全存在的な自己投入をしているのであって、「私」という人間のある部分だけがそれとかかわりをもっているのではない。「私」という全存在のもつ人格的統一が、その「神秘」の中に摑まれて存在しているのである。それに対して、「問題」は客観的な知識の対象になる。ところが、「神秘」はそのような対象にはならない。[33]

もちろん、マルセルの言う「神秘」は不合理なものではない。われわれがそれに対してどのような態度を取ってよいかがわからないような不合理なものとしてそれを考えるならば、その時には、「神秘」が既に一つの「問題」に変えられている。われわれがそれを「神秘」として知ることは、既に実存的には、解決の方向にわれわれが向かっていることである。マルセルの言う事柄の意味を、もう少し私なりの言葉で説明してみよう。私は、序章でも触れたように、罪は元来その起源を説明することは、不可能なるものであると思っている。なぜならば、その起源を説明すれば、それは人間の自由と責任による出来事であることを止めるからである。すなわち、原因‐結果という関係で考察されるものは、われわれの前にある一つの「問題」なのであり、したがってわれわれは、それに対して実存的なかかわりをもっていない。ティリヒが存在論的な解釈によって、オリゲネスの超越的な罪の起源の神話を「半ば非神話化」する時、彼はこれを徹底的に説明不可能な人間の自由の神秘として取り扱っている、と私は思う。神と人間との間の「我と汝」という自由な人格的邂逅が失われてしまい、人間が神の前に自己の罪を強烈に自己の責任として把握し、この自由の神秘の前に立たされて、自己の責任に恐怖するという信仰のもつ厳粛さが欠如していると言いたいのだと思われるニーバーの批判は、ここでは適用されてはならないであろう。むしろ、もっと広い視野で、ティリヒの存在論全般について適用されてよいものであろう。[34]

ティリヒの罪理解を検討したこの機会に、少し脇道に逸れることになるけれども、実存論的に正しいと思われる罪理解を追究しておくことが、後の論述のために便利であろう。ティリヒにも深刻な影響を与えているゼーレン・キルケゴール(Søren Aabye Kierkegaard)の思想を借用しながら、それを行ってみよう。

キルケゴールの罪理解は、ルターのそれに非常に接近していると言える。ルターによれば、罪がそれ自体の魅力によって、人間を罪の中にますます引き摺り込むばかりではなく、律法、及び神の怒りも人間を威嚇することによって、かえって神への反抗を誘発し、人間を罪の中へ引き摺り込む。キルケゴールは、不安という人間実存のもつ自由の構造が、人間を罪の中に落とし込むという事実を強調するが、ルターによるあの人間のもつ罪や律法、及び神の怒りへの関係と、キルケゴールによるこの人間のもつ不安への関係との間には、類比的な推論が存在している。キルケゴールによれば、不安とは、それ自体の魅力の捕虜になっている自由のことである。そして、キルケゴールは、原罪の根が実はこの不安であることを指摘しているが、その理由は、不安が人間を虚無の中に引き摺り込むように魅惑すると同時に、虚無から人間を、不快感を感じさせることによって、遠のかせるようなものだからである。そして、この恐るべき神秘、自由の底にある真の実存への可能性とともに、虚無へと転落する可能性をも垣間見させるこの恐るべき神秘が、虚無を退けなければならないという虚無への憎悪を、人間の中に引き起こす。ところが、その憎悪そのものが非常な魅力になって、人間を不安の中に低迷させ、遂には虚無の中へ落とし込んでしまうのである。

したがって、キルケゴールによると、人間は罪に責任がある者でありつつ、しかも同時に、罪に責任のない者である。不安の中に自分から低迷して、不安を自分をとらえる罠に変えてしまうという意味においては、人間は罪に責任がある者であるが、しかし、不安が彼をとらえるという意味においては、人間は罪に対して責任がない。そして、キルケゴールによれば、悔い改めとは、人間が、自分自身を罪に対して責任がある存在であると感じると同時に、しかも、虚無への転落の魅力を内に湛えた不安が、ほとんど必然的な力としか言い表し得ないような仕方で、彼をとらえてしまうという意識から生まれてくるのである(35)。

堕罪の事実をキルケゴールが心理的にとらえ、不安との関連で理解したことは以前述べた通りであり、ティリヒは、この点で明白にキルケゴールに影響されている。それでは、キルケゴールは罪の普遍性をどのように理解したのであろうか。人間の罪が人類全体に普遍的なものであることを承認しながらも、その個人的な自由の強調の故に、キルケゴールは、原罪の事実、すなわち、罪の普遍性を生物学的に遺伝によっては説明しなかった。

キルケゴールによれば、不安は確かに将来に向かった姿勢をその性格としている。しかし、それは同時に歴史的でもある。彼は不安のもつ歴史的な性格として、二つの面を考えているようである。一つには、アダムのもっていた堕罪前の不安は、われわれが今実際に体験する不安とは異なっているという事実である。その時のアダムの不安は、善・悪の区別以前である。しかし、堕罪の後のアダムの不安は、今日のわれわれが体験する不安と同様に、善・悪の知識の下における不安、過去の罪の状態から将来へと決断する時の不安、さらに色濃くなって行く罪の状態へ転落するのではないかとの不安である。しかし、このようなキルケゴールの主張に見られる原罪の歴史性を、過去の世界史の出来事として理解される意味での歴史性と見ることは、明らかに誤りであろう。その理由は、間もなく叙述するキルケゴールの、アダムを人類の代表として考える思索から明らかになるであろう。むしろ、この場合の歴史性とは、前述したように、アダムの堕罪の出来事がいつでも各個人の魂の中に起こるという、あの心理的な歴史性の意味であろう。

不安が歴史的であるという第二の面は、キルケゴールがその幼い時に与えられた父親からの影響をわれわれに想起させる。キルケゴールによれば、世々の人々の体験した不安の記憶の堆積によって、今日のわれわれが体験する不安は強烈にされている。この意味で原罪は歴史的なのである。

それ故にキルケゴールは罪を量的なものとしてではなく、質的なものとして考えたのであって、テルトゥリアヌスやアウグスティヌスの主張したような遺伝説は、彼の場合には少しも見られない。彼は罪を、どのような仕方によってでも、必然的なものと見ることを拒絶したのである。キルケゴールによれば、アダムは人類の代表であるが、この代表という観念の背後には、個人的なものが実は同時に普遍的なものであるという、彼の哲学的理解があった。したがって、アダムは最初の人間であり、同時に全人類であった。しかし、アダムは、われわれの犯す罪の原因ではない。むしろ、われわれの犯す一つ一つの罪とともに、罪がこの世に入ってくるのである。

確かにキルケゴールが主張したように、罪は個人的なものでありつつ、しかも同時に普遍的なものでもある。この同時性をキルケゴールが、必然性の観念をもち込むことによって解決しなかったことは、私には清涼な印象を与える。これは、神秘のヴェールを剝ぎ取らないで受け入れなければならない真実なのであるから。

しかし、もっとも個人的・人格的なこの罪の現実が、同時に全人類に普遍的な非人格的・非個性的なものであることは十分に認められなければならない。マルティン・ツストからの次の引用は、罪の非個性的な性格を実によく描写している。

人間が平和に包まれて住む滞在地は、罪がその人をそこから追い出すまで、いつもパラダイスと思われる。……いつも罪は神の律法への反逆として表現されるし、また、いつも罪の行為は、リンゴを食べるのと同じように無害なあるものとしてそれ自体を提示する。そして、いつもその時に、善悪について目が開かれる。……堕罪の行動の中では、すべての人間が相似であり、等しいのである。[36]

さて、キルケゴールがルター的な伝統の下に立って行った不安の魅力についての優れた分析は前に述べたが、彼の分析においては、不安が何故にそのように人間を魅惑するかについては、明瞭に語られていないように私は思う。キルケゴールにおいては、不安そのもののもつ魅力を、実存的な関係の中で、向こう側において把握しようとする傾向が強い。何故に人間が、それに魅力を感じて引きつけられるかという、こちら側の面の把握が欠けているのではないか。

この点で、キルケゴールの不安の分析に多くを負いながらも、ラインホルド・ニーバーは、一歩進んだ神学的な思索の展開を見せているように思う。彼によれば、人間が不安にそれほどの魅力を感じる理由は、安全への欲望があるからである。人間は、有限の自由（finite freedom）をその本質とする存在である。いろいろな条件によって限定されながらも、人間はその限定された実存状況の中に自由を浸透させつつ、その自由によって新しい歴史を創りあげることができる存在である。しかし、そのような将来的な可能性は、いつも人間にとって不安なのである。不安は罪ではなく、その前の状態である。人間は、自分を不安とは無縁の神的な存在と空想してその傲慢の中に逃れるか、または、感覚的なもの、及び物質的なものの中に自分を埋没させることによって不安から逃れるか、そのどちらかの手段によって安全性を獲得しようと欲望する。これが、何故に人間が不安を契機として罪の中に陥ってしまうかに関するニーバーの説明である。これは確かに、不安についてのキルケゴールの分析的な説明に付加されてよい、ニーバーの神学的寄与であると言うことができるであろう[37]。

ティリヒの存在論には、今までに述べてきたような、神と人間との関係、「我と汝」という人格的な次元で考え抜かれなければならない関係をぼかすようなところがあり、それは批判されなければならないが、しかし同時に、彼の存在論には、実存論的な要素が内に含まれている事実も、われわれは見逃してはならない。例えば、ティリヒがアウグスティヌスの存在論を高く評価して、無からの創造の教理との関連で取りあげている事実を挙げることができる。

存在はすべて善であるというアウグスティヌスの存在論、またそれによって影響された中世の存在論を、どのようにティリヒが理解しているかを調べるのは興味深い[38]。ティリヒはアウグスティヌスを次のように理解する。存在はすべて存在そのもの、「存在の根底」である神によって支えられているのであるが、しかし、存在は非存在によって取り囲まれている。アウグスティヌスは非存在を悪と考えているが、このアウグスティヌスの理解の背後には、アウグスティヌスが影響されつつもそれと闘った、あのプラトンの非存在の理解がある。しかし当面の問題として、今われわれは、プラトンとアウグスティヌスとの関係を論議する必要はない。アウグスティヌスがプラトン主義との対決を通して、存在を――人間をも含めて――、存在と非存在との混合として把握し、その非存在を単なる存在の欠乏という客観的な角度からだけ問題にしたのではなかったという事実を、ティリヒが指摘していることを挙げておけば十分であろう。そのアウグスティヌス理解に見られるように、実存との関係において非存在が、ティリヒにおいては問題とされているのである。

ティリヒによれば、われわれが神の啓示に出会う時には、われわれの実存が「存在の根底」である神に支えられている事実に気づくばかりではない。啓示の体験には否定的な面もある。啓示は、われわれをして「存在の根底」における底無しの要素（abysmal element in the Ground of Being）に気づかせる[39]。これが、非存在のおびやかし（the threat of nonbeing）、または、非存在の衝撃（shock）である。[40] 非存在へのこのような目覚め、すなわち、自分が非存在の可能性にいつも脅かされている実存に過ぎないことに気づかせられてこそ、初めて人間は、本質的な自分、「存在の根底」に根差した真の自己の追求に生きることができる、とティリヒは考えている。

非存在の脅威によって目覚めさせられた人間が、自分を絶対化することを通してその非存在の脅威から逃れようとする時、あるいは、相対的なものを絶対化することを通してその非存在の脅威から逃れようとする時、そこにはティリヒの言う「悪魔的なもの」（the demonic）が出現する。ティリヒによると、この「悪魔的なもの」は、人間が時間の中に生きる限り悩まされるものであるが、しかし、原理的には、キリストを通して現れた新存在によってそれは克服されている。キリストの出来事は、「悪魔的なもの」が、実存を本質存在に高めようとする人間の努力をどれほどに歪めようとも、結局のところ、神の力には勝てない事実を、われわれに語りかけている神の言葉なのである。そして、この「悪魔的なもの」は、永遠の世界においては遂に、神の深みの中に没入し、神の明瞭さ（divine clarity）と一致する。[41]

このように考えてくると、ティリヒは明らかに、究極的な意味における二元論に対して反対している。[42] 表面的には彼の「悪魔的なもの」についての思索は二元論的ではあるけれども。「存在の根底」として究極的なものである神を、徹底的に究極的なものとして思索し抜くならば、いかなる意味においても、「悪魔的なもの」がその「存在の根底」を二分するようなものとして考えられてはならない、すなわち、二元論になってはならない、とティリヒは強く主張する。もちろん、歴史の中では、人間は二元論的な体験をする訳であるが。

以前述べたところから、「悪魔的なもの」というティリヒの観念が、実存論的な要素を多分にもった存在論的なものであることは明瞭であろう。しかし、私には「悪魔的なもの」ということの観念は納得できない。なぜなら、永遠の世界においては、「悪魔的なもの」が「存在の根底」と一つとなり、神の深みにおいて統一されているという事柄は、人間がこの時間の世界の中に生き、真に将来的な決断に絶えず迫られている実存である限り、問題にしてはならないのである。そして、人間はそのような実存以外の何者でもないのである。われわれは、われわれの信じるイエス・キリストを通して語りかけて下さる神の愛と、どうしても矛盾するような現実の不条理に歴史の中で常に出会っている。思弁的な遊戯としか思われない、（歴史を超えた）永遠における存在論的一元論を構築しないで、われわれが歴史的に体験する二元論を（永遠においてもわれわれを待ち受けている現実として）肯定し、それに集中した生の姿勢をとり、その二元論的分裂のままで実存して行く方がよい。不条理に対する抵抗を真に決断し実践するために、この方が神学的にはより良い思索である。反抗しなければならない不条理が、究極的にではあっても、神的な明瞭さと一つになるという思弁を受け入れるならば、それは、われわれの不条理に対する現実の抵抗を弱めてしまう。

永遠においてはすべてが統一されるという一元論か、または、現実の二元論は永遠のものでもあるのかという考究に、実存論的神学は取り組む必要があるのか、ないのか。それを神学的に決めるものは、実際にわれわれが出会う歴史的現実は二元論的なものであるから、それを率直に論理的にも肯定する方が、現実の歴史形成にとってより有効な決断をもたらすかどうかという、体験の次元であろう。

真の実存的な生をわれわれに与えて下さる神の愛と、われわれを転落させるような——単にわれわれが無の魅力に引き摺られて落ち込むあの自由意志の行為による罪悪的なものではなく、われわれの自由意志ではどうにもならない——悪魔的な要素との両方が、確かに現実の生活には存在する。この悪魔的な現実を私は、不条理と呼んできた。しかも、そのような二元論的な歴史的現実の中でも神の愛が、すべての不条理を貫き、あるいは不条理を迂回して最後には（この歴史の中でか、あるいは、歴史を超えたところで）勝利するのだという確信が、復活の信仰なのである。そこにおいては、一元論的な勝利のどよめきが聞かれなければならないが、しかしこれは、神の愛の働きの勝利のどよめきであり、神と人間との人格的な愛の一致を表現する関係的一元論であって、神と人間との区別もなくなってしまうような、存在論的な、神秘主義的な、神と人間との人格関係解消的な、不条理を永遠の次元から追放するような、思弁的一元論ではない。このような関係的一元論であるならば、永遠の次元でなおも、不条理や混沌や無が神と闘っていても、神と人間との一元論的密着はなくなりはしないだろう。

初代教会が異端として闘ったあのグノーシス主義、及びマルキオンの二元論を考えるに当たって、われわれは今後、迫害した教会が真にこれらの二元論がもつ意味を理解していたのかどうかを、改めて問題としながら研究を進めなければならないだろう。[43]

2　存在論と実存論——自然・歴史

さて、無限の情熱をもって自分の存在、及び存在一般の意味を問い、それを把握することをもって宗教とするならば、現代人は宗教に対する関心を失ってしまっている、とティリヒは主張する。彼が活躍していた時期のアメリカに見られる宗教復興は、既に失われたものをもう一度獲得しようとする絶望的な、そして無意味な企てでしかない。[44] 彼によれば、現代人は他のどの時代の人々と比較しても、人間として見た場合、特別に敬虔でも不敬虔でもない。むしろ、現代における

「深みの次元の喪失」は、世界に対しての現代人の関係の仕方から起こってきたものである。自然科学の発達により、自然が技術を駆使する人間の支配下に立つようになってきた。このような現代の趨勢の必然的結果として、人間の「深みの次元」が「水平面の次元」(horizontal dimension)によって取って替わられてしまっているのである。そのため現代では、水平面上での拡大だけが問題とされている。「深みの次元」は問題とされずに、機械の力によって水平面上で前進することだけが配慮されている。

もちろんティリヒの思想においても、前進それ自体は悪くはないのであるが、この水平面上の前進について、人々がその行く先を尋ねるとき、その答えはその水平面上からは返ってこない。人間は確かに水平面上でのこの生において世界を変革するかもしれないが、変革されて行く世界がまた人間それ自身を変えて行く。人間はこの世界の変革において、世界を自分の道具として使用するが、そのことは、彼自身がこの世界の道具にされてしまう結果を生むのである。

水平面上での生の中にありつつも、その前進の意味を問い、自分の生の意味を尋ね始める時にのみ、人間は究極的な関心をもつに至る。つまり、深みの次元に目覚めるのである。さて、ティリヒがこのような立場で、キリスト教の代表的な教理をいかに理解しているかを、概略的に紹介してみよう。

まず創造の教理を、彼はどのように考えているであろうか。伝統的な正統主義の発言によれば、神が遠い過去の歴史のある時に世界を創造されたと言われるのであるが、ティリヒによれば、それは水平面上的な表現であり、このような解釈は全く現代科学からみて証拠のないものである。むしろ、無からの創造(creatio ex nihilo)の教理は、神が、生起するすべての事態の根底であることを示しているものである。このように、ティリヒにより、聖書の創造物語は存在論的に、また、実存論的に解釈されている。ティリヒが堕罪神話をどのように解釈したかは既に述べたが、これも水平面上的な理解ではなく、深みの次元での理解であった。救い主や救いという象徴も、二千年前に天から下りてきた半神的存在が行った行為と考えられるならば、それは無意味な神話である、とティリヒは言う。イエスの物語は、このように歴史という水平面上での、過去の事件として考えられるべきものではなく、現代に生きるわれわれの深みの次元に関係するものとして解釈されなければならない。この物語は象徴であって、その意味は、歴史及びわれわれの個人生活の中に「癒しの力」(healing power)が出現したということである。

キリスト(救い主)という象徴が神話的に考えられ、「地上を歩く神として見られる」ことを、ティリヒは拒否する。[45]ティリヒによれば、キリスト論は受肉の神秘、すなわちロゴスによる人間イエスの受容(assumptio)でなければならない。ロゴスの受肉は、ロゴスがその上に人間性を受容したということである。[46] イエスは真実の人間であった。神が人間に変化した存在ではない。彼は、人間としての自由を所有しない機械人形ではなかった。したがって彼も、われわれと全く同じように、現実の生活が提供する誘惑と真剣に闘い、生の不安定の中で生を全うしようと本当に努力したのである。[47]

それでは、ティリヒにとって、イエスが神からの究極的な啓示であることの意味は、どこにあるのであろうか。それは、イエスが実存の状況の中に生きながらも、実存のもつ疎隔の中に巻き込まれないで、「存在の根底」である神に基礎づけられたあの本質的存在として生き抜いたことの中にある。[48] その点でイエスは、原罪の下にはいなかった。有限の存在がもつ悲劇的な、故意ではない相互の傷つけ合いや、誘惑にさらされながら、しかも、イエスの人格の中核は「存在の根底」から疎隔していなかった。[49] したがってティリヒは、ニカイア及びカルケドンの信条がキリスト論を表現するために使用した、神・人二性の一人格という古典的表現を再解釈する。ティリヒはその場合、神性（divine nature）及び人間性（human nature）という表現が内包している自然という言葉が、必ずしもキリストとしてのイエス（Jesus as the Christ）の現実を表現していないと主張する。[50] ティリヒによれば、人間性という言葉は非常に曖昧である。それは人間の本質的な存在を意味し得ると同時に、疎隔の状態にある実存をも意味し得る。キリストとしてのイエスは、第一の意味の人間性を確かにもっていたが、第二の意味においてはその可能性しかもっていなかった。さらに、イエスが生の悲劇を背負ったことも、この人間性という言葉によって表現されなければならない。むしろ、イエスは永遠の神人（Eternal God-Man-hood）であった、という言い方をティリヒは好む。また、ティリヒによれば、神性という言葉も不適当である。神性という言葉によって意味されるのは神の本質であろうが、神の本質は、実存との隔離をもっていないのであり、神性という言葉がイエスに適用される時には何の意味ももたない。イエスにそれが適用される時には、イエスは時空に限定された生ける人間ではなくなってしまう。むしろ、イエスにおいて神と人間との永遠の一致が明らかにされたという意味で、ティリヒは「神人」を使う。これは実に実存論的なイエス理解であると言えよう。すなわち、イエスを通して新しい存在（the New Being）が、「存在の根底」に基礎づけられた人間の本質的存在が、神と人間との永遠の一致が、実存の状況の中で表現されたのである。この永遠の一致には、ティリヒ特有の神秘主義の色彩が濃厚であり、その点においては私は批判的であるけれども、しかし、神とイエスとの意志的な一致がこの表現の前面に表出されている限りにおいて、客観的な思索がイエスの人格についての議論から外されており、この表現は実存的なものであると言うことができる。

それ故に、イエスの出来事が究極的な啓示であることについても、ティリヒは、イエスの自己否定という実存論的な角度から取りあげる。イエスによる神への服従が、キリスト論の中核として取り扱われるのである。イエスは、徹底的にご自分を否定したが故に、彼を通して「存在の根底」の光が輝き出た。そのような仕方でイエスは究極的な啓示の手段になることができたのであるから、この事実をもっとも良く表現するイエスの十字架の象徴が、キリスト教の中心的象徴となる。十字架においてイエスは、ご自分を徹底的に犠牲に供し、その結果、ご自分が新しい存在（the New Being）の持参者たるキリストであることを明白にしたのである。

十字架の使信は、歴史に生きる人間にどのような実存の在り方を与えるであろうか。ティリヒは十字架の出来事の起こった時を、歴史の意味を示す究極的なカイロス（啓示の時）であったと表現しているが、歴史の本当の意味、人間を本当に実存させるものは、結果を計算に入れないで自分を犠牲に供する浪費[51]（the waste of uncalculated self-surrender）であると考えている。それは、もっとも完全な、そして、もっとも聖なる浪費[52]（the most complete and the most holy waste）である。ここには、ティリヒの言う、「プロテスタントの原理」（the Protestant principle）が明瞭にされている。十字架によって象徴されている完全な自己否定を通して、あらゆる偶像崇拝的な傾向、相対の絶対化への一切の拒否が、意味されているのである。しかし、十字架の象徴の意味するものはそれだけではない。

十字架が浪費であると主張し、また、それが歴史の真の意味であることを強調する点において、ティリヒは、ラインホルド・ニーバーのあのアガペーの理解に近接している。前述したようにニーバーは、自分を顧慮しないアガペーが、実は相互愛と正義との根底であることを強調した。このアガペーが歴史の意味であると主張し、人間の真の姿、人間の本質的な在り方を、そこに基礎づけることによって求めたのである。ニーバーのこの主張とティリヒの主張とは、根本的に一致している。ティリヒもニーバーもともに、イエス・キリストを理解するに当たって、実存論的に考えている。神の行為と、人間の神に対する応答としての服従とが交錯する点としてイエスを考えており、思弁的にイエスの人格を観察しているのではない。

ところで、人間が「深みの次元」を失って、「水平面の次元」でのみ生活し始めると、人間がそれ自身の人間性を失い、物の一つに転落することは前述した如くであり、これが人間の非人間化である。それが現代の状況であるが、しかし人間が人間である以上、完全に非人間化されて物になることは不可能である。物に化したような人間でも、不明瞭ながらではあるが、自分の存在に不安を覚えるものであり、そのことによって、「深みの次元の喪失」を自分自身に証ししている。それ故に、人生の意味の無さが問題とされ、そのことが現代の芸術・哲学・文学の世界における一般的特徴となっている。そしてそこには、人生の無意味さに対する情熱的・悲劇的な抵抗が見られるのである。ところでティリヒによれば、現代のわれわれは確かにあまりにも恒常的に、水平面の次元に生きることに馴らされているので、われわれの人間としての問題に対して真の答えを受け取り得るような次元に向かって、いつ脱出できるかわからない。しかし、たとえそれが不可能であっても、そのような状況の中にあることを自覚することが、人間のなすべき第一の仕事である。このようにティリヒは現代の状況を分析して、[53]そこには楽観的な解決が存在し得ないことを指摘している。

私は以上において、ティリヒ神学の全般的傾向を簡略に述べながら、その存在論のもつ性格を浮き彫りにするようにと努力してきた。しかし彼の存在論は、さらに自然について彼がどのように考えているかを知る時に、より明瞭になってくる。

彼は自叙伝的な文章の中で、[54]彼の神学の中にはロマンティシズムがあると言っている。そして、彼がロマンティシズムという言葉を使用する時には、それに二通りの意味をもたせて使っていると言う。第一の意味は、歴史的なロマンティシズムであり、第二の意味は、自然に対するロマンティシズムである。彼がその幼年時代を送ったドイツの小さな町々では、石垣の一つ一つに至るまでが、長い歴史をその中に潜めていた。そのことがティリヒに対して、歴史への感受性（a feeling of history）を与えた、と彼自身言うのである。

われわれが一般に歴史的なロマンティシズムと言う時に、それは例えばウォルター・スコット（Sir Walter Scott）に見られるような中世に対する憧れであろう。そして歴史的なロマンティシズムが憧れるものとしての中世は、近代精神の台頭以後、その反動として暗黒時代（the Dark Ages）と定義されているそれではなく、ほのぼのとした静寂と落ち着きをもった時代として考えられている。そのような中世への郷愁を、文学における歴史的なロマンティシズムは意味しているようである。自分の神学の中には、歴史に対するロマンティシズムがあるとティリヒが言う場合、彼の神学が中世的な存在論をもっており、それを自分の神学体系の中に取り入れようとの意識的な努力を彼が行っている事実を知る時に、これは偶然とは思われないであろう。彼の神学は、中世と深い繋がりをもっている。

ところが彼の神学の中には、かかる歴史的なロマンティシズムばかりではなく、自然へのロマンティシズムもまた存在すると彼自身が言う。その自然に対するロマンティシズムとは、一体何であろうか。それは、彼の自然理解とかかわっている問題である。彼は自然があまりにも人間生活から切り離されている近代社会に、不健康さを感じているのである。人間と自然との関係は、人間が単に自然を利用することのみに限られているものではない、と彼は近代的人間の在り方に疑惑の目を向けている。彼は、このように近代的な人間と自然との関係に反対するが故に、アルブレヒト・リッチュル的なキリスト教の理解にも反対している。彼によれば、リッチュルのキリスト教理解においては、自然と人格との間に無限の間隙が存在するのであって、彼のようにルター的な伝統の中に育ったものは、それを受け入れがたいと考えている。彼がアメリカでの生活を始めた時に感じ取った事柄は、カルヴァン主義やピューリタニズムが、この点において、リッチュル的な立場と同様な態度を示していることであった。すなわち、このような立場においては、自然は道徳的にまたは技術的に支配されるべきあるものであって、人間が自然に対して抱くことを許されているのは、多少感傷的な性格の主観的感情のみである。彼によれば、そこには自然への神秘的な参与（a mystical participation in nature）もなく、また自然がすべての事物の無限の根底の有限的表現（the finite expression of the infinite ground of all things）という理解もなく、自然における神的なものと悪魔的なものとの闘争という幻もない。

このような自然観が、実は彼の神学において非常に大きな位置を占めている、と私は思う。すなわち、ここでは人間と自然との両者を結びつけるところの、両者に共通し、両者の根底をなす存在が考えられている。ティリヒにとっては、神がこのような存在の根底として考えられているのであるが、その神は、人間を人間たらしめる実存の根底であるとともに、また、自然を支える存在の根底でもある。すなわち、そのような存在の根底においての人間と自然との深い神秘的結合が、人間と自然との神学的な連帯を可能にしているのである。それは近代的人間が科学技術によって、自然を単に利用する態度を示しているのとは全く異なっており、人間がそれ自身の存在の根底に立つ時に、真の実存的生を送り得るのだが、その自分を基礎づける神は、ティリヒにおいては同時に、自然をも基礎づけるところの神なのである。これが彼の神学の自然的なロマンティシズムである。しかし、このような自然理解は純粋にキリスト教的なものであるだろうか。

レーヴィットの歴史や自然理解にも見られたように[55]、自然を、その実存的思惟との内的関連からいわば弾き出してしまった実存哲学に対する反省が、多くの哲学者によってなされている。そしてもう一度自然を見直そうとする風潮が今日は強いが、しかし、前述したティリヒの自然への神秘的参与に対しての憧憬が、果たして真にキリスト教的か否かということになると、私は肯定するのに躊躇せざるを得ない。なぜなら聖書の自然理解、すなわち旧約聖書の伝統の中には、このような自然への神秘的参与がむしろ敵視されていることは紛れもない事実であると私には思われるし、新約聖書においては、自然は神並びに神的存在たちの働きの場であるばかりか、悪魔の働く場でもあるからである。また、自然と人間とがその根底によって連帯しているという、ティリヒのような存在論は汎神論に陥りやすい。実際にティリヒは、汎神論的色合いをその神学にもたせている、と私には思われて仕方がない。彼の神学では、神と人間との関係が、両者の人格的呼応の関係から、神と人間とのもっとも親密な交わりの究極的次元で、存在関係に転落してしまっている、と私は思う。このように人間と自然とを結びつける存在の根底として神を理解するその仕方、及び彼の自然の理解の仕方は、ラインホルド・ニーバーが的確に批判しているように、ギリシア的ではなかろうか。そこに現されているものは、歴史から自然を考えるというよりも、自然の側から歴史という人間の決断の領域を考えていると言わざるを得ない立場である。これでは、人間性を十分に考えているとは言いがたい。

　自然と歴史との断絶こそが神学的には正しい理解であると私は主張したいのだが、それはもちろん、この両者が無関係であると主張することではない。このことは後にもっと詳細に述べるつもりであるが、人間が自然を尊重し、また、大切にし、自然とともにある神との神秘的な関係に入ることさえも、私は信仰には必要であると思う。このような神秘を自分の根底にもたない実存は、本当には生きていない。神と人間とが混合する神秘主義とは異なって、神秘という言葉によって私は、ゴーガルテンが言うように、神が世界とともにいて下さる現実を指し示したい。世界の非宗教化はこの神秘を取り去るものではなく、むしろ、この神秘の中に生きる人間こそ、世界の中に成人として生きる力をそこからいつも汲み出せるのである。[56] 私が批判するのは、実存が神秘主義的に自分と自然との本質的な一致を空想することによって、精神であることの重荷から逃避する神学的態度である。自然と歴史とを質的に同一平面上で論議し得るものとし、両者が苦もなく、その両者を支える同一の「存在の根底」を媒介として結びつくという形態での存在論を私は拒否する。人間と自然との親密な関係をどれほどに強調しようとも、歴史形成の烈しい決断の中で自然と対決する実存の姿勢が失われてはならない。この対決を固守することは、もちろん、自然の中での神の働きを否定することではない。歴史形成の場として神が自然を人間に与えて下さったと信じるのである。歴史創作の烈しい意欲の恍惚境の中で、自然をそのための場として取りあげ、自然から神の真・善・美に適うものを創作するのである。このことは、必ずしも環境破壊を是認しない。他の動物たちや植物に対しても神の真・善・美に適った配慮がなされなければ、それらのものとの愛の共生を義務づける仕方での管理を神から任された人間の業《わざ》としては正しくない。

　以上のような歴史創作の情熱の中における自然との恍惚的な関係に入ることは、自然との親密な関係と言えるものであろうし、むしろこれは神学的には推奨されるべき体験である。

もちろん、自然との「親密な関係」と言う時、今述べた創作の恍惚の体験ばかりではなく、自然が人間に影響することも含めて私は言っているのであるが。しかし、ティリヒの存在論に見られるもの、すなわち、「存在の根底」である神が自然と人間とを同時に、両者の質的な厳しい断絶なしに基礎づける存在論は、実存論的な歴史と自然との関係についての思索としては、徹底したものではない、と私は考える。

人間の決断という人格的行為は、自然的なものと一応次元を異にするものと考えられなければならない。だが、次元を異にしていることとは、自然が人間に影響を与えないということではない。人間が自然的環境に影響されることは、あらためて論じるまでもなく明白な事柄である。しかし人間が孤独な歴史創作的決断をする時には、彼がどれほど自然に根を下ろしており、自然的環境により影響されていようとも、その決断においては人間は精神である。すなわち、決断という実存的な時間的次元においては、彼または彼女は自分に対する自然からの影響を一応切り離し、全く自由なる者として（神あるいは本来的自己に対する）責任的応答を要求されているのである。これが、私が人間における次元の区別の問題として、実存的決断と自然からの影響との関係を理解する姿勢である。

もちろん、歴史の中にも自然的な要素が存在するであろう。その一つについては、前にラインホルド・ニーバーによるキリスト教倫理の基礎づけを考察した時に、私は述べた。すなわち、人間性という自然が歴史の中にも存在するのであり、カトリック的な自然法とは違うものではあるけれども、アガペーが歴史の中の自然である、と私はその時に主張したのである。

さて、人間と自然との緩衝地帯とも言うべきものは何であろうか。それは人間が体をもっているという事実である。体を媒介として人間は、自分を取り囲み、自分に浸透してくる自然に目覚めるのである。そしてこの目覚めは、人間が真に実存し、健康な人間性を保持し育成しながら生きるためには、決定的に重要である。だがそれにもかかわらず、人間は精神であり、自由である。それでは、精神としての人間が自然と対決する面と、自然が人間に影響する面との関係はどのようなものなのであろうか。

この点で私はもう一度、キルケゴールの思索に援助を求めよう。キルケゴールは、人間を魂と身体との総合として理解した。だが、この総合は同時に、永遠と時間との矛盾でもある。そして、これら互いに矛盾する両者を統一する力が精神なのである。そして、自由な精神が矛盾し相反する両者の統一を図るところに不安が生まれる[57]。キルケゴールのこの思想は、ラインホルド・ニーバーによる人間を「有限な自由」とする理解と内容的に同じものであるが、キルケゴールのこの思想の中には、人間が魂と身体によって存在していること、つまり（永遠と時間という）相反するものの総合であることが、すなわち、次元的相違と相互影響との両面が実に巧みに表現されている。自由な精神は、永遠の側からの統一を目指して、時間的な身体と対決するのである。実存が自然との関係でもつものは、人間がその身体との関係でもつものと質的に同一である。歴史と自然との質的な断絶を厳しく固守することは、歴史の中にある自然的なものが人間に与えるものに対する畏敬と愛着とを減少させるものであってはならない。実存論的神学はこの点でも、次元的思索によって成り立っているのである。

ところで、歴史の中にある自然的なものに関し、もう一つの点でティリヒの存在論は非常な問題性を孕んでいるように私には思われる。彼がその宗教的社会主義との関連で歴史の進展の構造を、他律（heteronomy）・自律（autonomy）・神律（theonomy）によって表現したことは周知の事実である[58]。歴史は中世的な他律の時期から近代的な自律の時期に入ったのであるが、しかし、彼によると、近代の投げかける諸問題の解決は、自律を深めたものである神律による他はない。そして、彼は神律の時期を、中世的・他律的な封建制度とも異なり、また、近代的・自律的なブルジョア社会とも異なったもの、すなわち、神律的な宗教社会主義の時代であると予想した。そこへ移行することが現代のカイロスである、と彼は考えたのである。

このような期待はマルクスのそれとは異なったものではあるが、歴史が法則の下に動くものであるという確信の展開であって、ティリヒにおける歴史の中にある自然についての思索である、と言って差し支えないであろう。果たして、ティリヒが宗教社会主義を初めて主張して以来の政治的・経済的な歴史は、彼が予想した通りに動いてきたであろうか。むしろ、この点においては、歴史が人間の自由の行使の場であることの方に強調点をおいて、このような予想を一切避けていると見える――ラインホルド・ニーバーがキリスト教的社会主義者であることを止めたのは、ルーズヴェルト大統領のニューディール政策の成功を見てからであったが――ニーバーの方が正しかったのではないであろうか。その存在論によって、ティリヒは中世的な自然法の概念に媚を呈しているとか、あるいは、彼は結局はヘーゲル主義者であったとか言われても仕方がないであろう[59]。

前に述べたボンヘファーやゴーガルテンの「成人した世界」という思想は、リッチュル神学の伝統を受け継いだものとみて差し支えないであろう。ところでリッチュルは、ティリヒによって、自然を単に技術的に支配することにだけ興味を覚えた神学者として批判されており、この点では私もある程度ティリヒに同感なのであるが、しかし、リッチュル神学には「成人した世界」の思想にも通じる良い面もある。リッチュルはキリスト者の自由を問題にした時に、人間が精神として成長し、自然を文化形成のために利用できる状態を指したものとしてそれを理解したのである。リッチュルによると、宗教は生の自然的な条件から、人間が自分を解放するための手段であった[60]。ここではティリヒのような自然へのロマンティシズムとは異なって、歴史の側から自然が見られている。

以上でティリヒの存在論について、大体の理解が得られたことと思うが、明らかにティリヒの存在論は、その内に実存論的な要素を含んだものではあるが、ティリヒの神学の中には、考え抜けば明らかに実存論と矛盾してくる形での存在論がある。彼の神学にはこれら二つの、いわば、互いに衝突する要素が共存している。

一体、今日のわれわれの生きている歴史的な困難な状況を、どのような神学的態度が解決してくれるのであろうか。自然に対するわれわれの態度も、その一つの問題点であろう。ティリヒのように、歴史を自然との連結においてとらえ、存在論的に人間の状況を分析し、また、その状況のもつ問題の解決をそのような存在論の立場から考えることが、果たして真実の意味における現代的状況のもつ問題性の解決であろうか。または、キリスト教を徹底的に時間的象徴においてとらえ、歴史創作的なものとしてキリスト教を理解し、したがって人間の実存的決断に集中してキリスト教を把握しようとする神学的傾向が、われわれの歴史的状況のもつ問題性を解決するのであろうか。

これは、われわれ一人一人が実際にこの状況の中にあって悩み苦しみつつ、どちらかに決断していかなければならない問題であろう。もちろん、私の実存論的な立場はティリヒとは異なって、ゴーガルテンの考えたように、歴史創作に向かうあの烈しい決断の生への集中を保持しつつ思索しようとする立場なのである。

ティリヒの神学は、今まで検討したところから明らかなように、哲学的な傾向が強い。哲学的な存在論が、聖書的な、実存論的な要素を相当程度に圧迫していると言えよう。

この章を終わるに当たり、始めと同じように、ラインホルド・ニーバーのティリヒへの批判を引用して終わることにしよう。彼は、ティリヒの存在論を次のように批判しているが、これは私の言いたいことを実に巧みに、そして、簡潔に表していているように思う。実存論と矛盾しない形での存在論を神学は含まない訳にはいかないという、前にも述べた留保をもってではあるが。

ティリヒ教授は次のように示唆する。彼が私（ニーバー——引用者注）の誤謬と見なすものは、自我の本質について私が夢中になっているという事実に由来している。確かに、このことがわれわれ二人の互いの見解の間にある相違の原因である。私は信じるが、存在論的な範疇は、神の自由、あるいは、人間の自由のいずれに対しても、正当な取り扱いをすることができない。また、次の現実に対しても正当な取り扱いをしていないのである。人間は時間の流れに巻き込まれておりながらも、それを超越しているものであるが、そのような人格のもつ統一に対して、正当な取り扱いをしていない。また、私は信じるのだが、人間の罪と、人間の罪の神による赦しや、あるいは、人間の歴史のもつ劇的な多様性は、存在論的な範疇では包含され得ない(61)。

Ⅱ　実存論的神学の創造

第四章　神学における主観-客観の構造の超克

1　近代的自我とキリストの出来事

近代科学の発展につれて、近代から現代にかけて文化的な状況がどのようなものになってきたか、また、われわれがその文化的な状況との対話に入った時に、その対話を通して、どのような新しい解釈がキリスト教の使信についてなされ得るかについては、既に探求した。しかし、既に述べたように、それが対話である以上は、キリスト教の使信の理解がその対話を通して深められるばかりではなく、現代の状況もその対話を通してそれ自体を反省しなければならなくなる。

そのような現代の状況からするキリスト教の使信に関する反省は、近代科学の発展と深い関連のある現代人の思惟構造である主観-客観の構造についての反省とならなければならない、と私には思われる。

この主観-客観の構造は、現代人の生活のあらゆる分野、すなわち、人間と世界——世界によって自然と歴史との両者を私は意味したいのだが——との関係に属するあらゆる分野に現れている。この章において私はできる限り、世界に対して現代人のもつこの主観-客観の構造を、論理的に克服してみようと思う。特に、神学としては当然のことであるが、史的イエスを問題の中心に据えて、それを試みてみたい。それこそ、実存論的神学の本質的な課題なのであるから。ところで、しばしばなされている誤解に、実存論的神学は一種の主観主義である、というのがある。例えば、ネルス・フェレーの次の言葉[1]は、このような誤解を典型的に示している。「実存主義もまた、推理よりも決断を知識にとって主要なものとする。自我は単独で責任あるものとして立つ。真理が何であるかを知るために、真理を選ばなければならない。……しかし、実在を知るために自由に跳躍しようとする自我は、実際のところ常に、神経質な跳躍者である。彼は、その自我の中に、直ぐにもう一度転落してしまう。われわれのところにきて下さるキリストは、われわれがそこまで跳躍するあのキリストよりも、はるかに信頼し得るし、現実的である。……このように、実存主義は、われわれを主観主義に陥らせる。自我から出発することは、通例、決して自我から脱出することにはならない」。フェレーによる、実存論的神学が主観主義であるというこの批判が、自我とキリストとの間に、主観－客観の対立を実存論的理解は所有していると想定してのことであるのは明らかである。キリストは、私という自我（主観）が、それに向かって跳躍しなければならない対象（客観）なのであって、自我はそこでは、神経質にいつも自分の決断を監視しなければならなくなる、というのがフェレーの批判である。

フェレーに限られていないこの批判は、実存論的神学こそ実はこの主観－客観の対立の克服を目指しているものであるという事情に全く盲目である。

ここにフェレーによって代表されている批判は、実存論的神学に向けられる時には的外れであって、むしろ、近代主義神学に向けられなければならないだろう。近代主義によるイエス・キリストの史的研究こそ、実は主観－客観の構造をもつ自我の姿勢によってなされてきた。そこでは研究者は、イエスという歴史的人物を客観的に観察して叙述する。これこそブルトマンが言う世界史的な（historisch）イエス研究の態度である。もちろん、イエスに関するこのような客観的な事実の研究は必要ではあるのだが。

神学上の近代主義は、正統主義の史的イエスの理解に対する反発から始まった。正統主義は、近代主義の観点から見る時に、伝統的教義の提示するキリスト論、または、新約聖書の使信の中に語られているキリストを、歴史に実在したイエスに対してあまりにも安易に当てはめられると仮定した。正統主義においては、史的イエスと、使信の、または教義のキリストとが、そのまま同一視されたのであるが、近代主義の歴史研究の成果によれば、このような同一視は、使信または教義のキリストを史的イエスに読み込んだことに他ならなかった。近代主義は、その意味において、使信及び教義のキリストと史的イエスとを分離し、その上で、史的イエスに帰れと主張したのである。

そのように一応、史的イエスと使信及び教義のキリストとを切断したことは、近代主義の科学的な歴史研究の成果であって、われわれは、近代主義が客観的な世界史的なイエス研究の態度を取ったことを高く評価しなければならない。しかし、近代主義のイエス研究が、われわれに不満足の感を与えるのは、そのような研究者の姿勢では、その研究者の全存在がイエスとかかわりをもっているのではない、という事情からである。研究者は、いわば、歴史から自分を分離させた観察者である。このような主観－客観の構造をもつ姿勢を取って、しかも、その主観－客観の構造を内に含んで克服する姿勢を同時に取らなかったところに、近代主義の誤謬があった。

後で述べるように、主観－客観の構造を取ること自体は悪いことではない。それを内に含みつつ乗り越えて行くようなもう一つの次元を、その主観－客観の構造との有機的な関係において、すなわち、相互に影響し合うような関係においてもたなければならないのである。しかも、両者間に次元的な相違を保ちつつもつのが正しい。このような正しい態度を世界史に対して取らなかったところが、近代主義の問題点なのである。主観－客観の構造を乗り越えるもう一つの次元を、それとの有機的な関連においてもたないことは、どのような結果を生み出したのであろうか。

近代主義者たちは、イエスとの出会いの外側で発展させた自分たちの哲学的見解や世界観に応じて、勝手気儘にイエスを解釈することとなった。このような事情が、例えば、エルネスト・ルナン（Joseph Ernest Renan）の『イエス伝』の中に見られるであろう。ルナンがあの有名な『イエス伝』の中に描いたイエスは、ルナンの文学的な好みに適応したロマンティックな、また、女性的にやさしいヒューマニストとしてのイエスでしかなかった[2]。さらにこの事情は、カトリックの歴史家ルナンに限られたものではなく、例えばプロテスタント近代主義者の一人であったウィルヘルム・ヘルマン（Johann Wilhelm Herrmann）においても同様であった。ヘルマンが、イエスの内的な生活をその中心として彼の組織神学を形成したことをわれわれは知っているが[3]、イエスの内的な生活が、客観的に確実な知識として知られ得るものであろうか。もちろん、種々の状況の中でのイエスの発言や行動から、イエスの内的な生活を類推することは可能であるし、イエスも共有したと思われる当時の人々の信仰内容などを詳しく知れば知るほどに、この類推の正確度は向上するであろうが、しかし、この類推には、類推する者が既にもっている世界や歴史に対する信念がとかく投影されがちである。ヘルマンがこの危険から免れていたとは、私には到底思えない。ヘルマンによるイエスの内的生活の内容は、ヘルマンの主観的な宗教的要請から生み出されてきたものであるといって差し支えないであろう。したがって、ゲルバルト・エーベリングが次のように言う時、彼は正しい。エーベリングによれば、いわゆる近代主義神学の歴史主義は、それまでの教義的な、または、聖書主義的なイエス理解を脅かしたと同じように、実際には、史的イエスの正当な理解をも脅かしたのである[4]。そして皮肉にも、近代主義神学の歴史主義から生まれたこれらの主観的なイエス像の説得力が崩壊したのも、実をいうと、彼らと同じように史的イエスの客観的な理解を目指したアルバート・シュヴァイツァーなどを通してであった。シュヴァイツァーの『イエス伝研究史』[5]は、近代主義者たちから見るとあまりにもグロテスクであるとしか思えない仕方で、間近に終末を期待していた一人の人物としての史的イエスを客観的に描いてしまった。近代主義者たちが提示しようとした、あの現代に適応したイエス像は、シュヴァイツァーが全く現代人の好みに合わないイエス像を福音書から導き出してしまった結果、崩壊してしまったのである。史的イエスの研究の場において、主観‐客観の構造の思惟が生んだ主観的なイエス像壊滅の事情は、以前述べたようなものであった。

主観‐客観の構造をもつこの不幸な姿勢が、われわれの生の基本的態度を形成するようになったのは、思想史的には、デカルトによって世界から分離したものとして観察された自我の定立以来のことである、というフリードリヒ・ゴーガルテンの主張は[6]、この点でわれわれを傾聴させる。そして、このようなデカルトの思想が形成された背後には、近代科学の成立とその発展という歴史的現実が控えていたのである。すなわち、そのような歴史的現実を哲学的に表白したものが、デカルトの思想であったとも言える。換言すれば、デカルトがこのような主観‐客観の構造を、思索の中に基本的に導入した裏には、それがデカルトの当時に台頭しつつあった科学思想と、もっとも良く結びつくことができた事情が存在したのである。このことは、既に現代の状況の分析をした時に、近代が科学の成立とともに始まったという事情を検討したのであるから、明白であろう。

空間と時間からなる外的世界・自分の身体・日々の生――これらについての自分の経験が、全くの夢か幻かもしれないという徹底的な疑惑から、デカルトは出発した。しかし、夢みている自分、経験している自分、考えている自分の存在を疑うことはできない、とデカルトは結論した。「私は考えている。それ故に、私は存在する」(Je pense, donc je suis)というこのデカルトの言葉に、中世のそれとは異なった近代の思惟姿勢が見られる、とゴーガルテンは考えている。ゴーガルテンが比較検討する問題点は、世界に対する人間の関係についての中世と近代との既に述べたあの差異である。叙述を正確ならしめるために、前に述べたことを想起してみよう。中世の思惟においては普通、トマス・アクィナスの神の存在証明の中にも見られるように、世界は第一原因たる神によって創られたものであり、存在するものはすべて被造物として、存在の原因である神に類比の関係にある存在であり、一定の秩序の中にその各々の場所を占めていた。人間も存在するものの一つとして、神によって創られた世界の秩序から、その存在の意味、生への態度を形成していたのである。ここに現れている思惟の性格は、世界から人間を理解する態度である。

このような性格の思惟は聖書のそれではない、というのがゴーガルテンの主張であった。聖書においては、『創世記』の世界創造の神話物語やパウロの『ローマの信徒への手紙』八章にある、神の相続人としての人間の叙述に表現されているように、「神と世界の間にある人間」(Der Mensch zwischen Gott und Welt)は、神から世界を相続財産として委託されているので、世界に対して責任(Verantwortung)を負っている。すなわち、中世的思惟の性格が示していると同様に、聖書においても人間は、自分を世界との切断できない深い連関において把握するのであるが、しかし、聖書においては、中世的思惟の性格が示しているのとは異なって、人間は自分を世界から理解しようとはしない。聖書では、人間は、自分を神との交わりから理解し、世界に責任を負うものとして立っている。自分から切断することのできない関係にあるこの世界に対して、神への服従を全うしながら、しかも、その服従に当然含まれなければならない神から委託された仕事として、世界を管理し創作するのが人間である。繰り返しを厭わないで大略を述べたゴーガルテンの「成人した世界」という理解によれば、聖書の中には、世界に対する動的主体的な人間の関係が存在している。

デカルトによる自我の近代的目覚めは、前述した中世的な人間の理解、あの世界からの人間の自己理解とは明らかに異なる。むしろ、デカルトにおいては、世界と自我との厳しい断絶が出発点となっている。自我は、世界と無関係な自分の存在を認識しているのであって、逆に、世界の存在を自我の存在から根拠づけようとしている。しかし、そのように自我の存在から根拠づけられた世界は、やはり自我と対立する世界なのではあるが。ゴーガルテンが、思想史上、近代的思惟の特色ある姿勢が、デカルトから始まっていると考えたのは正しいように思われる。

さらに、ゴーガルテンがデカルト以来明瞭になってきたというその近代の自我の目覚めは、聖書の中に認められる人間と世界との関係の中にある自我とも異なっている。何よりもまず、近代の自我の目覚めは、既に述べたように、世界から断絶されて行われている。したがって、世界に対して取ってきたこの自我の態度が、前述したように、対象である世界に対して主観としての位置を占めるものであることは、容易に理解できる。ところが、この自我の姿勢は、聖書の中に現れている、とゴーガルテンは主張している、あの世界を委託された責任において管理し創作して行く主体的な人間の姿勢とは明らかに異なっている。後者は、人間から全存在的努力を期待しているのであって、世界を客観的に観察するような主観的態度——ここでは人間の全存在が問題とならない——よりも、もっと次元の深い人間の姿勢を要求している。実存論的神学の神学的思索の対象になる人間の姿勢とは、このような深い次元を意味する。これは、汝として、イエス・キリストにおいて人格的に人間と出会われる神の語りかけに向かって、全存在的応答を迫られている人間の姿勢である。イエス・キリストによる神の啓示への全人格的な人間の応答は、その応答の中で、委託された世界を創作して行く。そこで世界に対して取る人間の態度は、主観‐客観の構造を内に含みながらも、それを乗り越えた烈しい創作的情熱の関係である。それ故に、実存論的神学は主観主義ではあり得ない。

さて、前掲したフェレーの実存論的神学に関する批判の言葉の中には、もう一つの誤解が含まれている。神に対して実存的決断をしようとする自我は、フェレーによると、神経質な跳躍者（the nervous leaper）である。もちろん、この批判は、実存論的神学を主観主義と見るフェレーの立場からすれば、当然のものであろう。

この事情を理解するためには、サルトル（Jean-Paul Sartre）が、デカルトに始まった近代の自我の目覚めの性格を、どのように把握しているかを顧みることが便利であろう。(7)「私は考えている。それ故に、私は存在する」というデカルトの言葉は、サルトルによれば、思索上の混乱を示している。「私は存在する」と自覚する私は、実際のところ、「私は考えている」と言われている場合のその考えている私と、同一ではない。実は、ここでわれわれが問題にしているのは、始めの考えている私ではなく、次の行為である。またサルトルによれば、ここでデカルトは、自覚であるところの生《なま》のままの懐疑と、それとは異なった行為である組織的な懐疑とを、混同している。われわれがある対象を印象づけられる生の経験において、その対象が疑わしいとの懐疑の自覚があり得る訳であるが、しかし、デカルトの「考える私」は、この生の懐疑のままの「私」ではなく、ある距離をおいて、それを対象として据えている。

ゴーガルテンは、近代の自我の姿勢を、世界に対して主観として立ち、世界を客観視するところに、すなわち、主観‐客観の構造で表現されるような主観主義として特徴づけたが、サルトルは、デカルトに始まる近代の自我の特徴を、自我の内部での主観‐客観の対立として特徴づけたと言うことができよう。そして、サルトルの哲学的努力が、この対立を超克して、人間の全存在的行為を促すような人間の生き方を問題にする実存主義の確立に向けられてきたことは、周知の事実である。

今、私の論じている事柄は、もちろん、世界に対しての、また、自我そのものに対しての、自我の主観としての自己定立が、具体的経験として存在することを否定するものでもなければ、それが、主体的な人間の行動を形づくるにあたって、欠くことのできない自我の姿勢であることを否定するものでもない。サルトルにおいても、事情は同様である。(8)神学が取り扱う信仰という現実は、そこで人間が神と出会って、自分自身を神の喜ぶような存在へ創り変えるという、人間の創作的行為にかかわる現実であるが故に、この創作的行為にある人間が、自分の自我を、創作される素材である自分や、この自己創作の過程においてやはりその創作の素材を提供してくれる世界から、一応切り離して据え、それらに対して主観となり、それらを客観視することは、絶対に必要である。このような意味での主観‐客観の対立がなければ、創作的行為はあり得ない。

この間の事情は、アルフレッド・ノース・ホワイトヘッド

(Alfred North Whitehead)のあの有名な警句、「宗教とは、個人が自分自身の孤独をどう処置するか、である」の中にも看取される。[9] ホワイトヘッドがここで言う孤独は、宗教的な創作的行為のためには、目前の(形の如くに行われている)われわれを流して行く日常の出来事から、個人が自分を一応切り離し、孤独の中に退くことによって、理性的に自分の生の方向づけを反省する余裕をもたなければならない時に、その事実を可能にしてくれるような孤独のことである。ティリヒが、「孤独」(solitude)と「孤独の淋しさ」(loneliness)とを区別して、われわれに「孤独」を敢えてもつように勧めている事情もここにある。[10] 彼の言う「孤独の淋しさ」とは、自我が、自分自身に対しての、また、周囲の現実に対しての創作的な交わりを喪失して、存在の意味を感じなくなるような事情を指している。そして、「孤独」とは、創作的行為に出るために、主観-客観の対立を、自分の内部に、また周囲の現実に対してもつことに外ならない。

しかし、近代的な自我が——サルトルの分析で明らかなように——デカルトの哲学の中に現れているような主観-客観の構造をもっている事実、また、科学的・技術的な理性がわれわれに要求する世界との主観-客観の構造においての関係こそ、近代社会の特徴であった。それらは必要であり、良いものであるのだが、それが現代人にとって解決しなければならない大きな問題になってきているのは、それ以外の次元が喪失してしまったことからきている。すなわち、自分自身に対しても、また、世界に対しても、自我がよそよそしい感じをもたない訳にいかないようになっているところに、現代の人間のもつ病的な要素が見られる。しかも、人間が罪人である以上、そのよそよそしさが、罪との関連をもっていない筈がない。自分自身を対象化し、それに対して主観として立つ自我は、客観としての自分自身を、本質的存在としての自分自身から脱落した存在として見ない訳にはいかないのである。そこに、現代人の特徴である自分自身を受け入れがたいとするあの事情の原因がある。また、世界との関係においてはどうであろうか。技術的・科学的な理性が、世界の開け行く広大さを発見し、それに較べていかに人間が卑小なものであるかを発見した時、この広大さの前の自分自身の卑小を直視することができなかったり、あるいは、仮に直視したとしても、自分が世界の中の異邦人でしかないと感じるのは、どこからきているのであろうか。ここにも、現代の病的な要素が見られる。

さて、私は、フェレーの実存論的神学についての誤解をどのように考えたらよいか、という問題に戻らなければならない。もし実存論的神学が、主観-客観の対立を超克する意味で決断を問題にしていないならば、確かにフェレーの言うように、実存的な神への決断は常に神経質な跳躍であろう。なぜならば、神への決断とは、現実的には常に、自分の自分自身とのかかわりを、また、自分の周囲の世界とのかかわりを、どのように決断し処理して行くかということだからである。この場合、もしも人間が主観‐客観の対立を超克できないで主観主義に留まっており、創作的行為にまで自分を押し出せないで、単に対象から切り離されている状況にあるならば、彼は自分がその対象に対して、根本的にはよそよそしい存在であるという感じを拭い去ることができない。根本的にはよそよそしい感じをもたない訳にいかない対象に向かって無理に決断しようとすれば、その決断が神経質な跳躍になるのは当然である。ところが、実存論的神学が人間から要求する神への決断は、そのようなものである筈がない。なぜなら、キリストとしてのイエスの出来事が、対象である自分自身と和解できないでいる自我に向かって、神がその罪深い自分を受け入れて下さったのであるから、自我もその自分を受け入れてよいという神からの赦しの言葉であり、また、対象である世界も、神の愛の摂理的支配の下にあるから、それを創作的行為の素材として取り扱うような関係に入っても、人間は自分を破壊する危険を冒すことはないという、神からの創作への召喚なのであるから。

キリストの出来事を通してわれわれに語られているこのような神の召喚に対して応答することが、実存論的神学者、例えば、ブルトマンの言うキリストへの決断（Entscheidung）である。[11] したがって、ブルトマンの決断は、キリストを客観視して主観として立っている人間が、自分と異質的な出来事であるかもしれない、その客観としてのキリストの出来事に向かって、神経質な跳躍をすることではない。キリストの出来事による私に対しての神の語りかけは、真に私を私にしてくれるものである。それは私の実存にとって異質的ではなく――ブルトマンの言う前理解はこの事態を指している――、神と私との間に、主観‐客観の対立を超えた、我‐汝という人格的な愛の交わりを成立させてくれる。神という汝の愛の中に入れられて、真の自分を発見するのである。この愛の中に留まり続けることこそ、実存論的神学の言う決断の繰り返しである。この事実を、伝統的な神学用語で表現すれば、神の恵みによってとらえられる、ということであろう。ブーバーが言うように、論理学の思惟においては、相反する二つの観念があった場合には、当然その中の一つだけが真であるが、実人生においては必ずしもそうではない。例えば、宗教的体験においては、神の恵みの絶対性と人間の自由意志の行使とは、少しも矛盾しない。[12] このユダヤ教の実存論的神学者、ブーバーの発言は、主観‐客観の対立の次元を超えた、人格的な交わりの次元のもつ特徴を、よく理解させてくれる。そして実存論的神学のいう決断が、神の恵みの中に自分を任せ切った信仰のもつ平和と少しも矛盾しないものであること、したがって、実存論的神学に生きる信仰者が、決して神経質な人間となったり、決断ノイローゼに苦しめられたりする必然性がないことを示している。

ブーバーによる主観‐客観の対立を克服するこのような仕方は、私は正しいと考える。「私」にとって真に「汝」となるものとの間に、こちら側からの――なぜなら、ブーバーにとって「汝」は必ずしも人間である必要はないのであるから――、深い人格的な関係、我を忘れるような深い情熱の関係が成立し得るというのが、ブーバーの主張である。それは最後まで人格的な関係である。少なくとも、こちら側からは。ところが、前の章で述べたティリヒの主観‐客観の構造の克服の仕方は実存論的なものを排除するような意味で神秘主義的であり、その意味において、彼の存在論を正しいものとは、私は考えない。スピノザの哲学によって影響されたシュライアマハーが、主観‐客観の構造を克服したその仕方と同じ形態の克服の仕方をティリヒも採用しているのである。スピノザの哲学によれば、実在は思惟と形ある存在との両者を繋ぎ根底づける第三のものであった。彼はこれを、絶対と考えたのである。シュライアマハーの神も、宇宙や自然であり、しかも、この神は人間をも、スピノザの哲学と質的に同一の仕方で根底づけていた。ティリヒにおいても同様である。主観たる人間と客観たる自然とを繋ぎ、両者を同一の仕方で根底づける――なぜなら、前に述べたように自然と同じように人間も、それを通して無限がそれ自体を表現するための手段に過ぎないのであるから――、存在の根底が考えられている訳であって、シュライアマハーがスピノザの哲学に負ったと同じように、ティリヒの主観‐客観の構造を克服する仕方も、シュライアマハーのように神秘主義的な克服の仕方なのである。これは、ブーバーのような人格的な克服の仕方ではない。このことは既に、ティリヒの存在論を問題にした前の章の内容を再考すれば、明らかであると思う。

2 実存の姿勢――世界史と実存史

これまで述べてきた神学における主観‐客観の構造の克服が、歴史理解についてどのような態度を取るようにわれわれに要求するかを明確にすることは、大きな課題である。なぜならば、キリスト教神学は、当然イエスという歴史的人物にかかわるからである。人間が、客観的に取り扱わなければならない歴史、主観としての自分が対象として見る歴史を、ブルトマンが、世界史（Historie, world-history）と呼んでいることは既に述べた。しかし、この章で取り扱いたい主観‐客観の構造の克服、特に、原始キリスト教の使信の背後にあるイエスの実在をどのように取り扱うかという問題との関連でこの課題を取りあげるに当たって、もう一度既に述べられたブルトマンの歴史理解を述べておくのも無益ではないであろう。

ブルトマンによれば、世界史のように、対象的に記述され過去の出来事の集積だけで、歴史が十分に理解されたとは言えない。歴史は今も将来に向かって継続しており、人間個々にその歴史創作の責任を負わされている。過去においても、われわれと同じように、歴史創作の責任を人々は負わされていた。したがって、私の実存的歴史創作行為に真剣に生きつつ、過去の歴史をそれとの対応で理解する時に、過去の歴史は、単なる客観的な出来事の記述以上のものを、すなわち、歴史の意味、生存の意味を追求した過去の人々や文化の内奥にあるものを提供してくれる。さらに、このような歴史の理解の追求の中に生きることによって、それとの対応で現在のわれわれも、自分たちの生を、歴史創作を、理解し方向づけることができるのである。このような歴史と実存との深い内的連関から見られた歴史を、歴史理解に当たって欠いてはならないものであると主張した人々が、例えば、R・G・コリングウッド（Robin George Collingwood）やブルトマンである。[13] この見方でみられた歴史を、ブルトマンは実存史（Geschichte, existential history）と呼んでいる。

このようにブルトマンは、人間と歴史とのかかわり合いに、世界史と実存史との二つの次元の存在を主張し、その上で、われわれの信仰にとっては実存史の次元のみが関係する、と言い切ったのである。「キリストの十字架を信じることは、キリストの十字架を自分のものとして引き受けること、すなわち、キリストとともに自分を十字架につけることを意味する。……十字架は、決してわれわれが回顧する過去の出来事ではなく、その有意義性において理解され、信徒にとって常に現在で……」なければならないと、ブルトマンが言ったのは、この事情を表現している。[14] この実存史の次元で、われわれに決断を迫るものとして語られる神の言葉こそが、ブルトマンのケリュグマ、すなわち使信であった。そして、ゴーガルテンのいう主観‐客観の対立が、このケリュグマにおいて超克されたとゴーガルテン自身が見なしている以上、彼の実存論による近代主義神学克服の方向も、ここに存在することは言うまでもない。[15]

ブルトマンによる世界史、及び実存史という仕方での歴史の次元の区別は、私にはいくぶん明瞭さを欠いているように思われる。このことは前に触れたマイケルソンの歴史の諸次元に関する意見を想起するならば明らかである。マイケルソンは歴史を大きく二つの次元に分け、その各々をさらに二つの次元に区分した。大きな区分の一つの次元は実存史であるが、彼は、実存史の中にさらに世界史と実存史との区分を考えた。この場合の世界史とは、もちろん、ここでブルトマンが言うものと同じように、過去の出来事の記述としての歴史であるが、実存史とは、そのような「我とそれ」という構造、すなわち、主観‐客観の構造で把握した歴史を超えて、人間が過去の出来事と実存的にかかわる次元であり、ブルトマンのいう実存史に当たる。しかし、マイケルソンの場合には、人間は実存史の次元の中で、歴史がそれ自体においては、人間に生存の意味を究極的には提供できないものであることを体験するのである。実存的な歴史とのかかわり合いをもった人間が、歴史を生きることの中に意味を発見できるのは、もう一つの次元、すなわち、終末論史という次元の中においてである。しかもマイケルソンにおいては、この終末論史が、さらに二つの次元に区分されていた。究極的な歴史の次元である「終末論的な歴史」、すなわち、「救済の出来事」（Heils-geschehen）が、「救済の歴史（救済史）」（Heilsgeschichte）である「聖書の歴史」の意味を明らかにすると考えられていた。今その内容を想起してみたこのマイケルソンの意見を考えると、ブルトマンの言う実存史は、究極的には終末論的な歴史の次元をも含むが、それだけではなく、もっと広くマイケルソンのいう救済の歴史や実存史をも含んで用いられているのである。この点を明瞭にしておかないと、ブルトマンが示している混雑を、われわれもそのまま背負うことになりかねない。

ブルトマンが示している混雑とは、彼が実存史が必ずしもキリスト教的なものではないという事実を、しばしば忘却した発言を行っていることである。歴史の理解は、否でも応でも、実存的な理解になる。しかし、そのことは必ずしも、歴史の意味が究極的にイエス・キリストによって啓示されているという信仰的な理解とは結びつかない。実存的な歴史とのかかわり合いは、世俗の歴史研究においても当然あり得る訳である。それに対して、イエス・キリストの出来事を通して歴史の意味が全く啓示されているという信仰的な歴史理解は、終末論的な角度から実存的な歴史とのかかわり合いを把握したものなのであって、この区別が、ブルトマンにおいては不明瞭である、と私には考えられる。

では、両者の関係はどのようなものであろうか。後でもっと詳しく触れたいが、両者の関係は、断絶をその中にもつものでありつつ、しかも、相互に影響し合うものとして考えられなければならない。すなわち、終末論的なイエスの出来事に出会った人間が、徹底的に実存的な生き方をすることを通して、世俗の歴史研究という科学の分野においても、真実の意味で、実存的な歴史とのかかわり合いをもてるのである。しかし彼も、世俗の科学的な歴史研究の方法論を採用しながら歴史との実存的なかかわり合いをする以上は、一応、信仰をもたない世俗の歴史家たちと共通の話し合いの場所を所有している。それをもたないかのような印象を、ブルトマンの発言が与えることを私は恐れるのである。イエスの出来事を実存的に探求すれば、そこから、ブルトマンが信仰的に発言している、あのイエスの出来事の実存的な理解が、その探求を行うすべての人から期待されてよい訳ではない。

とにかく、ブルトマンの世界史と実存史との次元の区別による歴史理解は混雑していると思うが、ブルトマンと他の神学者たちとの間の議論が、一応、この混雑を解消しないままで行われているが故に、私もそのことを念頭に置きながらではあるけれども、ブルトマンによる二つの次元の区別だけで今後の大体の議論を展開して行きたい。このことを念頭におきさえすれば、われわれの議論が混乱することはないであろうからである。したがって、私がそれを修飾することなしに実存史という言葉を使う時には、マイケルソンの言う実存史と聖書の歴史と終末論的な歴史とのすべてを含めた意味で、その言葉を使うことにしよう。すなわち、それによって、世界史上の出来事に対しての実存的な関係のすべてを表現することにしたい。

実存論的神学が、実存と歴史とのかかわり合いにおいて、二つの次元を想定し、神学は実存史のみに関係するとしたことは、多くの神学者たちによって攻撃された。バルトは、ブルトマンとゴーガルテンに言及しながら、次のように言っている。「最近、あのように特別な熱狂をもって公布されている『主観‐客観の構造の克服』の意味は、一体何であるか。なぜなら、次のことが明らかにされていないし、保証されていないのだから。この計画が、もう一度、人間中心の神話に導いて、神と人間との交わりをもう一度疑問符を付し、またこのようにして、神学の対象に疑問符を付すものではないということは明らかでもないし、保証されてもいない。確かに、実存主義は、われわれにもう一度、古い学派の中にあった真理の要素を、想起させてくれたかもしれない。すなわち、それはもう一度、人間について語ることなくしては誰も神について語ることができない、という思考を導き入れたのである。望みたいことは、それが、われわれをあの昔の過ちに連れ戻さないことである。すなわち、まず、そして具体的に、生ける神について語ることなくして人間について語ることができる、という過ちである[16]」。バルトの危惧を私は理解できない訳ではないが、実存論的神学が主観主義ではなく、既に説明したように、イエス・キリストの出来事を通して語りかけてくる神との交わり、「我と汝」という次元での出会いを把握しようとの神学的試みである以上、それは神について語るのである。しかしそれは、神について客観的に語るのではなく――バルトが要求しているのは、啓示においてご自分を客観的にお与えになった神について客観的に語る、ということであるが――、人間に決断を要求するものとしての神の行為について語るのである[17]。

主観‐客観の対立という次元と、それよりももっと深い実存的な次元とを区別する実存論的神学の立場が、決して歴史を正しく把握する方法論を提供するものではない、との主張がパウル・アルトハウスによってなされている[18]。アルトハウスは、ブルトマンやゴーガルテン、特にゴーガルテンの主観‐客観の構造の超克に言及して、このような哲学的歴史理解と認識論的考慮とが、問題の単純さ（die Simplizität der

Frage）を曖昧にするものであると批判している。[19] 彼によれば、ブルトマンやゴーガルテンの歴史理解は、気まぐれに（willkürlich）形成されたものである。[20] これは、実存論的歴史理解に対する随分烈しい批判であるが、それでは、アルトハウスの言う問題の単純さとは何であろうか。結局のところ、彼の批判は二つの点にまとめられる。彼は、歴史の理解が、単に客観的事実性の承認以上のものであることをまず認めながら、しかも、それは「なおも、それなしでは存在しない（es ist nicht ohne sie.）」と主張する。[21]

実存論的歴史理解に対するアルトハウスのこの第一の批判は、完全な誤解から出発している、と私には思われる。歴史的事実性なしでも存在することのできる歴史理解を、われわれは考えることすらできない。もし、それが存在するなら、それこそ主観主義以外の何であろう。ゴーガルテンの主張する主観－客観の構造の超克は、客観に対してそのように対立の構造にある主観の態度が、決して許されないものであると言っている訳ではない。既に説明したように、歴史創作的生の態度には、どうしてもそのような態度が必要なのである。ましてゴーガルテンの意図は、この対立を超克することによって、客観への否定に至るところにはない。むしろ問題は、客観的事実に対して実存がどのような姿勢を取るか、についてであり、主観－客観の構造のもっている対立の次元と相違した、もっと深い次元に属することがらの反省にかかわっている。いわば、客観的事実と実存との間の問題である。同一の人間が、歴史的事実に対して取る態度を、二つの相違する次元として表現しない訳にはいかないような姿勢になる、というのが実存論的神学者たちの主張であって、二つの次元は相違しているけれども、同一の人間の歴史についての体験であってみれば、互いに分離され得ないし、相互影響を免かれないのである。実存論的神学は、相互影響を互いに免れない二つの次元を想定する実存論的歴史理解の上に立ちながら、神学の課題は世界史の次元ではなく、ひたすらに実存史の次元に、しかも、終末論的に理解されたそれにかかわるものである、という決断をしたのである。

アルトハウスの第二の批判を取りあげてみよう。彼は言う。「信仰は、出来事が生起したという客観的事実に実際のところ関心をもっている。この事情は、新約聖書が示しているところであるし、キリスト教の初代から今日まで同じである。神が人間を扱われる場所こそ歴史であるが、それは本質的には、実際に生起した歴史である。このような仕方で、使徒たちの宣教が証ししている事実を二つの要素に分けるのは無意味である。一方には、歴史が現実に生起したその事実性を、他方には、神の行為の担い手という歴史の性格を、主張するやり方のことを私は言っているのである。この主張者たちによれば、後者が前者より強調されて優位に置かれている。そして、それが本来の（eigentlich）歴史と呼ばれるのである」。[22]

このアルトハウスの批判に対する答えは、先に述べたブルトマンの歴史理解を、マイケルソンの歴史理解の角度から私が批評したところから明らかであろう。実存論的神学は神学であって、実存論的歴史理解とは同一ではない。後者は、歴史一般に対する実存論的な理解であり、そこでは世界史的な次元での探求と実存史的な理解の次元とが混同されないで、しかも、分離されないで、歴史一般に対して用いられている。歴史一般を、歴史創作という角度から理解している訳である。しかし、実存論的神学は、特定の世界史の範囲の出来事にかかわる。すなわち、キリストとしてのイエスの出来事にかかわるのであって、この出来事のもつ性格が、信仰という特定の実存的態度をわれわれから要求するのである。

信仰は、人間に終末論的な実存的態度を要求する。新約聖書の告げている出来事の信仰による理解に関する限り、われわれが単に実存論的なかかわり合いをそれに対してもつというのではなく、世界史的なかかわり合いを排除して、ひたすらに実存史的なかかわり合いを、しかも、終末論的な意味でのそれをもつことが要求されているのである。実存論的神学の理解によれば、新約聖書は、イエス・キリストの出来事において、私の全存在を支える終末論的な出来事に私が出会うという音ずれを告げているのであって、新約聖書の解釈自体が、実存史のみにひたすらかかわることをわれわれに要求しているのである。これこそブルトマンの非神話化論が意図するところに外ならない。それ故に、神学にとっては、ゴーガルテンの言うように、実存史のみが真正の歴史である。[*]

＊　エミール・ブルンナーの非神話化論に対する態度は、バルトやアルトハウスと大体同様であると言えるが、それを空間と時間という範疇と関係する問題として取りあげている点で、固有性をもっている。ブルンナーによると、非神話化論が起こってきたその理由は、聖書の歴史理解と宇宙理解とに密接に関連している。すなわち、聖書の理解によれば、人間の歴史は、宇宙の創造とともに始まった。しかも、その歴史は、それほど長い過去をもっているものではなく、またやがて終わる可能性をもっている。その終わりとともに、宇宙も終わると考えられている。ところが、近代科学の成果によって、その宇宙との関連も、歴史の長さは拡大されてしまった一方、その宇宙との関連も、宇宙が途方もなく拡大されることによって、失われてしまった。そこで実存論的な聖書解釈が多くの人々に受け入れられる事態が起こった。今という歴史の時にすべてを集中することによって、イエス・キリストの出来事を解釈しようとしているのがこの解釈であるが、ブルンナーはそこに空間的なものの排除、すなわち――ブルンナーの言葉を使うならば――、非宇宙論化（Entkosmologisierung）が行われている、と言うのである。すなわち、キリスト教の使信の内容から、

宇宙についての客観的な発言を削除してしまうと言うのである。[23]

ブルンナーは、このような非宇宙論化を行った神学者たちとして、ブルトマンだけでなくアルバート・シュヴァイツァーも批判しているが、ブルンナーによると、聖書の使信から宇宙に対する発言をどうしても棄却する訳にはいかない。もちろん、彼によっても、歴史が神の国の中にいかなる仕方で突入して終わるかは、人間にはわからない。それにもかかわらずブルンナーは、歴史の終わりが、神の国への突入であることを主張している。神の国は、ブルンナーの場合には、空間的な象徴を使って表現しない訳にはいかないようなものであり、宇宙にかかわるものとして理解されているが[24]、しかし、ブルンナーの発言を読んで不思議に思うことは、どのように、また、いかなる仕方で、神の国の中に突入してこの歴史が終わるのかはわからないと言いながら、しかも、それが宇宙にかかわるものであると発言していることである。この両者はどのように調和できるのであろうか。とにかく、ブルンナーの非神話化論に対する態度は、彼の神学のすべてがそうであるように、実存論的なものと正統主義的なものとを折衷しようとする試みであって、実は、これは不可能であり、いずれかその一方に徹底しなければならないものであろう。

神によるイエス・キリストの出来事を客観的・世界史的に把握しようとすることは、論理的な保証を得て後に、その出来事に対してわれわれの実存的態度決定をすることであって、終末論的な使信に対する誤った態度である。世界史的にイエスを取り扱うならばとにかく、信仰の問題としてキリスト・イエスを取り扱う場合には誤っている。なぜなら、使信は、私の実存的態度を、神に対して脇目もふらずに決定するようにとの私への呼びかけであって、その時に、客観的に保証を求めて世界史的にイエスを探求したり、論理的に神の出来事を前もって把握してから、すなわち、論理的な保証を得てから信仰の冒険に出ようとすることは、応答への逡巡であり、また、回避である。要するに、信仰の厳しさをどのように理解するかに、この問題は関係している。

使信によって終末論的な決断を迫られ、繰り返しそのような決断をしていく人間は、真にその存在の根底から主体的であるような、実存的人間形成の途上にあると言える。前にも述べたが、このような人間にして初めて、実は一般歴史に対しても、深く実存論的理解をなし得るのである。キリスト教的西欧の文化史において、キリスト教が西欧の人々の歴史一般の理解の仕方に、どのような影響を及ぼしてきたかというような文化史的探求は、使信による実存的人間形成と実存論的歴史理解との相関関係についての、神学との関係における文化史的検討である。このことは、既にブルトマン及びゴー

ガルテンによって始められ、大きな成果をもたらしている。(25)

3　実存史と世界
――史的イエスに関する組織神学的考察

実存論的思考は、既に了解されたように次元的思考である。主観‐客観の対立を超克した次元が実存の姿勢には存在するが、それは世界を、神から委託された人間が、その世界の将来を創作する行為に歩み出るような次元として理解し、歴史の理解においては、主観‐客観の構造に留まる世界史を超えた、実存史の次元が存在することを、私は説明してきた。しかし、歴史の理解に関しては、まだもう一つの問題の解明が残されている。それは、世界史と実存史とが、相互にどのような仕方で関係し合っているか、という問題である。

既に述べたように、次元の相違は、決して両者が無関係であることを意味しない。両者とも、人間が自分の体験の中において触れることのできるものであってみれば、相互に影響し合うのが当然である。

ところで、一つの体験の中の事柄を、このように二つの次元の相違においてとらえることは、明らかに具体からの抽象である。理解することは、すべて抽象することなのであるから、抽象化それ自体は良くも悪くもない。抽象化の良い、悪いを決定するものは、果たしてその抽象化が、具体の体験を整理するのに役立っているか、また、人間が自分の生存を――ホワイトヘッドの言葉を借用すれば――進展的に具体化的である生を可能にしてくれるかどうかである。実存論的な(concretion)して行くにあたって、その抽象化がより創作歴史理解を意識的に――無意識的には、歴史を探求するに当たって、誰でもが採用している訳であるが――採用する人々は、世界史と実存史という次元の相違において歴史を理解する方が、そのような抽象化を拒否するよりも、より良く自分たちの歴史体験を整理し、また、自分たちの生を歴史創作的にするのに役立つと感じているのである。したがって、実存論的歴史理解に立つことは、一つの決断によってなされることであり、歴史それ自体の客観的な分析をどれほど精密に行っても、結論として出てくるようなものではない。このような誤りを、アルトハウスが犯していることは、既に説明した。そして、このような実存論的歴史理解が、使信への応答を通しての実存的人格形成と強い連関をもつものであることも暗示した。イエスの譬えを借りるならば、終末論的なケリュグマへの応答こそ、真正の実存論的歴史理解という実を産出する木であるとも言えよう。

ところが、抽象化は、具体に回帰することによって、抽象化それ自体のための抽象化を避けなければならない。実存論的神学者は、自分がひたすらに課題としている、キリストとしてのイエスの実存史の理解が、イエスとの出会いという歴史体験からの、福音を福音たらしめるための抽象であることを忘れてはならない。言葉を換えて表現すれば、彼が避けなければならないのは、世界史と実存史との次元の混同であって——混同すれば、イエスを通しての神の語りかけに、傍目もふらずに決断しているのではなく、保証を求めることになる——、両次元が相互に影響し合うものであるという具体相への認識を欠いてはならない。それ故に実存論的思考は、その土台に、体験論的思考をもたなければならない、と私は考えている[26]。

歴史体験の具体相を問題にする体験論的思考においては、この両次元の相互関係はどうであろうか。新約聖書解釈との関係で結論的に言えば、イエスに対しての実存論的理解に徹底すればするほど、世界史を真に世界史として、すなわち、客観的な出来事の客観的な記述として取り扱うことができる態度を、われわれに与えるようになる。言い換えれば、両次元の差異をますます徹底させるような仕方で、実存史への沈潜は世界史探求に影響するのである。

両次元の差異をますます徹底させるような仕方で、実存史と世界史とを同時に体験することが、実は正統主義神学が主張したあの「聖霊による確証」という教理の実存論的解釈になるのではないだろうか。イエスとの実存的なかかわり合いが、情熱的であればあるほど、われわれは、自分の生の具体的な場所である現代という状況のもつ深みの次元と矛盾を感じることなく、むしろ非常なくつろぎを感じさせられる。自分の生を生きて行くことが、現代の文化状況の中で他律的でなくなるのである。生をイエスとの実存的な交わりを通して、現代という状況の中でより深く生きることになる。このような体験が、両次元の差異を徹底させる次元的思考を支えているのであるが、これは生のための保証の追求ではなく、実に決断そのものの中での確証なのである。

ここには、ゴーガルテンが、神と世界との間に立つ人間に見たあの事情と類似のものが存在している。神によってのみ救われるという確信は、世界の中に神的な力を見出し、それに頼って救いを獲得しようという宗教的な世界の見方から人間を解放した。神を神とすることは、世界を世界とすることであって、人間は世界に対して、神に対して取るような信仰的な態度を少しでも取ってはならない。ボンヘファーが牢獄の中から送った手紙の中に書き表した、舞台裏から危急を救いに飛び出す神（Deus ex machina）の否定や、非宗教化された世界という観念は、実に福音信仰の徹底が、世界を宗教的に取り扱うことの拒否であり、近代のもっている世界に対しての合理的な態度こそ、その世界の非宗教化の故に、福音信仰者の歓迎しなければならないものである、という事情を物語っている[27]。

しかし、世界に対して——私なりの表現が許されるならば——、非宗教的・合理的な態度を取ることは、世界に対して合理主義的な態度を取ることとは違う。合理主義という表現によって、元来合理的な態度を取ることが無理であるような現実に対しても、合理的な態度で終始しようとする傾向を、私は指したいのである。このような合理主義こそ、主観－客観の構造の及ぶことのできない範囲に対してまで、それを及ぼそうとする態度なのである。

　世界に対する人間の態度が主観－客観の構造を乗り越えて、それを内に含みつつ、ありのままの世界に人間が密着し、歴史創作の情熱の中で人間が自分自身の根底にある神秘に目覚め、しかも、その神秘が世界との深いかかわりの中にあるという事情に目覚める時に、主観－客観の構造は真に克服されるのである。この場合人間は、自分が神秘を湛えた世界（歴史及び自然）との繋がりの中に存在することを承認し、歴史創作の情熱の中で新しいものを創りあげるためにその現実を使用して行く。しかもそれは、創作の情熱でわれを忘れるような使用の仕方である。自然を機械主義的に取り扱うあの技術的な理性が、創作の情熱に支えられていない時に取る、神経質にも距離をおいて身を退けた、世界に対する主観－客観の構造による使用ではない。

　ゴーガルテンが、世界の中にあって人間は神の子であることを自覚し、委託された世界支配を実現しなければならないと言いながらも、同時に、人間と世界との繋がりの中に存在する深い神秘を認め、合理主義的な精神によっても解明できない世界との繋がりの神秘を認めたゲーテへの共感を表明しているのは[28]、主観－客観の構造の克服を問題にしたゴーガルテンとして当然のことであろう。現代人が自分を包む神秘への感覚を喪失しているのは、ゴーガルテンによれば、主観－客観の構造からきている[29]。ただ残念なことには、ゴーガルテンは、そのような人間を包む神秘――われわれはここでガブリエル・マルセルの神秘の観念を想起しなければならない――と、歴史創作に当たっての人間の決断との関係を明瞭にしなかった。これに関する正しい理解は、前にキルケゴールの思想を借用しながら私が述べたように、人間における魂の次元と身体の次元とのキルケゴール的な考察に倣うのが本当であろう。相反しつつも、しかも、深い相互影響の下にあるものとして、両者の関係は理解されなければならないであろう。

　さて、人間と世界との繋がりの中に、主観－客観の構造を超えたもう一つの世界との繋がりが存在するという事実、またそこには神秘の体験が存在するという事実を理解することは、ブルトマン後の神学者たち（Post-Bultmannians）と呼ばれている人々の発言の神学的な動機を理解することにもなろう。彼らがブルトマンを超えて行こうとしている主要な問題点については後で述べるつもりであるが、その動機になっているのは、史的イエスとの出会いの生のままの体験の追求である。それは、人間と世界との関係が生《なま》のままの神秘を湛えた体験としてとらえられることと、実は類似している。しかし、このことについてはもっと後に述べることにしよう。

ゴーガルテンやボンヘファーが考えた、人間の世界に対する態度を、史的イエスに対する人間の態度に類似するものとして考えてみよう。そうすれば、イエスとの終末論的な、実存史的な関係への沈潜が、イエスとの世界史的な関係を、真に世俗の問題として――宗教的にではなく世俗的に――取り扱うようにさせるという事情が明らかになってくる。イエスの出来事を通してわれわれに語りかけてくる神の終末論的な言葉は、われわれが、一切の自分の力――理性・感情・保証獲得への追求――を排除して、ひたすら神の言葉へ信頼して冒険的決断に生きることを要求している。このことは、イエスの出来事に関する世界史的研究の中に、宗教的な要素が存在することへの徹底的に拒否することを意味する。イエスに関する世界史的研究は、徹底的に世俗的に、すなわち、実証的・科学的になされなければならないのであって、この次元での宗教的、あるいは、信仰的歴史研究というようなものは存在しない。もしもそのようなものを考えるならば、それは偶像崇拝である。

それに、イエスに関する世界史的研究だけは、他の世俗の出来事と違って、信仰的になされなければならないと言うならば、それは、キリスト教の教理上の仮現説（docetism）と全く同じことではないであろうか。これは、受肉の事実の否定以外の何ものでもない。イエスの出来事が、真に人間の出来事であったと言うならば、明らかに、それは世俗の出来事であったのだ。そうであるならば、世俗の出来事を研究するのと同じ方法論が、史的イエスに対しても適用されるのが当然である。

イエスとの世界史的なかかわり合いを、宗教的に粉飾した典型的な例が、近代主義的なイエス伝の研究史であった。そこでは、科学的・客観的な方法論が一応採用されていながら、実は、主観的な宗教感情が、自分に都合の良いようなイエス像を形成した。様式批評の立場から、このような近代主義的キリスト教のイエス伝研究に反対して、ブルトマンが、イエス伝は書くことができないものであると主張したことの中には、近代主義のもっていた主観主義、宗教的な（世俗的でない）歴史研究への反抗があった[30]。もちろん、このブルトマンの反抗は、正統主義的なイエスについての理解にも当てはまる。ブルトマンが、原始教会の使信の背後に遡って、そこに実在するイエスの生涯、及び人格についての歴史的研究をしようとする試みに消極的であったのは、以上のような近代主義的神学の行ったイエス伝研究への反抗があったからだと理解されなければならないであろう。

ブルトマンがその神学的活動の初期に書いた『イエス』は、注目されなければならない書物である。その中には、確かに次のような言葉が書かれている。「イエスの生涯と人格とについて、われわれはもはや、ほとんど何も知ることができない、と私は思う。なぜなら初代のキリスト教的資料は、そのどちらにも興味を示していないからである。そして、さらに、断片的であって、しばしば伝説的でもある。また、イエスについての他の資料は存在しないのだから[31]」。「イエスが真実に存在していたのかという疑問はもちろん根拠のないものであって、論破する価値もない。最初の明瞭な段階が、最古のパレスチナの集団によって代表されているあの歴史的な運動の背後に、イエスがその創始者として立っていることは、あまりにも明らかである。しかし、その集団が、イエスとその使信の、客観的に真実な像をどれほどまでに保存したか、ということになると別問題である。確かに、イエスの人格に興味をもっている人々にとっては、この事情は失望を与えるものであり、破壊的である。しかし、われわれの目的のためには、それは、少しも本質的な意味をもっていない[32]」。これらの言葉によれば、ブルトマンは、使信の背後にある実在のイエスについての探求を、不可能であるとしている。しかも、そのことはわれわれの目的である神の言葉としてのイエス、すなわち、われわれに語りかける神の赦しの言葉を象徴するものとしての使信の中に保存されているイエスの画像――後に述べるが、ティリヒによるキリストとしてのイエスの画像（the picture of Jesus as the Christ）という表現に注意しよう――をわれわれが保持するのに、少しも妨げにならないものと考えられている。ブルトマンは、使信の背後にイエスが実在することを疑ってはいないけれども、その実在のイエスと使信に現れているキリストとしてのイエスの画像との間に、少しも積極的な関係を見出していない。前述したように、これはもちろん、近代主義的なイエス伝研究への反動なのであるが。

ブルトマン後の神学者たちの活動とともに、ブルトマン自身が史的イエスへの関心をもう一度もち始めたと言われたが、しかし、ブルトマンはその関係を、以前からの自分の立場を完全に変えてしまうほどには積極的に認めていなかった、と思われる[33]。

このように、史的イエスの伝記的回復に対してあまり興味を示さない事情は、実を言うとブルトマンに限ったことではない。彼と一緒に弁証法的神学の運動を始めたバルトにも共通している事情なのである。バルトによれば神学は、イエスの人格や生涯についてどれほど知ったところで、そこから益を得ることはない。さらに、仮に史的イエスの生涯や人格をわれわれが知ることができたとしても、イエスは、われわれの想像するほどに宗教的な深い印象を与える人物とは違うであろう、とバルトは主張する。バルトにとっては、史的イエスは、神の啓示ではなく、むしろ、神の隠蔽なのである[34]。

このような発言をしたバルトが、その著書『神の人間性[35]』以来、それまでに行ってきた絶対他者（Ganz Andere）としての超越的な神の強調が一方的であったことを認め、それは最後的なものではなかったと告白している。(36)彼はこの著書を通して、神はイエス・キリストによって、「人間性をご自分の神性の中に所有されている」存在である、と言っている。(37)このようなバルトの主張が、どのような仕方で史的イエスへのこれまでの彼の態度を修正させていったかは、われわれの興味をそそる問題であるが、今はそれには触れない。とにかく、バルトやブルトマンの傾向が、近代主義的な歴史主義に立ったイエス伝研究への反動であったことは前にも述べたが、ブルトマンを弁証法的神学の陣営を築きあげてきた一人として理解するならば、その発言の神学史的な背景が理解されるであろう。

しかし、このブルトマンの立場を、主観主義と呼ぶことはできないであろう。なぜなら、使信との対話の中での実存論的自己理解を、彼はキリスト者の実存の根拠としたからである。そこには明瞭に、主観-客観の対立の超克がある。それ故に、ブルトマンが、フリッツ・ブーリ（Fritz Buri）の実存主義神学に賛成できなかった事情は、容易に理解できる。ブーリによれば、ブルトマンの非神話化論は不徹底であった。なぜならば、ブルトマンは、その神学の中に、使信を保存していたからである。その使信によって、ブルトマンは、神の行為を人間的・此岸的・内在的に語っているのであるから、未だ非神話化されていないものがブルトマンの神学には見られる。ブーリは、非神話化論の徹底は、当然彼自身の立場である非ケリュグマ化（Entkerygmatisierung）に進まなければならない、と主張する。(38)このようにして、ブーリの立場は、実存主義者、ヤスパースの哲学にきわめて接近した様相の神学となった。そこにはブルトマンに見られるような、キリストとしてのイエスの出来事を通して、人間と神とが対話の関係に入るところの、あの主観-客観の対立の超克はない。ブルトマンの非神話化論の隠された本来の意図は、この主観-客観の対立の超克にあると私は思うのであって、その意味では、ジョン・マッコーリーの言うように、ブルトマンにおける非神話化論の制限（limit）を語ってもよいであろう。(39)

ブルトマンの立場が以上のようなものであることが理解された今、われわれは、いわゆる「ブルトマン後の人々」の発言について考えなければならないであろう。もちろん本書でのわれわれの興味は組織神学的な角度からのものであるが故に、これらの個々の神学者が、新約聖書の釈義を通して、史的イエスを具体的にどのように理解しているかについての詳細にわたった叙述は避けることにしよう。むしろ、ここでの私の目的は、彼らの発言の土台をなしている基本的な前提を、組織神学的に明瞭にすることにある。彼らは、ブルトマンの実存論的なキリスト教の理解をもちろん否定しはしなかった。むしろ、それを徹底させることによって、使信の背後にある実在のイエスに接近しようとした。その接近の仕方は、ブルトマンも否定した近代主義神学の行った仕方ではない。彼らも、近代主義神学的なイエス伝研究が不可能であることを、また、無意味でもあることを知っていた。

それでは、彼らはブルトマンの立場に対して、どのような反省を行ったのであろうか。彼らの反省としてまず言われ得ることは、ブルトマンの聖書解釈の方法論である様式史研究の方法（Formgeschichtliche Methode）が、ブルトマンが自信をもっていたほどには客観性をもっていなかった、ということであろう。近代主義の歴史主義が主観的にその資料を取り扱ったのに対する反動として、ブルトマン及びマルティン・ディベリウス（Martin Dibelius）の様式史批評が台頭してきた訳であるが、しかし、聖書の記事がどのような様式によって保存されてきたかという事柄の探求は、ともすれば同じように主観的なものとなることを免かれ得ないと考えられる。そのような方法論を通して、史的イエスの生涯や人格がどのようなものであったかを探求するのは不可能である、とブルトマンやディベリウスが言い切った裏には、史的イエスの探求が始めから不可能であるとの予想を暗に前提としていなかったか。もしもそうであったとしたら、これは歴史研究上の敗北主義ではないのか。このような反省が恐らく、ブルトマン後の人々の台頭の一つの大きな理由であったであろう[40]。ブルトマンをこのような角度から批判するのは、「ブルトマン後の人々」と言われているブルトマンの直接の影響下にあった人々ばかりではなかった。ジョン・ベイリーもその一人であったが、彼も指摘するように[41]、原始教会の信者たちは、自分たちの信じたイエスが行われたこと、言われたことを、使信を伝えるという様式を離れて、ある程度ではあろうが、彼が行われ、また、言われたが故に単純に興味をもったと考えても、決して不当ではないであろう。第二に、なされなければならないもう一つの反省は、もしも史的イエスに関する知識を無視して、われわれが、使信において語られているキリストだけを問題にするならば、何故あのイエスという特定の史的人物についてだけ、キリストという角度から考えたのであろうかという点である。何故に他の人物であってはならなかったのか、という神学的な疑問が当然起こってくるであろう[42]。

恐らく以上のような理由が背景となって、ブルトマン後の神学者たちは、もう一度、使信を超えて史的イエスの探求に乗り出したと考えて差し支えないであろう。

それでは、これらの神学者たちが具体的に行ったのは、どのような事柄であったか。前にも少しく触れたが、これは、人間と世界との関係におけるあの主観‐客観の構造の克服が、神秘の体験を可能にするという事情に属するのである。歴史認識の次元での主観‐客観の構造に対する実存的な克服が、かえってそこに、イエスとの出会いの中にある神秘を素直に承認させるのである、と言っても差し支えないであろう。これは、近代主義的な歴史研究が、イエスの生涯と人格の中に発見したと考えたあの宗教的な神秘――実は彼らの主観的な、宗教的・神秘主義的な感情を、イエスに読み込んだものに過ぎなかったのだが――とは異なる。そのようなものではなく、徹底的に世俗的・科学的な歴史研究を行い、しかもそれを乗り越えて、史的イエスとの出会いを体験したところに、史的イエスとの出会いの生《なま》の体験の中で、神秘がもう一度認識されてきたと言わなければならないであろう。これは、ブルトマンの方法論の徹底であるに過ぎない。

少し違った角度からこの事情を説明してみよう。近代主義の歴史研究によるイエスは、その史的イエスを探求する神学者の主観によって読み込まれたイエス像であるが故に、主観と断絶せずにそれに包み込まれたものであった。ところが、ブルトマン後の神学者たちの出会う史的イエスは、既に一度、主観との断絶を体験したものである。そこには不信者も首肯する冷厳な科学的な歴史研究の方法論が徹底的に採用されている。しかも、この科学的な方法論が徹底的に採用された背後には、その徹底性をとことんまで突き進めさせた史的イエスとのあの実存的な関係が立っているのである。終末論的な史的イエスとの関係が深まれば深まるほど、われわれは、この世の一切――歴史上の出来事も含めて――に実存の根拠を置こうとする誘惑から自由にされるが故に、冷厳な歴史研究に徹底することができる。ここには断絶のままの状態を保った二つの次元が、相互に影響する事情が見事に浮き彫りにされている。そして、歴史研究の冷厳な科学的方法論が徹底したところで、神秘が生まれてきたのである。*

＊　今までは明確にしてこなかったが、私は神秘と神秘主義とを区別して用いてきた。神秘という言葉によって私は、人間が自分の実存の根底にもつ世界との神秘を湛えた結合を表現してきた。そして、その神秘と人間の精神との関係は、キルケゴールが魂と身体とについて言ったように、断絶しつつも相互に影響するものとしてとらえられたのである。神秘主義という言葉によって私が表現してきたものは、神と人間とが本質的には一つであるというような傾向の思索である。この辺りの議論においても、私は、この二つの言葉を内容的に以上のように区別して用いてきた。さらに、史的イエスとの出会いの生の体験について私が言ったこと、すなわち、史的イエスとの終末論的な実存的関係が深まれば深まるほど、科学的方法が冷厳に徹底され、しかもそこから、神秘の承認が生まれてくるという私の意見と同じことを、小田垣雅也氏は、ブルトマンの実存論的キリスト論に対照させて、ブルトマン後の人々のキリスト論を、実存的キリスト論と表現している。これは大変に興味深い区別であり、着眼も正しいものと思うが、しかし、小田垣氏の論文においては、今私が論じたような、終末論的な仕方で

の実存的な史的イエスとの関係と科学的な歴史的方法との関係、及び相互影響が反省されていない[43]。すなわち、科学的方法論で史的イエスを研究する場合には、信仰者と不信仰者との間に、話し合いの可能性が存在するのである。一応、それは次元的に信仰から独立した分野なのである。もちろん、その上で、終末論的に実存的な史的イエスとの出会いと、深い相互影響の関係をもっているのではあるが。

ケーゼマン（Ernst Käsemann）、フックス（Ernst Fuchs）、ボルンカム（Günther Bornkamm）、コンツェルマン（Hans Conzelmann）等のブルトマン後の人々が、一人一人の探求の仕方には微妙な差異が存在してはいても、共通して追い求めているものは、近代主義神学や正統主義神学の行ったイエス伝研究の踏襲ではなく、また、ブルトマンとも違って、ブルトマンが主張した使信の中におけるキリストの出来事との出会いを通して起こる実存的な事態を、使信の背後にある実在のイエスにまで遡らせることであった。「もしも使信との出会いがイエスの意味との出会いであるならば、その時にはイエスとの出会いは、使信の意味との出会いでなければならない[44]」。もう少し具体的に表現すれば、イエスの世界史的探求の中で、イエスの画像（Gestalt）と行為（Wirken）を探求するのである[45]。なぜならば、イエスの画像と行為こそ、私の現実にとって、実存せよという命令だからである。英国におけるブルトマン後の神学者の一人であるマッコーリーが、このような実在のイエスについての探求の必然性について述べているところを聞こう。「（イエスの実在について）われわれが推測するのを必要とする最小限のものとは何であろうか。かつて歴史の中に、使信が宣教する実存の可能性を示したような、ある人物が存在したことだけである。もちろん、それ以上のことを、われわれは信じてもよい。しかしそれだけが、厳密には必要なものである。これがないならば、使信において宣教されている実存の可能性が、真実の可能性であること、また、それが単に道徳的な、あるいは、心理的な幻想ではないことが、確かではなくなってくる[46]」。それ故に、ブルトマン後の人々は、「福音書の使信の中に歴史を求め、また、この歴史の中に使信を求める」のである[47]。すなわち、福音書の神話的な物語の中に展開されている、また、使徒たちの手紙の中に表現されているキリストの画像と、その背後の史的イエスの画像とが、実は連続的であることを主張して史的イエスにまで遡ったのであるが、その場合の連続的なものとは、具体的に何なのであろうか。史的イエスが他者への愛のためには何ものをも棄てて顧みなかったあの愛、そして、遂に十字架の死にまで彼を追いやったあの愛が、実は、使信の中においては、キリストの十字架の死と復活という形で、史的イエスの生涯・人格・説教と質的には異ならない仕方で展開されているのである。これこそが両者の質的なブルトマン、及びブルトマン後の人々が問題にしているような、使信のキリストとその背後にある史的イエスとの関係は、実を言うと、キルケゴールが問題にしたものでもあった。キルケゴールが問題にした事柄を現代の神学者たちは発展させ、その周りを旋回しながら論議していると言っても差し支えないのである。

キルケゴールは、イエスとほぼ二千年の距離をおいて立っているわれわれが、真実の意味でイエスとの同時性をもち得ることを主張したのであるが、彼の言う同時性とは、実際にわれわれがこの肉眼をもって史的イエスを見るという意味での同時性ではなく、むしろ、使信のキリストをわれわれが現在本当に理解するということなのである。例えば、キルケゴールは次のように言っている。「もしも、イエスと同時代の人々が、後世のために、次の言葉の外に何も残して行かなかったとしたら、どうであろうか。『われわれは信じているが、かくかくの年に、神は卑しい僕の姿を取ってわれわれの間に現れて下さった。彼はわれわれの集団の中で生活し、また、教えられたが、遂には死んでしまった』。実は、これだけ残していってくれれば、十分過ぎるほどなのである[48]」。

キルケゴールの提出したこの質問、キリスト教の信仰が成立するためには最小限で、どの程度まで史的イエスについて知らなければならないかという質問は、ティリヒによっても提出されている。『歴史解釈』の中の自伝的な文章「境界に

連続性である。もちろん、今引用したマッコーリーの言葉の中に表現されている事柄、すなわち、使信によって宣教されている実存の可能性が真実の可能性であることを、史的イエスがわれわれに示してくれているとの発言は、もう少し丁寧な仕方で反省的に表現される必要があるが。なぜかというと、史的イエスのような存在として生きる可能性は、確かに誰にでも存在するけれども、いつでもそれはラインホルド・ニーバーの言ったように、不可能な可能性だからである。したがって、これを可能性と言うよりは、むしろ、命令という方を私は好むのである。

ブルトマンの立場には、近代主義神学への反動から、イエスを世界史の次元で、使信を実存史の次元で、取り扱おうとする二分的な傾向が存在した。ところが、ブルトマン後の人々は、イエスという、使信の背後に立つ歴史的実在において、実存史と世界史との相互影響的な、既に説明したあの主観－客観の構造を超克した歴史体験を、一つの統一体として体験しようとしているのである。もちろん、既に説明した実存史と世界史との関係において明らかなように、イエスにおけるこの統一された歴史体験は、実存史に徹底すればするほど、世界史からは宗教的要素を追求する傾向を徹底的に排除する仕方で、相互影響する両次元の統一体であり、それであるからこそ、この史的イエスとの出会いの中に、本当の神秘の承認が存在したのであるが。

立って」において、ティリヒは、彼が二十五歳の時に神学を勉強する友人たちに次のような疑問を提出したことを述べている。史的イエスの存在しなかったことが、強度の歴史的蓋然性をもつようになった場合、キリスト教の教理はどのように理解されなければならないであろうか。どうもティリヒは死に至るまで、この疑問との対話を保持しながら思索していたように思える。例えば、ティリヒが日本に来訪した時も、この疑問を人々に提出したことをわれわれは知っている。[49] しかし、ティリヒが、史的イエスと使信のキリストとの関係を皆無としたとするのは誤解であるように思う。[50]

ティリヒが、信仰にとっては、福音書に表されているキリストとしてのイエスの画像（the picture of Jesus as the Christ）に類比的な歴史的存在が、いつかどこかに世界史的に存在したことを信じればよいと考えている時に、[51] 彼も使信の背後に、そのような実在が存在したことを信じることが、信仰にとって不可欠であることを主張しているのである。彼が、使信の中のキリストとしてのイエスの画像と、その背後に立つ存在者との間に、類比がなければならないと言う以上は、彼はブルトマンよりも、もっとブルトマン後の人々に近い。だが、福音書の中のキリストとしてのイエスの画像と類比の関係にある存在者が、世界史的に言って、ナザレのイエスその人であるかどうかは、終末論的な実存史のみに集中する組織神学者の発言というよりは、聖書の中での終末論的な実存史と、世界史との統一体験を問題にすることによって組織神学への道備えをする聖書神学者の発言でなければならないだろう。

もちろん、現在はブルトマンやブルトマン後の人々の努力によって、聖書神学と組織神学とが非常に接近し、また、協力している事態にあることを、私は知らない訳ではない。むしろ、これこそ実存論的神学の誇ることのできる一つの特徴であると考えている。しかし、現在の教会の宣教に奉仕するために、現代世界のいろいろな問題と折衝しなければならない組織神学は、やはり、終末論的な角度から見られた実存史のみをその課題とするという、それ自体の領域設定を明確にしなければならない。この点で、多くの批判をもちながらではあるけれども、実存論的神学は、ティリヒの組織神学から学ばなければならない。

さて、もう一度、ブルトマン後の人々の問題としている史的イエスにおける実存史と世界史との関係に関する論議に帰ってゆこう。このような議論を続けてきた私の意図が、組織神学を専攻する者の一人として、現代の聖書神学の労苦に協力し、できることならば、組織神学のキリスト論と聖書神学との間の境界で、組織神学者として何を言い得るか、を考えてみよう――それをこの章の主題である「神学における主観‐客観の構造の超克」の中で行おう――ということであった。では組織神学者として、イエスにおいてこの実存史と世界史とを結びつけるものを、何であると考えたらよいであろうか。それは、ゴーガルテンの言葉を用いるならば、イエスの服従(Gehorsam)である。[52] 世界史的にイエスを探求し、イエスがどのように父なる神に服従したかを明らかにするならば、それは同時に、イエスの生涯という人間の出来事が、神に全く用いられた実存史的な神の出来事であることを、われわれに明瞭にする。罪の赦しを語りかけ、また愛に生きよとの命令である神の出来事と、世界史的なイエスの人間の出来事とが、一つの出来事であることこそ、実存論的なキリスト論であり、神人二性の一人格という古典的キリスト論の実存論的解釈であるが、イエスにおける神の出来事と人間の出来事とが一つの出来事であることの告白を、われわれから引き出す契機となるものは、人間としてのイエスの神への服従である。

主観-客観の構造をもつ近代主義及び正統主義のイエス研究に対する拒否から始まった、ブルトマンの実存論的な解釈の試みは、当然ブルトマン後の人々の辿っている方向に行かなければならない。それは、ケリュグマのキリストと歴史のイエスとの間の質的連続性に関する、イエスの服従を通しての探求であり、生《なま》の温いイエスとの出会いの体験でなければならない。また、聖書神学のその方向こそ、組織神学のキリスト論の立場から見て、もっとも実り多いものである。[53]

第五章　キリストとしてのイエスの出来事

1　徹底的終末論と非神話化論の組織神学方法論

われわれは前章において、主観－客観の構造の克服という課題を取りあげた。特にその課題を、ブルトマン後の神学者たちが史的イエスをどのように考えているかとの関連を中心としながら取りあげてみたのである。史的イエスについてのわれわれの態度決定がなされた今は、われわれの思索は、教会の使信の中に見られる史的イエスについての解釈である、キリスト論及び贖罪論へと向けられるのが当然であろう。

キリスト教の使信の実存論的な解釈においては、後で明瞭になるように、キリスト論と贖罪論との両者が、切り離すことのできない仕方で有機的な統一を形成している。したがって、私もこの章で両者を取り扱うに当たり、有機的な関係を尊重しながら向き合ってみよう。

今までにわれわれはキリスト教の実存論的解釈を、いろいろな面から組織神学的な角度で取りあげてきた。しかし、組織神学が聖書神学に究極的には依存しているという事情から見て当然のことであるが、キリスト論及び贖罪論、すなわちキリストとしてのイエスの出来事を実存論的に解明するに当たっても、聖書釈義との関係をまず明瞭にしておくことが必要であろう。特に、ブルトマンの聖書の具体的な釈義とその方法論とを、この章の主題と関係のある限り取りあげてみたい。今までももちろん、聖書の実存論的解釈について論じてきたし、また、ブルトマンについてもたびたび触れたのであるが、それは直接にブルトマンの実存論的な聖書の具体的な釈義とその方法論を問題にしてきたというよりは、組織神学にそれが及ぼした影響の側から逆にブルトマンの釈義及び方法論について考えてきたと言うことができる。今、聖書の中心であるキリストとしてのイエスの出来事を論じるに当たって、ここでブルトマンの非神話化論の内容そのものを具体的に取りあげておくことが便宜であろう。

ブルトマンの聖書釈義及びその方法論の具体相を明らかにするために、私はここに、スイスのベルン大学の神学者マルティン・ヴェルナー（Martin Werner）の原始及び初代キリスト教史についての研究を取りあげて、それとの対照でブルトマンの立場を明瞭にするという試みを行ってみよう。このことによって、ブルトマンの聖書の釈義及びその方法論の具体相を明らかにするばかりでなく、ブルトマンとは違ったものであり、今日の神学界に著名な非終末論化（Ent-eschatologisierung）という解釈上の方法論をも、この機会に明らかにすることができると考えるからである。

最初に、ヴェルナーが原始キリスト教の使信に関して、具体的にどのような発言をしているかを知る必要があろう。

ヴェルナーは、シュヴァイツァー的な徹底的終末論（die konsequente Eschatologie）の立場から初代教会のキリスト論形成の過程を検討しようとする。[1] 彼によれば、史的イエスはご自分を後期ユダヤ教的な神話的終末の思想に見られるところの「人の子」と同一視した。史的イエスはその地上の生涯の間は、ご自分の「人の子」性を隠していたのであるが、十字架の死の後、復活し、もう一度雲に乗って来臨し、神の国をこの地上にもち来らす「人の子」として復帰すると期待しつつ死なれたというのである。パウロを含む原始教会の使徒及び信者たちは、その事件が、彼らの生涯の中に起こるであろうと待望していた、とヴェルナーは主張する。さらに、彼によれば、「人の子」はもちろん神ではなく、人間以上の天使的存在であって、原始キリスト教会は、キリストを神とは絶対に告白しなかった。それでは、このような天使的キリスト論がいかにして初代教会のキリスト論、特に、カルケドン的な、神人二性の一人格であるというキリストについての告白をもちきたらしたのであろうか。ヴェルナーはこの導因を原始教会がその終末の期待を裏切られたことにあるとし、初代教会は原始教会の終末論的な使信を非終末論化しない訳にはいかなくなったからであるとしている。ヴェルナーによれば、初代教会は、ギリシア的神秘主義を通し、キリストの事件を非終末論化して理解するようになったのであるが、その非終末論化の基準となったものは何であるかというと、ギリシア神秘主義的な物質の神化ということである。例えば、復活の生命は、原始的使信においては、現実のわれわれの肉体の神化ではなく、全く超自然的なものであったが、初代教会においては非終末論化されて、われわれの現実の肉体が神化されるところの、それとの連続の関係にある永遠の生命として理解されるようになったとの主張がなされ、[2] そこに初代教会キリスト論発生の根拠をみている。すなわち、キリストの人性が神性と結合することにより、人性の神化がなされ、この神化されたキリストの人性に礼典を通して参与することによって、信者はその人性を神化されるものと考えられ、ここに救いがあると主張されるに至った、とヴェルナーは考えている。

さて、このようなヴェルナーの考え方によるならば、アタナシウスとアリウスとの論争においてアタナシウスが勝利を収めたのは、教会の歴史的感覚が麻痺していたからである。原始教会によれば、イエスはむしろアリウスの考えたように、神と同一ではない、ある天使的存在として考えられていたからであって、ヴェルナーによれば、キリスト論についての理解において正しかったのはアリウスであった。ところが、アタナシウスが主張したキリストを神の受肉とみる考えの方が、その当時発達しつつあったキリストの神秘的身体としての教会の観念に都合がよかったが故に、アタナシウスが勝利を得た、とヴェルナーは考えているのである(3)。

以上が、原始及び初代教会によるキリスト論の発展に関するヴェルナーの考察であるが、私は、そのような考察が科学的な歴史研究の分野において果たして正しい結論を提供しているものであるかどうかを検討する興味を主にして、ヴェルナーのこの所論を紹介したのではない。私の興味は、科学的な歴史研究の分野でこのような発言をヴェルナーがした時に、彼の発言の根拠になっている非終末論化という方法論が具体的にどのようなものであるかを明らかにすることである。

ヴェルナーのこのような歴史研究が、仮に原始教会がイエスを天使的存在の地上に降下したものと見なしていた点で正しかったと仮定してみよう。その上での話であるが、初代教会におけるキリスト論の発展は、ヴェルナーの言うように、期待していた終末がこないという、裏切られた人々の感情を神学的に和解せしめようとの、いわば、期待を裏切られたという困惑の解決として、発展したものとすべきであろうか。または、(確かにヴェルナーの言う通りに、厳密な科学的・歴史的研究によるならば、原始教会のイエスについての考え方が、終末に現れる天使的存在としてのイエスであったとしても、)その天使的存在への信仰が初代教会のキリスト論に発展するに至ったのは、そこにヴェルナーが見逃した深い実存論的な理由、すなわち、組織神学的な理由があったと考えるべきではないのか。それをあの当時のギリシア的な思想をもって表現しない訳にはいかなかったが故に、キリスト論的な発展があったと理解すべきではないのか。言い換えるならば、初代教会におけるキリスト論の成立の中に、単に純粋に科学的・歴史的研究の分野とは異なった神学的理由を見ることができる、と私は考えている。ヴェルナーが見落としたものがあるとすれば、それは実は、あの当時の人々が、キリスト信仰を理解するには不十分な思想的道具であった、そのギリシア的な、また、神秘主義的な思想形式をもって表現しようとした実存論的な神学的真理ではなかったであろうか。ここに、非終末論化というヴェルナーの方法論が、その限界を露呈しているように思われる。教会のキリスト論の発展過程に実存論的な、神学的な理由を認めないために、ヴェルナーは、非終末論化という方法を通して、自分の主観的な哲学思想によるキリスト教の解釈にとどまってしまっている。われわれが前章において考察した史的イエスとの関係に、主観－客観の構造を乗り越えた実存的な関係に彼は入っていない。

2　非神話化のゆくえ

確かにヴェルナーの言うように、初代キリスト教はギリシア的な、また、神秘主義的な思考形式の影響下にそのキリスト論を形成したでもあろう。しかし、ブルトマンたちの主張するように、歴史の理解は常にその歴史を理解しようとする主体とのかかわり合いにおいてなされるのであって、いわゆる純粋に客観的な歴史理解は存在しないのである。近代主義神学の歴史主義が、歴史的事実の理解に際して主観－客観の構造しかもっていなかったために、客観性への忠実という名目を掲げながら、実際には、主観的な歴史理解でしかなかった事情をわれわれは見てきた。歴史を理解するためには、主観－客観の構図を内に含んで、しかもそれを乗り越えた歴史との実存的なかかわり合いがどうしても必要なのであり、既に前の章で検討したところであるが、この両者の関係を次元的な断絶においてとらえ、しかも、両者が相互に影響するという状態で把握することが正しい。ブルトマンは、次元的な区別と相互影響というこの関係について必ずしも明瞭な発言をしていないが、しかし、実質的には、それと同じ歴史理解をしているのであって、この点ブルトマンの主張を高く評価したいと思う[4]。ヴェルナーも近代主義神学のもつ主観酌な歴史主義を脱却していないと私は思うが、ヴェルナーのキリスト教理解は非終末論化されたものとして、シュヴァイツァーの倫理的神秘主義に近いもののようである。したがって、徹底的終末論の天使的キリスト論が、何故ギリシア的また神秘主義的思考形式の力を借りてまで、あのようなカルケドン的キリスト論に発展せざるを得なかったのか、その内在的（教会的）理由に対して彼は始めから同情的でないかの感を与える。

シュヴァイツァー及びヴェルナーと同じように、ブルトマンも原始教会の使信が徹底的に終末論的であったと考えているのであるが、シュヴァイツァーの倫理的神秘主義とは異なって、ハイデガーの哲学の影響の下に、実存論的な解釈学的方法論である非神話化を提唱している訳である。ヴェルナーが、一応史的イエスに冒険的に肉薄し、それを科学的・歴史的に解明した上で、初代教会がそれを非終末論化した過程をわれわれは現代においても継承すべきものであると考えている。それに対して、ブルトマンは、むしろ史的イエスの真相追究と言うよりは、原始教会の使信に現れているイエスについての信仰の告白を取りあげ、聖書自体の中に内在しているものの実存論的解釈であると彼が信ずる非神話化を、さらに現代においても続けて行こうとしている。

ところで、ブルトマンやヴェルナーによれば、非終末論化も非神話化もともに、聖書の中で既に行われていたのである。それらは、現代人のわれわれが行っているようには明確な方法論として意識されたものではなかった。だが、無意識のうちにではあろうが、例えば旧約聖書の神話が、当時の教会の宣教の立場から都合良く非神話化されている。そのような考慮の上で、自分たちの立場である非終末論化や非神話化は、聖書が行っていることの継続に過ぎないと主張して、これらの神学者は自らの立場の正当性を主張している。私の見るところでは、非神話化と非終末論化のうち、どちらが聖書釈義の方法論として正しいかを、客観的に判定する基準は存在しないであろう。聖書釈義をして行くことそれ自体の中で、どちらの方法論による釈義が主観的であり、聖書の中に存在していないものを、その方法論を通して読み込んだことになるかが明瞭になってゆくのである。私は、ヴェルナーの非終末論化の方が主観的であると考えているが、それは次の理由からである。

ブルトマンの、原始教会の終末論的使信を非神話化によって実存論的に解釈する立場は、原始教会の終末の神話をもって表現されているイエスへの信仰告白を、信仰告白的に――すなわち、われわれの実存の究極の問題として――現代においても生かそうとする試みであり、そこではその終末の神話は棄てさられたのではなく、解釈されているのである。このようなブルトマンの立場がどのような仕方でヴェルナーの立場とは異なるかを、もう少し具体的に表現してみると、次のようになる。ブルトマンはイエスにおいて、現代人にとって終末的な――つまり、究極的・実存論的な――事件が起こったと考えるのだが、ヴェルナーはそのようには考えないで、イエス並びに原始教会の終末論は、現代人には基本的には無関係なものだとする。つまり、新約聖書に見られる間近な終末への期待は、現代人の実存には関係のない過去の世界観に属するものとして取り扱う。すなわち、非終末論化は終末論の棄却であるが、非神話化論は終末論の解釈である。この両者のうち、どちらが聖書を忠実に生かそうと努力しているのかは、これ以上の論議をする必要もなく明らかであろう。

それ故に、ヴェルナーの立場は近代主義の踏襲であると私が考えるのも、不思議ではないであろう。ところで、原始教会のキリストについての信仰告白にとどまり、その背後に立つ史的イエスが具体的にどのような存在であったかという点についての探求に、むしろ冷淡であるかのようなブルトマンの立場が、聖書批評学的には様式史研究の方法（formgeschichtliche Methode）と呼ばれていることは前に述べた。その様式史研究に対してヴェルナーは、その方法論を採用する学者たちが、原始教会の使信の奥にあるイエスの史的真実の探求をまるで諦めてしまっていることに不満を露わにして、むしろ使信の背後の史的イエスに迫るべきであるとする。ヴェルナーには、様式史研究の人々がそのような冒険的試みに対して冷淡であるとしか思えないのである。[5]

既にブルトマンとブルトマン後の神学者たちとの相違について探求したわれわれは、ヴェルナーのこの批判が、必ずしも誤ったものではないことを知っている。この点において、私が（史的イエスの現実に再度迫ろうとしている）ブルトマン後の神学者たちに同情的であることも、読者には既に明らかになったことと思う。しかし、ヴェルナーの史的イエスに対する興味は正しいとしても、ヴェルナーの立場が（イエスを私という実存の向こう側に立つ神の言葉、実存の終末を告げる神の言葉であることを認めない）主観主義的なものであることは前述した通りなのであるから、同じように史的イエスへの興味を示しながらも、ヴェルナーはブルトマン後の神学者たちとも異なっている。

ブルトマン後の神学者たちには、イエスの終末期待を過去の世界観として単に葬り去り、生命の畏敬という誰にでも通用する哲学に生きた一人の人物にイエスを仕立て上げるつもりはない。したがって、ブルトマンとブルトマン後の神学者たちとの間にある相違については承知の上で、しかも、ブルトマンからブルトマン後の神学者たちへの移行を成しとげた実存論的な聖書釈義を正しいと考える時に、実存論的釈義は、原始教会の使信の背後にあるイエスの史的真実に対する探求を妨げるものではない。むしろ聖書の実存論的釈義は、史的イエスに対する純粋に科学的・歴史的研究の次元と、イエスがわれわれにとってどのような意味をもつかという、われわれの実存にとってのイエスの意味の次元と、これら両方の次元に（区別と相互影響を両立させながら）かかわるものであることを主張するのであった。

また、この問題との関連で、私はティリヒの「画像の類比」[6]（analogia imaginis）という観念を紹介した。それは、福音書記者たちの描いたイエスの画像と、その福音書記者にそのような画像を描かせるように印象づけ、影響を与えたところの実際の人物の生との間に、「存在の類比」（analogia entis）と相似な類比関係が存在するということであった。人間が神について語ることができるのは、ティリヒによれば、神と人間との間に存在論的類比が存在するからであり、人間の言葉は神への象徴（symbol）としての役割を果たすのであるが、前に触れたように、象徴はそれが指し示す存在に参与（participate）しているものであるけれども、人間はそれらの象徴を超えて神の存在そのものを把握することはできない。[7] それと同じような類比が、純粋に科学的・歴史的研究によってわれわれに明らかになるであろう史的イエスと、福音書に描かれているイエス像との間に存在するというのが、ティリヒの考えであった。われわれの中に新存在（The New Being）を創り出すという実存論的次元においては、福音書記者たちがイエスにおいて表された新存在の圧倒的な力に促されて書いた福音書のイエス像で十分であって、一応このような実存論的次元――これこそ組織神学の根拠とするものであるが――においては、史的イエスについての科学的な非実存論的知識の集積は役に立たない、とティリヒが考えていたことは、既に理解されたと思う。そこから、既に述べたあのティリヒの大胆な発言、すなわち、イエスという名の人物が実際には存在しなかったと科学的・歴史的研究が断言したとしても、われわれのキリストに対する信仰は崩壊しない。なぜならば、われわれの信仰が要求するものは、福音書に現れたキリストとしてのイエスの画像（The picture of Jesus as the Christ）に類比的な歴史的存在が、いつ・どこにか世界歴史的に存在したことを信じればよいからである、という発言の根拠があった訳である[8]。

以上のようなティリヒの発言も、純粋に科学的・歴史的研究によって史的イエスの真実の像を探ねることが無益であるとか、または、してはならないことであるとかいうことを決して意味するものではない。むしろ、ここで意図されていることは、次の事柄であろう。確かに純粋に科学的・歴史的研究の価値は認められなくてはならないが、それと切り離すことができない仕方で、しかもなお、それから一応区別された次元として、信仰の次元が存在しているこの信仰の次元、つまり、われわれの実存の次元で、イエスが私にとって何を意味するかという角度から、イエスについて考えることもまた、必要であるということなのである。否、その方を組織神学は優先すべきである。

ティリヒのこのような立場に反対して、信仰は元来冒険的なものなのであるから、不確かさをいつもその中に含有しているところの科学的・歴史的研究のもつ、史的イエスについての――例えば、人間イエスが水の上を歩くことがあり得たか、などのような――科学的・歴史的ないろいろの疑惑をも、すべて冒険的に疑いえないものとして肯定してみたらどうであろうかという議論もあり得る。しかし、ティリヒは明瞭に、信仰の冒険と科学的・歴史的事実についての冒険とを区別する。信仰の冒険は、人間存在の究極的関心事に向かっての実存の次元での冒険であって、不確かな科学的・歴史的事実を受け入れるという冒険とは次元を異にする。彼によれば、このような実存の冒険の次元に属するものこそが、イエスをキリストと告白することなのである。

このような意味で「画像の類比」という言葉が使われていることをわれわれが理解するならば、これは、ティリヒが歴史批評に一応煩わされないキリスト信仰を確立しようとしたものであることがわかるであろう。このような議論は、組織神学者であるティリヒとして、当然のことであると私は思うが、しかし、忘れてはならないことは、彼が、使信の描くイエス像の背後に、それに対して画像の類比をもつ歴史的人物を想定していることである。前にも述べたように、この点においてはティリヒは、ブルトマンよりもブルトマン後の神学者たちに近く、自分の立場を置いている。

さて私は、イエス・キリストについての実存論的な理解を論じるに当たって、ヴェルナーの非終末論化とブルトマンの聖書解釈とを対決させることにより論議を始めた訳であるが、それには一つの意図があった。それは、ブルトマンもヴェルナーもともに、終末論との関連でイエス・キリストの出来事を考えているという事実を示したかったということである。ヴェルナーが前述したような非終末論化を提唱したのは、確かに新しい方向を示した研究には違いないが、しかし、彼と大体同じ方向を辿った先駆者がなかった訳ではない。一例をあげれば、アドルフ・フォン・ハルナック（Adolf von Harnack）がその膨大な教理史の中で、ほとんどヴェルナーと同じような結論を出している[9]。終末の期待が裏切られたことが原因となって、原始キリスト教会の中に、ギリシア神秘主義思想の影響を受けつつ、キリスト論が発展してきたとハルナックも主張し、しかも、彼の『キリスト教の本質』に見られるように、終末論をキリスト教の使信に属さないものとして削除した点でも、ヴェルナーと似ている[10]。

もちろん、ここで誤解を避けるために指摘しておかなければならないが、ハルナックとヴェルナーとでは、次の点で決定的に異なっている。ヴェルナーは、次に述べるシュヴァイツァーに従って、イエスご自身の使信も一貫して徹底的に終末論的なものであったと考えているが、ハルナックの場合には、イエスの教えの中に、その当時の徹底的な終末論的発想からきた殻の部分と、それから分離され得る核にあたるイエスに固有の使信とが存在した、と考えられている。後者は、人間個人の魂の中に形成される神の国であり、人間の父なる神への信頼、また、父なる神との霊的一致であった。しかし、ヴェルナーと同じように、原始教会の使信が、徹底的に終末論的であったことをハルナックも認めたのである。すなわち、ハルナックはイエスの使信と原始教会の使信とを区別し、キリスト教の本質をイエスの使信の中に見出した。

ハルナックもその流れに竿さす近代主義神学のイエス伝研究は、歴史の着実な進歩という楽天的な思想の上に立っていたが故に、イエスを進歩的なヒューマニストとして描く場合が多かった。ハルナックもそうであった、と言い得る。ところが、シュヴァイツァーの徹底的に終末論的なイエス像の浮彫りとともに、聖書の中心的な使信が終末論であるということ、そして、原始教会の使信のキリストは、終末論の中の一つの契機として、それとの深い有機的な連関性によって考えられなければならないという事情が、明瞭になってきた。そして、ハルナックの試みのように、原始教会の使信とイエスの使信とを区別できるということも、シュヴァイツァーによれば不可能なことなのであった。

近代神学の父といわれるフリードリヒ・シュライアマハー（Friedrich Schleiermacher）は、宗教の本質を絶対依存の感情に求め、そして、その絶対依存の感情が典型的・根源的にイエスの中に表現されている事実から、彼の独創性豊かな組織神学を形成した。これは、絶対依存の感情という信仰論を中心にした組織神学の試みであった、と言っても差し支えない[11]。また、彼ばかりでなく、アルブレヒト・リッチュルもヘルマンも同じように信仰論を中心にした近代神学の形成者であったと言うことができる。

しかし、シュライアマハー以後の近代神学の潮流にわれわれが疑問を感じる点は、彼らがその神学形成に当たり、キリスト教神学にとっての終末論の中心性を承認しなかったと思われることである。前述したハルナックはその好例であろう。ハルナックは、原始教会の使信での終末論の中心性を承認しながらも、終末論の棄却の上にそのキリスト教の理解――ハルナックはそれをイエスの使信と同一視した訳だが――を組み立てたが、彼もシュライアマハーと同じく信仰論から出発したのであった。シュライアマハーの絶対依存の感情が、ハルナックの場合には、歴史進歩主義的な神の国と、人間の魂の不滅という理念とによって取って替わられたのではあるが。彼らにおいては、終末論に見られるところの、神が人間にとっては他者であることや、人間の宿命の最終的責任者であることは、彼らの理解する使信には見られない。

一見したところでは、終末論を新約聖書の中心的使信と見なしたかのごとく誤解されやすいけれども、ヴェルナーの試みも近代主義に属するものである。彼は終末への期待がイエスの使信の中心であったことを認めながらも、われわれがその期待を棄却し、いつでもどこでも通用する「生命の畏敬」の哲学にわれわれの生の土台を置くように勧めているのである。ところが、ブルトマンの非神話化論は、終末論の棄却ではなく、それの解釈であった。したがって、ブルトマンの非神話化論を土台にして組織神学を形成する時には、終末論の解釈を内に含めた信仰論を土台として、組織神学が形成される可能性がある。終末論的な信仰こそが、ブルトマンの言う決断に外ならないのであるから、ここから一切が思考し直されることこそ実存論的神学の立場なのである。ブルトマン、ゴーガルテン、ブルトマン後の神学者たちの歩みはそのようなものなのであるから、棄却と解釈という対処の仕方は異なっていても、両者、すなわち非終末論化と非神話化論（を土台としている実存論的神学）とは、新約聖書においては終末論が中心を占めていて、その認識は近代神学の歴史研究が残してくれたありがたい賜物であると感謝している点では、彼らは一様に近代神学の後継者たちと言いうるのである。

終末論的な信仰、それが決断を中心として実存を考え、その視点から神との出会いを考える信仰を生み出すことは、これまでにしばしば述べられたところであるが、このようにして創作される実存論的神学が、近代神学とは本質を異にしているとはいえ、信仰論より出発していることは疑いを入れない。では、この終末論に浸透された信仰を、われわれはどのような具体的内容をもつものとして考えるべきなのであろうか。それが、これからの論述の主題とならなければならないだろう。そして、この検討が、イエス・キリストの出来事の実存論的な理解とはどのようなものであるかについても、明瞭にしてくれるであろう。

ブルトマン後の神学者たちの一人であるエーベリングが、信仰についての基本的理解について書いているので、それを検討することから入って行こう。[12] エーベリングは、新約聖書における信仰の意味を、大体五つの特徴を挙げて説明している。彼によれば、第一に新約聖書の理解する信仰とは、人間の部分的行為ではなく、人間存在全体を含む行為である実存的行為である。すなわち、人間が自分の存在の根底を自分の外側にもつことこそ信仰であり、それは人間が支配し得るものの中に自分の生の拠り所をもたないことであり、したがって、信仰は根本的に将来性（Zukunftigkeit）をもつものである。すなわち、過去や現在に存在するもののようにわれわれによって所有されるものではなく、絶えずわれわれがそのつど、決断によって把握するようなものである。

第二に、信仰とは、その対象についての教理的な説明をただ理解して受け取ることではない。もしそうであるならば、信仰は、その対象についての教理的説明を理解する能力がその人に存在するか否かに依存することとなり、一種の功績的な行為になってしまう。むしろ、信仰は人格的なものであって、われわれを将来への決断に駆り立てる「言葉」（das Wort）に相応じる。なぜならば、「言葉」こそ「われとそれ」と言うような対象的相互関係を超えた、「われと汝」という人格的関係を表すのであって、新約聖書においては、このような信仰を喚起する「言葉」こそがイエス・キリストと見なされているからである。

第三に、信仰は何かへの準備のための状態ではなく、それ自体、死に運命づけられた人間のもつことのできる、真実の生命である。もちろん、エーベリングにおいても、信仰が未だ来らないものに向かっての希望をその中にもっていることが全く否定されている訳ではないけれども、信仰それ自体が、成就の実存的生への侵入として理解されている。

第四に、信仰は以上のように、人格的で決断的なものであるが故に、それはそれに固有の冒険的決断を少なくすることによって深められはしない。むしろ、信仰は具体的状況の中での決断を通して養われるのである。エーベリングは、信仰の律法化及び敬虔な宗教的雰囲気を造ることは、むしろ信仰の決断を回避することであり、信仰を養うこととは反対のものであると主張している。

第五に、人格的決断により、絶えず将来的にのみ保たれて行く信仰は、当然、理性や体験によって滅ぼされもしないし、また、証明されもしないと考えられている。もちろん彼はこの主張によって、信仰が理性や体験の奉仕を受けることを否定しているのではない。むしろ彼の主張は、理性や体験が常に決断の跡を追うものであり、付随的なものであるということであろう。

このようなエーベリングの信仰理解は、ブルトマンの信仰理解と本質的に同じであると思われるが、ブルトマンの場合は、既に第二章で指摘したように、終末論的に規定されている信仰について理解するに当たり、ハイデガーの時間の理解にもっとも強く影響されている。既に明らかなように、ハイデガーによれば、「現在」は常識的に考えられるところの、過去と未来との間にあって両者をわかつものではもはやなかった。不安を必然的に内にもつ人間が、実存的決断により真実に意味ある生を送る次元こそが「現在」であった。また、このように不安の三つの構造的要素として過去・現在・未来が実存的次元で考えられるならば、「過去」も単に既に過ぎ去ったというものではない。それは、そこで真に意味ある生を送りえない、自由なき次元である。このようなハイデガー的な立場から言うならば、未だ来らざるものとして余裕のある「未来」はむしろ「過去」であって、そこには自由もなく、意味ある生を送ろうとする決断もない。「現在」の次元で、われわれに今、まさに来らんとするものとして、余裕を与えずに迫りくる「将来」(Zukunft)こそが決断を迫るものであって、人間存在を死せる「過去」から救い出し、「現在」における意味ある生を送らしめるのである。もしもわれわれが、この「将来」に向かって決断することを止めるならば、既にその時に、われわれは真実の生から脱落した存在になっている。

それ故に、実存論的に考えられた歴史(Geschichte)は過去時――そこではもはや何の新しい事態も生起しない――の世界史(Historie)とは明らかに異なっている。将来に向かって決断を迫られている自由な存在、つまり人間が、過去をその決断行為の中に含み入れ、現在において将来に向かって行為する時間が、実存史を形成するのである。過去時における事態が将来に向かって決断する人間に、それが過去において起こった事態であるにもかかわらず、取り返しのつかない制約を人間に与えながらも、将来への跳躍の場となり、人間に自由な創作の試練を与えて実存的決断を迫り、促すものである時に、それは実存史的に(geschichtlich)意味あるものとなるのである。以上が繰り返しを厭わないで述べたハイデガーの時間性(Zeitlichkeit)についての論議であるが、これが実は、ブルトマン及びエーベリングの信仰理解を終末論と結びつけている紐帯となっている。[13] なぜならば、世の終わりの出来事という神話の中に語られている人間の状況は、自分の存在を根底から揺り動かされ、究極的な決断を今、迫られている人間の姿なのであるから。

ブルトマンが、ブルトマン後の神学者たちと違って、史的イエスの人格及び生涯について知る可能性に関しては割合に冷淡であるという事実、また、原始教会のキリストについての使信のブルトマンによる理解が、シュヴァイツァーやヴェルナーと同じように、徹底的に終末論的なものであることに関しては既に述べたが、しかし、具体的にブルトマンが、原始教会の使信の中に表現されているキリストを、どのようなものとして理解していたかについては、私は今まで沈黙してきた。ブルトマンは何よりもまず聖書神学者なのであるから、ブルトマンによる（原始教会の使信の中の）キリストについての理解を、いきなり組織神学的な発言として、われわれが現代の状況の中で繰り返すことは、彼に対して不親切というものであろう。しかし、それを知ることは、われわれが組織神学者として、現代に向かってキリストの出来事に関する理解を提供するに当たり、恐らくは役立つものと思われる。それでは、ある部分がこれまでの論述の繰り返しとなることを承知の上で、原始教会の使信の中のキリストを、具体的にブルトマンがどのように理解していたかを吟味してみよう。

　ヴェルナーと同じようにブルトマンも、イエスに関する原始教会の理解は、天使的存在としての「人の子」が顕現したものと考えた。しかし、ブルトマンは天使的存在としての「人の子」という、イエスについてパレスチナの信仰者集団が使った呼称とともに、パレスチナの信仰者集団の使用した「メシヤ」、「ダビデの子」、「神の子」、「神の僕」を挙げ、それらが終末をもち来らす王者的存在を意味すると主張する。これらに対応するものとして、ブルトマンは、ヘレニズム的なキリスト者集団――イエスは、そこでも新しい時代をこの世にもち来らした存在として考えられた――の人々によって使われたイエスへの呼称として、「主」、「神の子」等の呼称を挙げる。それらの呼称によって表現された存在は神的領域に属し、礼拝され、またある意味では神とも考えられたのであるが、実は絶対者としての神よりも一段と低い存在を意味したと言う。このようなイエスへの原始キリスト教会の呼称の研究から、ブルトマンは、原始教会のイエス理解が、カルケドン的な神・人二性の一人格としてのキリスト論からははるかに遠いものであったと言う。*

* しかし、既に見てきたように、ブルトマンの場合にはヴェルナーと異なって、例えばイエスは、「人の子」という天使的存在であると原始教会が主張したのだとブルトマンが言ったとしても、それは飽くまで科学的・歴史的研究の次元のことであり、私のためのキリスト（Christus pro me）というキリスト理解の実存論的・神学的領域が、それから一応区別された形で存在するのである。その実存的領域では、終末をもち来らす者、または、神より一段低い、新しい時代をもち来らすある神的存在というような、いわばキリストの人格構造にその興味が集中されているのでは

ない。イエスが、私の実存にとって今どのような意味をもっているかという、救済の神学的次元が中心的に問題とされているのである。[14] ブルトマンが、原始教会を徹底的に終末の期待の中に生きていたものと理解していたことは、次の引用がよく示している。

「もしもわれわれが、もう一度、イエスの呼称を見るならば、これらの呼称の意味は次の事実にあるとも言われ得るであろう。それらの呼称は、どのようにして世界や人間が、イエスの出現によって新しい状況の中に呼び出されたかを表現しているのである。すなわち、イエスの出現によって世界や人間が、神に味方するか、または、神に反対するかのどちらかを決断しなければならなくなった。言い換えるならば、それ故に人間が、世界に味方するか、または、世界に反対するかの決断にまで呼びかけられていることを表現しているのである。そして、世界に反対し、神に味方する決断をなしとげた信者たちが、どのようにしてこの世界から取り出されるかを表現している。彼らは選ばれた者の共同体として、すなわち、（κλητοί または ἐκλεκτοί または ἅγιοι、それらを訳すれば、呼ばれたる者、選ばれた者、聖人たちであるが——または、終末論的な共同体として、λαὸς θεοῦ または σῶμα χριστοῦ ——訳すれば、神の民、キリストの体であるが——として、この世から取り出された、）究極的に言って、これらの呼称はすべて、キリストを終末的な出来事として描いている。彼はメシヤであり、人の子である。すなわち、救いの時をもち来らす者として古き時代の終わりを告げている。それ故に、彼に属するすべての人々が、新しい被造物（καινὴ κτίσις）なのである（『コリントの信徒への手紙二』五章一七節）。このような者としてイエスは主（κύριος）である。この主への服従において信者たちは、すべてのこの世的な絆から自由にされているのである。[15]

このような原始教会の使信の内のキリストに関する研究が、どのようにして現代の二十世紀に生きるわれわれと結びつけられ、どのようにして私のためのキリストとして受け取られるようになるのであろうか。ブルトマンの結びつけ方を検討してみよう。終末の出来事は歴史の意味を明らかに示す。言い換えるならば、神によって始められた歴史は、その終わりの出来事において、歴史に対する神の目的を露わに示すのである。当然、このような終末の理解は、われわれ個人の実存の問題と深い関連をもつ。すなわち、終末的な出来事は、われわれ個人の生の意味を露わにするところのものと言える。過去に、二千年程も前に起こったイエスの出来事は、私個人の実存の意味をも露わに示す出来事である。それ故に、われわれが実存としてどのような態度をイエス・キリストに向かって取るかは、われわれの実存の究極的な意味に対してわれわれわれがどのような態度決定をするかということになる。このように、実存的な自分の存在の意味決定という仕方において、ブルトマンは、新約聖書の終末論と二十世紀のわれわれとを結びつけた。終末論と現代のわれわれとのこのような結びつけ方が、ブルトマンの非神話化論なのであった。

さて、非神話化と言う概念はその内容において、少しく明瞭さを欠いていると言えよう。ジョン・マッコーリーは、ブルトマンにおける神話概念が大体において二つの事柄を指しているように思えると言っている[16]。すなわち、彼によればブルトマンにおいては、神話という言葉によってまず第一に、(ブルトマン自身が言及しているように、パレスチナの原始キリスト教集団によるイエスへの呼称に表されているような)後期ユダヤ教の終末論と、(ヘレニズム世界の原始教会によるイエスへの呼称に表されているような)グノーシスの救済神話との両方が、それらに内包されている(新約聖書時代の)神話的世界観とともに取りあげられているのである。ところが、ブルトマンにおいては第二に、このような神話的世界観と並んで――もちろん、この神話的な世界観(Weltanschauung)は、その中に含まれている世界像(Weltbild)と切り離されるものでは決してないのだが――、もっと簡単な事柄がその神話という概念の中に含まれている、とマッコーリーは言う。それは、新約聖書の中にある(二十世紀の科学と相反するすべての)非科学的思想を、神話であるとするブルトマンの考えである。それ故に、ブルトマンにおいては非神話化が、ある場合にはきわめて常識的に、近代科学の成果に適合しない原始思想を排斥する形をとる、とマッコーリーは言う。しかし、このような非科学的思想といえども、新約聖書においては、ブルトマンの言う後期ユダヤ教的終末論、並びに、グノーシス的救済神話と密接に結合されているという点を、私は強調したい。したがって、われわれはブルトマンによる非神話化を論じる場合に、単純に彼が聖書の中で現代の科学思想に反するものを取り出し、それを棄てたと言うことはできない。なぜならば、ブルトマンの非神話化の目的は、神話的世界観を実存論的に解釈し直すことだからである。彼の非神話化の方法論には、新約聖書がわれわれに語りかけるものは終末論的な、われわれの実存的決断を要求するものであり、一つの世界観を与えるものではないこと、すなわち、世界観的なものは実存的なものをむしろ阻害するものであるが故に、実存論的に解釈し直されねばならないことが前提されているのである。それ故に、聖書の中にある非科学的なものは、それが現代の科学性に反するから実存論的に解釈されねばならない――これももちろん大切ではある。何となれば、このような非科学的なものは、福音の本来の躓きである罪の赦しという事実のところまで人々がくる前に、余計なところで人々を躓かせてしまうからである――ということの前に、それが神話的な世界観と結びついているが故に、実存論的に解釈されねばならないのである。このような新約聖書解釈学の実存論的な方法論こそ、ブルトマンの言う非神話化論である。すなわち、既にたびたび述べたように、ブルトマンの言う神話とは、新約聖書の、われわれから実存的な決断を要求する神の言葉を、世界観的なものによってかえって不明瞭にさせたり、覆い隠してしまうすべてのものを指すのである。[17]

ブルトマンは自分のこのような方法論が、既に新約聖書自体の中に潜在的にではあるが、使われていると考えている。つまり、彼によると、非神話化は新約聖書の中で既に行われているのである。例えば、共観福音書の中に見える、いわゆる徹底的終末論が、パウロの手紙や、特に『ヨハネによる福音書』になると、(その徹底的終末論の中に見られる)間もなく来るという意味での終末に対する期待が後方に押しやられ、その期待は内在化されてしまっている、とブルトマンには思えるのである。『ヨハネによる福音書』の著者が、イエスを信じる者は今ここで永遠の生命を既に得ているのであり、イエスを信じない者は既に裁かれていると言う時に、そこでは明らかに、世の終わりに関する世界観が実存論的なものとして内面化されている。つまり、共観福音書においては、世の終わりの出来事の後に与えられると考えられていた永遠の生命が、『ヨハネによる福音書』においては、既にイエスにおいて現された神の意志に対し、今ここで肯定的な決断をなし、新しい生を始めることと同一視されている。[18]

このように、ブルトマンによれば、終末論をイエスにおいて現れた神の恵みある意志に対して人間がどのような態度をとるかという、実存論的な問題に解釈し直すことは、新約聖書の中で既に始まっている事柄である。彼の非神話化論はこれを受け継いだものであるに過ぎず、新約聖書の中にある神話的終末論を、現代のわれわれの実存的なイエスに対する決断の問題として解釈するものである。

さて、ブルトマン自身は神話を次のように定義している。[19]神話とは非世界的・神的なるものが、世界的・人間的なるものとして、または、彼岸的なるものが此岸的なるものとして、表現されているものである。ブルトマンのこのような神話の定義を、前に述べたティリヒのそれと比較してみよう。ティリヒによれば、われわれの経験を超えた事柄、例えば神について、われわれの経験による事柄を通して語るものは象徴によってであった。そして神と人間との関係を象徴的に語るものが神話であった。[20]

ブルトマンの神話についての定義は、ティリヒの定義と同一であると言うことができよう。その場合に、非神話化論は、われわれのキリスト教信仰から完全に神話を抹殺しようとする試みでないことは明瞭である。なぜならば、それは不可能だからである。したがって、ブルトマンの非神話化論という言葉は、神話を完全に取り去るかのような印象を与えるという点では、使用されない方がよかったと思う。それ故にティリヒも、信仰において、神話が、それが神話であることを認識された上で、しかも不可欠なものである時に使用されなければならないことを主張している[21]。われわれが聖書の中にある神話を実存論的に解釈して、二十世紀のわれわれに理解され得るものにしたところで、やはりそれは非世界的・神的なるものを、世界的・人間的なるものとして、彼岸的なるものを此岸的なるものとして表現しているに過ぎない。ティリヒの言うように、それは神話である。サミュエル・アレキサンダー（Samuel Alexander）が、「われわれが要求しているものは、われわれの日常の体験と全く矛盾しないような宗教的神話である」と言った時に、実は、ブルトマンの非神話化論の意図を表現したものと言えるだろう[22]。

しかし、ブルトマンによって生み出されたものは実存論的な神話である。このように、ブルトマンの非神話化によっても神話が残るのであるから、われわれは、ブルトマン自身の非神話化に対する定義を、彼の非神話化論の意図とは多少ずれのあるものとして受け取らない訳には行かない。したがって、組織神学を専攻する者の立場から考えて、私は、前にも述べたことだが、次のようにブルトマンの神話という観念を理解したのである。

ブルトマンが実存論的に解釈しなければならないと主張する神話とは、世界観的・対象化的神話である。そのような神話は聖書の使信を雑音をもって聞きにくくしているものであるから、その雑音を取り除いて、その中に存在している使信を明確に聞こうとするのが、彼の非神話化論である。彼の信じる聖書の使信とは、実存的な「我と汝」関係の中で、われわれから決断を迫るものであり、関係的な神話によってしか表現され得ないものである。これこそが聖書の終末論的な使信であると言えよう。

ブルトマンの非神話化によっても、関係的な神話がどうしても残るという事情を、われわれは、ブルトマンが神の行為について語る文章から簡単に知ることができよう。神がわれわれの父であって下さる――これはティリヒの言う象徴に当たる訳だが――ことを、ブルトマンが実際どのように理解しているかを見てみよう。彼は言う。

われわれが神を行為するものとして語る時に、われわれは、われわれが神と出会い、語りかけられ、質問され、裁かれ、祝福されていることを意味する。それ故に、このように語ることは象徴（symbol）や画像（image）で語ることではなく、類比的に（analogically）語ることである。なぜならば、このような仕方で行為者としての神について語る時、われわれは、神の行為を人間の間において起こっている行為と類比的なものとして考えている。さらにわれわれは、神と人間との交わりを、人間と人間との交わりの類比として考えている。この類比的な意味でわれわれは、人間に対する神の愛や配慮、神の要求や怒り、その約束や恵みについて語っているのである。われわれが神を父と呼ぶのもこの意味においてである。われわれはこのような仕方で語ることを許されているばかりでなく、そうしなければならないのである。なぜならば、われわれは神の観念について語っているのではなく、神ご自身について語っているからである。このように、神の愛や配慮は画像や象徴ではなく、ここにおいて今働いておられる神についての真実の経験を意味している。特に神を父として考えることには、その神話的意味はとうの昔に消えてしまったと言ってよい。神に父という言葉が当てはめられた時のその意味は、その言葉をわれわれがわれわれの父に対して、またわれわれの子供たちがわれわれに対して使う場合を考えれば理解される。神にこの言葉が使われた時には、その肉体的な意味は完全になくなっているのであって、それは純粋に人格的関係を表現しているのである。この類比的な意味で、われわれは神を父と呼ぶ。[23]

このブルトマンからの引用に明らかであるが、彼の用い方ではいくぶんティリヒと異なって、象徴も、神話も、世界観的・対象化的なものを指し示す。そしてまた、非神話化論は神について語ることへの否定の道（via negativa）ではなく、神のわれわれに対する行為について積極的に語るのである。

ブルトマンによれば、われわれの実存に対して、われわれの生の究極的な意味を露わにするものが、イエスにおいて表された神の意志である。われわれがどのような態度をイエスに対して取るか、この実存的な決断がわれわれから要求されているが、そのようにわれわれから決断を要求する新約聖書の使信が、ブルトマンにおいてはケリュグマ（使信）と言われているものである。

それ故に、非神話化とは、神話をケリュグマ化することであるとも言えよう。以上のように、ブルトマンの新約聖書神話のケリュグマ化は、人間がイエスにおいて露わにされた神の意志に信頼し、意味を見出せなかった生存から、自分の実存の意味を知った存在にまで移されることを意図している。よく言われることであるが、このように新約聖書神話を解釈した時に、その解釈原理となったものは、宗教改革者メランヒトンの言葉、「キリストがわれわれに与えて下さる利益を知ることが、キリストを知ることである」[24]（Hoc est Christum cognoscere, beneficia eius cognoscere.）に表現されているものと同じであったと思われる。すなわち、ブルトマンにおける使信は、キリストご自身を理解するための指針をわれわれに与えるものではなく、むしろ私の実存にとってキリストが何を意味するかを告げるものである。彼によって、この観点から神話がケリュグマ化されているのである。さて、このような解釈原理に立って見られた、ブルトマンのキリスト論はどのようなものであろうか。ブルトマン自身の言うところを聞いてみよう。

すなわち、キリスト論は本質についての思索（Wesens-speculationen）によってではなく、キリストの事件を説教することにおいて成立つということ、そしてまた、このキリストの事件について理解ある観察をすることは、思索すること（Speculation）ではなくして自己反省（Selbstbesinnung）であり、自己の新しい存在について決定的な思索をすること（Durchdenkung）である。[25]

この引用に見られるように、ブルトマンにとっては、キリスト論は義認の教理と同じである。そこではバルトが言うように、キリスト論と救済論とが一つのものである。この点を、バルトはブルトマンに対する批判として発言したことがあった。ところが、これをブルトマンは、バルトが正当に自分の立場を理解してくれたものとする。なぜなら、ブルトマンにおいては、確かにキリスト論と救済論とが区別されることなしに一つのものと考えられているからである。すなわち、彼においては、救済論がそのままキリスト論でもある。バルトがブルトマンを批判しながら、ブルトマンにおける使信は、キリストの事件について語るものであると言う時に、（キリストの人格ではなく、キリストの起こした救済の）事件の面だけが強調されていると言うのである。ところが、バルトが、キリストの事件について語るものが使信であるとブルトマンと同じよう発言しても、そこではキリストの人格の方が強調されている。つまり、両者の理解は明瞭に異なっているのである。

両者の違いをもう少し追ってみよう。バルトは次のようにブルトマンを批判する。ブルトマンにおいては、キリスト論が救済論の中に解消されており、単にキリストは救済論に（その救済がいつ始まったかを明瞭にする）出発点と、（それを何と呼ぶべきかの）名称を与えて、歴史的な性格を付与するに過ぎない、と。[26] 確かにバルトの言うように、ブルトマンにおいては、キリスト論が救済論の先に立たずに、救済論がキリスト論を中に含んでいる、と言えよう。否、救済論自体がキリスト論である、と言ってもよい。

ブルトマンのような実存論的神学においては、すべてがわれわれに対するキリストの意味という角度で解釈されるのであるから、キリスト論においても、われわれの実存の問題とは無関係な思索が行われる筈がない。すなわち、客観的な思索の対象になるような仕方で、イエス・キリストはどのような本質の持ち主であったかということに、その興味が向けられないのは当然である。周知のように、カルケドン的なキリスト論は、イエス・キリストにおいて、神性と人性とが互いに分離されずに、しかも混合せず、一人格を形成しているとと主張しているが、もしもこのキリスト論が、われわれの実存の問題と関係のない仕方で、(後述する)アレキサンドリアのシリルスの傾向に従って解釈された場合には、もはやブルトマンにとってのみならずわれわれにとっても、そのキリスト論は批判の対象になる以外のものではない。そのようなキリスト論は、われわれの関係的・実存的な決断を妨げる対象化的な思弁でしかない。まだケリュグマ化されていない神話の中でキリストが考えられる場合には、前述したように、キリストは終末の時に現れる王者的な存在であったり、後期ユダヤ教的思想に現れる「人の子」であったり、グノーシス救済神話の中に見られるあの神的存在であったりする。しかしながら、(その神話がケリュグマ化された)使信として見られるならば、(非神話化された)イエスは、われわれの実存にとって、実にそこで、われわれの究極的な問題が露わにされ、解決を与えられる神の事件と考えられるのである。

このケリュグマ的に見られたイエスに対してわれわれがどのような態度をとるかは、イエスのこの事件をわれわれに与えて下さった神に対してわれわれがどのような態度を取るかと同一の事柄なのである。言い換えるならば、イエスの事件は同時に神の事件である。このような意味において、イエスにおいてわれわれは神と出会うというのが、ブルトマンのキリスト論なのである。このように実存的な決断という観点からすべての事柄が考えられるのであるから、キリストの事実も、いつどこで彼が十字架にどのようにしてかけられたかという世界史的事実よりも、私の実存にとってそれが何を意味するかが、すなわち、古き私がキリストとともに十字架にかけられて死に、今は新しくされた自分は過去から切り離されるに至ったという実存的な意味が、重要なものとしてブルトマンにより取り扱われる。同じように、キリストの復活においても、復活の朝の空虚な墓に、復活の意味を認めるのではない。むしろ、そのような奇蹟的な事柄に対してのわれわれの好奇心は、われわれの実存にとって深い意味をもつ復活を理解するに当たって妨げになる。ブルトマンによれば、復活とは、十字架の事件のもつ、われわれの実存に対する意味を明瞭にするものである。私が実存の意味を発見して新しい命に生まれ変わることこそ、復活の出来事に出会うことなのである。以上のように、ブルトマンが十字架及び復活の出来事を、もっぱら現在の次元にかかわるものとして理解したこと、すなわち、現在われわれが——ハイデガーの用語を借用するならば——自分の日常性に死ぬことこそが、真実の自己を獲得することであると解釈したことは、それが決断をわれわれから要求する性格をもっているが故に、実は一つの律法主義を生み出したに過ぎない、という批判がなされている。

この種の批判の一つに、バルトによるものがある。それは、ブルトマンの非神話化論を徹底させるならば、結局、福音は福音でないものになるという批判である。バルトによれば、キリストが、ブルトマンにおいては、神からのわれわれに対する恵みの賜物として理解されるよりも、キリストにおいて神がわれわれに決断を要求するものに、決断の要求という律法に変えられてしまっている。[27]

またティリヒも、バルトと同じような点をブルトマンについて批判している。ティリヒによれば、ブルトマンの神学は実存主義的自由主義（existentialist liberalism）である。[28]この場合の自由主義という言葉のもつ色合いは、ティリヒによるならば、イエスの教えをキリスト教の本質であると考えた近代主義のものである。そのような近代主義の一つの例としてハルナックの福音理解を挙げてみるならば、そこでは神の国が非常に内在化された形で考えられており、しかもそれがイエスの教えの中心であると考えられていた。したがって、イエスの教えは、人々にそれに従うことを要求した律法的なものであったのである。自由主義という言葉により、ティリヒはそのブルトマン批判において、近代主義的自由主義とは違うけれども、しかしなお、実存主義的自由主義とでも言うべきものがブルトマンにはある、と言うのである。実存主義的な意味ではあるが、人間から決断を要求するという形で、福音が律法化されている自由主義であると言うのである。

この批判に対するブルトマンの答えは明瞭である、と私は思う。それは、神の働きは世俗的出来事の外側においてではなく、内側において生起するのであり、その働きは信仰の目によってのみ洞察されるものであるという答えであろう。[29]すなわち、ブルトマンが人間の実存的な決断を要求するものとして使信の本質を理解している時、それは律法主義を意味するものではない。むしろ、それはきわめて人間的で世俗的な事柄である決断の中で、われわれは隠された神によって選ばれ、そしてとらえられていることを、信仰告白的体験として把握するのである。

バルトが言うような意味での決断の律法主義という批判や、ティリヒの言う意味での実存主義的自由主義という批判が、ブルトマンに当てはまらないことは明らかになったと思う。それ故に、ブルトマンにおいてもイエスの出来事が、人間への神の最大の恵みの行為として考えられているのであるから、私はそこにおいても、古典的キリスト論や、古典的三位一体論を実存論的に生かし得る余地が存在すると思うのである。

しかし、ここで私は、新約聖書神学者としてのブルトマンの制約を感じない訳にはいかない。前にも述べたことであるが、新約聖書の中のキリスト論が、初代教会のニカイア・カルケドン信条の中に現れているキリスト論に発展して行ったその過程には、実存論的な理由があった、と私は考えるのである。組織神学は、新約聖書の使信の単純な反復であってはならない。教会の歴史の中に代々働いておられる神を信じる以上、教会史及び教理史も組織神学にとっては大きな資料なのである。実存論的な組織神学においても、事情は変わらない。それは教会の教理の発展の中に、実存論的な理由があるという確信に立っている。否、そのような理由こそ、実は、教理史の本質的な潮流を把握するための鍵であると思っているのである。私は実存論的解釈に立った新約聖書神学や教理史を正しく踏まえた、新しい形態でのキリスト論、新しい形態での三位一体論の展開の余地があり得ると思う。それでは、具体的にどのような形態において、それが展開され得るかを簡単に述べてみたい。

もちろん、このような試みは、新約聖書神学者や教理史を専攻している神学者たちの協力を得なければ不可能である。新約聖書神学の領域においては既に実存論的解釈がなされている訳であるが、教理史においては、それは未踏の領域である。したがって、私がここで行う試みは、きわめて初歩的な段階のものであり、不十分なものに過ぎないであろう。

3　キリスト論——神性と人性

それでは実存論的にキリスト論を考えてみる時に、どのようなキリスト論が展開されるであろうか。ブルトマンの聖書神学の領域での成果を踏まえながら、ここにキリスト論を展開してみよう。

（非神話化した後の）ブルトマンの使信のキリストについての考えは、そのキリストにおいて神と私とが出会うということである。もはやブルトマンにおいては、イエスが新約聖書の中で神話的にどのような存在として考えられていたとしても、過去の次元に属するそのイエスとは一応次元を異にする意味で、現在の私の歴史的次元の中で、イエスという人間において、神が今ここで私と実存的に出会って下さることが言われているのである。したがって現在の、しかも個的な、私の歴史の中において神と出会うのは、イエスという人物を通してだけである、という表現の仕方が可能となると私には思われる。これを言うことは、ブルトマンが非神話化したあの神話を再び物語ることでは決してない。むしろ、今のわれわれの実存的な決断を促すような意味において、イエスについて語ることなのである。あの二千年程前のイエスという人物において起こった出来事を通して、私が今ここで神と出会う可能性を意味するのである。このような立場から言うならば、イエスの出来事を通さずしては決して神と出会えないという主張は、当然キリスト論を発展させる可能性を含みもっている。実は、私はこのような見解に立って、ティリヒの画像の類比の理解について前に紹介したのであった。そこでは、われわれの実存的決断を迫るような意味での、ケリュグマの中に現れているイエス像が、ティリヒによって問題にされていた。このイエス像は、ブルトマンの言葉を適用するならば、実存史（Geschichte）の問題であり、決して世界史（Historie）

の問題ではない。ここでティリヒは、史的イエスと実存史的な（使信の中に見られる）イエス像とを区別しながら、しかもなお両者を類比的に関係づけているのである。これは彼の独創的な試みと言える。神の事件としての、すなわち、アガペー的な人物としてのイエス像が福音書には描かれているとティリヒは主張し、そのような福音書のイエス像に今ここで出会うことこそ、われわれの実存的な決断を要求するイエス像に出会うことなのだと主張するのである。

既に前の章でわれわれが見てきたことであるが、ティリヒは、カルケドン信条のキリスト論、すなわち、キリストを神・人二性の一人格であるとする教理に関して批判的であった。彼によると、その教理が使用している言葉、神の本質（God's nature）や人の本質（man's nature）という言葉の中に含まれている本性または自然の観念は、キリストとしてのイエスの出来事のもつ意味を表現するのに適当ではないのである。彼はむしろ、神人（God-Man-hood）という言葉を使うことの方を好んだのであった。そして、このことを論じた時に私が述べたように、ティリヒのキリスト論は、非常に実存的なものである。思弁的な角度からキリスト論に接近せずに、人間がそのキリストとしてのイエスの出来事との出会いを通して、現在において新存在を獲得できる神からの「言葉・語りかけ」として、キリストとしてのイエスの現実を思索しているのである。イエスの十字架の愛において象徴されているような仕方で、存在の根底としての神が、人間存在を今も根底づけているのであった。

さて、ブルトマン及びティリヒを結ぶ実存論的なキリスト論の方向づけが今までになされたと思われるので、ここで実存論的神学のキリスト論が、カルケドン会議の古典的信条のキリスト論と、どのような結合点をもっているかを検討してみよう。もちろん、実存論的なキリスト論は、古典的キリスト論の文字通りの継承でないことは明瞭であるが、しかし、しばしば正統主義的であると自分の立場を誇る人々が、古典的なキリスト論を解釈しているその方向が、誤っている事実をわれわれは知っている。実は、周知のように古典的なキリスト論は、キリストとしてのイエスの出来事のもつ意味をギリシア哲学の用語を使って表現したのだが、その意味内容を実存論的なキリスト論はもっと適当な用語を使って表現したと主張しても、強《あなが》ち間違いではない、と私は考えている。われわれはまず、このことを検討してみよう。

カルケドン信条における本性または自然（nature）という概念のティリヒによる棄却に見られるように、現代においてカルケドン信条のキリスト論をただ文字通りに繰り返すことには、確かに問題がある。しかし、ニカイア及びカルケドン会議の信条の意味内容をさらに伸ばした直線上の立場を守り抜くことは、実存論的神学がなさなければならない教会への奉仕また責任である、と私は考えている。ティリヒは、カルケドン信条が教会を救ったと考えているが[30]、私も賛成である。カルケドン信条を正しく理解することが、教会の真の形成の道であり、また、真のエキュメニカル運動の歩むべき道程であることを、私に徹底的に教えて下さったのは恩師、熊野義孝教授であるが、私の確信に従えば、ニカイア・カルケドンの教会伝承を、現代の状況の中で伝統にまで受肉させ、真の伝統形成を果たす手段は、実存論的神学以外にはないのである[31]。

カルケドン信条のキリスト論を正しく理解することが必要であると今私は言ったが、実は、その正しい理解がどのようなものであるかが、キリスト論を論じる場合に大きな問題なのである（この点で私は恩師、熊野教授とも違った見解に到達してしまったのではないかと考えている）。カルケドン信条の確定前のキリスト論論争をわれわれが回顧するならば、この信条の解釈の方向が決して一定していなかった事実を知る。アレキサンドリアのシリルス（Cyrillus, St. pat. of Alexandria）のように理解するか、または、モプスエスティアのテオドロス（Theodoros, bishop of Mopusuestia）やコンスタンティノープルのクリュソストモス（Johannes Chrysostomus, Pat. of Constantinople）の方向に理解するか、大きく分けて二つのカルケドン信条の理解の仕方が存在したことは、教理史上あまりにも周知の事実である。そして、今日のキリスト論形成に努力している神学者たちも、大体このいずれかの潮流に属しているのである。シリルスは、そのネストリウス（Nestorius, pat. of Constantinople）に対する論争において顕著であるように、キリストにおける神性と人性との統一を強調したのであったが、この強調が人に変化する神という、キリスト教とはおよそ縁遠い異教的な源泉をもっていたのではないかという疑惑が、どうしてもシリルスに向けられるであろう。テオドロスは、いわゆるアンティオキア学派に属していたが、その学派の共通性として、イエス・キリストの人性を強調した。ネストリウスの説が異端と宣言された時の、その理由は、彼がキリストの神性と人性とを分離したことにあった。ネストリウスは、テオドロスの影響を受けた神学者であった。そして、ノーマン・ピテンジャー（Norman Pittenger）も指摘しているように、異端と宣言されたネストリウス主義が、ネストリウスの実際に発言していた思考を正しく把握したものであったかどうかは、非常に疑わしいのである。ネストリウスは、キリストの神性と人性との分離を、決して主張しなかったからである。ネストリウスに対する異端宣言は、ハンス・カンペンハウゼン（Hans von Campenhausen）も指摘しているように、むしろシリルスの政治的な権力欲の醜い産物であったとする方が、教会史的には正しいであろう[32]。シリルスは政敵、ネストリウスを倒すために、ネストリウスがイエスの母マリアをキリストの母（Christokos）と称して、神の母（Theotokos）と言うのを嫌ったことを利用した。確かにシリルスは、カンペンハウゼンの言うように、ここで大衆の間に育ちつつあったマリア崇拝に迎合した。シリルス自身のキリスト論には、既に異端宣言されていたアポリナリス主義、及び、後に異端とされた単一性論（monophysitism）が見られるのである。

ジョージ・タヴァードは、ティリヒのキリスト論がネストリウス主義的であると痛烈に批判しているが[33]、しかし、カルケドン信条についてのアンティオキア学派的な解釈を正しいとする見解も十分に成り立つ以上は、一概にティリヒのキリスト論をカルケドン信条のそれから外れたものとして批判することはできないであろう。

カンペンハウゼンの指摘は正しいと思うが、カルケドン会議の決定は、エフェソの会議（四三一年）におけるネストリウスの取り扱いに憤慨したネストリウスの友人たちの勝利であった。それはシリルスが、ネストリウスの友人たちによって仕方なく承認させられた四三三年の妥協案の再確認であった。四三三年にシリルスは、その案をネストリウスの異端宣言を取り消さないという条件の下で承認したのであった。四五一年のカルケドン会議では、シリルスの敗北は論理的に明白であったが、その敗北は、彼がローマのレオとともに賞讃されたことによって隠蔽されたのである。しかも、歴史的に見て実に奇妙なことに、後に異端とされた単一性論を奉じていたユスティニアヌスの下に、シリルス的なカルケドン信条の理解が、五五三年のコンスタンティノープルの会議で正統的なものと宣言されたのである。このように考えてくると、ネストリウス的な立場こそ、カルケドン信条の正しい解釈であることは明白である。

アレキサンドリアのシリルスの方向にカルケドン信条のキリスト論を理解した解釈が不十分であることは、アンティオキア学派の傾向に賛同してカルケドン信条を理解する者にとっては容易に指摘できることである。ビザンティウムのレオンティウス（Leontius of Byzantium）の主張、すなわち、イエス・キリストにおける人間性は人格をもつもの（hypostasis）でもなく、非人格（anhypostasis）でもなく、神の中に人格の中心をもつもの（enhypostasis）であるという主張は、実は、シリルス的な理解のもつ限界を示していると言うことができよう。enhypostasis というのは、イエスの人間性の人格の中心が、人間性の側にはなく、神性の側にあるということである。レオンティウスは、その場合に、enhypostasis が決して anhypostasis、すなわち、イエスの人間性が真実の意味で人格ではないことを意味しないと主張しているのであるが、このようなレオンティウスの説は、果たしてわれわれを納得させ得るであろうか。むしろ、この説は、ピテンジャーが指摘しているように、ユーティケス主義（Eutychianism）に通じるものに外ならないのではないだろうか。ユーティケスのキリスト論によると、人間性は、神性の大海の中に落下して埋没する一滴の水のようなものなのである*。

＊　マスカルは、レオンティウスの enhypostasis の教理を弁護して次のような説明をしているが、われわれを納得させる力をもっていない。マスカルはこれを説明するために、二つの例を挙げている。その第一は、ある特殊な場合に、高位にある人物が、自分の義務よりも低い務め、すなわち、普通の場合には自分の下位にある人物の行う務めを行うということ。つまり仮に、教皇がある会衆の司祭の務めを行うとすると、その時の困難さは、キリスト論に関するレオンティウスの説を理解するために役立つとするのである。この第一の例に対してマスカルはこれ以上の説明を加えていないが、それは第二の例がこの第一の例の不十分さを補っていると、マスカルが考えているからであろう。第二の例は次のようなものである。人間の下位にある動物の場合には、魂は身体の命とだけ関係をもつ内在的な原理であり、身体から離れての存在をもっていない。すなわち、それは身体の一部であって、それによって動物は命のない物から区別されているに過ぎない。ところが、理性的な存在である人間の場合には、――マスカルの理解するキリスト教信仰によれば――魂は身体を超越した霊的な存在であり、身体が滅びても存在し続けるものである。しかし、この魂は同時に、人間以下の動物に見られるような仕方で、人間の動物的な命に属しているものでもある。マスカルは人間の魂のもつ二重性を説明するに当たって、次のように言う。動物の魂に指導されている命が、それ自体を少しも損ずることなしに、それとは根本的に違っている、より高い秩序に属する命を受け入れたのが人間である。しかも人間は、マスカルの理解するネストリウス主義のキリスト、ロゴスと人間の魂とが相並んで、かつ一つにならずにいるキリストのようなものでもないし、また、人間の動物的命が、それよりも高い秩序の存在を受け入れたために、欠けたものになった訳でもない。もしも進化の途上において、動物的な命が霊的な魂を受け入れた時に、その機能のいくぶんかを犠牲にしたというなら、それはアポリナリス主義と似た事情になろう。少しの欠損もなく動物的な命の全体が、霊的・理性的存在の中に取り入れられ、その中心は霊的・理性的存在の側に移されたのである。以上のようなマスカルの苦心の説明にもかかわらず、これらの例が指し示すレオンティウスのキリスト論は、アポリナリス主義、または、ユーティケス主義と少しも異ならない、と私は思う[34]。

アンティオキア学派に従ってカルケドン信条のキリスト論を解釈する時に初めて、仮現説（docetism）やアポリナリス主義（Apollinarianism）に陥る危険から逃れることができるであろう。仮現説は、イエスの人間性を真実のものではなく、単なる仮現のものとしてしまったのであり、「言葉は肉とな」った（『ヨハネによる福音書』一章一四節）というあの聖書の発言を、神が人間に変化したものとして、つまり、受肉者イエスは神の仮現の姿であると理解したのであった。また、アポリナリス主義は、イエスの人間性の構成のうち、身体と魂とは人間のそれであったが、精神は神のロゴスがその機能を代行したと主張した。

　このようにして、それは真実のイエスの人間性を否定したのである。これらの誤謬を排除して受肉の出来事を考えるならば、その真実の理解は、神のロゴスが人間性を受容した（assumptio）という理解でなければならない、と私には思える。しかし、このような理解は、とかくすると養子論（adoptionism）であると誤解されがちである。それではどのようにニカイア及びカルケドン会議の線に立ってキリスト論を理解していくべきなのであろうか。

　ピテンジャーは、現代人に理解しにくくなってしまった用語で綴られているカルケドン信条の内容を、現代の言葉に翻訳して次のように言っている。

　永遠の子、あるいは、言葉は、人間性をご自分のものにされて用いられたが、その人間性は、神の摂理的な働きによって、マリアによって孕まれ、そして、生まれた。その人間性において、永遠の言葉は、ご自分の目的にとって十分である自己表現のための機関（an organ）を所有されたのである。一方、マリアによって孕まれ、そして生まれたこの人間の生活は、永遠の子、あるいは、言葉を自分のものにして表現した。その結果、子、あるいは、言葉の人間たちの間での目的のために、実際にそのような機関が採用されたのである。[35]

　このような理解が養子論であると批判されるならば、われわれはもはや、それに対して弁解の言葉をもたない。しかし、ピテンジャーも主張するように、このようなカルケドン信条の理解こそ、シリルスの指し示す誤った方向、すなわち、アポリナリス主義のキリスト論への道を避けるものなのである。

　ウィリアム・デュボース（William Porcher DuBose）は、正しいカルケドン信条の理解を保証するものとして、人間的な神性（human divinity）という言葉を使ったが、この言葉によって彼が意味したものは、次のような事柄であった。イエス・キリストの神性は、人間としてのイエスが、神の意志にご自分の意志を全く調和させる努力を行って下さったおかげで、人間に知られるに至ったものなのである。人間イエスは、彼が神の意志として知っておられたものに完全に服従し、人間性が到達し得るぎりぎりの限界まで、神的な現実との完全な統一の中に入られた。そして、それを通して神性が啓示されたのであった。この意味において、イエス・キリストにおける神性は、人間的に獲得されたものであった。ところが一方、すべての人間の活動――イエスご自身においてもそうであるが――は、神の側からのイニシアティヴに対する人間の側からの応答である。イエスの独自性は、神が人間を通してご自分の意志を現されようとする状況の中で、人間イエスがその神の意志に対して完全に肯定的な応答をされた事実以外のところに求めてはならないのである(36)。

ここで特に興味深いと思われるのは、デュボースが、神の意志と人間イエスの意志との極限にまで高められた統一を、カルケドン信条のキリスト論の表現する、神性と人間性とを分離せず、しかも、混合されていないあの統一の、正しい理解として提供している事実である。しかも、たびたび言及してきたピテンジャーもこれに賛成しているのである。このように考えてくる時に、ティリヒのキリスト論の理解方向は、実は、カルケドン信条のキリスト論の正しい理解を指し示すものであったと考えても間違いではないであろう。

カルケドン信条のキリスト論のテオドロス的な解釈が正しいという私の意見は、現代神学の問題とも深くかかわるものであるが故に、もう少しこの点を現代神学との関連で補足しよう。カルケドン信条のキリスト論を正しい意味でのテオドロス及びネストリウス的な立場で解釈した最近の神学者として、われわれはジョン・ベイリーを忘れることができない。

ベイリーは、キリストの神性と人性とが一つの人格であるという事情を、われわれの神の恵みの体験に対して類比的なものであると理解している。恵みの体験においては、われわれ自身の自由意志は、神の恵みの働きによって少しも妨げられない。それどころか、神の恵みによってとらえられればとらえられるほど、われわれは、より強烈な自分の決断において行動するようになる。この体験の類比として、キリストにおける神性と人性との関係をベイリーは理解したが、これはピテンジャーやティリヒなどの思索と同一の系列に属するものであると言える。そして、このような思索は、われわれがもう一つのキリスト論の側面を学ぶに当たって都合のよい発言であるように思う。それは、キリスト論は、イエス・キリストの出来事の外側で働く神の行為と、決して断絶だけの関係にあってはならないという側面である。キリストの出来事の外側にも、より少ない程度においてではあるが、それと類似の神の働きが見られる事実を、キリスト論は指し示すことができなければならないのであって――しかも、ベイリーのように、罪の赦しの体験との関連に限定しないで、世界の中の神の働きのすべてに関してこれは言われなければならないが――、これを忘れる時にキリスト論は、アレキサンドリアのシリルスの方向が示唆しているような異端的なアポリナリス主義に転落しない訳には行かないのである(37)。

さて、以上のようにカルケドン信条のキリスト論を、初代教会のテオドロス、ネストリウスなどのアンティオキア学派と呼ばれる人々、また、現代の神学者たち、ティリヒ、ベイリー、ピテンジャーの系列に沿って理解する時に、当然のこととして次のような結論が出てくる。イエス・キリストの出来事においてわれわれに語りかけて下さる神と、その出来事の外側でわれわれに語りかけて下さる神の働きとの間にある相違は、ピテンジャーも指摘しているように、程度の差であり、相対的なものとなる[38]。しかし、ピテンジャーも言っているように[39]、相違が程度の差であり相対的であることは、キリストにおける神との出会いと、他の場所での神との出会いとの間の差異が僅かであることにはならない。その差異は、相対的ではあっても、われわれの把握を許さないほどに巨大なものであり得る。さらに私は、この事実との関連で、エドウィン・ルイスが、バルトの初期の発言に言及しながら、一般啓示と特殊啓示との関係について述べた事柄を想起しない訳には行かない。ルイスの言うように[40]、一般啓示から絶対的に質的に異なっている特殊啓示は、それが特殊啓示であることさえもわれわれには知られないであろう。それを知ることができるように道備えをしてくれる一般啓示が、われわれのために存在しないからである。もちろん、バルトの晩年の立場が、ルイスの批判を相当程度にはね返し得るものであることは、特殊啓示と一般啓示との間にあるバルトの「信仰の類比」の論理を検討してきたわれわれには理解できるであろうが。

それ故に、キリストにおける神との出会いが、他の（つまり、キリストの出来事の外での）出会いから質的に相違していることをわれわれが語る時には、それは（両者の出会いが含みもつ）程度の差を排除するような意味で語られてはならないのである。キリストにおいてわれわれと出会って下さる神は、神ご自身（totus Deus）ではあるが、神のすべて（totum Dei）ではないのである。いろいろと他の場所や他の宗教を通しての神の語りかけに出会ってきたが、結局、キリストを通しての神との出会い以上に、自分を真に生かして下さる出会いは存在しないというような意味での、実存的絶対性こそがキリスト教の絶対性なのである。それは決断前に、あるいは、決断の外側で理解されるような対象的・思弁的・客観的な絶対性であってはならない。

論述を少しく前に戻さなければならないが、カルケドン信条のキリスト論を、アンティオキア学派に従って解釈する現代の神学者たちの中には、バルトも挙げておかなければならない。ブルンナーの自己矛盾も（彼はその初期において、バルトと違って後出の注記で述べるように、シリルス的なカルケドン信条の解釈に立った）、われわれの注意を引くが――と言うのは、ブルンナー――はその著書『仲保者』[41]においては、キリストによる神との出会いの（他との比較における）質的相違と絶対性とを主張したが、それにもかかわらず、バルトとの自然神学論争では、一般啓示が特殊啓示とある程度の連続性をもつものであることを肯定したからである――、バルトがカルケドン信条のキリスト論のアンティオキア学派的な解釈を肯定しながら、しかも、特殊啓示と一般啓示との相互矛盾を主張するような発言をしばしば行っているのは、私には近代主義神学への反動として以外には理解できない。一例を挙げれば、公平に見て他のいろいろの宗教の中には、キリストによる神との出会いを、不十分な形ではあるけれども指し示す積極的な真理の断片が存在する。ところが、バルトは、その事実に対してきわめて反抗的に「不信仰としての宗教」(Religion als Unglaube) について語る[42]。このような特殊啓示と一般啓示との断絶の主張が、前に述べた史的イエスへの軽視をバルトの中に生み出したのではないであろうか。人間イエスが、神に対して積極的な一般啓示として少しも役立たないならば、当然のこととして史的イエスへの関心は薄らぐからである。*

* 前には触れなかったが、エミール・ブルンナーにおいても、史的イエスへの冷淡さが目立ち、この点では彼もバルトと同じである[43]。しかし、バルトと違って、この点に関しては初期のブルンナーは論理的に一貫している。カルケドン信条のキリスト論に関する初期の彼の解釈はシリルス的であり、次のような彼の言葉を私はアポリナリス主義から区別することができない。「イエス・キリストの人格の神秘は次の点にある。われわれがこの罪深い人格をもっているその場所に、彼は、ロゴスという神的な人格をもっている、あるいは、である。なぜなら、人格とは、われわれがもつことはできないが、しかも、それであらねばならないものをこそ意味するからである。キリストは真に人間性を取られたが、人間の人格を取られたのではなかった。したがって、キリストは誘惑される可能性を取られたのである。……しかし、原罪によって汚されている腐敗した人格を取られたのではなかった。……彼はあらゆる点でわれわれと同じように誘惑を受けられたが、しかも、罪を犯されなかった[44]」。ここでブルンナーが、キリストがわれわれと同じように誘惑を受けられる可能性をもっておられた事実と、しかも、実際に罪を犯さなかった事実とを論理的に調和させようと、苦労しているのには同情を禁じ得ないが、次の点で、彼のこの言葉はアポリナリス主義と変わらない。普通の人間は、それであらねばならないところの人格をもっていないのであるから、誘惑され、罪を犯す可能性を所有し、しかも、ブルンナーの言う本当の人格を目指して進んで行く。ところが、キリストは、本当の人格がロゴスであるから、普通の人がそれを目指して進んでゆくその当の人格を既にもっているが故に、それを目指して進んで行く必要がない。ここでブルンナーは自己矛盾に陥っている。もしもブルンナーの言う通りであるなら、始めからキリスト

は普通の人間と違っていることが保証されていて、責任をもって成長して行く自由な主体ではなくなり、自然的に普通の人間とは違う。それ故に、キリストは誘惑されても実際には罪は犯さなかったと言い得る人物ではなくなり、始めから罪を犯すことができないのである。したがって、本当の意味では誘惑を感じることもできなかった存在、すなわち、人間ではなかったのである。この点に関しては、さらに次の箇所を参照のこと。(45)後のブルンナーは、『仲保者』の中に書いた自分の意見をそのまま踏襲してはいない。『仲保者』の中に書いた自分の意見がアポリナリス主義的であることを暗に認めて、シリルスにもネストリウスにもともに賛成すべき点があると主張している。このようにして、ブルンナーのキリスト論の結論は曖昧である。(46)

一見したところ、バルトによるカルケドン信条のキリスト論の解釈はシリルス的であるように考えられるかもしれない。イエスの母マリアを神の母(47)(Theotokos)と呼ぶことをシリルスに倣って肯定しているし、ビザンティウムのレオンティウスによるカルケドン信条キリスト論の解釈を支持しているかに見えるからである。(48)バルトによれば、私が前にベイリーやピテンジャーなどに賛成して述べたレオンティウスの説の批判は、ラテン語の完全な誤解からきている。今日のわれわれが人格と言っているものを、初代教会では individualitas と呼んだのであって、ギリシア語の hypostasis、すなわち、ラテン語の personalitas によって、初代教会の人々は、今日のわれわれが実存または存在(Existenz, Dasein)と言っているものを意味した。したがって、バルトによれば、レオンティウスが、キリストの人間性の人格の中心が神性の中にある、すなわち、enhypostasis と言った時には、人間キリストはその存在を神の中にもっているという意味である。(49)

バルトによるレオンティウスのこの解釈は、バルトが三位一体論の初代教会の用語である persona を、「存在の在り方」(Seinsweise)という現代の言葉に当たると解釈している事情と軌を一つにしている訳であるが、三位一体論に関するバルトの解釈の当否はさて措いて、レオンティウスの説についてのバルトの解釈が、果たして正しいかどうかは大いに議論の余地があろう。ベイリーやピテンジャーにしても、バルトによるこの解釈を知らない訳はないのであって、知った上でバルトとは異なった解釈を行っているのである。古文書の解釈には、現代のわれわれの思考を読み込む多分の危険性が存在する。

それはさて措き、仮にバルトによるレオンティウス説の解釈が正しいとするならば、レオンティウスは、私がここで展開したようなカルケドン信条のキリスト論に対するアンティオキア学派的な解釈に立った人物となる訳である。また、それと同時に、バルトがこの章で展開されているアンティオキア学派の角度から見られたカルケドン信条のキリスト論を、自分の立場にしていることは明瞭である。シリルスに賛成して、バルトがマリアを神の母と言っていることは、この点で問題にはならない。アンティオキア学派の立場に立っても、属性の交通（communicatio idiomatum）によって、そのような表現も使い得るからである。しかし、アポリナリス主義と見られる誤解を避けるため、私はこの表現を使わない方が賢明であると思うが。

バルトによれば、永遠の言葉は、父なる神及び聖霊と同じように、不可変の神であられ、したがって、変化も混合も不可能である。永遠の言葉が人間と一つになられたということは、その言葉と人間性とから第三のものが出現したということではない。それは永遠の言葉が人間性である肉をとられた（die Annahme des Fleisches durch das Wort）ことを意味する。[50] またバルトは、ルター主義と改革派との十六、十七世紀の論争に言及しながら、受肉においても永遠の言葉はその超越性を失わないで主であられるという改革派的な伝統、すなわち、「カルヴァン的な外」（extra Calvinisticum）の立場を説明している。それによると、永遠の言葉のすべてが受肉したのではなく、受肉の外でも永遠の言葉は（受肉からの超越性を保って）存在している。もちろん、受肉においてわれわれが出会う神は全き神であるが。したがって、改革派の立場は、「内も外もすべて」（totus intra et extra）であるが、それに対してルター主義の立場は「内においてすべて」（totus intra）、すなわち、受肉においては永遠の言葉のすべてが受肉したというものであった。[51] バルトはこの両方の立場が不十分であることを指摘し、結論を出すことを拒否しているが、しかし、彼がルター主義の主張を改革派の伝統の中で生かすべきであると強調していることから明瞭であるように、バルトは改革派の伝統の方に好意的である。[52] 以上のようなバルトの態度は、私がここに展開したカルケドン信条のキリスト論のアンティオキア学派的な解釈と、本質的には異なるものではない。バルトがこのような立場をとっているからこそ、信仰の類比という論理も成立する訳である。ただし、私がカルケドン信条のアンティオキア学派的な解釈から引き出したいと考えるような、一般啓示と特殊啓示との間に問いと答えの関係を設定することには、バルトは反対であろうが。

さてこのように思索を展開してくると、古典的な教理が、イエスの無罪性という表現で言い表したことが、次に問題となる。この古典的な教理によれば、イエスは罪を犯すことが全くなかった無罪の人間として考えられている。この古典的教理の欠点は、イエスの無罪性が抽象的に取りあげられていることである。むしろ、無罪性という消極的・抽象的な言葉よりも、これをイエスの服従という、積極的な言葉に置きかえる方が正当であろう。その時には、それを次のように言い現すことができよう。イエスは、罪の赦しという神からの愛の言葉が、具体的なご自分の生を通して象徴されるのに十分な程度の服従を、神に捧げることができたのである。キリストがその存在を通して神の愛の出来事が起こる程度にまで神に服従し、ご自分を空しくして下さったが故に、人間としてのイエスの出来事と、神の罪の赦しとしての愛の出来事とが、同時にキリスト・イエスにおいて、一つの出来事として存在し得たということである。これはゴーガルテンが、イエス・キリストが神であり同時に人であって、その神性と人間性とが一人格として存在するというカルケドンの古典的なキリスト論を、実存論的に解釈している方向である[53]。私は、このゴーガルテンの方向を正しいと思う。繰り返すならば、イエスが神に服従して下さったそのおかげで、歴史の内にユニークな神の言葉である出来事が、イエスにおいて起こったのであり、それ以後も教会において生起し続けるようになったのである。そのユニークな出来事こそは、罪人であるにもかかわらず、神がこのわれわれを愛して下さるという出来事である。これこそキリスト論の真の意味ではないだろうか。そして、これこそ、デュボースやピテンジャーが主張しているような解釈に立つ、あのカルケドンの信条の正しい理解ではないであろうか。以上において私は十分に、実存論的神学のキリストが、実はカルケドン信条のキリスト論の正しい解釈であることを証拠立てることができたように思う。しかも、次の事実にも注目すべきだろう。実存論的なキリスト論によると、カルケドン信条のキリスト論の告白しているイエス・キリストの二つの本性、すなわち、神性と人性とが、神の歴史と人間の歴史、あるいは、神の行為と人間の行為という方向に解釈されている訳であるが、D・D・ウィリアムズが指摘するように、現代神学はこの方向を辿りつつあるのであり、実存論的神学もその例外ではない[54]。

このような実存論的なキリスト論の理解は、キリストを思弁的に理解するものではなく、むしろ歴史創作的に、すなわち、人間が自分の生を真に創作していくという角度から理解することである。キリストの服従（Gehorsam）を通して——それはキリストの一つ一つの行為における服従ではなく、キリストの存在そのものが父なる神への服従に浸透されていたことを意味するが——、神が人類に対し赦しの言葉を語り、人類を顧みて下さった事件が起こったのである。同時に、キリストはこの世と一つとなり、われわれをいわばご自分の存在の中に取り入れ、われわれと一つになることにおいて、神の憐れみを抽象的・観念的にではなく、具体的・象徴的に——これこそ受肉の真の意味であるが——、われわれに与える事件となって下さったのである。

このように実存論的に考えられたイエスも、やはり何か他の人間とは違った神秘をもっているように見える。それ故に、このような史的イエスの理解も決して、古典的な形而上学的なキリスト論の理解がもっていた秘密（Geheimnis）や神秘を全くなくしてしまうようなことはない。そうではなくして、このような実存論的な史的イエスの理解も、古典的で形而上学的なキリスト理解と同じように、われわれの理解を超越する秘密を内に蔵している。実存論的な理解は、ゴーガルテンが言っているように、決してイエスの秘密をなくすところにその重点を置いているのではなく、むしろ、真にその秘密を歴史的なものとして理解することに、言い換えるならば、その秘密がわれわれの実存と深い関係をもつものとして理解するところに、その意図がある。われわれはここで、既にわれわれがブルトマン後の神学者たちの史的イエスに対する態度について論じた事柄を、想起しなければならない。イエスとの実存的な出会いの中には神秘が存在するのであり、われわれは、神秘が存在するという現実を主観的な暈《ぼかし》によって閑却するのではなく、実に、主観‐客観の構造を乗り越えた史的イエスとの同時性の出会いにおいて、その神秘を素直に受け取らなければならないのである。そして、それを素直に受け取ることが、歴史創作的な方向にわれわれを進ませるのである。この神秘に気づきながらも、それを神秘として保つことを拒否する時、人間は宿命によって内側からこなごなに破壊されてしまう。というのは、この神秘こそ、神がともにいて下さるという現実であり、人間と世界（歴史と自然）との土台たるアガペーであり、史的イエスにおいて決定的な形で受肉されたものに外ならないからである*。

＊　この神秘を思弁的・形而上学的にとった一つの例として、ここにケノーシス・キリスト論と普通呼ばれているものについて述べておくのも必要なことであろう。神の子の謙虚を問題にするいわゆるケノーシス・キリスト論は、神のロゴスが、その神性のもつ属性のいくぶんかを棄てて、人間になるということであるが、この説では謙虚が思弁的・存在論的に考えられている。もしも思弁的・存在論的な謙虚にキリスト論の中心が置かれる時には、それはアポリナリス主義の思弁と同じになってしまい、その謙虚は私の実存と結合してこない。私はその謙虚を思弁する傍観者となってしまっている。ここに、例えば英国の神学者、ピーター・フォーサイスのキリスト論の欠点がある。イエス・キリストにある神秘は、愛において求められなければならない[55]。

イエスの出来事において、厳密にいえば、聖書の中にキリストとしてのイエスとして書かれている画像と、類比の関係にある画像をもつ人物において、赦そうとして語りかけておられる神、その行動の中における神ご自身と、われわれは出会うのであり、これこそが、イエスの出来事においてわれわれが出会う秘密なのである。そして、神ご自身とのこのような出会いを積極的に言わない時には——そのキリスト論がカルケドン信条のキリスト論とも異なるのはもちろんであるが――、われわれは決定的なあるものを欠いていると言わなければならない。それは、イエスの出来事が同時にそのまま、神の出来事でもあるという告白である。

ゴーガルテンが、われわれが体験する世界の神秘を、結局のところ、神が世界とともにいて下さるということである、と結論したことをわれわれは前に述べたが、それと同じことが、決定的な仕方でイエスの出来事についても言われるのである。イエスの出来事における秘密と彼が言う事柄も、イエスというその人間の出来事において、語りかける神ご自身とわれわれとの出会いが生起すること以外の何ものでもない。そしてここに、ベイリーのキリスト論を述べながら私が既に述べた事実が当てはまる。われわれが体験する世界の神秘、すなわち、神が世界とともにおられるという事実と、イエスという人間の出来事において決定的な仕方で行為される神との出会いをわれわれが体験するという事実とは、完全には質的に断絶していない事柄なのであり、その間には類比の関係が成立しているのである。

さて、いよいよ私は、キリスト論についての決定的な発言をしなければならない箇所にきた。実存論的なキリスト論が、同時に一つの出来事である二つの出来事、すなわち、人間イエスの神へ向かっての運動――愛や服従の行為――という人間的な出来事とわれわれが一つになることを要求し、それと同時に、その出来事において神がわれわれに語りかけて下さっている、つまり、赦しと愛を語りかけて下さる神ご自身を体験するように要求していることは、実は、カルケドン信条のキリスト論の言っている、キリストにおける神性と人性との本質的・存在的な関係（Seinsverhältnis）の統一を表現しているもの以外の何であろうか。と言うのは、キリストの神性とは、神からの罪の赦しを土台とした愛を本質とするもの以外の何ものでもないし、キリストの人性とは、愛による神への服従以外の何ものでもないからである。その両者を一つの存在の在り方（hypostasis）として生きていたのが、イエス・キリストであった。ティリヒの用語を使えば、決定的に神律的に生きたキリストとしてのイエスにおいて、混合せずにしかも分離せずに、神の出来事と人間の出来事とをわれわれは体験するのである[56]。実存論的な前述の角度以外の見地から、キリストにおける神性と人性との本質的・存在的な関係における一致を主張するならば、その時には、神性と人性との両者が、真実に人格的な存在として考えられてはいないのである。したがって、実存論的な解釈こそが、カルケドン信条のキリスト論の現代用語を使っての正しい解釈である。

さて、このような実存論的な立場からキリスト論を理解した上で聖書に接する時に、そこに記述されているイエスの誕生前の事柄、また、イエスの十字架の死後の事柄などは、すべて神話であり、仮にわれわれがそれらを文字通りに信じても、われわれの実存には何の意味ももたないものであることがわかってくる。イエスが神の子の受肉であり、処女マリアより生まれ、十字架の死の後には復活し、昇天し、やがて再臨される、というような聖書の記述は、その当時の世界像と密接に結びついているところの神話であり、ここでは、イエスの人格の秘密を思弁的に探ろうという、いわば、イエスを対象的に眺める傍観者的思索の展開が、聖書記者たちによってなされているのである。われわれの信じるところによれば、聖書自体の中で既に、そのような思索が信仰者の真に実存していこうとする態度とは無関係であり、むしろ、信仰者本来の生き方を妨げるものであると既に結論しているのであった。このような（むしろ邪魔になっている）神話によって、聖書の著者たちが言おうとしていることは、実は、イエスの人格の秘密の思弁的な構成ではなく、イエスが神の言葉としての事件であるということである。詳説すれば、神の子の受肉や処女降誕の神話は、イエスの存在が神の特殊な賜物であり、とイエスの出来事によって究極的な神の言葉が語られていること、を告げ知らせる神話的表現である。さらに、イエスが復活し、昇天し、神の許に今もおられ、やがてこの世の終わりに再臨されるという神話は、イエスにおいて与えられた神の言葉が、このわれわれの人類史の続く限り、われわれの実存を支配するような真理であることを告げ知らせる神話である。すなわち、それは、この人類史の続く限り、神がイエスの存在を通し、また、それを起点として、われわれの罪を赦されるという言葉を語ったのであり、この罪の赦しこそ、われわれ一人一人を真に実存たらしめる生ける真理であることを告げ知らせている。[57] そして、宇宙でのこの地球の外における人間的存在や、または、われわれの死滅した後に生起し得る人間的存在とキリストとの関係を、われわれは神学的に問題にする必要をもっていない。それらの人類に対して神が他の方法で言葉を語ったところで、それは神の自由である。むしろ、この人類史に関する限り、キリストとしてのイエスの出来事が、実にわれわれを真に実存せしめる、神からの愛の言葉であることを信じれば事足りるのである。

4　復活・三位一体・聖霊

実存論的神学は、復活についてはどのような思索を展開するであろうか。私は復活の理解についても、ティリヒの理解を実存論的神学の正しい方向であると思う。しかも、このティリヒの理解は、ブルトマンの理解、復活は十字架の意味を明らかにしたものであるというあの理解と、少しも矛盾せず、むしろそれを徹底させると同時に、画像の類比を通して史的イエスとかかわりをもたせている優れた理解である。

ティリヒは、伝統的に三つの復活についての考えがあったと考えている。[58] 第一は、実際に現実のわれわれがもっている肉体が復活するという原始的な復活の考え方である。第二は、霊的な体験として復活を取り扱っているもの、例えば、使徒パウロによって代表されるような復活の考え方である。パウロは、われわれの現実のままの肉体が復活するのではなく、新しい霊的な身体を与えられて復活すると書いている。第三は、ティリヒによると、心理的な復活の説明であるとされている。これはわれわれの魂の中での出来事として復活を考えることを意味する。例えば、イエスの弟子たちの心の中において復活の体験が起こったとするような考え方である。ティリヒ自身の考えはどうであるかと言うと、彼はそれを回復説（restitution theory）と言う言葉で表している。その説明によれば、イエス・キリストが十字架にかけられた後に何事かが起こったのであるが、それが何であったかを説明するという科学的・歴史的な出来事が、われわれにとって重要なのではない。しかし、この復活の出来事が、どのような事態を引き起こしたかを知ることは重要である。すなわち、この出来事を通して、福音書の中に現れているイエス像が神についての弟子たちの考えと一つになったのである。言い換えるならば、この復活の出来事の後では、神について考える時に、彼らの幻の中においては、その神の幻と福音書の中に表されているイエスの画像とが一つになってきたこと、神を考えるに当たり、もはやイエスの十字架にかけられた姿を除いては、それを考えられなくなってきたこと、これが復活である。

私はこのようなティリヒの考えが、非常に実存史的なものであると思う。すなわち、今のわれわれが神を考える時に、もはや福音書の中に現れているイエスの画像を除いては考えられなくなってしまったということ、そして、そのような神が、われわれに実存的な決断を要求する神であるということ――このように考えるならば、私は明らかにこのような復活の考え方は実存史的なものであると思う。これはもはやブルトマンが批判するような意味での神話ではない。空虚の墓に表されているような事柄は、神学の次元とは異なった純粋に科学的な歴史の資料研究に任せておけばよいことである。もはや、私は神学者としては、その真偽についての発言をする必要をもたない。私も賛成する以上のティリヒの復活の理解は、キリスト論の正しい理解を背景にしていることは言うまでもないであろう。イエスの神との一致が、そのアガペーの画像が中心になって露わにされたものとして、復活が考えられている。

このように考えてくると、三位一体論はどのような仕方で考えられるのであろうか。私はここに三位一体論について詳細に論じるだけの余裕をもたないのであるが、しかし、三位一体論はキリスト論を支える土台であるが故に、これについて触れないでキリスト論を終わることは不可能である。もちろん、私の三位一体論を取り扱う角度も、キリスト論を取り扱った角度と同じように実存論的なものである。キリストとしてのイエスの出来事が、神からの愛の言葉、赦しの語りかけであるという実存論的な事実を支持するような仕方で、三位一体論も考えられている。

いわゆる社会的三位一体論（social trinity）は、まず、退けられなければならないであろう。例えば、レナード・ホジソン（Leonard Hodgson）の三位一体論がそれである。[59] ホジソンによると、父・子・聖霊という三人格は、それぞれが心理的な人格の中心をもった三者であり、この三者が、互いに自由意志をもって協力的に造り出した有機的な統一が、古典的な定義の一つの本質に当たる。これは次のような点において、決定的な誤りを犯しているように、私には考えられる。古典的な三位一体論が「三位格にして一つの本質」（tres personae, una substantia）という言葉で表現した三位一体論の人格（persona）という語は、われわれが今日意味するような心理的な人格の中心を、初代教会の用語においては意味していない。バルトが指摘しているように、今日のわれわれにとっては、存在の在り方（Seinsweise）を意味していると考えるべきであろう。ホジソンの説は、彼自身が弁護するようには、カッパドキアの教父たちの中にも明瞭な形では現れていない――それへの傾向は現れているかもしれないが。故に、彼の主張する教理史的な根拠も薄弱である。ホジソンの誤りは、前述したように、三位一体論の用語である人格を現代的な人格観念と間違えたことからきている訳であるが、バルトが指摘しているように、現代的な人格観念をどうしても当てはめようとするならば、三位の方にではなく、一体の方に当てはめるのが、まだしも妥当であろう。[60]

キリスト論とも関係があるが、異端的な三位一体論として考えられているものに、いわゆる勢力論的単一神論（dynamic monarchianism）がある。それを主張した代表的人物であったビザンティウムのテオドトス（Theodotos of Byzantium）によると、イエスは処女マリアより生まれて聖なる生活を送っていた人間であったが、その受洗の時に、神たるキリスト、あるいは、聖霊が降下し宿ったのであった。また、サモサタのパウルス（Paulus of Samosata）によれば、ロゴス、すなわち、神の子――これは非人格的な神の属性の一つを現したものであった――であり、また、神の力でもあるものが、人間イエスを満たしたのである。イエスは処女マリアより生まれた独自の存在であったが、この神の力の充満を通して、愛により意志的に神と一致した。しかし、その一致は道徳的であり、不可分離的ではあったが、本質的・存在的な一致ではなかった。この一致のおかげで、イエスは死人の中から甦り、神を代表するような神性を獲得したのである。パウルスの説が、キリスト論的に言って不十分なことは明瞭である。なぜなら、われわれがそのようなキリストにおいて出会う神は、カルケドン信条のキリスト論が主張しているような、あの愛の行為において語りかける神ご自身、全き神（totus Deus）

――もちろん、神のすべて（totum Dei）ではない――ではなく、非人格的な神の属性だからである。全き神との出会いを主張することのできなかったパウルスが、キリストにおける神性と人性との道徳的な一致以上の事柄を語ることができなかったのは当然である。実に、本質的・存在的な一致とは、全き神と全き人間との一致であって、神ご自身の人格的・中心的な参与のことであり、神の属性の一つが参与したことではない。この説が、キリスト論として受け入れがたい以上は、もちろん、三位一体論としても、受け入れることができない。しかし、これには、三神論になることへの危惧が隠されていたのであり、神の唯一性を守るという真理契機を内に含んだ異端でもあったのである。

これと同じような真理契機を所有していたものに、サベリウス（Sabellius）によって代表されていた様態論的単一神論（modalistic monarchianism）という説があったが、これは唯一の神が、三つの時間的に区別されたそれぞれの環境下に、違った様態によって出現されたと説いた。すなわち、神は、キリスト前においては父なる神として旧約の律法の授与者であり、キリストにおいては子なる神として受肉され、キリスト昇天後においては聖霊なる神として使徒たちに霊感を与えられた。したがって、十字架にかかったキリストは、実は、父なる神でもあったと主張し、十字架上のキリストの苦しみを、そのまま父なる神の苦しみでもあると主張したところから、この説はまた、父神受苦説（patripassianism）とも呼ばれたのである。

様態論的単一神論が、神学的に不十分な三位一体論として、初代教会のキリスト論論争によって退けられた理由は明白である。この説によると時間的な継続の関係にある三つの形態で、われわれは単一の神のすべてと出会うのである。当然問題になるのは、この単一の神がイエスに受肉されていた間、宇宙を支える神はどうなっていたのであろうか、ということであった。この説のように、時間的に父・子・聖霊という継続の関係で、歴史と関係をもたれる単一神という考え方は、実存論的に言って、われわれが受け入れることができないものである。というのは、現在、われわれが神に向かって決断するという実存論的な角度から、神が思索されていないからである。そこには歴史全体を、世界を眺めるのと同じ態度で、すなわち、世界観的に眺める思弁が展開されている。

実存論的な角度こそが、唯一の正しい三位一体論への接近の仕方なのである。なぜなら、三位一体論は本来、キリスト論を基礎づける思索でなければならないからである。既にわれわれは、キリスト論の正しい理解が、キリストとしてのイエスの出来事が、われわれを現在にあって、真に実存させる神の言葉であると知ることであった事実を検討してきた。そのような神の言葉であるキリスト論を基礎づけるものこそが、三位一体論でなければならないのであるから、いまさら三位一体論を論じる段階になって、世界観的思弁に走る訳にはいかない。

バルトの神学に対して私が多くの批判をもっていることは既に明瞭であるが、この点ではわれわれは、彼の神学から多くを学ばなければならないであろう。バルトが三位一体論を展開したその視角は、世界観的・思弁的な興味からでは決してなかった。啓示という、実存論的な今という時の次元で、それに向かってわれわれが決断しなければならない神からの語りかけを理解するという事態そのものの中で、バルトは三位一体論を展開した(61)。

バルトが古典的三位一体論の用語である persona を「存在の在り方」と理解したことをもって、彼が様態論的単一神論の方向を辿ったものと考えるのは当たっていないであろう。様態論的単一神論は、前述したように時間の継続にある三つの様態について語っているのであるが、バルトの場合には、単一の神が啓示という一つの出来事そのものの中で同時に三つの存在の在り方を取られているとするのであり、同一の神が、同時に三重に唯一の神なのである。

私の考える実存論的な三位一体論は、大体バルト神学のそれと同じであるが、もう少し具体的に言うとどうなるであろうか。神に向かって決断するという現在の神との関係の中で、今われわれが神を思索し抜く訳であるが、その時には、どうしても人間の唯一の神との交わりが、三つの存在の在り方を取られる唯一の神ご自身と、同時に出会わない訳にいかないという主張が、実存論的神学の主張なのである。イエスによってわれわれと出会われる、歴史の中に入り込んで来《き》られた神を、伝統的な神学は子なる神という言葉で表現した。また、われわれの神への決断という体験の中で、逆説的な仕方でわれわれと出会って下さる聖霊なる神がある。すなわち、神の方が愛のイニシアティヴを取って下さったおかげで、人間がその神の罪の赦しの愛に応答できるという形で、われわれに対してイニシアティヴを取られる聖霊なる神である。また、われわれの決断に向かい合って存在する、世界に超越されている父なる神が存在する。このように人間との三つの関係の在り方の中で、三つの存在の在り方によって人間と出会って下さる唯一の神と、人間は一つの実存的な関係、すなわち、信仰という関係をもつ。これこそ実存論的な三位一体論の解釈である。ここには、古典的な三位一体論の用語を借用するならば、父・子・聖霊という神の三つの存在の在り方の相互浸透（perichoresis）が存在する。

実存論的神学は、古典的三位一体論に倣ってバルトが主張しているように、三つの存在の在り方について厳密に語らなければならないであろう。単に、唯一の神とわれわれとの関係が三重になるという主張だけでは、不十分である。このような存在の在り方は、実存の決断とは縁遠い神についての思弁のように一見して思われるかもしれないが、実はそうではない。人間と出会って下さる神の「愛」という実存論的な事態を究明するならば、どうしても三つの存在の在り方を神が取られると言わない訳には行かなくなる。

既にキリスト論で述べたことであるが、イエス・キリストの出来事において神のすべてがわれわれと出会われるのではない。もしそうであるならば、それは様態論的単一神論であろう。しかし、キリストの出来事においてわれわれと出会われるのは、神ご自身、全き神である。比喩である以上はいつも不十分な表現であることを覚悟しなければならないが、この事情を芸術家とその作品との関係に譬えてみることができよう。芸術家の作品が魂を打ち込んだものであればあるほど、その作品に接した人々に——芸術家のすべてがそこにある訳ではないが——、その作品と混同はできないが、分離もできない仕方で、芸術家その人を感じさせる。その作品が魂を打ち込んだものであればあるほど、それはその人の雰囲気を伝えているという表現ではすまされないものを、それに接する人々に感じさせる。その人自身が、その作品によって、そこにいるのである。この比喩は、何故にキリストにおいて人間と出会って下さるのが神ご自身でなければならないか、すなわち、何故に神はキリストの出来事の外でも全き神であるという存在の在り方を取りつつ、同時に、キリストにおいても全き神であるという存在の在り方を取らねばならないか、を指し示している。愛が相手を本当に愛する時には、相手への愛の行為の中にその人自身が没入する。身の入らない愛し方は本当の愛ではない。ユニテリアズムやアリウス主義は、この理由から排斥されなければならない。しかし、その人のすべてがそこに入ってしまったならば、それは盲目的な愛であり、愛する主体の自己喪失である。これこそ、父神受苦説が、実存論的に言って受け入れがたい理由である。キリスト教の福音は、自己の完全な滅却を説かない。自己はその古き自我を十字架にかけ、死んで甦《よみがえ》るのである。自己喪失の愛は、神についても、人間についても語られてはならない。アリウスに対するアタナシウスの闘いを、神学的に意味あるものと考える私の実存論的理由がここにある。

以上と同じ事情が、われわれに決断を促す聖霊についても言えるのである。

今までに私が展開した思索は、実存論的な角度から見た——伝統的な三位一体論の用語を使えば——摂理的な三位一体論（economic trinity）である。人間を救うための摂理的な働きを神がどのように成就して下さったかという角度から、三位一体を論理的に展開したものである。しかし、伝統的三位一体論が永遠の三位一体（eternal trinity）、あるいは、本質的な三位一体（essential trinity）と言っているものは、実存論的に考えられた場合、どうなるのであろうか。伝統的三位一体論によれば、普通これは歴史を離れても、すなわち、人間の救いとかかわりをもたないところでも、神は、永遠の本質において三位一体であられるということであった。歴史を離れての神の本質を思索することは、もちろん、実存論的な神学の立場から、対象的思弁として退けられなければならない。ところが、ティリヒは本質的な三位一体論を実存論的に解釈し直して、見事な展開を示している。神の（永遠の）生命と本質的な三位一体論とを関係させて、彼は思索しているのである。ティリヒは、永遠を時間の外側で思索せず、時間の深みとして理解することにより、神の永遠の三位一体について思索しているのであるが、これこそ正しい永遠と時間との存在論的思索である、と私は思う。この点については次の章で取り扱うことにして、今はティリヒの三位一体論を追うことにしよう。

神は、いつでもご自分の外に歩み出る。そして、外に歩み出たそのところで、いつも新しく創造の行為をなさる。外に歩み出る前の神（父なる神）と、外にご自分が出られてそこで創造的行為をされた神（子なる神）と、その創造的行為を通して新しい体験をご自分の中に摂取され、また、新たに外に出られる姿勢を取られる神とは、すべて同一の神である。そして、外に出られる前の神と、出られた後の神とを繋いで、創造性の豊かさを（神ご自身に）体験させる神こそが、聖霊なる神である。

すなわち、象徴的な用語を使っての発言であるが、「存在そのもの」（Being Itself）である神は、創造の行為による具象の出現の前においても神なのであり、これは神の深淵である。この深淵こそ「父なる神」という象徴の意味するものであり、そこから、また、それに究極的には基礎づけられて、あらゆる具象が出現する。しかし、直接的には具象は、深淵の神からのロゴス、すなわち、神の形相を与える要素によって支えられている。ロゴスは神の自己顕現（self-manifestation）であって、これが「神の言葉」、「子なる神」という象徴の意味するものである。そして、以上の二者を統一して、そこに一貫した人格的な神の生命の流れを創る原理こそが、「聖霊なる神」という象徴の示しているものである。父なる神は、神を神とする原理であり、尽きることがない創造の力である。「子なる神」はロゴスであり、「父なる神」たる神の深淵の鏡であり、神の自己客観化（self-objectivization）の原理である。「聖霊なる神」は、この二者の具体化（actualization）である。

このようにティリヒは本質的な三位一体論を再解釈して展開しているが、この解釈がどうして実存論的であるかというと、彼の思考においては、生ける神が人間の存在の根底であるが故に、人間の生命も、このような三位一体論的な展開を自分のものとする時に、真の意味で生きられると考えられているからである。[62] 以上のようなティリヒの考えによれば、十字架と復活というイエス・キリストの出来事を通してわれわれに語りかける神の言葉と、三位一体論とは、本質的に同一の事態を表現しているのである。言い換えるならば、キリスト論を、実存論的に解釈された本質的な三位一体論が支えているのである。神ご自身の生命の展開は、ご自分の外に歩み出るという十字架の面を含んでいる。しかも、外に歩み出ることによって、その外でより高い統一である創造が生起する。すなわち、復活の象徴に現れているように、生命はいつでもより高い創造へと展開されて行くのである。

ティリヒが、このように永遠の三位一体論を実存論的に解釈したことは、私が前に述べたように、キリストにおける神との出会いと、キリストの外における神との出会いとの相違を、相対的なもの、程度の差によるものと解釈しない限り、不可能である。キリストにおいて現れた神の生命とは程度こそ異なっているが、そのような神を存在の根底としている人間の生命は、いつも三位一体論的な構造を示しながら進展して行く、というのがティリヒの主張なのであるから。ティリヒが、他の宗教においても、神は三位一体論的に考えられる傾向があると指摘しているのも、そのような立場に立ってこそ理解される発言である[63]。

また、ティリヒの三位一体論で注意されなければならないのは、バルトの「存在の在り方」との関連で私が指摘した事柄、すなわち、ティリヒの言う神の生命の三つの原理が、それぞれそこでわれわれが出会う神ご自身であること、全き神であることが、もっと明瞭に述べられなければならなかった、という事実である。さもないと、ティリヒの三位一体論はサベリウス主義、あるいは、様態論的単一神論であるという、タヴァードの批判が当を得ていることになるであろう[64]。

さらに、われわれはここで、ティリヒの聖霊の思索の中にある危険性を見逃してはならないであろう。ティリヒにおいては、聖霊の働きが、「我と汝」という神と人間との人格的な出会いの次元を超えた、非人格的なものと考えられてしまう恐れがいつもある。このことは、彼の存在論についての私の批判からも明瞭であろう。以上の若干の点さえ注意するならば、ティリヒによる永遠の三位一体論の解釈は、私も歓迎したいものである。

5　贖罪論――神と悪魔との闘争

われわれはこれまでに、キリスト論の検討を行ってきたのであるが、もちろんそれから切り離すことができない仕方で、贖罪論が存在する。この二教理は、互いに有機的な関係を保っているものであるが、一応今まででキリスト論の考察を終わり、これからは贖罪論の考察に移って行きたい。

さて、キリスト論は、一つの正統的な、また、普遍的な教理として、初代教会において既に確立されたと言える。一方、キリストの業の効用に関する教理、すなわち、贖罪論については、教会の教理の歴史において、普遍的（catholic）な正統説とでも言うべきものは、これまでに存在しなかった。わわれわれが普遍的な正統説であるかのように考えている満足説や刑罰代償説は、教会の教理の歴史においてはそれほど古いものではない。それらは恐らくアンセルムスの『神は何故に人となられたか』（Cur Deus homo?）以後において、十分な組織的形態を取ってきたものであると言えよう。今ここに簡単ではあるが、教会の教理史上に大きな役割を果たしてきた贖罪論について紹介してみよう。

第一に、グスタフ・アウレンの言葉を使うならば、古典説（classic theory または劇的説 dramatic theory）と呼ばれている贖罪論がある。[65] これは非常に古くからあった贖罪論で、教会教父たちはほとんどがこの贖罪論に立っていたということができる。この贖罪論は、悪魔的な勢力と神との間の、劇的な闘いを主題として展開されている。すなわち、神はキリストの十字架の死と復活とを通して、悪の諸勢力のすべてに対して偉大な決定的な勝利を得られたとするのである。したがって、これらの悪の勢力は、もはや人間に対する支配権力を失ってしまった。人間はキリストへの信仰を通して勝利に満ちた神との交わりに入る。そして、既にこの地上において、来るべき神の国の力を前もって味わっているとする。もちろん、人間がこの地上に生きる限りは、悪魔的勢力がその余力を人間の上に保っているのであるが、神と悪魔との間の決定的な闘いはあの十字架と復活で終了しているのであり、勝利は神のものと決定している、とこの説は言う。このように、神と悪魔との闘いという宇宙的な劇が、神の悪魔的諸勢力に対する勝利で終わることが、この古典説によれば、贖罪を構成しているのである。なぜならば、神と被造物世界との間に、それが新しい和解の関係を成立させるからである。それだけではない。（これまでの叙述から明らかなように）この贖罪論では二元論的に、神と敵対的諸勢力との関係が一応は考えられているのであるが、しかし、この贖罪論の特徴は、これらの諸勢力が終極的には、神の意志に対する奉仕をなさざるを得ないものと見られているところにある。言い換えるならば、これらの悪魔的諸勢力は、神に敵対する諸勢力であるとともに、一面では神の業を執行する代理者たちでもあるのである。この面から見るならば、神に敵対する諸勢力に神が勝利を得たことは、神が神ご自身と和解するという意味をもっている。そして、この説の特徴は、後に述べる司法説などとは異なって、神ご自身が始めから終わりまで、この贖罪の業を果たされるところにある。確かに後に述べる司法説においても、贖罪の行為の根源は神の意志の中にあるとされてはいるが、しかし司法説においては、贖罪は人間としてのキリストが、神に対して捧げるものとされている。ここには、この古典説に見られるような、始めから終わりまですべてが神の継続的業であるという面が、軽視されている。司法説では、神の業である贖罪行為の途中で、人間としてのキリストの業が入り込んできている。今まで考察してきたところから理解されるように、この古典説においてこそもっともよく神のアガペー的意志が現れているように、私には思える。

第二に取り扱いたい重要な説は、司法説（juridical theory）である。これは中世のアンセルムス及び宗教改革者たちがもっていた説である。ただし、スウェーデンの神学者たちの研究によって、宗教改革者マルティン・ルターが、この説を主張する方に傾いていたのか、または、既に取りあげた古典説を主張する方に傾いていたのかは、現在論議のあるところではあるが、しかし、ジャン・カルヴァンが、この司法説を保持していたことは疑う余地がない[66]。

この司法説の中に、いわゆる満足説と言われているものと、刑罰代償説と言われているものとの両方が含まれていることを、私は意味している。満足説は、その代表的な例が、前掲のアンセルムスの『神は何故に人となられたか』の中に書かれている。ここでの満足という概念は、中世における個人法（private law）から取られた概念である。すなわちそれは、なされた悪に対しての償いを意味している。ところが、神に対して犯した罪のためには、人間は償いをなすことができない。なぜならば、その罪は無限の完全者である神にかかわるものであり、したがって、その罪責も必然的に無限であるからである。ところがもしも、この人間が神への罪責に対するこのような満足をなし得ないならば、人間を創った神の目的は破壊されてしまうと言ってもよい。神は人間を神からの祝福に与からせるために創造したからである。さて、今述べたように、ここで人間に要求されている償いは無限である。神ご自身のみがそれを供給することができるものである。それ故に、神はキリストにおいて人間になられたのであり、その一人間において神の永遠の独り子が、一人格を形成するような仕方で人間性とご自身を結合されたのである。すなわち、この神人であるキリストは、人間にとって最高の義務である神への完全な服従の生涯を送り、ご自分の生涯に不当な死を体験し、そのことによって人間のもっていた神への負債を、神が満足されるような仕方で支払ったのである。さらに、神に対する負債を支払ったキリストの態度が全く自発的なものであったが故に、キリストの功績は無限である。正義のために、神はその功績に対して報いを与えなければならない。しかし、神の独り子が神から要求することのできる報いは、全くないのである。そこでその報いは、罪の赦しという形で全体としての人類に向けられた。この報いが、恵みの手段である聖礼典を通して、信仰者にまで伝えられるというのが、アンセルムスの贖罪論である。

刑罰代償説と言われているものは、ルターがそうであるかどうかはさきほど問題にした点であるが、とにかく、カルヴァン並びにそれ以後の多くの神学者たちによって採用された贖罪論である。この刑罰代償説とアンセルムスの満足説とを歴史的に繋ぐような神学者たちが、時代的に両者の間に存在する。例えばボナヴェントゥラ（Bonaventura）やトマス・アクィナスなどに見られるのがこの連結的観念であるが、彼らにおいては満足か刑罰かというアンセルムスの選択が棄てられている。アンセルムスは、人間としてのキリストが神に対して満足を支払うか、または、神の刑罰を人間としてのキリストが背負うか、というように、この二つを対立概念として取り扱い、前者を選んだのであった。

ところが、ボナベントゥラやトマスにおいては、一人の人間が他の人の罪のために刑罰を受けることは、同時にその罪のために満足をなすことでもある、という概念が現れている。したがって、刑罰代償説の満足の概念は公法（public law）から取られた概念である、と言うことができる。すなわち、ここでは、法廷における裁判者として神が考えられている。アンセルムスの場合のように、ともに審判者の前に呼び出された二人の人物のうち、一人が他に対して満足を支払うような角度からは、贖罪論がここでは展開されていない。ここでは、満足が刑罰を要求する法廷的正義として取りあげられている。すなわちそれは、刑罰を通しての満足であると言うことができる。満足が、人間の罪のためにキリストがそのすべての刑罰をご自分の上に背負われたという意味において成就されたものと取られているのである[67]。

以上のように、司法説は満足説と刑罰代償説に大体区分できるものと思われるが、しかしこの両者において共通な点は、イエス・キリストが人間として人類の罪の責任を背負い神に服従を捧げることにより、神を満足させて下さったということである。この満足についての概念の相違は、以上のようであるが、とにかくキリストの死は、われわれのための代理的死であった。ここでは古典説とは異なって、人間としてのキリストが、贖罪の主要因として強調されている。

第三に私の取りあげたい説は、中世の神学者ピエール・アベラール（Pierre Abélard）によって代表されている主観説（subjective theory）と言われているものである。この説によると、イエス・キリストの生涯と死とは、何らそれ自体では特別な効果を人間と神との関係に対してもったものではなく、むしろ、既に常に真実であった真理の明白な宣言という以外に、何も意味をもたない。既に常に真実であった真理とは、人間を神が父のような愛をもって赦し愛することである。したがって、贖罪の結果が効力を発揮するのは、人間の魂がイエス・キリストの影響下にきて、その真理を受け入れ、悔い改めに導かれた時である。この贖罪論によれば、人間が悔い改める前には贖罪の効果は存在しない。神と人間との間に、その前には存在していなかったような新しい関係を、イエス・キリストの生涯と死とがもたらしたのではなく、むしろ既に両者の間にあった関係に、キリストを通して人間が自覚的に目覚め、それに積極的に参与するに過ぎない。この説の長所は、信仰者の存在が贖罪の主要因として、その中に取り入れられていることである。この点が、前の古典説や司法説には欠けている。前の二説においては、キリストが人々のために何かをしたのであって、信仰者一人一人の実存はその贖罪の業に、直接的には参与していない。いわばそこでは、信仰者は贖罪の劇を眺めて、それからそれに飛び込むのである。ところがこの主観説においては、実存の参与がそのまま贖罪として見られている。

6 痛み、苦しむ神——贖罪愛

このようなキリスト論並びに贖罪論は[68]、この私の実存にとって一体どのような意味をもっているのであろうか。過去の伝統を反省することなく、そのままに受け取っていくことは、真実の意味で伝統に忠実なものとは思われない。むしろ伝統は、絶えず今日という状況で実存的に反省され、解釈し直されて行かなければならないものであろう。伝統的な贖罪論は聖書の神話の上に基礎を置いたものであるが故に、聖書の非神話化は当然これらの贖罪論の再解釈を要求しているのであるから、このような非神話化の方向を辿ることは、決して伝統を否定することではなく、むしろ伝統を解釈し直すことである。

さて、アベラールの主張したような主観説の長所は、先に述べたように、私の実存が贖罪の主要因をなしていることである。したがって、この説の欠点があるとすれば——私はあると主張するのであるが——、それはこの説に、実存の参与がないという点にはない。この主観説の欠点は、むしろ神と人間との関係がいつでも一様なものと考えられ、神の怒りの現実が真剣に問題にされていないところにある。カール・ハイムの言葉を使って表現するならば、アベラール的な贖罪論のもつ究極的な欠点は——それはあまり顕著な仕方で現れていないけれども、結局のところ——、そのような教理は無関心の宗教を人間に与えることになる。すなわち、神の本質が、人類が神に反対してなすところのすべての事柄を超越しているという考え方が、この説の背後にある。ここに、この説に言う、神が人類との関係において無関心であるという、ハイムの批判がなされる余地が存在するのである[69]。神は真剣に罪に対して怒るのであり、いつでもその罪人を、赦し愛さなければならない義務を負ってはいない、と私は思う。この真理こそが、聖書の中で、満足説や刑罰代償説を支持するように見える神話的発言が意味している、実存論的意味内容ではないか。この点で、主観説は聖書の贖罪神話を非神話化したものというよりは、近代主義的な使信削減である。イエス・キリストが与えられたことは、怒るのが当然であるその神が、われわれを赦されたという、逆説的で驚異的な使信を意味した。いつも変わらずにわれわれを愛し赦すところの神が、たまたまご自分の赦しの愛を例証するために、キリストを歴史の中に送ったというようなものではない。すなわち、キリストとしてのイエスの出来事が、赦すべからざる罪人をも今こそ赦そうとの、新しい、神の側に大きな犠牲を必然的にもたらした――この犠牲こそが、司法説がその神話的話法で言おうとしているものであるが――、罪の赦しの言葉であるという、このキリストの事件の恐るべき愛の事件としての性格を十分に現していない点に、この主観説のもっている最大の弱点がある、と私は思う。

　司法説の最大の欠点は、それが満足説であろうと、刑罰代償説であろうと、神が何かご自分の義を満足させてくれるものを人間の側から獲得してからでないと、人間を愛さないかのような印象を与える点にある。この説の中に伝統的な形態で表現されているような神の愛は、何ものをも自らのために求めず、ひたすらに他を愛するという、あの聖書の神の愛の観念であるアガペーと対立する。この点は、スウェーデン神学が非常に輝かしい業績をもって研究してきた点である。さらに、この司法説の欠点と考えられるものは、それが神の義と愛との相剋を言う点にある。義と対立するような愛は感傷的な甘い愛にならざるを得ない。そして、このように神の愛が義から一応切り離され、義と対立するものとしてとらえられる時には、勢いその影響がキリスト者の愛のもち方にまで及ばざるを得ないのである。さらに、アンセルムス的な形態であろうとカルヴァン的な形態であろうと、この司法説においては、ハイムがパウル・アルトハウスの言葉を引用しながら批判している次のような事実が成立する。すなわち、ハイムによれば、この説は確かに人間の罪責を直視し、そして、罪人である人間が、その罪責に対する満足をなし得ないことを証ししている。しかしこの説は、人間の罪責と神の聖《きよ》さとについての、十分に徹底した理解を欠いていると言える。なぜならこの説は、満足がいかなる形においても絶対に不可能であることを自覚していないからであり、人間としてのキリストの捧げる満足――それがアンセルムス的な満足説の形態であろうが、刑罰代償説的な形態であろうが――が、神の前にわれわれの罪責と同価値をもち得ると主張する。ハイムによれば、生と死にかかわるような闘いが、この説においては、市民的な法廷の中での交渉という形に置きかえられており、その交渉を通して、裁判官と罪を指摘された者とが、裁判の一定の規則に従って互いの理解にまで到達するということになっている。これは既に神が、人類の代表者によって影響され得る存在に変えられていることであるが、そのような神は、この世界の中で、われわれが同等の立場で取り引きのできる相手に変えられている。ところが、永遠者なる神に対しては、たとえ代表者という手段によっても、人類は何ら神ご自身のものではなかったものを捧げることはできない。神が、この満足説並びに刑罰代償説においては、われわれがその心を知ることができ、その性質、義または恵みを知っているが故に、影響をわれわれの側から与え得るものとしてとらえられているのである。

以上の叙述で明瞭にされたように、聖書の贖罪論的神話の上に基礎を置いているこれらの満足説及び刑罰代償説は、信仰者が神に対してもつべき、聖なる畏怖と絶対的な依存感とを破壊してしまう。しかし何と言ってもこの説のもつ最大の欠点は、この説では、人間がキリストのなす業に対して傍観者の立場を取ることである。司法説によれば、キリストが私の代わりに贖罪の業を行って下さるのであるから、私はそのキリストからある間隔を置いて立ち、これを傍観的に眺めることになる。もちろん、傍観者がそのキリストの業に感動して、その傍観的行為の後、自分自身をそのキリストとの関係の中に立たせることはあり得る。しかしこの場合でも、人間が神によって罪を赦されているという、神によって打ち立てられた愛の関係の直中で、感謝しつつ応答するあの真に実存的で主体的な信仰の場からは、いくぶんずれている。むしろ人間は、神がどの程度に感動的な業を、自分の罪を赦すための手続きとしてなさって下さったかを知ろうとし、その傍観者として獲得する客観的知識によって、感動させられるのを待っているのである。これは芝居見物の人々が、その芝居の演技に感動させられるのを待つのと同じ心理状態である。マルティン・ブーバーの言葉を借りるならば、人間と神との関係はこの場合、「我とそれ」の関係であって、本来の神と人間との関係がそうであるべきだと聖書が主張している——もちろん、われわれの実存論的理解によっての話であるが——、あの「我と汝」の人格的関係ではない[70]。

しかし、司法説が実存論的な立場から活かされる道もある、と私は思う。例えば、リチャード・ニーバーが実存論的な神学の立場に立ちながらも贖罪論に関する限りは、カルヴァン主義的な司法説に近いものを保持しているとハンス・フライが言っているけれども、(他の点では実存論的な立場に近い)リチャード・ニーバーが贖罪論においては司法説に近いものを採用していた事情は、そこにあるように思う[71]。ニーバーはこれを詳細に展開してはいないが、彼のような立場を成り立たせる論理と思われるものを次に述べてみよう。

隣人のために苦しむという代償的な犠牲の観念は、キリスト教的な贖罪愛に当然入ってこなければならない。ただ、司法説が失敗しているのは、それをキリストが他の人々の罪をすべて背負って下さったという仕方で、罪あるいは刑罰の正確な分量交換という形態で考えてしまったところにある。贖罪愛に当然含まれていなければならない犠牲的な愛を、分量交換という客観的な、そして、キリスト者の実存と無縁な形態で考える誤りを避けるためには、キルケゴールのあの同時性の思想をここに導入することが必要であろう。その結果は次のようになるであろう。どのような仕方であるか、われわれには神の案出された手続きを理解することができないのではあるが、今、私の罪が二千年程前のあのイエスと呼ばれた人物に背負われ、彼が釘づけにされたその十字架上で、神の刑罰を受けて解決されているのである。ここには、イエスと全人類との間の、罪あるいは刑罰の分量交換は存在しない。どのような仕方であるかはわからないが、イエスの十字架と私とが同時性を獲得して、私の罪がそこで、イエスの十字架の上で、今、解決されているのである。これは、神の行為であるイエスの出来事と私とが、実存的な同時性を獲得した上での今の交換であり、客観的な分量計算の上での交換ではない。

一応私は、このような形態においてであるならば、司法説を実存論的神学も活かすことができるとは思う。と言うのは、この形態においては、客観的な思弁が退けられているからである。どのような仕方で神がご自分の義の怒りを処置されたかが、伝統的な司法説においては思弁的に説明され、神の贖罪の手続きが問題とされていた。これは、過去や未来について客観的に思弁せずに、神との今の、脇目も振らない対話の中に生きようとする真実の意味での決断からの回避以外の何ものでもない。その理由から私は司法説を拒否した訳であるが、しかし、今述べたように実存論的に考えられた場合には、実存論的神学としても、このような司法説を受諾し得る余地が残っているように思う。しかし、この形態においてでも、まだ司法説に対しての批判はなされ得る。それはこの説が、神の愛と義との矛盾相剋という、既に批判した好ましくないあの観念をわれわれに示唆するからである。そのような理由から、私は、実存論的な同時性による解釈の司法説も自分の立場としない。

古典説の欠点はどこにあるのであろうか。ここでもわれわれは、神と悪魔的な諸勢力との間の闘争や神の勝利を、観劇する傍観者である。前にもその説を紹介したハイムは、このような古典説がもつところの、人間が神と悪魔との闘争を第三者的に傍観するという欠点を修正することによって、この古典説を生かそうと努力している[72]。ハイムによるならば、新約聖書において特にそうであると彼は主張するのだが、悪魔は人間の自由を通して働くものとされる。悪魔的勢力と人間の自由な意志的決断とが同一のものとして把握され、悪魔的な勢力が人間の自由意志的決断をその中に含むものとして把握されているが故に、この古典説には人間の実存の参与があり、決して人間はここで、神と悪魔との闘争を傍観する第三者的な存在ではない、とハイムは主張する。しかし、このようなハイムの考え方においても問題になる点は、この悪魔的な諸勢力が人間の神との対話という実存的関係に対してどのような関係にあるのか、人間の、神に向かって強烈に集中されていなければならない実存的態度は、これらの悪魔的勢力への顧慮によってその集中性が否定されないだろうか、というような疑問がなおも残ることであろう。すなわち、結局このような悪魔的諸勢力の考え方は、人間の神への実存的対話の集中性を回避させるところの、または、人間のその対話の集中性と矛盾するような意味の神話的要素ではないだろうか、という疑問が消えないのである。

現代の神学者たちの中には、以上のような伝統的な贖罪論の欠点を自覚し、これを救うために一つの新しい方向へ歩み出したように思われる人々がいる。それはキリストの贖罪の業を——古典説を生かして——神の直接的な行為とし、しかも——そこに司法説のもっている要素を生かして——、神がご自身に苦しみを背負わせることによってのみ人間の罪を赦すことができるとする考え方に明瞭に現れている。このもっとも良い例を挙げるならば、ドナルド・ベイリー、エドウィン・ルイスであろう。ベイリーは永遠の十字架を語る。その意味は次のようなものである。神は受肉においてキリスト・イエスにおける苦しみを、ご自分の本質においても背負われたのであるが、しかし同時に、神の苦しみは、単に歴史的な出来事だけではなくて、永遠のものであり、人間の罪のために今もなお神は苦しみを背負っておられるのである。ルイスはもっと徹底した考察を述べている。神はあのカルヴァリーの丘におけるイエスの十字架の出来事において、その時その場において、神ご自身の永遠の本質の中に傷（scar）を受けられたのであり、それ以後、神の永遠の本質が変化を来し、永遠にわたってその本質に傷を負う者となられた、と主張する。これら両神学者は、このような形で、神の永遠の本質に苦しみを背負わせることにより、伝統的贖罪論がもっていた欠陥を脱却しようと努力している。このような最近の贖罪論の方向において、私は次の点を注意したいと思う。それは、神の永遠の本質の苦しみと、神が人間との関係において背負われる苦しみとを区別すべきである、と私は思うからである。もう少しこの点を十分に説明するために、苦しみを神の永遠の本質にまで背負わせようとする神学的思考方向を、さらに辿ってみる必要があろう。[73]

ロシアの思想家、ベルジャエフは、神ご自身が人間の罪のために十字架にかかり、人々に神ご自身の苦しみの姿を見せ、人間はその神の苦しみの姿を見て神に引きつけられ、人間固有の自由においてこの神を信じるに至る、と言っている。[74]また、スペインの思想家、ウナムノは、神は十字架において、もっとも同情されるべき隣れむべき存在としてご自分を示していると主張し、人々はその神に憐れみを覚えて神を愛するに至るとしている。[75]なぜならウナムノにとっては隣れみこそが愛なのであるから。

このようなベルジャエフやウナムノの神の苦しみの表現は、文字通りに取られて、その背後にある彼らの意図に同情的でない立場から見られるなら、父神受苦説的である。キリスト・イエスによって神がその永遠の本質において苦しむと言うならば、そこで問題にされている神の苦しみは過去的なものである。私はここで「過去的なもの」という表現により、二重の意味を表現したい。その一は、単純に時間的過去としてわれわれの実存に決断を迫る将来的なものではないという意味であり、その二は、それに対してわれわれが対象的・非実存的取り扱いをせざるを得ないように強いられるような、将来的なものではない客観的対象という意味である。神があの二千年程前のキリスト・イエスにおいて、どのような程度にまで傷つけられ、苦しみを背負われたかを、これらの思想は問題にしているのであって、この時間的に言って過去的な神の苦しみに対しては、われわれは傍観者たらざるを得ない。しかし、問題はそれだけにとどまらない。われわれとの関係を離れて、神の永遠の本質の苦しみを語ることは、たとえそれが現在の事態について語っているとしても、神を対象化することである。その意味においても神を過去的にすることである。ウナムノの憐れみ（pity）という言葉が、この事態を良く示している。憐れみは愛とは異なり、憐れみにおいては憐れまれる相手は汝ではなく、「それ」になってしまっている。

実存論的なキリスト教の理解を前提とするならば、神を過去的なものとして提示する神学的思考はすべて、聖書自体の要求する解釈並びに理解の方向と反するが故に、退けられなければならない。しかし、愛することは、その愛する相手のために痛み苦しむことである。この要素がない時には、それはもはや愛ではない。それではどのような仕方で、神のわれわれに対する愛を語り、神の苦しみや痛みを語ったらよいのであろうか。まず、キリストの事件を、神の過去の行為との関係に限定するような仕方では語らないことが必要である。すなわち、キリスト・イエスの生涯及びその十字架を、現在神が私を愛しているその愛の関係の象徴として理解することである。神はあのキリストの生涯及び十字架に象徴されている愛で、今この私を愛しておられるのであり、その今の、神の私に対する愛の事態を語りかける、神からの（罪の赦しを根底とする）愛の言葉の原型こそが、イエス・キリストの事件である。したがって、神が今、私を愛するその愛は、私の不従順により傷つけられ、破られ、苦しみを背負い、痛んでおられるのである。すなわち、救いの出来事（キリスト）としてのイエスの出来事の唯一性は、その出来事が過去の歴史上のただ一つの時点において起こったという、度数の一回性の意味ではない。もしもそうであるならば、われわれは過去の回想に中心を置いた神関係の中に生きていることになる。むしろ、キリストとしてのイエスの出来事の唯一性は、その出来事の質にある。神が罪人である人間を、罪人であるままに受容し愛するという言葉をそこで語りかけて下さったという、この事件のもつ特質にあるのである。

この事件のもつ特質を語ったものがキリスト論であるが、われわれは既に、実存論的神学がどのようなキリスト論を展開し得るかを検討してきた。しかしここで、キリスト論と贖罪論との現在の次元での結びつきを見直してみる必要があろう。贖罪の出来事に実存が参与するというのは聖化のことであるが、聖化においてキリスト論と贖罪論とが結びつくのである。ピテンジャーが、アルフレッド・ホワイトヘッドなどの主張するプロセス哲学（process philosophy）の用語を使いながら、イエスを一つの創発的（emergent）進化の被造者であると言った時に、彼は、現在の次元におけるわれわれの贖罪への参与と過去の出来事であるイエス・キリストとの実存論的な結びつきを表現した、と言って差し支えないであろう。[76]創発的進化の被造者とは、それまでの経過（process）と本質的な結びつきをもちながらも、そこに全く新しい存在が出現したことを表現するためのこの哲学の用語であるが、ピテンジャーによると、キリスト論は、実は、イエスをそのような存在として表現しているものなのである。ティリヒの用語を借りるならば——それが最もよくピテンジャーの言いたいことを表現しているように私は思うが——、イエスにおいて、実存の状況の中にありつつ、しかも、本質的な生き方をすることができた人物がこの世界に出現したのである。そのことがティリヒの言う神人性（God-Man-hood）であった。そして、このティリヒの思考は、人間の出来事と神の出来事とがイエスにおいて一つのものとして生起したという、あのゴーガルテンの思索と本質的には同一のものであることを私は指摘した。そのような創発的進化の被造者としてイエスが考えられる時には、そのイエスの出来事以来、人類の中にイエスと類似した存在の在り方で生きる可能性が現れてきたのである。もちろん、イエスによって啓示された神の愛の力によってではあるが。これは聖書の言葉にも合致した考えである。パウロの用語を使うならば、イエスは神の子たちの間の長子であり、われわれは、やがてイエスの形に似たものに化せられて行くのである。[77]

このように、イエスの存在を現在のわれわれの可能性として考える時に、過去の出来事であるイエスの出来事が、われわれに対する現在の神の命令と約束とになる。キリスト論は、その意味において、現在の次元で考えようとする贖罪論を支持し、また、それと一つになることができる。

イエスは神の愛の象徴として現在、われわれに罪の赦しを具体的に語りかけて下さる神の言葉であり、イエスに類似的な存在として生きるわれわれの可能性を語りかけて下さる慰めの言葉である。このように考えてくると、贖罪論とキリスト論は有機的な統一を獲得する。否、キリスト論こそ贖罪論なのである。また、このように考える時に、贖罪論及びキリスト論のもつ教会論との結びつきが主張されるであろう。しかし、それは稿を新たにしていつか論じることにしよう。あの過去の歴史的人物であるイエスにおいて、キリストの事件が起こり、そのイエスにおいて、神ご自身が歴史の中で愛の語りかけをして下さった（これこそ受肉の真理である）ように、今もなお教会においてこの質的に独自な事件は、説教・聖礼典・交わりを通して実際に生起するのであり、われわれは神ご自身と、教会の中で歴史の内において、出会い得るのである。これこそ、キリストの霊が教会の中に内住するという仕方で伝統的な神学が表現してきた事柄であり、教会はこの意味において——すなわち、ローマ・カトリック的な神秘主義的な意味においてではなく、前述したような事件的な意味で——、受肉の延長なのである。実存論的なキリスト教理解が、無教会主義的・非典礼的・非礼典的キリスト教の理解を導き出すのではないかとの恐れは杞憂であって、むしろ、その逆こそが真である。徹底的に人間的であり、地上的であるものとともに、それを通し、それにおいて、徹底的に神ご自身と出会うという、ニカイア・カルケドン的なキリスト論的告白を、真に現在の出来事として教会的に問題にすることこそ、実存論的キリスト教の理解である。

もちろん、キリストの生涯及びその十字架を、現在、神が私を愛して下さっていることの象徴または原型として理解することは、あのアベラールの主観説によって代表されるように、神がいつでも普遍的な仕方で私を愛しておられ、その普遍の愛の象徴がキリストの生涯及びその十字架であることにはならない。これが誤っている点については、前述した通りである。ここで私が言う象徴は、神がイエスという存在をわれわれの歴史の中に送って下さったことが、神とわれわれとの間の新しい関係の設定であることを前提にしている。赦されるべきではない筈のわれわれを、神が赦そうと決意され、その赦しの言葉であるイエスをわれわれに与え、イエスにおいて表されている神の愛にすべてを投げかける信仰者となるように、神はわれわれに呼びかけておられるのである。イエスによって、神との全く新しい愛の関係の中に、われわれが入り得ることが、ここでは前提とされている。

ここで私は、二つの点について読者の注意を喚起しなければならない。第一に、明瞭なことであるとは思うが、「象徴」(symbol)という言葉を私は、ティリヒが「記号」(sign)と区別しているその用法に倣って用いているということである。赦しを土台にしている神の愛は、その原型的象徴であるイエスにおいて、実際そこに現在していたのであり、また、その原型的象徴に服従しつつ、現在の教会が象徴的行為(説教・聖礼典・典礼・交わり・奉仕)を行う時、そこには実際、赦しの神ご自身の現在が、それと混合せず分離せずに存在する。これこそが受肉の延長である。

第二に、象徴的に言って、神が罪人なる人間を、それにもかかわらず赦し愛そうと決意され、イエス・キリストをわれわれにお与え下さった時、神の側において起こった犠牲が語られねばならない。怒りの対象である人間を神が愛するのであるから、そこに北森嘉蔵教授の言う「神の痛み」が語られてもよいであろう。古典説の良い点であり、司法説の欠点である、あの神のアガペーが徹底的に貫徹されているかどうかの問題にも関連してくるが、この「神の痛み」は、神における義と愛との対立相剋について語らず、神の怒り（裏切られた愛への神の反動）を、キリスト・イエスの事件以来――この「以来」ということを言ってもよいかどうかは、北森教授の神学においては不明瞭なままにとどまっているように私は思うが――、克服している神を語り、その克服の時の「神の痛み」について語っているのである。それ故に、ここには、懸念されるような神の義と愛との対立はなく、神の愛はセンチメンタルなものにはならない。さらに、北森教授の場合には、人間としてのイエス・キリストが贖罪の主動因ではなく、古典説の特徴である、終始一貫贖罪が神の業であるという主張が保持されている。司法説が神話的表現で語っているのは、実に「神の痛み」のような形で言い表され得る、神の側の犠牲のことである。もしこの「神の痛み」が、キリストとしてのイエスの事件以来、今もなお、同質的に教会の中で事件的受肉をしていると言い得るならば――これが北森教授の意図ではないことの方が可能性はあるが――、この「神の痛み」はきわめて実存論的なものである。このような実存論的な「神の痛み」に目を注ぐことは、将来的な神からの使信への応答を喚起することになり、非終末論的過去回想ではなくなるであろう。

しかし次に、神の苦しみや痛みは、神の私に対する関係の内の出来事として、関係の中だけに限定されて語られなければならない。これが、実存論的神学は、なぜ父神受苦説であってはならないかの理由である。三位一体論の用語を用いるならば、「子なる神」についてのみ、このような苦しみや痛みは語られるべきなのである。実存との関係に限定された神こそ、この神話的表現である「子なる神」が意味するものである。われわれとの関係の外で、このことが語られてはならない。なぜならば、この関係を超えて、神の永遠の本質の中に、この痛みや苦しみがどのような位置を占め、影響をもつかを考え始めるならば、それは傍観者として、神を美的・鑑賞的に眺めていることとなり、信仰の厳しさにそぐわないからである。信仰とは、自分が救われて行くことに、脇目も振らずに集中して行くことである。信仰の場においては、神がわれわれの不従順に苦しみ痛みつつも、なおもわれわれを愛し続けて下さるという、愛の「我と汝」の関係だけに集中することが要求される。そこでは、神の本質について語るとしても、この関係に入ってくるだけに限定し、その関係だけに徹底的に深く生きることこそが要求されているのである。この点については、次の章で時と永遠との関係を論じる時に、詳細に述べることにしよう。

一体われわれが真実に実存しようとする時に、神がどのような客観的な手続きを経てわれわれの罪を赦して下さるか、を知る必要があるだろうか。むしろわれわれが知るべきことは、神がわれわれの罪を赦し、愛して下さるという、まさにそのことであり、また、そのために神がどれほどの犠牲を、今もわれわれのために払っていて下さるかということであって、過去の、イエス・キリストの十字架との関係においてどのような操作や手続きを経て今、神が私の罪を赦して下さっているか、ということの知識を獲得することではない。

むしろ、このように神の手続きについての客観的な知識を得ようとして心を配ることは、今罪を赦されたものとして感謝し、新しく生まれ変わって実存して行こうとする終末論的な信仰者の生き方ではないのではないか。われわれは神の愛の犠牲に感謝し、自分が新しく生まれ変わり、新しく実存して行こうとしていることのみに、ひたすら目を注ぐべきなのである。神がどのような手続きを経て私の罪を赦して下さったか、それが司法説であろうと、古典説であろうと、またはベルジャエフやウナムノの言うような苦しむ神の思想であろうと、それは私が聖書の要求する信仰者として実存することには関係のない事柄である。これらは、信仰という決断を経ないでも、なおもそこにおいて、誰にでも納得のいくような理性的な、客観的な論理を、展開しようとする努力に外ならない。われわれはここで、理性的に——信仰にかかわりなく——誰でもが把握できる客観的知識を得て、それを足がかりとして、信仰的決断をしようとする誤りを犯している。これは、われわれの側での自由の決断からの逃避であり、そこにおいてわれわれは外側から動かされようとしているに過ぎない。

このように実存論的神学においては、イエスの生涯における苦難とその十字架の死とは、「神の恵み深き愛についての、信仰にとっての担保（Unterpfand）になる。その愛は、人間がそれを拒絶する時にも、人間を棄てない」[78]のである。時間と空間との制約の下に生起した十字架というこの神の愛の象徴的事件が、生起した折の時間・空間の制約を超えて、神と人間との今の関係の、神の側の犠牲を表現している象徴であることは、神と世界とのかかわりの中でのイエスの十字架のもつ摂理的意味を、われわれに考えさせずにはおかない。

Ⅲ　死と時間

第六章　時と永遠

1　永遠の諸相――カイロスとアイオーン

実存論的神学は実存の決断を厳粛に取りあげ、それに一切を賭ける神学であるが、しかし、そのことはその決断を促す神、また、その決断の相手である神について、沈黙を守ることではなかった。決断の関係に入ってくる限りにおいては、実存論的神学は神についても語るのである。既にわれわれは、その角度からキリスト論についても考えてきた。

キリスト論と三位一体論との関係を考究した時に、実はわれわれは、この章の課題である時と永遠の問題について考察するわれわれの発想の地盤も明白にしたのである。永遠の三位一体論について論じたが、それは、実存を支えるもの、存在の根底である神という角度からであった。言い換えるならば、そこで、時間を支えるものとしての永遠について考究したのであり、時間と無関係にその外側にあるものとしての永遠については語らなかった。これこそ対象化的な思弁を避ける実存論的神学が、時と永遠との関係について考察する角度でなければならない。この章において私は、そのような角度から、時と永遠との関係について考察してみよう。

現代神学において、「時と永遠」の問題に関する神学的理解に対し、大きな貢献をした書物の一つは、オスカー・クルマン（Oscar Cullmann）の『キリストと時』である。[1]「時と永遠」がどのように理解されるべきかを問題にする場合、クルマンの見解をまずもって取りあげることが便利であると思うが、それは彼の論じるところが、われわれを直接に問題の核心に到達させてくれるからである。

クルマンは、聖書で「時と永遠」がどのように理解されているかを説明するに当たって、聖書に用いられている「時」と「永遠」に関する用語の検討から始める。カイロス（καιρός）とアイオーン（αἰών）がクルマンの問題にする用語であるが、カイロスとは、クルマンによれば、時の特定の一点を表す言葉であり、これに対してアイオーンとは「継続せる時、すなわち、有限もしくは無限の時の延長を示す」のである。[2] さて、クルマンによれば、神が救済の業を歴史の中においてなされるという点に、キリスト教の歴史に対する観点がある。聖書によれば神は、歴史に働きかける方なのである。神の特別な恵みと裁きの働きが見出される歴史の時の特定の諸点は、聖書においてはカイロイ（καιροί）と呼ばれている。

クルマンが「永遠」を意味するものとして取りあげている聖書の言葉は、アイオーンであるが、それは一方においては限定された時の延長を意味するが、また、他方においては限定されない、測定されない時の延長を意味する言葉である。クルマンが永遠との関連で特に問題にするのは、その後者の意味である。聖書的意味での永遠は、特にアイオーンの複数形、すなわち、アイオーネス（αἰῶνες）において表されるのであって、プラトン哲学における無時間性ではない、とクルマンは考える。[3] 聖書の「永遠」理解は直線的理解であって、時間過程が限りなく継続したものが永遠なのである。以上の考えは、ギリシア的「永遠」の理解が循環的であるのに対立しているもの、と見ることができる。「永遠とはアイオーネスの無限の連続である」[4] とクルマンは言う。

さらに、クルマンの考える「永遠」のもつ時間的性格を理解するために、彼が救済史を四つに区分していることを知る必要がある。四つの区分とは、創造前のアイオーン、創造後イエス・キリストの啓示に至るまでのアイオーン、イエス・キリストの復活後その再臨までのアイオーン、再臨後のアイオーンである。このようなクルマンの主張において特に重要な点は、クルマンが聖書の理解に従えば「時」は、創造の時に神によって創られたものではない、と主張している点である。言い換えれば、クルマンが明白にしようとしているのは、創造前でさえ、永遠は時間的性格を有していることである。[5] このように、クルマンは、自分が聖書の見解と信じるところに従って、時と永遠の間の質的相違という見解が全くギリシア的なもので、聖書には存在しないという結論を出そうとしている。

「時と永遠」の関係を論じるに当たって私がもっとも重要な事柄と思うのは、われわれが扱っている事柄が神学的課題であることを決して忘れてはならないということである。われわれはここで、永遠と時との関係についての哲学的理解を述べようとしているのではない。永遠と時の理解は、それが神学的理解であるならば、神とその被造物との関係について理解することである。

もちろん、クルマンも彼が「永遠はただ神の属性の一つとしてのみ……ありうるものだ」と言う時に、[6] この根本的な前提を意識している。

クルマンの時と永遠との関係についての理解に対照的なものとして、アウグスティヌスの言葉を引用し、古典的神学が永遠をどのように理解したかを明らかにしてみよう。そこでは永遠をその属性とされている神は、時の主であるが故に、永遠は時とは質的に相違している。

汝（神）は時間において時間に先んじておられるのではない。さもないと、汝があらゆる時間に先んじておられることにはならないであろう。しかし汝は、常に現在であるところの永遠において、あらゆる過去に先んじ、あらゆる未来の後に残られる。未来も過ぎ去るならば過去になるが、汝はなおもそこにおられる。汝は常に同一であり、汝の年は去り行きもしなければ、来りもしない。しかもわれらの年はすべて未来の年が来る余地を造るために、去り行きまた来る。汝のすべての年は同時的に存在している。そして、汝の年は去り行くに当たって、来るべき年によって押し退けられない。なぜならば、それは過ぎ去らないから。しかし、われらの年は、われらすべてが存在しなくなってもなおも存在しているであろう。汝の年は一日であり、汝の日は日ごとに新たになるものではなく、いつも「今日」である。なぜならば、汝の「今日」は「明日」によって滅ぼされず、「今日」も「明日」も「昨日」に続いているものではない。汝の「今日」は永遠である。それ故に、汝が汝とともに永遠な者を生まれた時、汝は彼に向かって言った。「われ、今日汝を生めり」と。汝はすべての時をお造りになった。それ故に、あらゆる時の前に汝はおられ、汝の時がなかった時はない。(7)

アウグスティヌスにおいては、永遠は「永遠の今」（nunc eternitatis）である。このような「永遠の今」という古典的永遠観の背後には、神の属性及び永遠性に関する古典的理解がある。神の全能、遍在、全知などの古典的概念の前提となっているものは、時間過程のどの一点も、比喩的に言えば、神から等しい距離にあるという考えである。以上のことは神の属性である永遠が、時の直線的な延長と考えられる場合には不可能となる。神の全知の一面である神の予知という古典的観念に一例をとって、以上のことを明らかにしてみよう。

神の予知とは時間の経過の中に起こる出来事を、すべて神が予め知っておられるということである。歴史上に起こる諸事件が、例えば科学的方法によって予告され得るならば、神が時と質的に相違する永遠をその属性としてもっておられなくても、歴史上に起こる出来事をすべて予め知り得ることはきわめて当然である。歴史的な時の経過の中に没入している人間でさえ、星や太陽の運行を予知し得る。しかし、われわれの体験の示すように、歴史は予想できない事件に満ちている。例えば、人はその隣人の決断を正確に予知することはできない。それ故に、神が未来のある点における人間の決断を予知される場合には、神は現在と未来とに超越する。すなわち、神の時はわれわれの体験する時とは質的に相違するものなのである。以上のような思考が、ギリシア的である、とクルマンが批判する古典的な永遠観の背後に存在していたのである。

クルマンは神の時間支配を、予定と神の先在の概念によって理解しようとしているが、その場合に、クルマンが古典的な永遠の理解に従ってそれを行っていると考えるならば、われわれは誤りを犯すことになろう。そのことは次の言葉から容易に明らかになる。

「主のもとでは、一日は千年のようで、千年は一日のようです」(『ペトロの手紙二』三章八節)。この後半は『詩篇』(九〇篇四節)より来ているのであるが、この言葉をもって『ペトロの手紙二』の著者は、主を待ち望むのに忍耐心なく、また、そのような希望を嘲る人々に対して注意している。ここでも目的は神が、時間性のない存在であることではなく、むしろ、神の時間の限りない延長が主張されている。そして、神のみが時間の無限性を把握しており、神にとっては、時間を計る標準が全くわれわれとは異なっていることを言おうとしているのである[8]。

以上において私は、クルマンによる時と永遠との関係についての思索を頼りとしながら、聖書の永遠と時との関係についての発言を検討してきた。それを通してわれわれが理解し得たことは、聖書においては、時と完全に質的に断絶した永遠は存在しないということである。

このような理解を得た今、われわれのなさなければならない課題は、このような聖書の時と永遠との関係についての発言を、組織神学的にどのように理解すべきかに関する考究である。

2 神の「適応性」と「傷」——ルイス

「永遠」を「時」の直線的な延長と考えながらも、神の時間に対する支配を、神の時間過程に対する部分的超越によって理解しようとする神学的努力がある。これはアルフレッド・ホワイトヘッドのプロセス哲学を採用していると思われる試みであるが、前にも触れた神学者、エドウィン・ルイスの論述である[9]。

ルイスは、『キリスト教宣言』(A Christian Manifesto)の出版に至るまでは、神の属性に関する古典的理解とともに、永遠をあらゆる時点の同時性(totum simul)並びに永遠の今(nunc eternitatis)と考える古典的な見解を所有していた[10]。しかし、『キリスト教宣言』出版後は、彼の神学に、時間過程を絶対的に支配する、全能でありすべてを予知される神をわれわれはもはや見出し得ない。ルイスの神学における古典的神観の変更の原因は彼自身の深い確信によるものであるが、それは伝統的・古典的な「永遠と時」の理解によっては、ルイスが次第に聖書の中心的真理であると感じ始めた「神の悲劇」を容れるに足る適当な場所が与えられていないという確信からである。ルイスは、苦しむ神の問題に関しては、神の受苦可能性を肯定しようとする多くの現代神学者よりも、はるかに深くこの問題を把握している。例えば、ラインホルド・ニーバーも、神の人間への愛に関する論述の中心を神の苦しみに置いているが(11)、しかし、ニーバーは、苦しむ神という概念を「永遠と時」をどのように考えるかという問題と関係させて明瞭にする努力をしていない。この点で、ルイスの方が徹底している。事情がウナムノやベルジャエフにおいても変わるものでないことは、既に贖罪論を検討した時に触れた。

　今述べたように、ルイスによれば、神がすべてを支配し、また、全知であられるという古典的神観では、彼が聖書の中心であると信じる、神の苦しみの意味を正しく取りあげることができない。神が人間の堕罪の事実を予知し、これを救うために独り子を遣わすことも知っておられたとすれば、神の行為の中には、聖書の救済思想の中心とルイスの信じる悲劇の観念が全く存在しないことになる。と言うのは、最初から何もかもわかっており、どのような事態が生起しても、それに対処する有効な方法まで決定されている時には、悲劇の要素はそこに当然存在しないからである。そこでルイスは、神の知力を制限することによって、神の悲劇を神学的に生かそうと努力する。

絶対的な全知というような純粋に形而上学的な概念を保持する結果——神にとっては、人間の救いの業が恐るべき悲劇的性格をもっていたのであるが——、その悲劇の調子を取り去ることになってしまうよりも、むしろ神の知に制限を加えた方がよい(12)。

　さらに、ルイスによれば、神の絶対的な全知は、恩恵の概念と調和し得ない。神の全知の教理に関する伝統的見解——それをルイスは堕罪前予定説（supralapsarianism）と同一視するのだが——によれば、恩恵は贖いの秩序に置かれるよりも、むしろ、創造の秩序に属さしめられてしまう。人間が神に対して反抗する前に、救われることが神によって予知されているとすれば、人間を創造することが既に恩恵だからである。しかし、ルイスは、この見解を聖書的ではないと考える。恩恵は救いの秩序に属さなければならないものである。神の予知が伝統的な意味においては否定される場合、すなわち、人間の神への反抗が、創造の時に神にとって完全には確かでない場合には、人間の反抗の後になって痛み傷つけられつつも、その苦しみにもかかわらず、神はこの人間を救うことになる。ルイスによれば、この悲劇の調子こそが、恩恵の概念に欠くことのできないものなのである(13)。

さて、ルイスにおいては、人間の意志の自由は、罪の教理を理解する上になくてはならないものとされている。「自分は、自分の自由において行った事柄に対してのみ責任を負い得る」のである。この自由の意識は、原罪という人間に定められた宿命的な事実によっても、決して不明瞭にされてはならないものである、とルイスは主張する。それ故に、神の全知の制限からも、また、人間の自由という事実からも、歴史には神にも予測することのできない局面がある、と彼は言う。

ルイスは伝統的観念である「全知」に代えて、神の「適応性」（adequacy）という観念——この観念については、序章でも少しく触れたが——をもってする。彼はこの適応性という観念の意味を、次のように説明している。

私はこの「適応性」という観念を、次の事柄を意味するものとして使用する。すなわち、神にはどのような事態にも対処する力があり、もし神ご自身の目的を達成するために、その事態が処置されねばならない時にはいつでも、神のこの力が発動される。[14]

それ故に、ルイスによれば、神が人間を創造された時に、目的達成の道程において起こるあらゆる不測の事態に対処し得るご自分の能力に信頼されていたが、人間が神に反抗することは、たとえ創造の時にその可能性がわかっていたとしても、それを完全に予知されてはいなかったのである。しかし、神は、その目的を阻む常に新しく生起するどのような事態にも、もっとも適当な仕方で対処し得る方なのである。神の恵みの出来事であるイエスの十字架の事実も、神の取られた余儀なき手段の一つであって、人間をその反抗にもかかわらず神の国の一員にするという目的実現のために、種々の出来事が生起する間に必要となったものなのである。[15]

神の適応性に対する信仰は、ルイスの神学の中にそれ以後継続して存在したものであるが、これは神を擬人化して「冒険者」（Adventurer）とする必然性をもっている。これこそが序章で、将棋差しの譬えをもって説明したルイスの神の摂理論であった。その論述を想起しながら説明を続けて行こう。

ルイスによれば、神にとっても歴史上に生起する出来事には、前もって設定された青写真もなければ時間表もないのであるから、人間を創造された時に、神は大胆にも危険を冒されたのである。神といえども歴史には偶然的事態が生起することを顧慮しなければならなかったし、また、その目的達成のためには、時の満ちるのを待たねばならなかった。[16] したがって、ルイスの考える神の予知は、限定された、きわめて限定されたものなのである。

神が未来について、ご自分の目的達成のために必要である程度において、知っておられるとわれわれは仮定してもよいであろう。しかし、どのようにして、また、どの程度まで神が知っておられるか、そして、この予知と知られ得るものとの関係はどうであるか——このようなことは全く思弁的であり、信仰の命にとってあまり関係のない事柄である[17]。

それ故に、ルイスによれば、前に不条理の観念との関係で述べたように、神の意志はその目的達成の過程において、いろいろの挫折や失望に出会われるのである[18]。このように、ルイスの考えでは、神の予知を実質的に制限することによってのみ、われわれは聖書的・人格的な神観念を擁護し得る。

生ける啓示の神は、すべてを予め知り尽くされている機械的な宇宙の操縦者ではなく、人間に対して人格的な関心を示される方であって、人間が次の瞬間に何をするかを気遣いながら見守り、人間がご自分に反抗することの故に苦しみ、深い犠牲的な愛を示して人間を救おうとされる神である。人間を神の国の一員とされるという、すなわち、人間を救うという目的を神が達成して下さることを信じるその信仰の確かさは、神がご自分のこの計画のために何を投じ得るかに求められなければならない。神はイエス・キリストにおいて神ご自身を投じられたのである。ルイスは、その神学者としての生涯の初期にもっていた古典的な永遠の理解に反して、歴史における偶然性という観念を受け入れている。永遠という観念の中に今や、過・現・未という時間的要素が、ある程度連続の形において導入される。つまりルイスにおいても永遠は、クルマンにおけるように、時間の直線的延長と考えられるのであるが、一方ルイスにおいては、クルマンよりも組織神学者らしい発言として、永遠は神の「適応性」という思想によって、時間を部分的に超越していることが主張されるのである。もちろん、この部分的超越は、きわめて擬人的なものである。と言うのは、人間もまたより小規模においてではあるが、その記憶と時間体験とによって、この種の部分的超越を体験しているからである。それは、後にフリードリヒ・フォン・ヒューゲルの永遠と時に関する神学的・哲学的思想を説明する時に明瞭になるであろう。

神の全能及び予知を制限し、また、神を冒険者として考えたのは、ルイスが初めてではない。われわれは、ルイスのように洗練された神学的な形態というよりは、むしろ、哲学的な形態においてではあるが、例えば、ウィリアム・ジェイムズの神観の中にもそれを見るのである[19]。

今までに述べてきたルイスの神の摂理に関する思索が、神話的な要素を多分に含んでいることは前にも批判した。ブルトマンの非神話化論を通過してきたわれわれにとっては——序章で触れなかったものをあげると——、例えば、アダムの堕罪の出来事を、ルイスのように、歴史上のある時期に設定することは不可能である。この神話をどのように理解するかについては、私は既にキルケゴールの思想を引用しながら論じた。また、ルイスの論述の中に現れてくる神についての表現が、しばしばあまりにも擬人的な表現に陥っていることも看過する訳にはいかない。しかし、既にわれわれが理解したように、神と人間との関係を象徴的に語ることが神話なのであるから、実存論的神学といえども、神話を完全には避けることはできなかった。われわれの決断を促すような形態で、神の摂理は考えられなければならない訳であるが――そして、これはどうしても神話的表現を取らざるを得ないが――、その点におけるルイスの思索は、実存論的神学が採用できるものである、と私は思う。私が序章で、われわれはルイスの世界観的思索の中にある実存的な意図を、実存論的に展開すべきであると言った時に、具体的に私が意味したのは、このことであった。ルイスのように、神と人間との関係を、自由な人格をもつ者同志の関係と考える以外に、実存論的な摂理論を展開する道を見出すことはできないであろう。

さらに、ルイスの摂理観が現代の状況との対話に入り得るかどうかを考察する時に、われわれはそれが驚嘆すべきほどに、現代の状況との対話に入り得る思索であることを見出すであろう。現代の状況のもつ一つの大きな構成要素は、不条理観であった。この不条理観とルイスの摂理論とが見事に対話に入り得るものであることを私は意味しているのだが、これについては序章で詳説したので、これ以前述べる必要はないであろう。

さて、ルイスにおける永遠と時との関係を真に理解するためには、彼の抱く歴史に対して働く神の摂理という論について述べただけでは不十分である。どうしても彼のキリスト論の分析をする必要があろう。ルイスのキリスト論において、その初期の自由主義（liberal）時代、第二期の新正統主義（neo-orthodoxy）時代、第三期の新自由主義（neo-liberal）時代全期を通じて、少しも変わっていない点がある。キリストの神性と人性とが融合（fusion）するという考えがそれである。[20]

前章においてキリスト論の問題と取り組んできたわれわれに対し、キリストにおける神性と人性との融合という事実が指示される時、直ちにわれわれが問いたいのは、この融合がどのような意味での融合であるかということであろう。融合という以上、それは属性の交通（communicatio idiomatum）の問題に関連するが、属性の交通には既に見てきたように、ルター的な形態とカルヴァン的な形態とが存在した。ルター的な見解によれば、神性と人性とがイエス・キリストにおいて融合することを通し、イエスの人性は、神性の属性を既にその地上の生涯において獲得する。それに対して、カルヴァン的な属性の交通の見解においては、イエスの神性の属性をその人性に帰してもよいけれども、しかし、そこでもキリストにおける人性と神性とが、融合されないものとして考察されなければならない。もちろんルター的な属性の交通の思想においても、人性と神性とは混合するのではない。融合し相互浸透はするけれども、両者が、それぞれの固有の性質を保っているのである。

神と人間、永遠と時との関係に関するルイスの思想を検討するに当たって、特にわれわれが注意しなければならないことは、その第二期及び第三期のキリスト論――そしてそれらは同じであるが――である。彼のキリスト論において明白なことは、ルイスがキリストにおける両性の属性の交通においてルター的な見解に従っていることである。それは、前述のように、ルイスがキリストにおける両性の融合を主張していることから明らかである。それ故に、ルイスが神の苦しみを主張するのは、ただ神が、その予知を制限され、歴史における偶然性により、その目的達成を阻まれるという理由からばかりではない。イエスが人としてその生涯において忍ばれたさまざまな苦しみ、特に十字架の上で忍ばれた苦しみが、神性に――人性と神性との交通によって――帰せしめられ得るという理由にもよるのである。仮に前者を神の摂理的苦しみと呼ぶなら、後者は神の本質的、あるいは、存在的な苦しみと呼び得るであろう。キリストにおける両性の融合という主張をもつルイスが、贖罪論のところで紹介したように、躊躇せずにあの神の本質における傷を主張することは、別に不思議ではない。

神の本質における傷というルイスの観念を、ここで時と永遠の問題との関係で、もう一度問うてみよう。神は、人間イエスが十字架上において受けた苦しみによって、苦しみの体験をなめられたのだが、その後は、その体験を経なかった時のご自分とは本質的に相違するものになられた、というのがルイスの主張であった。ルイスによれば、この真理は、イエス・キリストにおいて啓示された事柄の一つとして明らかにされたのであり、それは想像によって形づくられた真理ではない。

神の中にそのような構造的な変化があったという主張は真実であるに違いない。そして、それは啓示によるに相違ない。なぜならば、誰もそれを想像する大胆さをもち合せないし、また、何故にそのような変化が必要であったかという、その理由を受け入れた者にとって、その真理は実に偉大な影響力をもっているからである。永遠にキリスト教の神は傷痕を負っておられる。そして、その傷痕は、どうにもならない生まれながらの傷痕ではなく、神がご自身、自由に選んだ事柄のために受けたものである。神がそのような神であるが故に、その傷痕を受ける可能性を神がもっていなかった時を考えることはできない――私はできないと思う――であろう。しかし、その傷痕が現実に存在しなかった時を、考え得るしまた考えねばならない。人間の生まれながらの無力からくる道徳的失敗であるに過ぎない人間の悲劇は、神の悲劇――それは犠牲的贖いであるが――を生起したのである。人間を救うための代価は、神の通常の内部構造における脱臼（dislocation）である。(21)

ルイスの神学においては、神の存在的苦しみという思想の故に、「時」の要素が「永遠」に対してどうしても深い意味をもってくる。以上の事実より明らかなことは、ある時には神は傷痕をもっておられなかったが、キリストにおける体験を通して、その本質の構造そのものの中に傷痕をもち始められたことである。「時」は神の永遠の本質に対して決定的な因子なのである。カルケドン信条のキリスト論によれば、キリストは、混合なく、変化なく、分割なく、分離することのない神性と人性との両性において認識されるべきもの（in duabus naturis inconfuse, immutabiliter, indivise, inseparabiliter agnoscendum）とされた。そして、カルケドン信条のキリスト論の解釈には、アレキサンドリアのシリルスの傾向に従うものと、アンティオキア学派に従うものとの二通りが存在することを述べて、私自身は、後者に賛意を表明した。さらに、想起したいことは、贖罪論において、現代の神学者たちの解釈に賛成して、神の苦しみという思想の中に贖罪論の意味を私が見出したことである。神の苦しみという事態の中に贖罪論の意味を見出した以上は、ルイスがここで展開しているようなキリスト論、すなわち、神性と人性との融合の思想をどうしても承認しなければならないのであろうか。

私は、カルケドン信条におけるキリスト論のアンティオキア学派的な解釈と矛盾しないという条件で、神の苦しみの思想を受け入れたいと思う。この私の立場が、どのような結論を具体的に生み出すことになるかは、既に贖罪論についての叙述から明らかであろう。それはさておいて、ルター的な主張であるキリストにおける神性と人性との融合という思想を受け入れた上で、神の苦しみという観念を許容するならば、ルイスが主張するように、キリストの出来事を通してその前にはなかった傷痕が、神の本質に刻まれたことを言うのは容易であろう。しかし、私は神の本質に残る傷痕という形態によってまで、神の苦しみを主張したくない。キリストにおいては全き神が現在されているけれども、神のすべてが現在しておられるのではないという、前章に展開したキリスト論の路線を守って、神の苦しみを神の本質の上に刻まれた傷痕という思想にまで発展させないでおきたいのである。したがって、ルイスの思想に対しての賛成を相当程度に表明するのであるが、しかし、最後の結論まで私は彼と一緒に行くことができない。摂理論においては賛成であるが、キリスト論においては、アレキサンドリアのシリルスの傾向によるカルケドン信条のキリスト論の解釈をとりがちであるルイスにはついて行けない。

さて、論述を展開させるために、ここで別の方向に議論を運びながら、われわれの主題を追求してみよう。ルターもカルヴァンも、時と永遠との関係については、古典的な思想を継承したに過ぎなかったと思われる。したがって、宗教改革の原理として聖書から彼らが得た、信仰によってのみの義認という教理も、古典的な永遠観を前提にしていた。

キリスト論におけるルターとカルヴァンとの相違は、義認論における永遠についての考察に関しては少しも影響を及ぼさず、この点においては両者は同一であったと言える。もちろん、ただ信仰によって（sola fide）を強調したルターの方が、ただ神に栄光あれ（sola deo gloria）を強調したカルヴァンよりも、この点において思弁的ではなかったという事実は主張できるであろうけれども、根本的には、両者の間に差はなかったと思われる。

信仰によってのみ義とされるという主張の前提には、人間がその信仰生活の過程においてどれほどにその信仰が動揺しようとも、神は人間を義として下さるという確信がある。人間の動揺を超えて、神はその人の義を宣言される。これは時の過程における人間の信頼の動揺にもかかわらず、義認が永遠の領域において成立しているということなのである。宗教改革者たちにとって、究極においては信仰によってのみ義とされるという教理は、われわれの神に対する不信仰にもかかわらず、救いが確かであるという確かさの問題と深く関係している。そして、この救いの確かさが、宗教改革者たちの場合には、古典的な永遠観と結びついていた。すなわち、彼らによれば、キリスト教信仰の確かさの主張によって、当然、過・現・未という時間の継続と差別とは神においては失われてしまっており、同時的でなければならないものと考えられた。神が義としようと決心されたことは、既にそれが成就されたことなのであり、現在時間の過程の中で信者がどれほど罪人であろうとも、時間を超えた永遠の中において、彼はもはや罪人ではない者として神によって受け入れられている、と考えられたのである。

教会の教理史上、義認と聖化との関係において、宗教改革者たちのこのような古典的な時と永遠との思索から逸脱した偉大な人物として、私はジョン・ウェスレーを挙げることができると思う[22]。ウェスレーによれば、義認は時間の経過の中で起こる事柄なのであり、義認の前と義認の後というように、信者の生活が区分されて考えられている。それほどに義認は、ある固有の点的な時間にかかわることであった。いつも時間の経過の中で決断しつづけて行く人間が、決断の繰り返しそのものの中で、罪人であるにもかかわらず神に絶えず信頼するという決断そのものの中で、獲得するものが義認なのであった。したがって、人間が信仰を失った時には、その人は義認という神への関係から外れる訳であるから、義認は失われる。その義認を再び獲得するためには、もう一度決断し直すことが必要になる。このようにして、義認は神と人間との関係の永遠の面であり、聖化はその時間の面であるという古典的永遠観からきた二元論的な義認と聖化との関係のとらえ方は、ウェスレーには見られない。かえって、聖化も義認も、時間の過程の中の事柄として、徹底的に考え抜かれている。このウェスレーの態度は、永遠の側から時間を考えようとした古典的なキリスト教の発想の方法とは逆であって、時間の側から永遠を思索しようとする方向である。この方向での思索によってこそ、義認と聖化との関係がもたなければならない密接な関連が保存されるのではなかろうか。宗教改革著たちの発想によっては、義認と聖化とが二元論的な関係になってしまい、義とされた者は罪人のままであっても良いというような義認と聖化との断絶が、彼らの後継者たちの中に見られるに至ったのも理由のないことではなかった、と私は考える。

ウェスレーのような義認と聖化の関係についての考え方は、古典的な永遠と時の関係のとらえ方ではどうしても活かすことができない。この点で私は、ルイスが主張したような摂理観が必要になってくるのではないかと考える。ルイスに従って思索し続けるならば、神は究極的には人間を救い得るというご自身の「適応性」の力を信じて人間を義とされるのである。既に記したように、歴史における偶然性の故に、歴史におけるその目的を達成する過程において、神が多くの挫折・失望をもたれることをルイスは認めているのであるが、しかも神は、これらの妨害物の間を縫って義認の関係を継続され、人間が信頼する限り、ご自分の適応性によって人間を導かれ、そして、遂に完全な救いにまで導いて下さることができるのである。それ故に、救いの確かさは、客観的な確かさではなく、決断の繰り返しの中にありつつ、神の適応性への信頼によって生じる平安なのである。それは、人格的な決断の繰り返しそのものの中で体験される平安なのであって、それ以外のところに客観的な平安が存在する訳ではない。ルイスの摂理観をこのように発展させたところで、義認や救いの確かさの問題を考えるのが本当ではないであろうか。ところが、われわれが宗教改革者たちの追求した客観的な救いの確かさをかちえようとするならば、それは、予定論というような実存論的でない思索に転落する外はないであろう。実存論的神学は確かさを決断の中に求めると私が言う時、しばしば誤解されて、それは本当の意味でのやすらぎを与えることのできない神学であるかのように考えられるかもしれないが、しかし、この神学こそが真のやすらぎを与えることができる、と私は思う。神の適応性を信じる時に、現実の諸問題にいつも密着し——なぜなら、この時の自分の決断は、神が自分を導いて下さるその仕方に如実に影響するのであるから——、それへの決断を回避することなく、人間の自由から必然的に生じる不安そのものの中で、その不安を乗り切れるような平和をもつのではないであろうか。

3　フォン・ヒューゲルの「永遠と時間」と神の苦しみ

古典的な神学の説くように、永遠が、われわれがその中に生きている時と完全に質的に相違するとすれば、われわれは永遠をどのようにして知り得るのであろうか。人間は無条件的に時間と空間によって限定されているのであるから、永遠と人間の時間体験との間に類比が全く存在しないとすれば、われわれは、永遠に関してどのような観念ももちえないことになる。

この問題に関心をもった神学者にフォン・ヒューゲルがいた。彼によれば、われわれの体験する真の「時」は持続時(duration)である。持続時とは、「多少、相互に惨透し合う、決して等しい長さをもたない、多様に集中もしくは延長された連続」である。[23] 実際にわれわれが体験するこの具体的な「時」に対して、観念的・人為的な時である「時計の時」(clock-time)がある。この人為的な現象的な時計の時は、フォン・ヒューゲルによれば、「相互に排除し合う、同様な長さの時の均等な連続」である。[24] われわれが現実に体験する持続時の相互浸透的性格が、時計の時においては空間的な特徴によって折衷されている。時計の時においては、われわれが持続時においてもつ質的体験が、量的・空間的な概念によって折り合いがつけられている。[25]

フォン・ヒューゲルは、持続時の考えを展開するに際して、その多くをアンリ・ベルクソン(Henri Bergson)に負っていると告白している。[26] しかし、ベルクソンの主張によると、持続時における最大の特質は、その可変性の中に存在する。この点において、フォン・ヒューゲルはベルクソンから自分自身を区別し、究極的な実在を、非連続的な不変化の時間における腐朽を超越したところのもの、とするプラトン的な伝統の中に自分自身を立たせている。フォン・ヒューゲルにとっては、持続時の最大の特質は、その永続という要素の中にある。[27] それ故に、フォン・ヒューゲルによれば、持続時はその可変性よりも、むしろ無時間的である「永遠」と関連させられなければならないのである、フォン・ヒューゲルも賛意を表しつつ引用しているベルナール・ボーサンケト(Bernard Bosanquet)の言葉を用いるならば、次のようになる。「物が連続的に次々に起こる継起性と、その各々が互いに浸透し合うような意味における持続性とは、根底において時間的である実在の、二つの切り離すことのできない要素である」。しかし一度、時のこの二重性がよく理解されるならば、「持続性(durée)は有限的人間存在における相対的無時間性として見られなければならない」。「限定されたものとしての有限的存在は、一面において継起的である。しかし、人間存在の特質は、継起性に対するその依存とは逆のものである」[28]。また、フォン・ヒューゲルは次のようにも言っている。

あの持続時（duration）の意識は、真実にわれわれのもっとも深い理解であろうか。ホルツマンは、われわれのもっとも深い体験においてわれわれが気づいている次の点を非常によく指摘している。すなわち、「永久にわれわれの理解を超えているのであるが、いわばプリズムのようなものが存在しており、それを通して、われわれの意識内容を形成しようとする統一された光線が、スペクトルへ拡張されるのである。それ故に、それ自体においては純粋に統一され、同時的存在であるところのものが、われわれにとっては、ただ空間的には並置の形において、時間的には継起の形においてのみ理解され得るものとなる。プリズムの向こう側にはそのようなものは存在しない」。そしてホルツマンは、われわれが時々あのもっとも深い意識の様態、そしてまた同時的存在、永遠のここであり今であるところのもの、についていかに強く気づかせられるかを書いている。そして彼はさらに、われわれの霊的生活において、「時」の概念が完全に勝利を得ることがどれほど危険であるかを教えている[29]。

フォン・ヒューゲルによれば、永遠者なる神はその先行する恩恵によって常に人間の内におられ、人間の持続時の体験を通して、ご自分に対する渇望を起こさしめるのである。それは人間の時間体験――それは腐朽と苦しみと死とをその中に含んでいるが――を通しての無時間的なもの、常に在るところのものへの渇望なのである。われわれが持続時の中で体験する永遠は、不明瞭かつ断片的なものであるが、それにもかかわらず、永遠の体験は事実そこにある[30]。すなわち、われわれの時間体験の中には、永遠との関連において二つの局面がある。一方においてわれわれの時間体験は、その腐朽と可変性を通して否定的に、朽ちず変わらない永遠を指し示す。他方においてわれわれの時間体験は、断片的ではあるが、持続時における永遠体験を通して積極的に永遠を示すのである*。

＊　しかし、この点においてフォン・ヒューゲルは、トミスト（Thomist）の伝統に従っているに過ぎない。トマスによれば、創造における神の印象は被造物の存在において明瞭に示されている。神と被造物との間には存在の類比（analogia entis）がある。しかし、この類比的な関係は、神と被造物との間に直接の質的な連続があることを前提とするものではない。存在の類比には、両者の次元的また質的な相違が仮定されている。この点をエティエンヌ・ジルソン（Etienne Gilson）は次に見るように明瞭に説明して

いる。

「さて、創造の思想が意味するところであるが、キリスト教的に理解された宇宙が、神による結果であるならば、それは必然的に神に対して類比の関係にあるものである。しかしながら、それは類比以上のものでは決してない。なぜならば、われわれが、存在そのもの（神）と、その存在が他のものによって原因づけられている存在（被造物）とを較べる時に、われわれはそこで両者をともに加えたり、また、一方から他方を減じたりする関係に立たない二つの存在の秩序を取り扱っているからである。両者は絶対的に同じ標準で量ることのできないものであり、そして、このことがこれら両者が関係づけられている理由でもある。神は世界を創造することにより何ものをもご自分に加えなかったし、また、その壊滅によりご自分より何ものも取り去られないであろう。しかし、それらの事柄は創造される物にとってはきわめて重大な事柄であるが、それによっても存在自体においては少しも影響されることのない存在（神）にとっては何事でもないであろう。しかし、創造は単に類比であるに過ぎないけれども類比であるが故に、それは『原因』に対して偶然的にある類似性を有する『結果』以上のものである。また、ここに問題となっているところの『結果』が、すべての事柄の前提をなすもの、すなわち、『存在』であるが故に、被造物がその創造者に対して類比的関係にあるのは、その存在においてであり、また、本質的にである」[31]。

トマスは以上のように、あらゆる原因はそれに類比する結果をもたらす（omne agens agit sibi simile）ことを前提として自然神学を打ち立て、われわれが既に検討してきたように、巧妙にも啓示の諸真理と混合したのであった。

これまでに私が論じてきたフォン・ヒューゲルの永遠と時との関係についての思索は、非常に古典的な永遠観をフォン・ヒューゲルがもっていたことを一面では明らかにしたが、同時に、彼のこの点についての思索の中にある実存論的な面をも明瞭にしたと思う。彼の思索の中にある実存論的な面と私が言うのは、流れ行く時の経過の中でわれわれが、持続時という——永遠との繋がりをもっている——ものを体験できる、と彼が主張したことである。ここでは、永遠は時の外側にあるものとして考えられてはいない。ギリシア思想のように永遠が時の外側にあるものとして考えられる時には、いつまでも永遠は過去的なものとされ、人間は、現実の今の決断の中でそれと出会うことがない。したがって、ギリシア思想は、黄金時代を過去にもって行ってしまった、とも言えるであろう。それに対して、フォン・ヒューゲルは、無時間的な永遠、永遠の今という古典的な、また、ギリシア的な永遠観を保持しているにもかかわらず、永遠を時間の中においてある程度体験できるもの、いわば、時間を基礎づける根底であるものとして思索した点において、きわめて実存論的であったと言うことができよう。

しかし、後で明瞭になることであるが、フォン・ヒューゲルのこのような実存論的な要素は、神秘主義的な彼の傾向によって曇らされている。時の中における持続時の体験は、フォン・ヒューゲルの思考においては、決断体験というよりは神秘主義的な体験なのである。そこには観想的で美的な要素が混入しているのであり、決断というあの平和に溢れつつも厳しい永遠との人格的対面が、時の中で十分に展開されているとは言えない。

この点においても私は、ゼーレン・キルケゴールの思索の中から多くを学びたいと思う。キルケゴールも、流れ行く時の中で、永遠との出会いを体験し得ることを説いた。しかし、その体験を論理に構成する場合に、彼は瞬間という角度からそれを行ったのである。瞬間の体験においては、時間は単に過ぎ去り行くものであるばかりではなく、永遠がそこに存在する。瞬間という言葉によってキルケゴールが意味するものは、もちろん、人間の自由であり、決断である。決断による永遠との出会いを、キルケゴールはこの言葉によって表現した。そして、キルケゴールによれば、われわれが瞬間という観念によらずに、時を空間の範疇で考え、それを線の延長として考える場合に、実は、われわれはそこにおいて超越的な永遠と出会ってはいない。そこでの永遠は、われわれに決断を迫るものではなくなってしまっている。キルケゴールによれば、これこそ人間の自由からの逃避であり、不安との出会いの拒否であって、ここに彼は人間の罪を見ていた。

キルケゴールの発言は実存的な時間体験とかかわっているのであるから、実存論のもつ次元的な思惟の特徴を現している訳であるけれども、彼はここで、人間が日常生活の便利のために、時を空間的に象徴した時計の時を批判しているのではない。次元を混同して、実存的に決断すべきその瞬間を空間的な象徴に置き換えることにより、決断を回避することをキルケゴールは批判しているのである。人間は瞬間において永遠と出会うのであるが、その時の人間こそ精神、すなわち、自由であり、真の人間なのである。[32]フォン・ヒューゲルが永遠を時間の根底として考えたことは、正しいと思うが、その時、彼は時間と永遠との接点を、神秘主義的な視点から評価された持続時という形態でとらえた。これに関しては私は、接点をキルケゴールの言う瞬間という決断的な持続時の体験でとらえる方が正しいと思う。両者の主張は、もちろん、内容的に接近したものをもっているが、両者の相違は、持続時の体験の把握の仕方にある。キルケゴールによれば、瞬間も流れ行く時間の一つの点を意味しているばかりではなく、既に述べたように、永遠の側からも考えられなければならないものである。決断という人間の体験する永遠との出会いの時間的象徴が瞬間である。したがって、そこには、われわれが持続時の体験においてもつあの我を忘れた境地が存在し得る。時の流れの一つの点という空間的な、また、時計の時の象徴による表現ではあるが、瞬間は、自意識過剰を生み出す決心というあの心理的事態への集中を指してはいない。決断とは人間の全存在の転換であり、その時々の心理の動揺よりももっと深いところにあるものである。持続時というフォン・ヒューゲルの観念にある神秘主義的な美的観想の要素は、キルケゴールのもつ永遠との人格的な交わりの要素とは、色調において異なっている。

さて、論述をもう一度、フォン・ヒューゲルの思索の追究に戻そう。フォン・ヒューゲルの永遠と時の関係に対する考え方が、両者の間にある存在の類比によって成り立っていることは、今までの論述で明らかになっていると思うが、それは神の苦しみに関して彼が論じる時に、興味ある仕方においてわれわれに示されるのである。フォン・ヒューゲルは苦しみと同情とを区別し、神は同情をもたれるが苦しまれないとする。イエスにおいて神は、同情ある神としてご自分を啓示されるが、苦しまれる神としては啓示されていないと考える。神にあるのは「平静な同情」(serene sympathy)だけである。この「平静な同情」とは、人間の同情のように、その心に苦しみをもたらす想像力によって支えられているようなものではない。

イエスの見解においては、次のようなつまらない合理的な選択は絶対に存在しない。「もし神が同情をもっておられるならば、彼は苦しまれる」、または、「もし神が苦しまれないならば、彼は同情もされないし、また配慮もされない」という二者択一は、イエスには存在しない。かえって、イエスによれば、神は野の百合を装わせ、雀のために配慮し、われらの頭の髪の毛までも数えておられるのであるが、しかも、これらのすべてが、神ご自身の側に弱味や苦しみがあって存在するのではなく、神の満ち溢れる平和な力と平静な同情によって、神はすべてこれらの事柄をなされるのである。[33]

イエスが十字架上で叫ばれた、「わが神、わが神、なぜわたしをお見棄てになったのですか」という寂寥の叫び声も、フォン・ビューゲルによれば、同じ真理を示すものである。主がこのように叫ばれたのは、神がイエスとともに苦しんでおられると考えたからではなく、「イエスにとって常に喜び、力、助けを意味する神が今不在であるように見え、そして神が、その場所が全くの悲哀と寂寥とによってとって代られることを許されたように見える」からに他ならない。[34] それ故にフォン・ヒューゲルにおいては、イエスの歓喜も寂寥も、神ご自身における喜びと浄福を指し示す。しかし、フォン・ヒューゲルも、人間の内には「ともに苦しむ者」（a fellow sufferer）を求める深い宗教的渇望があることを認めている。この「ともに苦しむ者」は、キリストの人性の中に見出されるのである。

しかしながら、人間が単に同情深い「喜びに満ちたる者」、すなわち、神を渇き求めるばかりでなく、私やあなたのように苦しむ者を求めていることは真実である。この渇望は、イエスの生涯、とくに彼の苦しみにおいて、全く満足させられるのである。[35]

このような仕方で、神性の受苦不可能性と人性の受苦可能性とが、一人格たるイエス・キリストの中に存在している。フォン・ヒューゲルのこの確信の背後に、われわれはカルケドン信条のキリスト論を見るのである。

フォン・ヒューゲルはまとまった形ではキリスト論を書いてはいないが、しかし、彼のキリスト論の大体の輪郭は明瞭である。彼によれば、神はいろいろな程度において、また、いろいろな手段を通して、ご自分を啓示されるのだが、イエス・キリストにおいてご自分を最高に啓示された。イエス・キリストによる啓示は、その外側における程度の違う啓示の目指すものであり、中心であり、目標なのである。[36] このようなフォン・ヒューゲルの基本的な神学的態度からすれば、当然、カルケドン信条のキリスト論に対する彼の解釈が、前章において展開されたものと同種類のものであることを疑うことはできない。すなわち、イエス・キリストによる神の啓示は、その他の場における神の啓示と非連続の関係にあるのではなく、程度の差による連続関係を構成している。そして、イエスにおいて神の言葉が受肉されても、神の言葉の全部が受肉されたのではない。もちろん、全き神の言葉が受肉されたのではあるが。このような角度から、フォン・ヒューゲルのキリスト論を理解することが正しいであろう。

イエス・キリストにおける人性に対しての神性の密接な関係の故に、彼が罪を犯すことは不可能であるが、しかし、イエス・キリストにおいても、その人性は誘惑を受けることがあり得る。[37] 誘惑されることは罪ではないが、完全な神性に較べて不完全であるところの人性に属する弱さなのである。フォン・ヒューゲルによれば、完全な自由は選択を排除する。誘惑の原因は、人間が不完全な自由しかもっていないことによる。[38]

もちろん、選択を除外した自由こそ完全な人間性に属するものであるとする、このようなフォン・ヒューゲルの思想に対しては、もしそれが文字通りの意味内容で受け取られなければならないものであれば、私はそれには抵抗を感じる。このような思弁は、われわれの現実と少しも関係がない。しかし、フォン・ヒューゲルが、選択を排除する自由という表現によって、ティリヒの主張したあの神律の自由を意味するならば、話は別である。それ以外の意味においては、実存論的神学の立場から言って、フォン・ヒューゲルのこの点の思索にはついて行けない。多分、彼は神律の自由を意味したのであろう。

また、フォン・ヒューゲルによれば、苦しみは罪ではないが、それにもかかわらず悪である。この事実はイエス・キリストが苦しみや病を癒されたことから容易に理解され得る。人間が苦しみを通して聖化されるとしても、その故に苦しみそのものが少しでも良いものと考えられてはならない。神は、そのような場合には、苦しみという悪さえも、われわれの魂のために利用するようにと導いておられる、とフォン・ヒューゲルは考えている。(39) フォン・ヒューゲルは、苦しみが悪であることを固く確信しているので、人間イエスが体験された苦しみを、その神性に移行させようとするどのような試みも絶対に拒否する。(40) そこにはルイスの言う「融合」を容れる余地は全くない。もしもフォン・ヒューゲルの立場から神が苦しまれるという発言がなされるならば、それはただ次のような意味である。すなわち、神はイエス・キリストにおいて、その神性に加えられるものとして人性を取られたが、しかし両性は少しも融合することはないが故に、神はイエス・キリストにおいて間接的に、すなわち、イエス・キリストの人性において苦しまれたのである。(41)

以前述べたように、フォン・ヒューゲルが神の不受苦性を唱えて、どのような意味によってであれ、本質的な苦しみを神に帰することに反対したのも、根底的には実存論的な理由からきている、と私は考える。その理由の第一は、既に贖罪論を取り扱ったところでルイスやベルジャエフの思想との関連で述べたことであるが、人間と神との関係の外側で、すなわち、それを超越したところで、神に苦しみを帰してはならないということであろう。なぜなら、そこには、神を信仰と関係のない次元で探求しようとする意図が明瞭だからである。第二の理由として私が挙げたいのは、神の本質にまで苦しみを帰することは、神が苦しみさえも超越されている方であるという、神のあの超越性が失われる危険性がある、とフォン・ヒューゲルが信じていたからである。この超越性が何故に実存論的に大切であるかは、間もなく明らかになるであろう。

しかし、フォン・ヒューゲルは、われわれが神に苦しみを帰することができないのは、人間が体験するような意味での苦しみを帰することができないということなのだ、と付け加えている。そして、神の同情は、ある意味において、苦悩または苦痛というような言葉によって表現されなければならないということも、彼は認めている。したがって彼は、神の永遠の本質における苦しみを否定しながらも、神が人間に対して同情をもたれると言ったり、この同情においてある時には

——人間の体験する苦しみとは異なるけれども——、苦しみという表現を取らない訳には行かないないようなものを神が体験されるとも主張したのである。[42]

それ故に、フォン・ヒューゲルの思想を、われわれは次のように表現することはできないであろうか。贖罪論において検討してきたように、イエスのご生涯及びその十字架という象徴において表されている愛の言葉を神が人間に語りかけられるという現実は、いつでも神の苦しみを意味する。しかし、この苦しみは人間との関係の中だけで言われなければならないものなのであり、その関係を超えたところにある、または、その関係の中にもある、神の本質にまでその苦しみを遡らせて行ってはならないのである。

われわれはフォン・ヒューゲルの言おうとしている事態を表現するための適切な言葉をもたないのであるが、強いてそれをなすならば、ウェスレーがキリスト者の完全を表現した時に使った比喩がそれにもっともよく当てはまるであろう。ウェスレーは完全なキリスト者の生活を表現して、表面的には活動の生活の中にどれほど巻き込まれていようとも、心の奥底には深い静けさがある、それはちょうど、海の表面が波立っていても、その底は深い静けさの中にあるようなものである、と表現した。[43] 神がわれわれとの関係において苦しみをもちながらも、本質的にはそのことによって乱されることがないという事態は、このような仕方で表現する以外に方法がないであろう。

キリスト論との関連では、受肉においては子なる神が本質的に苦しまれたのであるが、しかし、父なる神の本質には、その苦しみが及ばなかった、という発言をする立場も考えられるであろう。これは確かに、伝統的な意味での父神受苦説ではない。この説では、父なる神が苦しまれているのではなく、子なる神が苦しまれているからである。それにもかかわらず、われわれはこの説をテルトゥリアヌス（Tertullianus）が父神受苦説として攻撃した事実を忘れてはならないであろう。[44] もちろん、このテルトゥリアヌスの発言には理由があった。子なる神の苦しみは、相互浸透によって、当然父なる神にも帰せられなければならないからである。したがって、子なる神も本質的には苦しみを背負ってはおられなかった、と表現する方が正しいと思われる。

何故にこのような事柄が、それほどに重要なのであろうか。その理由は、仮にわれわれが、神の本質に苦しみを帰した場合、どのような結果になるかを考えてみれば明瞭である。それが対象としての神を観察する、耽美的な主観の態度を人間に要請するが故に、実存論的神学がその立場に同意し得ないことは前に述べたが、仮に一歩を譲って、その態度を許容してみよう。それでも、そのような対象の観察が、主観に与える影響を考えなければならないことは、われわれが避けて通れない道であろう。そうすると、神の本質に苦しみを帰する立場は、われわれにとって受け入れがたいものと、再びなってしまうのではないか。なぜなら、苦しむ神を対象として観察する時には、信仰者の実存は根底的に苦しみの底に沈んだものとなってしまい、喜びと平和とを見出すために信仰者はどこに出かけて行ったらよいのかが、全くわからなくなるからである。突き詰めれば、イエス・キリストを通してご自分を啓示される神以外に、もはや信仰者には本当の喜びはなくなってしまっている筈であるが、その神にも喜びがなくなり、苦しみがそれに取って代わるならば、信仰者はどこに行ったなら喜びを発見できるのであろうか。しかも、信仰者にとって、事態をさらに堪えがたいものにしている事情が存在する。それは、その神の苦しみが、われわれの罪のためでもあるということである。信仰者がいくら神から罪を赦されているといっても、自分の罪のために永遠の傷痕を神が背負っておられることを、いつも凝視し続けて行かなければならない状況の中に、信仰者は耐えられるであろうか。したがって、この事情の考察からも結局、実存論的神学の主張するように、神とわれわれとの関係が、十字架と復活という象徴によって表されているような関係でなければならないことが理解される。信仰者にとって神との関係は、十字架の象徴の表すもの、すなわち、苦しみだけであってはならないのであり、その苦しみを通して、否、その苦しみそのものの中で、復活の象徴の表すもの、すなわち、勝利と平和のどよめきが、苦しみとともに体験されなければならないのである。十字架と復活という象徴をともに十分に生かすためには、どうしても今述べたような仕方で、不十分な表現ではあるが、神はわれわれとの関係の中で苦しみを体験されるけれども、本質的には苦しみを体験されない、という表現をとることになろう。

フォン・ヒューゲルの思想の中には、今みてきたような実存論的な要素があると同時に、前にも指摘したことであるが、それとは相反するとしか思えない形での神秘主義的な要素もあった。神秘主義的なフォン・ヒューゲルの思想のもつ面を、これから問題にしてみよう。私の知る限りでは、フォン・ヒューゲルは永遠という観念の解明に当たって、特別には特殊啓示に基づいた解明を行ってはいない。彼は、既にわれわれが検討したように、確かにその観念の解明の基礎を特殊啓示にも一般啓示にも置いている。しかし、事実においては、彼自身「永遠」という概念の基礎を特殊啓示、すなわち、イエス・キリストにおける神との邂逅に置くことに大した関心を示してはいない、ということは否めないと思う。フォン・ヒューゲルは、その著『宗教の神秘的要素』(The Mystical Element of Religion, 2 vols.) から知り得るように、ジェノヴァのカタリナの神秘主義を称揚しているが、彼女はむしろ新プラトン主義的な非人格的な方法によって神を考えようとしたのである。このことはフォン・ヒューゲルの問題であるばかりではなく、ローマ・カトリック神学全体の問題でもある。しかしわれわれには、フォン・ヒューゲルの永遠観が、事実キリストへの決断を中心として構成されたものであるか否かを問う権利がある。フォン・ヒューゲルの中に、キリストによる啓示への決断の中で与えられる神に関する諸真理と、新プラトン主義的神秘主義との巧みな混合があることを、ここでも知ることができるのではあるまいか。プロティノス(Plotinus)はエレア的・プラトン的実在観を採用した。実在なる存在そのものは造られず、不滅・不変・不動・不可分にして、それ故にまた拡張もなく、質において単一、本質において一であり、多種多様、もしくは、変動の跡さえあってはならないものである。プロティノスは、プラトンに従い、われわれの生の時間的要素を嫌悪した。時は彼らにとって、ただ腐朽・苦しみ・死のみを意味した。プロティノスの唯一者、すなわち、永遠とは、それ故に無時間性なのである。フォン・ヒューゲルが永遠を無時間(timelessness)として考えたことは前述した通りであるが、この点において、フォン・ヒューゲルは新プラトン主義的であると言わない訳にはいかない。

さらに、フォン・ヒューゲルは、神ご自身に非人格的概念を適用している。彼はこの点で、ジェノヴァのカタリナの例に倣っているようである。例えば、フォン・ヒューゲルは神秘的交わりである神と人との交わりを表現するに当たって、空間的概念を用いる。神は「喜びの大海[45]」、「神の純粋行動なる大洋[46]」、「神自体なる大海[47]」と表現されている。われわれは、――フォン・ヒューゲルも称揚してやまない彼女が、新プラトン主義的神秘主義に影響されていることを彼自身が認めている[48]――カタリナが同じ表現を用いていることを考えてみると、このことを単に修辞上の問題として片づけてしまうことはできない。この事柄はフォン・ヒューゲルがその宗教体験、否、さらに深い神秘的体験の中にもっている敬虔の様態を、深刻に表現しているように思われる。フォン・ヒューゲルの神観においては、キリストの啓示によってわれわれと出会って下さる人格的な神が背後に退き、新プラトン主義的な非人格的な神観念が、神秘主義という敬虔形態において強く前面に出てきているのである。そこでは、キリストによって啓示せられる神が真実の意味で問題とされていないで、新プラトン主義的な神観念に従属的な関係に置かれている。

実存論的要素を多分に含みながらも根底的には神秘主義的であるという性格をもつ、以上のようなフォン・ヒューゲルの神学は、ティリヒの神学に近似的なものであると言うことができよう。それ故に、ティリヒの存在論への(前に述べた)批判が、ほとんどそのままにフォン・ヒューゲルの思想にも当てはまるのである。

4　バルト－ブルンナーの「永遠と時間」と神の苦しみ

さて、私は、神の苦しみという問題を永遠と時間との関係に関連させながら取り扱うに当たって、われわれよりも年代的には大部先輩である神学者フォン・ヒューゲルの思想を今までに取りあげてきたのであるが、さらにこの問題を追究するに当たって、現代神学の状況の中にもう一度論述を戻すことにしよう。その時に最初に触れなければならない神学者は、やはりカール・バルトであろう。バルトが永遠と時間との関係を、また、それとの関連において神の苦しみという問題を、どのように考えていたかを検討することにしよう。

われわれは前に、バルトのアンセルムス研究を資料として、その認識論を追究した。その結果明らかになった事柄の一つは、トマス・アクィナスの存在の類比ではなく、信仰の類比(analogia fidei)の立場に、バルトの認識論が立っていることであった。存在の類比によれば、まず存在から出発し存在の類比を辿ることによって、これらの類比を完全なものに仕上げた時、それらを神の属性として思惟するのである。バルトによれば、このような方法によってわれわれの到達し得るものは、ただわれわれ自身の人格の映像に過ぎないのであるから、この方法は誤れるものである[49]。存在の類比の方法によって示されるのは抽象的な神の本質であり、それはわれわれが存在の中に見る神の諸類比の完全な姿であるに過ぎない。バルトはこの神の非人格的・抽象的本質を、聖書において啓示されている人格的存在者たる神と混合することに反対する[50]。バルトは、自然神学と、それに伴う存在の類比の方法論とを否定することによって、時と永遠の質的相違を認識論的に擁護したと考えられる。しかし、このことはバルトが、創造者と被造物との間に存在するある種の類比について語ることを妨げるものではない。これこそがバルトの言う「信仰の類比」であった[51]。

われわれの信仰は反理性的なものではなく、理性的なものであるが故に、その結果われわれの信仰の対象、われわれの服従の対象である神の言葉も、バルトにとっては、反理性的なものではない。「神の言葉は……理性的なもので、決して反理性的な出来事ではない[52](ein rationales und nicht ein irrationales Geschehen)」。単に啓示の出来事のみならず、神の本質もまた、バルトにとっては理性的なものである。神の属性としての全能に関するバルトの論述を読む者は誰でも、バルトが神の理性は神の意志と同一であることを示そうとしていることに気づくであろう。バルトにとって神の本質は理性である[53]。この点でバルトは、ウィリアム・オッカム(William of Ockham)よりも、むしろ、トマス・アクィナスと一致する。バルトにとって神とは、「理性・知性・秩序」

（Vernunft, Sinn und Ordnung）である。[54]「万事は、神が知性と解されることに、徹底的に依存しているのである」[55]。

バルトは、永遠と時の類比的関係の基礎を、この神の理性的性格の中に見出す。永遠は、時間にも属する概念であるところの理性と矛盾するものではない。バルトが信仰の類比と呼んでいるこの関係の中にも、[56]「知られるものと知るもの、対象と思惟、神の言葉と人の思惟または言語としての言葉――これらの間に対応」が存在する。[57]しかし前にも述べたように、バルトがその論拠を『ガラテヤの信徒への手紙』四章九節「しかし、（あなたがたは、）今は神を知っている、いや、むしろ神から知られているのに……」に置いていることからも明らかであるが、信仰の類比（analogia fidei）が神から人間へと向かう理解の道であるのに対して、存在の類比（analogia entis）は創造者を被造物から理解する道であるという点で、両者は互いに異なる。したがって、永遠と時間との類比を語る場合にも、バルトはそれを永遠の側から発言しようとする。この点、時間の側から出発して、しかも、新プラトン主義の哲学を利用しながら出発したと恐らく言えるであろうフォン・ヒューゲルよりも、バルトの場合には、永遠の側からの発言を先にもってきて、そこから出発しようとするが故に、聖書釈義的な香り――もちろん、この釈義はバルト特有の保守的なものであるが――を多分にもっていると言えるであろう。したがって、哲学的というよりは、純粋な意味で神学的な発言をしようとバルトは努力しているのである。

さて、バルトは永遠の中にあって時に対して類比的関係にあるものを、「神はすべての存在に対してと同様に、時に対してもその原型（Vorform）であり、予定者（Vorherbestimmung）である」と表現している。[58]「神が時の原型である」と言うことにより、バルトは永遠と時との本質的連続を表し、また、「神が時の予定者である」と言うことにより、両者間の非連続を表している。

バルトは、フォン・ヒューゲルが神の永遠性を表すのに用いた「無時間性」という言葉を、神に関して用いることに反対する。[59]それに代わって、「持続」（Dauer）という言葉を用いて、神において時と関係をもち得る要素を明らかにする。これはフォン・ヒューゲルがわれわれの実際に体験する「時」――すなわち永遠の今としての永遠の要素と、人工的な時計の時との中間的存在である「時」――を表すのに用いた言葉と同じものである。しかし、バルトはこの言葉を、「永遠」の中にあって、しかも、時と関係をもち得る要素を表すために用いる。バルトによれば、永遠の中に存する時と関係し得る要素が認識されるのは、ただ受肉の事実、永遠が時となったことによってのみである。この受肉の事実からしても、われわれは、永遠が時の否定であるとは言えないのである。[60]

エミール・ブルンナーの永遠と時との関係に関する考察も、大体においてバルトの考察と平行的であると言えよう。彼も、バルトと同じように、ギリシア哲学の中に現れている永遠を無時間性と考える考え方には反対している。彼は、クルマンが永遠を時の無限の延長として考えたのは、恐らくこのようなプラトンや新プラトン主義の哲学に現れている無時間性としての永遠を攻撃すべき相手と考えてのことと推察しているが、しかし、ブルンナーは、ギリシア哲学には無時間性としての永遠という考えの他に、永遠を時間の無限の円環(Kreis)として考えるギリシア神話の考え方がギリシア文化の中にはあったことを指摘し、キリスト教の永遠と時との関係についての考え方は、これら二つの異なったギリシア的な永遠観に対抗するものであると指摘している。ブルンナーも、積極的に神の存在の在り方を表現するに当たって、ベルクソンの持続時(durée réelle)という表現を用いているが、これも、永遠が時間と積極的な関係をもつものであることを主張したい彼の意図から出ていることは言うまでもない。しかし、ブルンナーは、クルマンが永遠を時間の無限の延長とした点については、そこでは永遠と時間との間にある筈の、質的な相違が失われていると指摘し、永遠と時間との間にある断絶を強く主張しなければならないと言う。ブルンナーは、クルマン自身は聖書釈義からあのような考えを引き出したと言っているが、実はそれは誤っていると考えている。聖書の中には、永遠と時間との質的な相違が見られる、とブルンナーは主張する。そして、ブルンナーによれば、その質的相違とは、真実の持続時を絶対化したようなものなのである。ブルンナーはこれを真の持続時(wirkliche durée réelle)という言葉で表現してはいるが、彼はそれよりも良い表現として、生ける神、または、神が時間の主であられる、という表現を採用している。クルマンのような永遠の考え方では、神が時間の主であられること、すなわち、過去も未来もすべてが神の手中にあることを十分には表現できない、とブルンナーは感じているのである。そこには、後に述べるようなブルンナーの隠された神の思想との結びつきが見られる。真の持続時としての神は、隠された神であり、神が歴史との関係において、積極的にご自分を啓示される時には、われわれのための神、すなわち、アガペーの愛の神としてとらえられている。人格的な愛であるという点で、神は歴史と深い交渉をもつ永遠であり、これこそ神の永遠の本質であると主張することにより、無時間的な永遠の考え方と、ブルンナーは真向から対立している。[61]

われわれは、もう少しバルトの永遠と時との関係についての考察を、ブルンナーと対照させながら追究してみる必要があろう。

バルトによれば、人格的な啓示の神は、ご自分の中に時の要素、すなわち、「持続時」をもつものとして、静的にではなく人格的・現実的にご自分を歴史に関係づける。したがって、神の不変性は静的なものと考えられるべきではない。バルトは、聖書が神に帰している諸感情は、ありのままに解釈されなければならないとさえ言う。神は世界に対して人格的に現実的に現在しているのである。[62]

バルトによれば「永遠」は三つの様式において「時」と関係づけられる。[63] 三つの様式とは、先時間性（Vorzeitlichkeit）、超時間性（erzeitlichkeit）、後時間性（Nachzeitlichkeit）である。われわれは永遠をこれら三様式に従って思考する場合にのみ、創造・救済の歴史、最後の審判後の永遠の生命などの真理を考えることができる。このようにしてバルトは、「永遠」は本質的に「時」と関係するものと考えている。

以上のように、バルトは永遠と時との関連を積極的に主張するのであるが、同時に、時と永遠との質的相違をきわめて注意深く擁護する。例えば、受肉の出来事によってわれわれは、永遠が時と関係づけられたことを知ると言う場合、きわめて用心深く、永遠そのものが時となってしまうことではない、と彼は注意する。[64] この点は、われわれは既に、彼のキリスト論について考察した時に検討した。バルトにとって永遠と時との相違は、神の全知・全能の中に見出される。神は予めすべてのことを知り、その目的に従ってすべてのことを配される。この意味で永遠は永遠の今であり、あらゆる時の点の同時性である。[65]

バルトは人間に有限の自由が存在することを認めるのであるが、それは、歴史の中において出来事を配する神の全知と全能の力とを妨げることもなければ、また、決して邪魔することもない。それ故に、バルトは前述したように永遠の三様態——先時間性・超時間性・後時間性——について語るのであるが、これら三様態は互いに浸透し合っている。バルトは、これを三位一体なる神の三つの存在様式の中に存在する相互浸透と同一のものであるとし、永遠の三様態の間に存在する相互浸透をもペリコレーシス（perichoresis）と呼ぶ。[66]

バルト神学においてわれわれの現在の論述と深くかかわるもう一つの面は、「隠された神」の思想である。この点では、ブルンナーの思想はバルトと相違する。その点からこの問題を取り挙げてみたいと思う。

ブルンナーの「隠された神」の思想は、彼の予定説の取り扱いから明らかになる。ブルンナーは、いわゆる二重予定説を否定する。彼は、「予定」（Prädestination）という言葉よりも、むしろ「選び」（Erwählung）という言葉を好んで用いる。[67] ブルンナーは、神の選びとは別に、神の棄却を語る。人間が神に棄てられるのは、人間が神を信じないで不従順だからである。したがって、それはツウィングリまたはカルヴァンが語る二重予定説における棄却とは異なる。彼らの場合、人間の信仰と本質的には無関係に棄却が語られているのである。神が人間を棄てるというブルンナーの思想にわれわれが関心をもつのは、ブルンナーがこの神の棄却を隠された神と結びつけるからである。ブルンナーは、神の本来の働き

(opus proprium) たる愛とは別に、神には「怒り」という異なる働き (opus alienum) が存在すると言う。

しかし、イエス・キリストの外側においては、すなわち、信仰の外側においては、神の聖はその愛と同一ではなく、そこにおいてはそれは神の怒りである。そこにおいては、神そのもの (Gottes Ansichsein) は、われわれにとっての神 (Gottes Fürunssein) と同一ではない。そこにおいては、それは測りがたい不可解な赤裸々な尊厳 (nuda majestas) である。そこには選びは存在せず、裁きと断罪とがある。しかし、それらも永遠の決定によるものではない。そこには実際何の言葉も光も生命も存在しない。光や言葉や生命は、神の子であるキリストのあるところに存在し、そして、神の子においてのみわれわれは神の決定を見る。この論理は、聖書のこれについての言説が対照的であるのと一致している。神の怒りの意志は、神の愛の意志が「神の」意志であるのと同じではない。神の怒りにおける支配は、神の「異なる」(fremdes) 業であり、「固有の」(eigenes) 業ではない。神は、神が愛であると言われるような仕方においては、決して「怒り」(Zorn) と呼ばれない。[68]

以上のように、ブルンナーには、神の本来の働きと異なる働きとの間に一種の非連続性がある。「われらのための」神――すなわち啓示における神――は、啓示の外なる神とは質的に異なるのである。したがって、ブルンナーによれば、神の異なる働きは反理性的でさえある。神ご自身の中、すなわち、「永遠の」中には、啓示において、すなわち、「時」の中において、理性的に把握できるものとは質的に異なった要素がある。そして、これを前に検討したブルンナーの永遠の考えと結びつける時に、次の事実が明瞭になるであろう。ブルンナーにおいては、永遠には、実は、二つの要素があったのである。一つの要素は真の持続時であって、時に対する神の支配を表現するものであり、前に指摘したように、これは隠された神と結びつく。ところが、もう一つの要素において、神はわれわれのための神、愛なる神であり、歴史と結びつくのである。そうすると、ブルンナーの予定論との関係で明らかになったことは、真の持続時と、時間と結びつく永遠である神の愛とが、質的に異なっているということである。それ故に、ブルンナーの場合には、永遠と歴史との結びつきを一所懸命に主張しているにもかかわらず、その彼の思索の中には、歴史とは結びつかないで、むしろ、ギリシア的な無時間性と等しいような隠された神の思想、真の持続時の思想が在在するのである。すぐ後で明らかになるように、このような立場は、バルトが徹底的に時間と永遠とを関係づけて思索し抜こうとしているのとは異なっている。ブルンナーにおいては、時間と一応断絶した永遠についての思索が存在する、と言っても差し支えないであろう。

　バルトの予定論は、ブルンナーのそれとは違う(69)。バルトは、予定が徹底的にキリストを中心として考えられなければならないと主張する。換言すれば、神の選びと棄却とは、啓示の出来事、イエス・キリストの出来事において考えられねばならないのである。この啓示を超えて思索することはできないのである。バルトは、カルヴァンの二重予定説をキリスト中心的ではないとして退ける。カルヴァンにおいては、選びと棄却とがキリストと直接のかかわりがないもののように語られている。正確に言えば、キリスト論的に予定を考えることは、バルトによれば、選びと棄却とを、それらがただイエス・キリストにおいてのみ起こったもののように語ることに外ならない。神の選びと棄却とは、イエス・キリストの出来事において、同時に起こった事柄である。イエスはわれわれの身代わりに罪人として棄てられたが、神はイエスが神を喜ばせ得る唯一の義《ただ》しい人格であったが故に、イエスをお選びになったのである。それ故に、イエス・キリストの外側には、選びも棄却も存在しない。ブルンナーは以上のバルトの立場を批判して、バルト神学においては不信仰者に対しての断罪を入れ得る神学的場所がないと主張し、バルトの誤謬は次のようなところにあると指摘する。

バルト神学には、今までずっとそれが特徴であったし、また、彼の神学全体に浸透してもいる独特の要素がある。それは客観主義である。換言すれば、啓示と信仰との無理な切断である。否、バルトといえども信仰に対する基盤を造ることを当然望んでいるのであるから、次のように言った方がよいかもしれない。バルトの見解によれば、啓示、すなわち客観的な神の言葉との比較において、主観的な要素である信仰は同一の平面にあるのではなく、もっとずっと下の方の平面に存在しているのである(70)。

　以上の点においてブルンナーは、バルトの言おうとしている事柄に全く公正を欠いているように、私には思われる。バルトの言おうとしている事柄は、われわれは神の棄却を、愛の領域とは本質的に無関係な怒りの領域において考えることはできない、ということである。愛の領域と怒りの領域との間に、ブルンナーの意味するような質的非連続があってはならないのである。さらに、バルトが不信仰者に対する断罪を語らないとする点でも、ブルンナーは正しくない。バルトは確かに不信仰者を断罪する。それは、人間が自ら神を拒み、それによって自分自身を断罪し、自らをその創造者から離れさせるという意味においてである。この意味でバルトは、人間が自由なる存在であることを知っている。だがそれは、もちろん、ブルンナーの言うように啓示と同じ平面においてではなく、ずっと低い平面においてである。さもなければ、人間の自由は有限なものではなくなる、と言うのがバルトの主張であろう。

バルトのこの主張の背後にあるものは、神の異なる働きは神の本来の働きに基づいて考えられなければならない、という確信であろう。神の怒りは、神の愛と質的に相違するようなものと考えられてはならないのである。[71] われわれは神の怒りを、非理性的な感情的興奮のように考えてはならない。むしろ、それは神の聖なる愛の反動であって、神ご自身の性格に根差し、したがって、神ご自身でさえもそれを変えることができないものと考えねばならないのである。

バルトによれば、「永遠」において起こることは、イエス・キリストにおいて起こることと質的に同一である。この前提があってこそ、予定の問題をあのようにキリスト論的に考えることができる。

ある人々は、予定の究極的な神秘を、イエス・キリスト前の、また、イエス・キリストなしの、ある種の永遠の中において生起した人間に対する神の決定の中に探求した。しかし、この永遠は空虚なものであり、それを恵みであり、義であると考えることを求めても無益であろう。それに反して、新約聖書全体を通じて、天地の造られる前に(antequam mundi iacta essent fundamenta)なされたところのものは(『エフェソの信徒への手紙』一章四節)、疑いもなく、ベツレヘムの馬小屋、また、カルヴァリーの十字架上において生起したものと同一である。永遠はここにおいて時間の中に存在する。カルヴァンの予定論は、神の決定とイエス・キリストの存在とを区別しようとする点において誤っている。[72]

したがって、この点でもバルトにおいては、ブルンナーとは異なって、永遠と時との間に本質的な連続性が存在する。

さて、バルトもまた隠された神について語る。バルトによれば、「信仰とは匿名者たる(incognito)神の前での畏れであり」[73]、また、「神の啓示とは、まさしく神が隠された神であることの啓示である。したがって、神の啓示を信じることのみが、『神とはどのような方であるか』という問いにきわめて謙虚に答えることができるのであって、信仰とは神が主権をもっておられる神であり、したがって、われわれに知りえない神である、と告白することに外ならないのである」[74]。バルトの言う隠された神とは、どのような意味内容の神であろうか。バルトの場合、神を知ることと知らないこととに対応するものは、神の愛と自由である。神は愛であるが故に知り得るものであるが、自由であるが故に知り得ないものである。[75] しかし、神の自由と愛との間の絶対的な質的相違は存在しない。神はその自由において愛するのである。[76] それでは、バルトの言う神の自由とは、何を意味するのであろうか。神の自由とは、神がご自分の意志を除いて、どのような拘束からも自由であることである。外部からのどんな必然も、神を動かすことはできない。神はその愛と存在において自由である。換言すれば、神の自由とは、神が神であることである。神の本質は愛であるが故に、神の自由にはイエス・キリストにおいて啓示される愛なる神と異なるどのような反理性的なものも存在しないのであって、他の神々の場合とは違うのである。[77]バルトの隠された神の思想を手際よく説明していると思われるのは、クロード・ウェルチ（Claude Welch）の次の言葉である。

> （ブルンナーとは対照的に）彼（バルト）にとって、神の神秘は啓示の背後には存在していないのであり、それ故に、神ご自身はその啓示において示されたものと別のものではないことを理解するのは重要である。……神はその本質的自由において隠されており、神秘であり、そして、そのようであることを止めはしないが、何か真っ暗な凄まじい神が、啓示の背後に存在することはないのである。[78]

神「ご自身」と「われわれのための」神とは、バルトの場合、本質的に同一である。しかし、ブルンナーは、神の性質の中にイエス・キリストにおいては示されない、反理性的な領域を設定しようとする点において、バルトとは異なっている。

　われわれは今までに、相当詳細にわたってバルト及びブルンナーの永遠と時との関係に関する思想を紹介してきた。この紹介の途中において、両者の予定論の相違をも検討することができたが、予定論に関しては、私はバルトの見解に賛成である。バルトの予定論は、カルヴァン主義的と言うよりも、ウェスレー的である。信仰をもった者はすべて救われるという条件を神が予定されて、その条件を満たした人々はすべて救われると主張したのが、あのウェスレーの条件的予定論であった。この点ではブルンナーの方が、カルヴァン主義的な伝統にはるかに忠実である、と言うことができるであろう。それはさて措き、バルトとブルンナーとの永遠と時との関係に関する意見の相違は、彼らのキリスト論にまで遡ると言わなければならない。

　バルトの場合には、既に述べたように、それはカルケドン信条のキリスト論のアンティオキア学派的な解釈であった、と言っても差し支えない訳であるが、今論議を正確にするためにその解釈の特徴をもう一度述べると、キリストにおいて啓示された神の言葉は、キリストの外における神の働きと本質的には同一の性格のものなのであった。そこには、いわゆる客観的な意味での絶対的な相違はない。アンティオキア学派的な解釈によれば、キリストにおいてわれわれに出会われる神と、キリストの外における神の働きとの相違は、程度の相違であって質的なものではなかった。バルトが前述したようなアンティオキア学派的なカルケドン信条のキリスト論の解釈を採用していることは、疑問の余地がない。彼の信仰の類比の主張が、その事実を指し示していることは前にも触れた。もちろん、実存論的神学の立場から見れば、バルトの立場はキリストによる神の啓示と、他のところに現れている神の啓示との関係を、答えと問いとの関係として把握していないが故に、不十分なものとしか考えられないのではあるが。

このようなキリスト論によれば、永遠と時間とが絶対的に質的に異なるという思想は成り立たない。バルトが、最後まで神を持続時的な存在であると主張している点からも、そのことは明瞭である。ところが、ブルンナーの場合には、真の持続時として神の主権が考えられ、しかもそれが隠された神であり、そして、その神は、われわれと愛によって出会って下さる、われわれのための神とは質的に異なる要素をもっている。このようなブルンナーが、キリスト論において――少なくとも彼の書いた『仲保者』においては――、アンティオキア学派的な解釈に立たないで、むしろ、シリルスの傾向に属したのは不思議ではないであろう。

5 苦しみと神の愛

今まで論じてきた多くの点において、私はバルト神学に魅力を覚えるのであるが、次の点では疑問をもたない訳にはいかない。バルトは神の持続時を三様態において考えたとは言え、それで果たして永遠と時間との関係を、十分に主張したことになるのであろうか。やはりバルトの場合にも、ブルンナーの場合ほどではないにしても、(三様態の相互浸透というバルトの主張からも明瞭であるように、)永遠は時間から質的にあまりにも隔てられてしまっている。このような神観によっては、永遠と時間との関係を二元論的に考えない訳にはいかないような不都合が、神学的に起こってくる。神の時間支配と時間からの超越とを、ルイスの思想に従って考える方が、私は正しいと思う。神が時間を支配されることは、時間と完全に質的に違った永遠を意味しないのであって、永遠は部分的に時間を超越し、時間の中に生起するあらゆる出来事に対して適応性を発揮する、ということでなければならない。クルマンが永遠を時間の無限の延長としたのは神学的に不十分な考えであった。時間の無限の延長としての永遠は、時間を部分的にも超越することができない訳であるから。この点では時間と異なる永遠について語らなければならない。しかし、それは程度の差であって、完全な質の差であってはならない。もちろん、私がここで問題にしている時間は、時計の時ではない。さて、これは、先に述べたキリスト論とも関係があることであり、あのようなキリスト論からは当然、永遠と時間とを程度の差として把握する、このような発言が引き出されてくるのである。

さらに、バルトが神の不受苦性についてどのように考えていたかを知るのは、われわれの問題に対して光を投げるであろう。バルトによれば、神がご自分を歴史、すなわち、「時」にかかわらしめる場合、神は本来のご自分をかかわらしめる。永遠は永遠であることを止めないで、時と接触する。この見地に立つならば、イエス・キリストの歴史上の事件において神の苦しみについて語ることは、そのまま神の本質である永遠性においての神の苦しみについて語ることにならない訳には行かない。したがって、神ご自身が永遠に苦しまれると語ることを望まないならば、神が歴史において苦しまれるとも言ってはならないのである。バルトにとって、これは「あれか－これか」の問題である。

バルトは、神の歴史に対する関係全体にわたって、どのような苦しみも神から排除している。そして、このバルトの立場は、永遠と時とに関する彼の神学的見解に由来しているのである。[79]

認識論的方法論を欠いてはいるが、ネルス・フェレーが神の受苦可能性を認めがたく感じているのも、永遠と時に対するバルトと同様の理解に由来しているようである。フェレーの考えでは、神が被造物のために苦しむという思索をなし得る根拠の一つは、神は本質的に祝福されたものとして永遠に生きておられるけれども、「神との交わりをより深く与えるために、ある時に自由に企てられた」一つの体験として、一時的に被造物のために苦しむことができるとすることである。[80]この神の体験は永遠に続くものではない。われわれは復活という、神の苦しみや死に対する勝利の事実をもっているからである。しかし、フェレーはこの可能性を認めることにさえ問題があるとして、次のように書いている。

> このような見解においてわれわれが問題とする点は、永遠に神を充足せる存在としておきながら、どのような理由からにもせよ、この時期（すなわち、神が被造物のために苦しむ時期）を造りあげることである。時間が造られたものであり、始めをもち、また、終わるものであるならば、このような時期をいくつこしらえても同様な点が問題となるのである。そして、もしも永遠が常に存在していたのであるなら、何故に新しいものへのすべての可能性が尽きていなかったのか、また、永遠回帰の思想は、何故に今が今であり、また、何故にわれわれの認識の根底であるわれわれの移ろいやすさが、すなわち、何故にこの被造物が存在するのかという真実の問題に対して答えを与えてくれない。[81]

バルトやフェレーが、神の苦しみについて少しも積極的に発言することができないのは、彼らの考える永遠が時間からあまりにも質的に異なっているところにその理由がある訳であるが、既に述べたところから明瞭であるように、このような永遠と時間との相違に私は同意することができない。さらに以上のすべてを包むような彼らに対する反対の理由を挙げれば、神に苦しみが存在するかどうかという問題を考える彼らの立場が、客観的である点に問題があるように思う。私が賛成した立場は、実存論的な角度からこの問題を取りあげるものであった。その角度から考える時に、神が愛をもってわれわれのために配慮され、したがって、われわれの苦しみをともに担って下さることが当然主張されなければならないが、同時に、そのような苦しみや悲しみをも超えた喜びと平和が、神と人間との関係の基礎でなければならないのである。このような立場に立って考えるならば、神の不受苦性（impassibilitas Dei）という古典的な教理の意味するものを、現代の角度からもう一度とらえ直し、正しい思索を通して見直すことができるのではないであろうか。

　神の不受苦性の教理に関連したもう一つの伝統的な教理に神の祝福（blessedness of God）という教理がある。これは、伝統的には、神の自存（aseity, a se esse）の教理と関係づけられて説かれた。神の自存とは、神がご自分だけで存在し得る存在であって、その存在のために他からは何ものも要求されない、という事情を表現した教理である。通常これは、神の全知・全能、また、無からの創造（creatio ex nihilo）という教理との関連で説かれた。

　以上において説かれた実存論的な神観においては、神の存在から苦しみが排除されたが故に、われわれも神の祝福の教理に同意する。この祝福こそ、実存論的に表現された復活の意味する真理である。人間は、祝福の神との交わりの中で、十字架を背負う苦しみの生涯そのものの中で、その生の奥底に沈潜することによって、祝福を味わうことができる。神の祝福の教理の肯定は、もちろん、全知・全能の神、また、無からの創造の伝統的な教理を肯定しなければならないという結果を必ずしももたらさない。神の自存の教理についても同様である。これらの教理のもつ実存論的な意味の探求はなされなければならないが、その思弁には追従する必要がない。例えば、神の自存の教理も、無からの創造と同じように、思弁としては無意味である。それは現実にわれわれが、また、この世界が、神によって支えられており、神の適応性によって今後も、支えられ続けて行くであろうという確信の表現に外ならないのである。

　以上の論述によって私は、時と永遠との関係に関して私の言いたい事柄の大要をほとんど述べ尽くしたように思うが、この章を終わるに当たって、実存的に言って特に重要だと思われる神の不受苦性、及び、祝福という教理についての要点をまとめておこう。いくぶんの繰り返しは避けられないであろうが。

まず、「神の不受苦性」、及び、「祝福の神」という思想は、キリスト教的な理想と苦しみの問題との関係を明確に考えさせる。この思想は、苦しみはそれ自体、悪であることを明白にする。この点は既に明らかなように、フォン・ヒューゲルによって強調されている。苦しみが少しでも神と本質的な繋がりをもつものであるならば、われわれがこの世から苦しみを軽減しようとする道徳的努力は、その気力を挫かれてしまうであろう。神はわれわれの道徳的努力の目標であるが、その中に苦しみは含まれてはならない。苦しみは、道徳的悪ではないが、自然的悪である。そして苦しみの体験が、たとえわれわれの聖化に役立つ場合であろうとも、――この体験は多くの人々がその信仰の深みにおいてもつものであるが――苦しみは止むを得ない悪であるに過ぎない。深い苦しみの体験は、神ご自身の中にも苦しみをもち込んで、苦しみそのものを何か聖であり善であるかのように解釈する、割り切れた解決を求めることを拒否するであろう。真の苦しみの解決は旧約聖書のヨブのように、そこにおいて理性の限界内におけ る解決を早急に求めるよりも、神がその苦しみさえ有効に用いて下さるという信頼によって――理論的理性の限界内における解決をもたなくとも――、その苦しみを自分の聖化のために用いることであろう。苦しみは本来的に悪であるが故に、世に存在する苦しみに対するわれわれの態度は、単にそれを忍従するということではなく、忍従しつつもこれを駆逐する方向に向けられなければならない。自分の責任で招いた苦しみはいざ知らず、その他の苦しみは不条理なのであって、不条理は神と人間の共同の敵なのである。

われわれの存在の究極の目的は、祝福に満ちた神との交わりによる喜びと祝福を受けることにあるという基本的な確信があってこそ、われわれは、この世界の社会的・政治的改善に対して積極的な態度を取り得るのである。神はわれわれが苦しみの中に悲惨でいることを欲しているのではない。かえって、神はわれわれが悲惨と苦しみとを克服すること、また、それらを罪からの浄めに用いることにより、浄福の生を享受することを欲しておられる。

「祝福の神」の教理から考えなければならない第二の事柄は、このように考えた時に初めて、われわれは信仰による祝福を保持することができるということである。神が苦しみをもっておられるとすれば、どうしてわれわれは、新約聖書における信仰の特徴であるあの「喜び」を保持できようか。マーシャル・ランドルス（Marshall Randles）によれば、神の側に苦しみがあるということは、信仰生活の本質的特徴である浄福を失うことである。

もしも神がわれわれに憐憫をもつことにより、われわれのために苦しみをご自分の中にもたれるならば、神はあらゆる苦しめる存在の中のもっとも苦しめるものである。このような神に対するわれわれの憐憫は、神のために深い苦しみをわれわれに与えない訳にはいかない。このような事態は礼拝するために、また、交わりをもつためにわれわれが神に近づく場合に、われわれの感情を動揺させ、また、阻喪させずにはおかない。このようにして、この地上における、また、天におけるわれわれのもっとも純粋な祝福を傷つけずにはおかない。その時には、神の完全な浄福、その充足性、及びあらゆる悪に対する神の無限の超越――これらにおけるわれわれの無上の喜びは皆無になるのである[82]。

ランドルスはさらに極端な表現ではあるが、われわれを罪と苦しみとから救うために神が苦しまねばならなかったとするならば、一体われわれは救われることを望んでよいのであろうかとまで問うている[83]。

第三に、前述のような苦しみについての考え方が、具体的な信仰生活において苦しみを止むを得ない時には進んで受け取ることを妨げてはならない。われわれは、神への祈りによっても取り去られない苦しみを、われわれの聖化のために、神がその適応性を発揮されて用いて下さることを信じるのである。また、隣人への愛のために、彼らの罪と苦しみを排除するために、われわれは彼らのために進んで苦しみを負い、またそれを愛の故に追求すること――これらが、キリスト者としての生存においてきわめて重要であることはあらためて言う必要がない。第四にわれわれは、以上のような仕方において苦しみを負い、また、それを追求する在り方が、イエス・キリストにおいて現れた神の愛を象徴するサクラメントとして、われわれにますます神の愛を知らせるための手段として、用いられている点を感謝をもって認識しなければならない。われわれはパスカルが実際に行ったように、常に苦しみを自分の身にもつ工夫をし、そのことによって神の愛を日々新たにより深く理解しなければならないのである[84]。

第七章　死後の命

1　キリスト教的死への関心

時と永遠との関係に思いを潜めてきたわれわれが、当然のこととして次に考えるべき問題は、死後の命についてであろう。

死と死後の命の問題は、われわれが考えない訳にはいかないことである。もちろん、われわれは、この問題に対して無理矢理に目を閉じ、これを忘却の中に押し込めて生活することもできる。しかし、そのような生活と、死と死後の命の問題にまともに取り組んで、自分に納得できる解決を保持して生きる生活との間には、差異がないのであろうか。私は、明らかに、この二つの生活の間には、大きな相違が見られると思う。

これから論じる事柄の理解の正確を期すために、二つの観念を区別しておこう。死後の命という観念によって、私は、死という出来事の後の命――命があると仮定して――を表現したい。永遠の生命という観念によって、死後の命をも含むけれども、そればかりではなく、既にこの地上の生の直中においても味わえるような、永遠に基礎づけられた命を私は意味したい。これらの二つの観念を区別して用いることによって、煩雑な議論の結果どうしても起こりがちな混乱を避けることができるであろう。

一般的に今日のわれわれは、死後の命の問題について考えない訳ではないが、いろいろな理由からそれを信じるのに困難を覚えている。その困難の中の主なものは、何であろうか。それは、地上の生活よりも死後の命の方が重要であるから、現在のわれわれの生活はすべて、死後の命を獲得するための手段としてのみ存在するというような、他界性（other-worldliness）に対するわれわれの反感であろう。この反感は、確かに、ジョン・ベイリーが言うように[1]、ルネサンス以来徐々に台頭してきた現世的な精神である。この精神は、人間尊重及びこの世への愛着から、他界性の生み出す欠点として――それは、教会史上、確かに見られるものであるが――、二つの傾向を、特に反感の目をもって見ている。それら二つの傾向は、ベイリーも指摘していることであるが[2]、ピューリタニズム（清教主義 puritanism）と静寂主義（キエティスム quietism）とである。ピューリタニズムという言葉がここで意味しているものは、この世における喜びの棄却である。例えば、科学的真理の単なる追求の中に含まれている喜びをそれが棄却することの中に見られるように、死後の生に関係のないような事柄によって味わうことのできる喜びの拒否を意味している。また、キエティスムによっては、一般に人間のこの世の生活を向上させるための努力への冷淡を意味している。

死後の命への関心が、歴史上、ピューリタニズムとキエティスムとを生み出してきたことは事実であるが、この傾向を生み出してきた原因はどこにあったのか。原因は死後の命の問題の取り扱い方が、間違っていたところにあると私は思う。間違っていたと私が思う思考の方法によれば、現在は、単に未来のための準備の時であった。現在を未来から理解するという生の姿勢を、この思考方法は人々に与えた。しかし、死後の命は、現在のわれわれの生を犠牲にするような仕方でのみ、問題にされなければならないものであろうか。現在の生を豊かにするような仕方で考察されることはできないものであろうか。いわば、未来から現在への道を辿りつつ思索するのではなく、その未来が現在を豊かにするかどうかという角度から、すなわち、現在から未来への道を辿ることによって、死後の命を問題にすることはできないものであろうか。

これは、明らかに、可能な考察の仕方である。この考察の仕方を、実存論的な死後の命の考察と言っても、間違いではないであろう。

「その日の苦労は、その日だけで十分である」（『マタイによる福音書』六章三四節）と言われたイエスの言葉を真剣に受け取る人間は、現在を力一杯、集中的に生きるために、脇目も振らずに生きようとする。このように真に実存するためには、現在を豊かにしないような未来についての思索は、真に実存することを妨げる神話に外ならない。未来は神の愛の摂理の中にあることを信じて、現在を生きることこそ、キリスト者の姿勢でなければならない。したがって、実存論的神学の立場からすれば、死後の命への信仰の問題も、それが現在の生を豊かにするかどうかという角度からだけ、取り扱われない訳にはいかないのである。

例えば、ウィリアム・ジェイムズが、死後の命について考えた時、明らかに実存論的な立場で考えていたと言える。ジェイムズは、死後の命の問題を、第二章で私が述べたように、唯物論への彼の批判との関連で取りあげた。そこでのジェイムズの議論を想起してみよう。ジェイムズは、死後の命への信仰が、結局のところ、現実の生に、より多くの価値と栄光とを与えると考えている。現実の生を生きるに当たって、死後の命への信仰が、力づけと深みとを与えるが故に、それを信じようとするのである。ジェイムズの立場は、客観的な証拠を得てから、死後の命への信仰に入ろうとするものではない。今の生を豊かに生きるための前提として、この信仰に全実存を賭けようとするのである。(3)

英国の神学者ピーター・フォーサイス（Peter Taylor Forsyth）も、死後の命への信仰を、同じように実存論的な傾向で考えている。(4)フォーサイスが、自分の神学の一つの課題として設定したことは、キリスト教の伝統的な教理を「道徳化」（moralization）することであった。そこで彼は、死後の命の教理に関しても、それを道徳化しようと意図した。その結果、彼は、死後の命への信仰が、現実の生を豊かに生きるための前提であると主張する。彼の次の言葉を見れば、このことは明瞭である。「われわれを待っている死後の命が存在するのかどうかを議論するために、われわれは待っている訳にはゆかない。われわれを駆り立て、また、高めてくれる死後の命に、われわれは服従しなければならない」(5)。フォーサイスも、死後の命への信仰が現在の生を豊かにするものだという角度から、この信仰を取りあげている。フォーサイスの主張をもう少し具体的に言うと、人間一人一人の人格的な価値が、死後の命への信仰を通して、一層高いものとして評価されるということにある。(6)人格の価値が一層高く評価されることは、日常生活の道徳に直に影響はしないかもしれない。しかし、長い期間にわたって観察すれば、結局、道徳は人格の価値が高く評価されていないところでは、その程度を低く下げられてゆく。このように、皮相のところではなく深いところで、死後の命への信仰は、道徳を支えるものである。これが、フォーサイスの主張である。

フォーサイスによる人格の価値と道徳との関係の叙述から、私は次の事実を学びたい。私の取る立場は、死後の命への信仰を、現在の生から考える実存論的な立場であるが、その立場を取ったにしたところで、死後の命への信仰をもっている人物と、死後の命への信仰をもっていない人物との間に、直ちに生活行動の相違が歴然たるものになるというようなことは、必ずしも起こらない。死後の命への信仰が、現実の生を根底づけるというのが、実は、私も言いたい結論なのであるが、この事情は、誰の目にも明瞭であるようなものではない。死後の命への信仰が存在しなくても、道徳は一応成り立ち得るものである。問題をもっと一般化して、信仰と道徳との関係に置き換えても同様である。信仰は必ずしも、いきなり明瞭であるような仕方では、道徳を支えてはいない。道徳は信仰なしでも、相当程度に自立し得る。したがって、信仰と道徳との関係をもっと限定して、死後の命への信仰と現実の生との関係に絞ってみても、それは単純ではない。両者は、それぞれ独立の次元を保ちながら、有機的な相互影響の関係を保っているのである。地中からその根を抜かれた草木でも、しばらくの間はその生命を保っている。やがては枯れて行かなければならいけれども。信仰から独立した道徳、また、死後の命への信仰を失った人格尊重も、暫時は生存するであろうが、やがてその内実を失って行くのである。ということは、現実の生を深く豊かに生きようとする意欲から、死後の命を導き出そうとする実存論的神学の立場においても、その主張は、いきなり明瞭な形ではなされ得ないと言うことを意味する。それは、人々の生の中で、時間をかけ、決断の繰り返しを通しての実存的な体験から生まれてくる主張でなければならない。死後の命への信仰がない場合には、自分の生を、また、他者の生を、その信仰をもっている場合ほどには尊く感じないというような時間をかけた体験を通して、初めて主張できる実存論的な真理こそが、この信仰なのである。

ところが、死後の命への信仰は、実は人間の現実の生を真正の意味で生かすものではなく、逆に日常性（Alltäglichkeit）——人間が、死ななければならない存在であるという事実に故意に盲目になり、欺瞞の生を送ることをこのように表現した訳であるが——の中に安眠させてしまうという、ハイデガーの主張がある。(7) ハイデガーによれば、人間が本来存在（Eigentlichkeit）としての生を送るのは、自分が死ななければならない存在（Sein-zum-Tode）であるという事実をまともに見詰め、その事実を、死んでもなお生が継続するという幻想によって、誤魔化さないことが必要であると言う。自分が死ななければならない存在であるという事実を承認した人間は、限られた一定の時間しか自分の生には与えられていないという事情を回避することなく、正面から受け止め、その限定された生の中で、本来の自分を実現しようとの死に物狂いの真面目さを獲得する。人間は無限の時が与えられているなら、自己実現のために、今、全力を尽くさないであろうから、自己実現の計画（Entwurf）が真に生起するためには、死後の命への信仰などをもつべきではない、とハイデガーは言うのである。(8)

さて、このハイデガーの主張に対して、私は対決しよう。もちろん、ハイデガーの言う計画は、死後の命の幻想——と彼は考えている訳だが——から目覚めることによって、人間が自分の限定された生を、具体的にどういう仕事の割り当てを行うことによって送ろうかと計画することではない。もしも、ハイデガーとは異なって、以上のような計画性が人生に真剣さを与えると考える人があるならば、このことはティリヒが、他律（heteronomy）という言葉で表現した人間状況である。それは、われわれが、自分の生の全過程を一応見渡した上で、自分の生での仕事の割り当てを、その見通しから計画するということである。現在の仕事に至るまでも、その見通しから計画するということは、結局のところ、未来から現在を規定することになる。未来というまだ現実になっていないもののために、現実が枠をはめられることである。未来からのその枠が、現実に適応しないものであり得る訳である。これが、ファリサイ主義的・律法主義的な生き方を生み出す。むしろ、われわれが主張すべきことは、現実の生から未来へ向かって、いつも遠望が展開されなければならない、ということである。どのようにしたならば、この現実の生を豊かに生きて行くことができるかという角度から、未来はいつも展望されるのが、真の実存的姿勢ではないだろうか。そのような角度から未来の仕事の割り当てがなされる場合には、それは、絶えず修正が可能である。とはいえ実は、ハイデガーの言う計画は、私がここで批判した他律的なものではなく、自己実現のための自己投企であり、ここで私の取った実存的な立場と同一なのである。私がハイデガーと対決したい場所は、実は別のところにある。ハイデガーが考えるように、死後の命への信仰は、現在を生きる真面目さ、真剣さを希薄にするものではない、と私は思う。むしろ、現実の生が、一刻一刻深みを湛えてくるのは、死後の命への信仰を抱いている時ではないだろうか。

ハイデガーは、前述したような意味での他律的な思考はしていないが[9]、別の形態の他律的な思考に陥っているように、私には思われる。フォーサイスは——ハイデガーを相手にして議論を展開している訳ではもちろんないが——、死後の命への確信のないところから生まれてくる現実の生への熱狂を、熱病の精力(feverish energy)であると呼び、また、お互い同士が死んで後は無に呑み込まれるのだという確信から生まれてくる、人間の悲しみを帯びた愛情を「短きが故のやさしさ」(affection tender because brief)という言葉で表現している[10]。この熱病の精力や短きが故のやさしさは、深い意味での人間性の自然に反している。実は、人間がどれほど残虐に抑圧しても、抑圧しきれない生きようとする意志が、死が生の一切の終わりであることに衝突するのである。

ブルンナーもハイデガーの言う、人間は死によって無に帰することを自覚する時にその真存在を獲得するという主張を、次のように批判している。ハイデガーの主張によると、人間の「人格の尊厳は、無慈悲な冷厳さで次のことを認識することと以外の何ものによっても成立していない。すなわち、人格の尊厳というものは、全く存在しないという認識である」[11]。これは人間性の深い自然、存在の根底に支えられている自然を抑圧する他律以外の何ものでもない。もちろん、今までの論述でも明らかなように、私はこの人間性の深い自然が、いつも露わなものであるとは考えていない。むしろ、人間が真にそれに目覚めるのは、後述するように、神の愛との出会いを通してであろう[12]。

さて、死後の命の主要な諸問題の検討に入る前に、もう一つの問題を注意しておきたいと思う。それは、実存論的な角度からのこの問題の考究は、客観的に人間の現実を観察することから、例えば、人間の心理、または、心理と肉体との関係などを観察することから生まれてくるものでは決してない、ということである。普通このような観察からの科学的な真実であるとして、主張されている意見がある。それによると、現代のような科学が発達した時代においては、死後の命への信仰は、非科学的なものとして排斥されなければならないのである。その主張は、現代心理学の研究成果から主になされているようである。人間の心理と身体とは密接不離のものであって、誰もが知っているように、人間の身体的条件の変化に伴って人間の精神状態も異なってくる。苦痛がどれほどにわれわれの精神状態を歪めることか。ある時には、身体の傷のために、精神の能力が喪失してしまうこともある。しかし、いわゆる科学的だと言われている死後の命のこの否定が、実は、科学的に決定的な理由をもっていないという事実を、われわれは一応知っておいてもよいだろう。このことは、ジョン・ベイリーがよく説明している。(13)

ベイリーによれば、確かに、人間の身体が人間の精神に非常な影響を与える現実を、見逃すことはできない。ところが、前述の死後の命の否定が、見落としている現実がある。人間の精神が、身体の弱さや欠陥にもかかわらず、それを克服して、それに乱されず、いわば、それから独立したような存在を続けている現実がある。今日の深層心理学などを通して、いくぶん明白になりつつある事柄であるが、人間の精神の病気が身体の病気を、どれほどたくさん生み出していることであろうか。また、ベイリーは、ベルクソンを引用しながら次のように言っている。人間の記憶力は、いかに身体から遊離していることか、と。以上の事柄を数え挙げれば、死後の命に関する前述の否定に対する答えを、一応われわれは形成することができるであろう。

さらに、ベイリーも指摘しているように、キリスト教による死後の命の思想は、単なる霊魂不滅ではないのである。その身体が現実のわれわれのもっている身体とは異なっているにしても、しかし、何らかの身体的なものを所有している死後の命の思想こそ、聖書の復活の神話が表している事柄である。したがって、身体の精神に及ぼす影響を単純に取りあげることによる死後の命の否定は、成立しなくなる。死後の命の状態について、われわれは少しも知らないのであり、現実の身体に相応するものが存在しているかもしれないからである。

2　断絶としての死と死後への持続

以上において、私は、死後の命への信仰が正しいという結論を先取りしながら、その理解の角度を実存論的なところに定めて、その理解の出発箇所で既に問題になるような諸点を解明してきた。次に取りあげたい事柄は、死後の命への信仰の幾種類かの在り方である。ここで取りあげるこれらの死後の命への信仰の在り方はことごとく、私の立場から見て不十分なものなのである。

まず、ベイリーが取りあげている、死後の命の信仰の二つの在り方を問題にしよう。それはベイリーが呼ぶところによると、再併呑（reabsorption）の教理、及び影響の不死（immortality of influence）の教理である。[14]

ベイリーの言う再併呑の教理とは、主にインド哲学、ストア哲学、スピノザ哲学、絶対的観念論などに見られるものである。個の人格は、普遍的な絶対からその存在を与えられたものであるが、やがては死によって、その普遍的な絶対の中に再び併呑され、少なくとも人格としては、もはや無に帰するという思索である。確かにこれも死後の命への信仰の一つの形態ではあるが、ベイリーはこれに対して二つの問題点を挙げている。第一に、再併呑された人格は無に帰するのであるから、結局、現実の生に対する影響から言うと、死後の命が存在しないのと同じではなかろうか。一人一人の人格を無上の価値と考える倫理との関係から言うならば、人格が消滅してしまうことを前提としているこの教理は、倫理の支えとしてきわめて不適当である。第二にベイリーは、普遍的な絶対の中に人格が併呑されるというこの教理の意味が、そして、併呑された後、なおも死後の命があるという主張がなされた場合のその実際の意味が、不明瞭であると言うのである。全くベイリーの主張する通りである、と私も考える。

影響の不死とは、死後の命を、われわれが死んだ後にこの地に残して行く、事業上での、または、人格的な感化という形での、影響と同一視する立場である。この死後の命の思索に対しても、ベイリーは二つの問題点を指摘している。その一つは、この影響という形態で存続するものは、非人格的なものである。そうすると、この死後の命の思索からするならば、われわれにとって真に尊いものは人格ではなく、非人格的な観念とか、感化とか、事業とかいうものになる訳である。このように、人格以上に、観念や抽象的なものが優勢になっているところでは、本当の意味での人格を尊重する倫理は生まれてこない。第二に、ベイリーは次の点を指摘する。人間の残す影響はいつかは消滅して行くものである。どれほど長い期間その影響がとどまるとしたところで、例えば地球の壊滅の時まで存続したとしても結局は滅んでしまう訳であるから、これは本当の意味で死後の命に代わるものにはならない。

私はここで、もう一つ死後の命への信仰の代用をなすものを挙げよう。これも、ベイリーの言う影響の不死の中に入れてよいものではないかと思うが、その影響が、世界の中に残される影響ではなく、むしろ、神の中に残される影響なのである。

それは、アメリカのエモリ大学の哲学教授、チャールズ・ハーツホーン（Charles Hartshorne）の論文「哲学者のキリスト教についての評定」の中に見られる。[15]

彼はまず、死後の命についての一般の思索方向を批判することから始める。この一般の見解によると、われわれのこの地上の生の中では、善人が必ずしもよい報いを受けず、また、悪人が必ずしも刑罰を受けもしない。したがって、道徳が成立するためにはどうしても、死後の世界の存在がなければならないのである。その死後の世界で、この地上における善悪や、正義・不正義に対しての報いの均衡が、行われなくてはならない。いわば、それは善は良い報いを受け、悪は罰せられるという原則確立の要請として、死後の命がこの地上の生の後に存在しなければならないと仮定するものである。このような考え方をハーツホーンは、二つの面から批判している。その第一は、この地上において不正義が行われており、この地上の生の後に、それへの刑罰が均衡を保つような仕方でなされることは不可能であるという彼の考えからきている。この地上で不正義が行われるのは、人間が自由な存在であるからである。なぜならば道徳的行為は、人間の自由を前提にしているからだ。したがって、伝統的なキリスト教的教えである死後の命の教理が教えるように、死後の命を獲得してなおも人間が自由な主体としてとどまるというのであれば、来世の生活においても、やはりこの地上の生活と同じような社会問題が起こらざるを得ない筈である、とハーツホーンは主張する。死後の世界においても当然、(この世における)現実の生活と同じ不正義が行われるのではなかろうか。死後の世界がこの地上の生の延長的なものである以上は、どうしてもそこでは、不正義の問題は解決されないと言うのである。第二に、ハーツホーンがこのような一般的な死後の命の考え方に対して反対する理由は、きわめて宗教的な、また深い意味で道徳的なものである。すなわち、われわれが人を愛する時、それは一体報いを望んで愛するのであろうか。キリスト教的な深い理解における愛は、愛すること自体を喜びとするものであり、報いを期待していない。死後の命において報いを期待するが故に、この地上の生において隣人を愛するというのは、きわめて非キリスト教的な愛し方である。このような意味でハーツホーンは、この世の生の延長として起こるところの死後の命を疑問視する。

ハーツホーンは、アルフレッド・ホワイトヘッドの影響を多分に受けたキリスト教的哲学者であるが、彼が死後の命という思想の中に積極的な意味を見出すその仕方も、きわめてホワイトヘッド的である。彼は、次のような角度からだけ、死後の命という思想には意味を認めることができると主張する。

われわれのこの歴史時間内での一つ一つの体験、一つ一つの行為、われわれの心の中のささいな動揺——それらすべてがことごとく神ご自身の体験の中に摂取され、神ご自身がご自分を完成して行くその過程での肥料となって行くのである。神のこのような自己完成過程の体験中に、私の存在、私がどのようにこの地上において隣人を愛し、また、神を愛したかということ、私の苦しみ、私の喜び、これらすべてが取り入れられて残って行く。ハーツホーンは、そのことをわれわれの死後の命と考え、それで満足すべきであると言う。言い換えるならば、われわれの存在、体験、喜び、苦しみ――、これらすべてが、神の永遠の記憶の中にとどめ置かれることこそ、われわれの死後の命なのである。

ハーツホーンにとっては、伝統的なキリスト教的教理である死後の命は、むしろ人間にご利益主義的な信仰心を与えるものであるが故に、有害なものなのである。それ故に、彼は、以上において展開されたような、きわめて非伝統的な死後の命についての見解をもつに至っている。しかし、注意すべきことは、彼が決して神を神秘主義的・汎神論的な、歴史の中にあって進展して行く、一つの力のようなものとは考えていないということである。そのことは彼がこの論文の中で、もっともキリスト教的なまた宗教的なものは祈りであり、人格的な神との対話であると強く述べていることからも知られる。

ハーツホーンの、このように神の記憶の中に存続するものとして死後の命を考えることに対しては、どのような批評がなされなければならないであろうか。まず私は、彼による伝統的な死後の命に対する第一の批評から取りあげたい。彼によれば、死後の世界が存在する場合には、そこでも人間は自由に存在して生き続ける訳であるから、当然のこと、不正義が死後の世界の中でも行われる。地上の不正義が死後の世界で裁かれるが故に、地上の世界と死後の世界とを合わせると、正義の均衡が保たれるという理由から死後の命を望むことは、論理的な矛盾を内包しているというのが、ハーツホーンの意見である。しかし、彼の死後の命への信仰に対するこの批判は、聖書のある章句の表現する死後の命には、少なくとも当てはまらない。一例として、『マルコによる福音書』(一二章二五節)の「死者の中から復活するときには、めとることも嫁ぐこともなく、天使のようになるのだ」を挙げることができよう。この節に関して、ブルトマンはその著『イエス』の中で、「言い換えるならば、われわれは未来の生に関して、どのような想像をなすことも禁じられている」と解釈しているが、洞察に富んだ言葉である。[16] われわれは聖書が、詳細には未来について語らないことを、むしろ喜ぶべきであろう。とにかく、イエスのこの言葉によって意味されているのは、地上の生と死後の生とが、ハーツホーンが考えているほどには、直接的な連関性をもたないものであるということであろう。むしろ両者は、非連続的なものであり、死後の命が存在するとしても、われわれがそれをこの地上の生から類推することは、不可能であるとは言えないまでも――ある程度類推することが可能でなければならない理由は後述するが――、しかし、地上の生に属するすべてを、いきなり死後の生に移して考えることは非常な危険を伴う。人間の自由が死後の生においても、今のわれわれの体験している形で継続するものであるかどうか、判断できないと言う方が本当であろう。ハーツホーンの第二の伝統的な死後の命への信仰に対する批評はどうであろうか。彼は報いへの期待が、死後の命への信仰の前提となっていると考えている。彼によれば、愛することそれ自体が喜びなのであり、道徳的行為は報いを期待してなされてはならないのである。したがって、死後の命を期待することは非キリスト教的である、というのが彼の主張であった。

なるほど、彼の言う通り、道徳的行為においては愛すること自体が喜びなのである。報いを期待しつつ愛を行うことは、その愛の行為を不純にしてしまう。道徳的行為としては、これは価値下げである、と私も認める。しかし、ハーツホーンが少しの疑問もなしに前提してしまっているように、死後の命は報いと関連してのみいつも考えられなければならないものであろうか。このように、人間の側からの要請としてのみ、いつも考えられなければならないものであろうか。死後の命を、地上の生との関連で考えるにしても、神を中心にして、神の側から考えることはできないものであろうか。人間の報いへの期待から、すなわち、人間の側から、人間中心的(anthropocentric)に考えるのではなく、神の側から、神中心的(theocentric)に死後の命について考えることができるのではないか。

この点については後で述べるので、今はこれ以上の展開を避けよう。しかし、ハーツホーンの立場が人間中心的なものであることは、伝統的な死後の命への信仰についてのその第一及び第二の批評の中に、明瞭に看取される。

第二の彼の批評について、もう一つ私は言いたいことがある。報いはさておいて、地上の生の善悪の行為に向かう神の反動が死後の命において語られないならば、われわれの道徳的行為は、その根底で骨抜きにされてしまうのではないであろうか。もちろん、私は、死後の生での極彩色をもって画かれた刑罰というようなこと、地獄というような神話的な事柄を意味しているのではない。しかしながら、この地上での道徳的行為が、明らかに、結果を伴ってくるものであることを、私は意味したいのである。もちろん、前述したように、正義の均衡が死後の命で保たれることになるとか、ならないとかいうような、具体的な類推は控えなければならないが、死後の命が、地上の生でのわれわれの道徳的行為に対する、結果をもち来らす時期であるという思想は、ハーツホーンが批判するほどには批判する必要はないであろう。

また私には、ハーツホーンの積極的な思想の中にも、死後の命への信仰が十分な形で生かされているようには思われない。神の記憶の中にわれわれの地上の生での喜びや苦しみ、悲しみや歓喜の体験がとどめられるという思想によっても、人格的な存在としてのわれわれは死とともに消滅する。人格尊重という、倫理的行為への基礎づけになるような態度は、このような死後の命の思想からは出てこない。

さらに、私にとっては、もう一つこの思想の決定的な弱点と思われるものがある。ハーツホーンは、人間が神に対して良い記憶を残して行ける存在であるという、人間性についての楽天的な見解をもっている。しかし、罪人である人間は、果たして神に良い記憶を残してこの世を去れるのであろうか。聖なる神の前に立たされた時、われわれは良い記憶を神に残してこの世を去れるどころではなく、実は、神の記憶の中に、きわめて通俗的な表現であるけれども、嫌な思い出しか残して行けない存在であることを意識しないであろうか。

次に、ハーツホーンとは全く思考傾向の異なるキリスト者の、死後の命についての思想を取りあげてみよう。それは、スペインのカトリック系の宗教哲学者、ミゲル・デ・ウナムノである。ウナムノは、カトリック教会からはあまり歓迎されなかった哲学者であるが、その思想の中には後で指摘するように、ローマ・カトリック的な雰囲気がきわめて強く残っていた。死後の命に関する彼の発言は、その主著である『人生の悲劇的意味』(Tragic Sense of Life)の中に代表的な形で見られる[17]。

彼がここで言う生の悲劇とは、創作性(creativity)と理性(reason)との間の相剋を意味している。ウナムノにとっては、理性の機能は、人間が生きるために奉仕することにある。すなわち、生きることの方が、理性の働きよりも上位に立っている。それ故に、分析をその役割とする理性の機能は生への奉仕の中にあるが、そこに悲劇の要素が入り込む理由は、生きようとする意志である創作性と、分析的な機能をもつ理性とが、どうしても衝突せざるを得ない運命をもっているからである、と彼は考えている。

分析され得るような蝶は、もはや生きていない。生を分析的にとらえることは不可能である。創作性に属する真理は、常に分析的理性にとっては、とらえることが不可能なものである。ウナムノは創作性という角度からのみ、神についての、また、死後の命についての真理は把握され得るものであるとし、理性は、むしろ神ならびに死後の命を否定するものであると考えている。

人間が分析的・理性的な生き方をする限りは、神も永遠の生命も拒否して虚無的になるのが当然である、と彼は考える。生きようとする意志のみが神を肯定し、死後の命を肯定し、したがって人生の意味を肯定し、生の深い悲劇的な喜びさえも味わおうとするのである。人間は、死後の命の肯定がなくては生きられない、とウナムノは考えている。さらに、ウナムノにとって、生きようとする意志は、超理性的なものではない。むしろ、彼は教会教父テルトゥリアヌスに味方して、真理は反理性的であると考えている。必然的に、真理と分析的理性との間には相剋がある、と彼は主張する。人間は、この相剋を誤魔化さずに、それを背負って行かなければならない悲劇として、受け取って生きるのが正しいとする。

さて、ウナムノにとって生きる意志は、自分自身を永遠に存続させようとする意志である。人間は常に死後も続く永遠の生命に対する渇望を自分の内に抱いているが、それはこの生きようとする意志のなす業である。もしもわれわれが、この渇望を未来の生への希望において満たさないならば、われわれの生きようとする意志は、今この現在の生において既に、その根本から傷つけられてしまう、とウナムノは考えている。このように、ウナムノは、きわめて実存的な仕方で死後の命を肯定しようとする。それは、分析的理性が冷たい仕方でわれわれに死後の命がないことを告げるにもかかわらず、反理性的な仕方で、生きようとする意志によって人間は、それを肯定しようとするのである。

ウナムノの主張する死後の命とは、極端とも言えるような形態での、時間的なこの人生の継続である。この死後の命には時間的要素があるので、当然そこにも苦しみが存在し得る。それでも人間は、死後にも生きることを欲するのである。ウナムノは、幼い時のことを回顧して、次のようなことを言う。彼は幼い時に、地獄で苦しむ人々の絵を見せられても、少しも恐ろしいとは思わなかった。それよりも彼にとって恐ろしかったのは、死によって自分が完全に無になってしまうという考えであった。ウナムノは、ローマ・カトリック的な伝統に育ったにもかかわらず、むしろ煉獄こそがわれわれの望んでいる永遠の生命であると考えているように見える。すなわち、ウナムノにおいては、この地上の生を生きる上に必要な死後の命の把握の仕方が、それが苦しみを伴ってもなお、時間的生の継続であって欲しいという角度からなされているのである。彼はそのような死後の命の確信こそが、この地上的生の中で、日ごとにわれわれに生きようとする意志を与えるものであると考えている。

さて、このようなウナムノの論理の構成に対して、私が疑問とする点を述べよう。

第一にウナムノの場合には、神の存在も、人間の死後の命の存在を確実にする保証として考えられているとの印象を、われわれに与える。極端な言い方をすれば、ウナムノにとっては、死後の命の方が神の存在よりも重要なのである。ここで、ベイリーが言っている事柄を、私は思い出す[18]。伝統的なキリスト教の見解によれば――とベイリーは言う――、神のない死後の命は、永遠の生命ではなく永遠の死である。キリスト教的な見解は、死後にも、この時間的な命が無限に存続することの中に、祝福を見出したのではない。そうではなくて、死によっても、神との交わりが切断されないこと、死後もなお、われわれは神の愛の中に存在し得るのだ、ということに重点が置かれてきたのである。ところが、ウナムノの場合には、神の方が従になり、死後の命においてわれわれがこの時間的生を継続させ得ることの方が、主に考えられている。これは順序が逆である。これは、キリスト教的と言うよりは、異教的な、自己中心的・人間中心的な思考の順序ではないだろうか。

第二に、このようなウナムノの思想は、あまりにもカトリック的な香りをもっている。前述したように、ウナムノは、ローマ・カトリック教会から、歓迎された宗教哲学者では決してなかった。しかし、彼の論理の構成は、死後の命を、われわれが要求するという土台の上に造られている。ところが、プロテスタントの信仰によれば、すべては神の恵みの賜物なのである。当然、死後の命を考える場合でもそうでなければならない。その命を獲得するに価しないようなわれわれに、ひたすらなる愛から、神がそれを送って下さるというのが、プロテスタント的な思考になるであろう。ウナムノにおいては、われわれの生きようとする意志は、当然、死後の命を要請してよいということが前提となっている。地上での功績をもって天国を要請した、中世の神学と同じである。生きようとする意志が功績になってしまっていて、現実の生そのものが、神からのひたすらなる恵みの賜物であることが忘れられているのではないだろうか。われわれは、この地上の生を享受できるだけでも、豊かな神からの贈り物として感謝しなければならないのではないだろうか。ところが、ウナムノの場合には、地上の生への感謝が欠けている。地上の生だけでは悲劇的であり、不十分きわまるものなのである。現実の生を十分に生きようとする者は、その功績への報いとして、死後の命を要請する権利があるかのような印象を、われわれはウナムノから受けるのである。

ここでは、一切か無かという形態での、死後の命の把握がなされている。ウナムノによると、死後の命が存在しなければ、現実の生は完全な悲劇である。もしも現実の生が悲劇であれば、人間への正義として、死後も永遠に続く命が当然なければならない。実は、このような一切か無かの形態での思考は、非現代的なものなのである。と言うのは、現代人であるわれわれは、相対的な見方でものを把握することに習慣づけられてきている。われわれの生が、六十年、七十年の間続く地上の生だけであっても、絶対を望まないでわれわれは、その六十年、七十年の生涯を、感謝しつつ受け取る感覚を身に具えてきている。したがって、ウナムノのような一切か無かという思考は、縁遠くなってしまっている。

この縁遠いという感じは、もちろん、現代のもつ思想史的事情からきている。思弁的な形而上学が崩壊して、人間は自分の周囲に存在している客観的に確かな——思弁的な理性の手が把握して安心感を得られるような——支えを見出すことによって、自分の存在の意味を発見することに絶望したのである。したがって、現代人は、相対的な——すなわち、客観的な、絶対的な意味では安心感を与えることのできない——

自分の決断という、不安を内側から超剋する実存の在り方で生きることを学びつつあるのである。客観的にすべてを知り尽くすことによって絶対的な安心感を得ようとする形而上学への反抗こそ、現代人の特徴である。特に、不条理の思想が、典型的にこの事情を露わにしている。それ故に、相対の中での安住こそ、現代人が学びつつあることなのである。この事情は今までに取り扱ってきたところであるから、ここにはこれ以前述べる必要がないであろう。とにかく、このような現代人の状況は、実は、実存論的神学が肯定し、その状況との対話の中で神学してきたものなのであった。

ウナムノが、生きようとする意志との関係で死後の命を思考した限りにおいて、彼は実存的な把握をしたと言える。彼は思弁的な形而上学をそこで構築していない。しかし、あまりにも性急に一切か無かという形態での思考に走っていることは、相対の中での安住からの逃避であり、実存的ではない。彼は、未来にある死後の命を設定することによって、現在の相対的な不安の中での安住を保証しようとしている。そうではなくて、私が真に実存的であると考える生き方は、今の相対の生の不安の中に安住することから、生の充実が溢れ出て行って、死後にまで永遠にわたって流れ続けるような生き方なのである。

われわれが、地上の生の不十分さや悲劇性を十分に理解していても、それでもなお、この生を感謝する気持を失わないでいる方が、生き方としても健康なのである。この生が悲劇的だから、死後の生をわれわれが要求する権利があるというのではなく、悲劇的でありつつ、しかも、感謝をもって受け取るべく宿命づけられている地上の生をどん底まで味わい尽くし、喜びながら、感謝の上にさらに感謝を重ねない訳にはいかないような仕方で、死後の命が与えられるのである。すなわち、地上の生を感謝をもって受け取る喜びの中には、悲劇の苦味がどうしても入り込んでいる。この悲劇が解決されることへの深い感謝が、死後の命への信仰において、人間のもつ地上の生への感謝をもっと深め豊かにするような仕方で入り込んでくるのである。

不満から感謝への転換を、われわれは死後の命への信仰において決して望んではならない、と私は考えている。したがって、宗教と道徳との関係について論じたところで前述したように、地上の生の道徳や秩序が、死後の命への信仰の喪失とともに、すべて早急に壊滅し瓦解することはない。死後の命への信仰が失われたとしても、人間は、ある程度道徳的な存在であり、ある程度人生を喜びをもって過ごすことが可能なのである。問題は果たしてそれだけで、本当に十分な生を過ごすことになるのかどうか、ということなのである。長い間に、時間をかけて見てゆく時に、宗教の根を取り去られた道徳という木が成長できるかどうか、また、相対的な地上の生への感謝と喜びの中のあの悲劇的な苦味が、遂に地上の生を内側から蝕み、頽廃させないものかどうか。これが決定的な点なのであって、それはウナムノの言うように、いきなり一切か無かという形態で考えられてはならない。ウナムノの立場は、現代人にとって、心の底から納得させる力をもたない他律的思考である。

それ故に、死後の命への信仰は、地上の生の分析や要請から生まれてくるものであってはならない。むしろ、それとは違ったところから出発しなければならない。すべてがひたすらなる恵みとして神によって与えられているというプロテスタントの立場から考えるならば、死後の命への信仰は、恵みである神の愛の語りかけの事実から出発しなければならない。これについては後で詳細に述べよう。

もう一つの批判を、ウナムノについて述べなければならない。既にハーツホーンの思考に対する批判の中で述べたことであるが、ウナムノにおいても、死後の命と地上の生との関係が、あまりにも連続的に考えられている。死後の命も、この時間的生と同じようなものでなければならない、という確信が披瀝されている。

ここにおいても言わなければならないことは、聖書においては、両者の間に一応断絶が主張されているということである。地上の生でわれわれが体験する時間を、死後の命の中にいきなりそのまま持ち込むことは、聖書的ではないであろう。

3　十字架と不条理としての死

われわれは今までに、死後の命についての思想を、種々検討してきた。そこで得た結論として結局のところ、プロテスタント的思考においては、死後の命の考察の出発点はイエス・キリストを通して与えられた神の愛であるということである。なぜならば、われわれの考察は、恵みによってすべてが与えられるところから出発するからである。そこで、次にわれわれが取り扱いたい事柄は、どのようにしてイエス・キリストによる神の愛の出来事から、死後の命への信仰が導き出されてくるかという問題である。

しかし、それを検討するに当たってわれわれは、神への愛と人への愛との関係が、死後の命への信仰を滅ぼしかねないような、非常に困難な面をもつことを理解する必要がある。例えば、一九五八年に訪問教授として来日された、ドルー神学校のカール・マイケルソン教授が、ある神学校での講義の中で次のような話をした。あるキリスト者が飛行機に乗ったところ、上空でエンジンの故障が起こり、彼は死を考えざるを得なくなった。その時に彼の頭脳に浮かんできた思いは、自分は天国に行けるかどうかということではなく、生命保険をかけてからこの飛行機に乗ってよかったということであった。彼は後に残る家族のことを心配したのである。彼のこの態度は信仰的であったのか、不信仰的であったのか。彼こそ正しい永遠の生命への態度をとっていたのである。*

＊　これと同じような考えが、マールブルク大学において、哲学者、ヘルマン・コーエンの下で哲学を専攻し、哲学者として人生を送ろうとしたが、やがて文学に自分の生涯を託していった、ロシアの作家、パステルナークの作品『ドクトル・ジバゴ』の中に見られる。主人公が、フィアンセの母親の死の直前にその母親から要求されて、復活について自分の考えを語る場面がある。(19) 主人公は、伝統的なキリスト教の復活の観念を、一応否定している。なぜならば、主人公の思考によると、現在と同じような身体をもった人間の群れが全部復活した時には、宇宙もそれを入れるほどには大きくはないからである。もちろん、この反対は根拠薄弱である、と私は思う。と言うのは、後でわれわれが検討するように、復活の身体について――例えば聖書の言うところをそのまま受け入れたとしたところで――、聖書は地上の生のもつ身体のそのままの復活を言っているというよりは、新しい霊的な身体をもつ甦りを言っているからである。それでは私が何故にこの主人公の発言の重要性を認めているかというと、パステルナークが、永遠の生を少なくともこの場面においては、他者との愛の交わりそのものとして考えているからである。愛において隣人の中へ自分を失って行くこと、そしてその隣人が、愛によって与えた自分の命を土台にして、さらにその隣人自身の命を豊かに発展させて行ってくれること――これが永遠の生命であると考えられている。それ故に、パステルナークによれば、隣人への愛の中にすべてを集中して生きることは、死後の命についての思考への余裕を廃棄する。ここには、愛か、それとも死後の命かという、あれか－これかが存在している。

カール・マイケルソンの話にしろ、パステルナークのこの復活の解釈にしろ、神への愛と人への愛との間の矛盾対立を表現しているように私には思える。しかし、この二人の思想家たちも、実際は、死後の命を信じているのであるけれども。(20) 二人の思想家たちの前述の物語の中に、死後の命への信仰によって代表される神への愛と、人への愛との間に、「あれか－これか」の選択が存在する事情が表現されているように思ったので、私はこれら二つの物語を取りあげたのである。

この物語が表現しているように思われるかもしれない事態がある。この地上で、人を本当に愛することに自分を集中しているならば、死後の命は考慮の中に入ってこないのではないだろうか。むしろ、それについて考えることは人を現在、愛することへの集中を妨げ、また、それからわれわれの目を逸らすものなのではないか。われわれは、ここで、「あれか—これか」の決断をしなければならないのではないか。

　このような厳しい実存的な疑問が、死後の命への信仰に対して提出される可能性がある。これに対する答えは、神への愛と人への愛とが、死後の命の問題に絡んで、少しも互いに矛盾しないものであることを言わなければならない。ところが、死後の命は死の彼方にある、すなわち、現実の生からは遠いところにある未来の出来事であるばかりではなく、実は、キリスト教的な把握の仕方によると、現在の問題でもある。永遠の生命を現在において味わうことが、既にある程度可能であるというのがキリスト教的な思考なのである。『ヨハネによる福音書』が、終末の出来事を内在化して、永遠の生命を死後の未来の出来事というよりは——そのような永遠の生命についての考えが、この著者に少しはあったかどうかという問題は今一応顧慮しないでおくが——、キリストとしてのイエスにおいて起こった神の出来事に対してわれわれがどのような態度を取るかによって、われわれは今永遠の生命を与えられるか、また裁きにあうかであるとし、終わりの日に起こる筈の出来事を現在既に起こっているものとして解釈していることは周知の事柄である。この事態は、パウロにおいてもあまり異なっていないように思われる。シュヴァイツァーらが言うようにパウロにおいても既に、われわれの死と復活とは未来の出来事というよりも、むしろ現在、キリストの十字架と復活とにあずかるという仕方で、内在化され現在化されている。

　それ故に、地上の生を支えるような意味でも死後の命は問題になる。永遠の生命についてわれわれが真剣に考える場合には、単に命が死後も存続するというような未来の永遠の生命ばかりでなく、現在のわれわれの生を支える永遠の生命をも考えなければならない。このことは、既に宗教と道徳との関係について前述した事柄から、明瞭であると思う。

　ここには、質と量との問題と言い換えてもよい問題が存在している。現在の永遠の生命を質とするならば、死後の命は量であると言える。われわれは、質だけを欲して死後の命を拒否してもならないし、量だけを欲して、現在、質的にわれわれが体験し得る永遠の生命、すなわち、神の愛に支えられて生きる体験を否定することもできないのである。この両者は密接不離の関係にある。いずれを取り去っても、キリスト教的な永遠の生命の考え方からは、程遠いものになってしまう。

　さて、死後の命への信仰は、神の愛の啓示の事実から出発しなければならないと私が言う時、伝統的な神学の主張であるところの、キリスト・イエスの復活から死後の命を基礎づけようとする試みを、私は意味していない。この事情を明瞭にするために、復活の問題について解明しなければならない段階にきたように思う。復活については、既に第五章において、ティリヒの復活観に関連しつつ少しは述べたのであるが、ここではもっと視野を拡げて聖書神学と対話しながら論じることにしよう。

イエスの復活についての最近の神学界における生産的な議論は、ブルトマンの弟子――前述したように、われわれが普通ブルトマン後の人々（Post-Bultmannians）と言っている神学者の一人――の、ブルトマンの復活に関する思考に対する修正であろう。ブルトマンは、周知の論文の中で[21]、復活の事実性については言及しないで、イエスの十字架に対する原始教会の解釈としてのみそれを認めた。このことについては前に述べた。ところが、ブルトマンの弟子たちの中から、もう一度、イエスの復活のある意味での事実性を認める傾向が現れてきた。ブルトマン後の人々の一人であるゲルハルト・エーベリングがそうである。彼は客観的に、出会った誰でもが認めることができるような、現実のわれわれの身体と同じ身体をもってイエスが甦ったことは否定する。しかし、彼によると、復活の信仰は単なる主観的な信仰ではない。ある事件が実際そこで起こったのである。エーベリングの言うところをもう少し詳細に述べれば、イエスの復活は弟子たちの主観だけのものでもなく、また、われわれと同じ身体をもってイエスが甦ったという、いわゆる客観的なものでもない。主観‐客観を超えた関係そのものとして把握されている。すなわち、キリスト・イエスの復活が生起した時に、それを信じた人々の信仰が、その客観的な事件に基礎づけられて生起したというのでもなく、また、信仰が主観的な幻想として、イエスの復活を見たというのでもない。イエスの復活の出来事に出会った人々が、出会ったというその関係そのものの中で信仰をもち、その復活を信じたのである。イエスの復活は、それを信じなかった人々にその信仰を強制するような客観的なものではなく、信じるという自由な決断の現実そのものの中で、その信仰に向かい合って立っているのである。このようにエーベリングは考えている[22]。

エーベリングの復活に関する考えは、実は新しいものでもない。例えばわれわれは、ジョン・ベイリーが、それと同じような議論を展開していたことを知っている[23]。ベイリーによると、聖書の語るイエスの復活の身体は――イエスの復活においても、われわれの復活の場合においても事情は同じであるが――、死ぬ前の身体が甦ることではない。そうではなくて、信仰の決断をしない者には、このイエスの復活の出来事は全く信じることができなかったものなのである。すなわち、復活のイエスの身体は霊の身体であり、地上の身体と内実的には連続をもちつつも、一応、形態的には非連続であった。信仰の決断をしない人々には、信じることのできないような状態で、復活のイエスは出現されたのである。したがって、ベイリーは復活の信仰が主観主義（subjectivism）でも客観主義（objectivism）でもないと主張する。

ベイリーの復活についての観念は、エーベリングと全く同じである。そして、また、バルト及びブルンナーのイエスの復活の理解と同じである。[24] バルトとブルンナーもイエスの復活を、客観的にわれわれが検討することができるような、地上の身体の復活としては見ていない。バルトとブルンナーも、ベイリーやエーベリングと同じように、霊の身体としてのイエスの復活について語る。しかし、バルトと――この点でブルンナーはバルトに同調しないが――エーベリングとの間の相違は、バルトが、イエスの復活に伴う空虚な墓という奇蹟的出来事を、イエスの復活の出来事への信仰を促す標識(Zeichen)として、やはり信仰の対象になるものであると把握している点である。[25] エーベリングの考えでは、そのような標識は、客観的に信仰を基礎づけようとするものであり、実存的決断からの逃避に過ぎないのであるから、むしろ排斥されなければならない。バルトの場合には、霊的なイエスの復活の出来事と、空虚な墓という客観的・奇蹟的な出来事との両方が、信仰の対象として把握されている。バルトのこの立場は、信仰の決断という厳しさへの節操を欠いている。

エーベリングによるイエスの復活理解からも、私は少しく離れている自分を見出している。私はこれを、決して新約聖書神学的に発言しているのではない。新約聖書神学の領域においては、イエスの弟子たちがイエスの復活をどのように考えたかを、新約聖書の中に探求するのであるから、その時には、ベイリー及びエーベリングの考えているようなイエスの復活についての理解が、新約聖書の中に見出されるという結論は、一つの結論として出てくるでもあろう。しかし、組織神学の立場から考えてみた場合に、聖書に述べられているイエスの復活に関する、新約聖書神学の種々ある理解のうちの一つに過ぎないものを、現代世界の状況の中でそのまま人々に語りかけることを、キリスト教の宣教の重要な要素としてしまって良いかどうかを、私は疑問視するのである。例えば、ブルトマンやシュヴァイツァーが、イエスの復活についての聖書の物語を、歴史的な根拠のないものとして明白に否定した事実をわれわれは知っている。世界史的な聖書研究においては、もちろんそのような可能性もある。組織神学は、その真偽が歴史研究によって疑問視されるような出来事に根拠をおいて、発言してよいものであろうか。

信仰と歴史との関係においては、既に述べたように、信仰は歴史研究と一応断絶の関係を保つべきである。もちろん、両者の相手に対する影響を認める訳であるが、その影響は両者を混同するような仕方での影響ではない。信仰の歴史研究に対する影響は、両者の断絶をますます深めるような形で、歴史研究を徹底的に冷静に研究の対象に密着したものにならせるような仕方でのものである。このことについては十分に論じたと思うので、私はここでこれ以上繰り返しては述べないが、そのように考えてくる場合に、もう一度、ブルトマンの発言、すなわち、復活はイエスの十字架の解釈に過ぎない、ということを取りあげなければならない。このブルトマンの発言こそ、組織神学が言うべきことではないだろうか[26]。

しかし、イエスの復活の理解において、ブルトマン後の人々の一人であるエーベリングの理解に賛成しないことは、ブルトマン後の人々が、ケリュグマの背後にあるイエスの実在において、信仰と歴史研究との次元の相違を保ちつつ、しかも相互に影響し合うあの統一を追求したことの意義を、決して否定するものではない。そのことは神学における主観―客観の構造の克服について述べたところから明らかであろう。ただ、それを私はイエスの生涯において行おうとするのであり、イエスの復活において行おうとする試みを拒否するだけである。否、私は、ブルトマン後の人々が目指しているイエスの実在を、ティリヒの言葉を借りて、新約聖書の示すキリストとしてのイエスの画像に類比的な関係にある歴史的実在として、むしろ表現したいのであるが。

ゴーガルテンが、イエスの服従にその中心をおいてキリスト論を解釈していることについても、私は前に論じた。その要点を繰り返してみよう。ゴーガルテンによれば、イエスが徹底的に神に服従して下さったおかげで、神の出来事が人間のために、イエスを通して啓示されたのである。このゴーガルテンの発言は、私が前に述べたように、歴史研究と信仰的に理解されたキリストとしてのイエスとの間の橋渡しをするものであって、歓迎できる論理の展開である。救いの神の出来事が、イエスの服従という人間的な出来事を通して生起したのであり、そこでは、神の出来事と人間の出来事とを一つにするものとして、歴史研究の対象にもなり得るイエスの服従が主張されているのである。このゴーガルテンの主張は、古典的な（神・人二性の一人格という）カルケドン信条のキリスト論の実存論的な解釈であり、既に論じたように、カルケドン信条のキリスト論のアンティオキア学派的な解釈と連結し得るものであるが故に、私も賛成した。ただ、ティリヒに従って、私は、キリストとしてのイエスのイメージと類比の関係にある実在の服従と言い直したいのではあるが。また、ゴーガルテンが、イエスの服従の上にキリスト論を構成していて、エーベリングのように、出来事としてのイエスの復活に重点を置いていないのは賢明であろう。私が第五章で展開したキリスト論も、この点で、ゴーガルテンに倣ったものであった。

以上のように考えて、イエスの復活の出来事に死後の命への信仰の基礎を求めることは、してはならない事柄だと私は考える。なぜならば、その場合には、われわれの死後の命への信仰が、イエスの復活の出来事を叙述している聖書資料についての歴史研究に基礎づけられてしまうからである。

組織神学的なもう一つの理由が、イエスの復活の出来事に死後の命への信仰を基礎づけることに対して私を躊躇させる。

プロテスタントの信仰は、十字架のみに、この「のみ」に、基礎づけられていなければならない。十字架と復活という並列的なものの上に基礎を置くものではなく、ブルトマンが主張したように、復活は十字架の解釈であるとし、十字架のみにわれわれの信仰の基礎を求めるのが正しいと思う。十字架の後から、十字架を浮き出させるために、投げかけられている光のようなものが復活なのである。われわれの目には復活は見えなくて、むしろ十字架の輝きだけが見えてくるような仕方で、神学は十字架と復活との関係を考えるべきではないだろうか。十字架と復活という並列される二者に信仰の土台を置くキリスト教の解釈では、十字架は喜びでなく、悲しみを意味するものとなってしまい、復活がそれを補ってくれる喜びであるという思考に陥ってしまう。この解釈が、死後の命の問題に関係づけられる時には、どのような理解が生まれてくるであろうか。そこからは地上の生は不幸そのもの、つまり十字架の生であるが、死後の命は栄光に輝けるものであるという、中世的な、ローマ・カトリック的な理解が生まれてくる。プロテスタントの十字架の神学によれば、地上の生そのものが既に神の恵みの賜物なのであり、十字架を負うこの生そのものの中に、悲劇をどん底まで味わいつつ、しかも、それを突き抜けたところで、神の祝福がわれわれの存在の奥底から湧き出てくる不思議を体験するのである。これこそが現在での永遠の生命の体験であり、このように体験される永遠の生命から、それをもっと豊かにするものとしてのみ、死後の命が問題にされなければならない。さもないと、死後の命への信仰は、地上の生への無関心と悲観主義と静寂主義（キエティスム）を生み出すだけである。

さて、私は死後の命への信仰を神の啓示の事実に、換言すれば、キリストとしてのイエスの出来事に現れた神の愛の言葉に基礎づけようとするのであるが、もちろん、これは神中心的な死後の命の理解である。フォーサイスは、このような死後の命の理解を、「神中心的死後の命」（theocentric immortality）と呼んでいるが[27]、このように死後の命を考える場合には、もちろんハーツホーンが懸念したようには、利己主義的な人間の欲望から死後の命への信仰が生まれてきているのではない。そうではなくて、われわれの場合には、死後の命は、日々の実存的決断において自分自身を十字架にかけ、そして、キリストの復活の力によっていつも再び甦らされるというような、現在の体験と連続の関係にあるものなのである。すなわち、この信仰は自分に死ぬというような、利己主義とは正反対の契機を内包している。死後の命はイエスの死と復活を今行ずるような永遠の生命の体験に由来するものであって、生まれながらの自分が、無限に死後もなお生き続けるというようなものではない。

このように、愛の事実から死後の命への信仰を基礎づけようとする時に、前にも少し触れた疑問に出会う。他者への愛の中に自分を死なせることに徹底するならば、死後の命は全く問題にならないのではないか、という疑問である。いよいよこの問題と、真正面から取り組まなければならないところに、われわれはきたようである。この点に関してはちょうどベイリーが、フォーサイスの神中心的な死後の命の思考と連結するような形で発言しているので、それをまず取りあげてみよう。われわれが死後の命を問題にする時に、誰の死後の命を問題にするのかが、最初に明瞭にされなければならない、と彼は指摘する。(28)自分の死後の命を考える時には、問題は非常に混乱してくるのであるが、例えば、われわれがもっとも尊敬する人々の死後の命を考える時には、どのようなことになるであろうか。真実に尊敬し、また、愛する相手が、死によって全く無に帰することを、われわれは承認できるであろうか。このように、他者の死後の命を問題にするところから、自分の死後の命の問題も、逆に考えられてこなければならない、とベイリーは指摘している。(29)これは、優れた洞察である。われわれを愛してくれる人が、ごく少数でもいると仮定するならば、その人々にとって、われわれが死によって完全に消滅するということは、堪えられないものではないだろうか。愛という実存的な交わりのもつ性質の中に、死によって相手が無に帰しては堪えられないような要素が、相手の死後の命を望まない訳にはいかないような要素が、存在するのである。死後の命がなければ、その愛は、非常に悲観的な、絶望的な愛になってしまい、本当の意味で深い豊かなものではなくなってしまう。

フォーサイスやベイリーのこのような洞察をさらに前進させて、キリストとしてのイエスの出来事による神の愛の啓示との関連で取りあげる必要がある、と私は考えている。われわれに対する神の愛が、死によってわれわれの存在が無に帰することを許すようなものであろうか。

われわれ自身の人間的な体験から類推しても、次のことが明瞭である。われわれは、しばしば、本当の意味で愛をその人に対してもっていないような人物と一緒に、忍耐と表面的な愛を装いつつ、数時間、あるいは、数日間を無事に過ごすことができる。われわれは、この人物との同席がそう長くは続かないという予想の下に、忍耐心を働かせるのである。その場合に、われわれが示す礼儀正しい尊敬と愛情は、実は、真実の愛ではない。相手が裏切ってもこちら側は裏切らないような深い真実の愛は、相手との交わりがいつまでも続くことを予想した上での深みを湛えたものでなければならない。

このような人間的な体験を、神とわれわれとの愛の交わりの中に投影して考察するならば、どうなるであろうか。死によってわれわれが完全に消滅することを予想したならば――われわれが、我慢できないような人物とでも、数時間をともに過ごせると同じ程度に――、われわれの一生は、神にとって短いものであろう。神とわれわれとの交わりが、われわれの死によって断絶するようなものであれば、神の愛が、こちらが裏切ってもこちらを裏切らない愛であると褒め称えられたとしても、われわれは別にそれを大したことだとは思わないであろう。パウロが『ローマの信徒への手紙』八章の中で言っているように、死、及びその他の一切のものも神の愛から自分を切り離すことはないという神への賛美が、アガペーの愛の体験の中には必然的に含まれている、と言わない訳には行かない。これこそが、キリスト教の使信から生まれてくる死後の命への信仰ではないであろうか。ブルンナーが言っているように、「われわれの永遠の生命は、われわれに向かって語って下さる神の汝の中に、その基礎をもっている。われわれが、自分に語るわれわれの中に、それをもっているのではない(30)」。ここでは、人間の側からの類推はなされておらず、一切が、神のアガペーの愛の事実から根拠づけられているのである。

さて、死後の命への信仰は、ともすればわれわれが誤って理解してしまう一面をもっている。確かに、聖書の中にも表現されているのであるが、死は、われわれの時間的生のもつ不完全の多くを取り除いてくれて、われわれのもつ神との愛の交わりを一層深めてくれる歓迎すべき要素をもっている。それにもかかわらず、死は聖書の中で、決して単純に歓迎すべきものであるとは書かれていない。むしろ、死は人間の最後の敵であり——神もイエスにおいてその敵を破って下さった——、悪魔的なものとして取り扱われている。

死が悪魔的なものであることについては、序章で、罪と死との関連を取りあげた時に論じたので、ここでは結論を急ぐことにしよう。

非神話化された悪魔的な死とは、不条理である。今までの神学は、バルト神学も、ブルトマン及びゴーガルテンの実存論的神学も、この不条理を真実の意味で取りあげてこなかった。不条理には対抗するのが本当であって、地上の生をなるべく急速に送って、早く死を迎えようというような感覚は、全くキリスト教的ではない。

4 永遠への決断

死後の命が時間的な生と非連続の関係にあることは、既に指摘した通りである。しかもなお、聖書の復活の信仰が物語っているように、何らかの意味で、地上の生と連続の関係にあるのが、死後の命なのである。それ故に、次に問題となるのは、非連続と連続とのこの関係はどのようなものであろうか、を解明することである。ハーツホーンやウナムノが、連続をあまりにも強調して、われわれにとって納得できない論理を展開したことは既に述べた。しかし、逆に、死後の命が地上の生と全く無関係であるという論理も、納得できないものである。

その他の点についてはほとんど同意できる論理を展開しているフォーサイスが、この点については非常に危険な言葉を残している。「時間は、われわれがそれから解放されるために、われわれに与えられている」[31]。時間はこのような意味において、永遠のサクラメントであるという発言を、フォーサイスはしている。フォーサイスのこの言葉がわれわれに暗示するように、時間と永遠とが全くの断絶関係、非連続の関係にあるという考えは、前に述べたところから明らかなように、われわれには受け入れがたい。

むしろ私は、既に述べたように、永遠は時間に対して部分的に超越し、その意味では非連続でありつつも、その本質においては、時間と連結するものをもつという立場を採用した。したがって、死後の命は、時間的要素のない命ではなく、どのような形態においてであるかは、われわれにはわからないが、とにかくわれわれの時間的体験と類比の関係にあるものが、ある程度ではあるにしても、体験され得るようなものであろう。

さもないと、ベイリーが指摘しているように、われわれは論理的な困難にも陥るのである。死後の命において、継続という要素をもたない同時的永遠の中にわれわれが参与するということであれば、死後という、「後」という言葉を含んだこと自体が、論理的な矛盾になる[32]。既に論じたところから明らかであるように、神の永遠も持続時と本質的に連続関係にあるようなものなのであるから、「死後」という発言も許されるのである。

死後の命が持続時的な要素をもっていることは、死後の命においても、この時間的な生での決断と――同一のものではないであろうが――類比的なものとが存在し得ることを暗示している。したがって、死後の命は瞑想的な、また、観想的なものではなく、むしろ、休息と活動とを同時的にわれわれに与えるようなものとして考えられてくる。この時間的生の中でわれわれが体験する創作の喜びをさらに深めたような喜びの中に、われわれを安住させてくれるようなものではないであろうか。それ故に、この時間的生でわれわれがする決断が、死後の命にとって全く意味をもたないことではもちろんない。そうではなく、例えば、フォーサイスがいくぶん皮肉を込めて書いているように[33]、この地上の生において悔い改めることを引き延ばすならば、その引き延ばしの習慣は、死後の命の中でも継続することにもなりかねない。死後の命においてもわれわれが、創作的な生を送ることができることは、地上の生においていくぶんのだらしなさを許容するようなものではない。

さて、以上のように死後の命について考察してくると、伝統的な神学が条件的不死（conditional immortality）、永遠の刑罰（eternal punishment）、普遍的回復（universal restoration）という言葉で表現してきた事柄をどのように理解すべきか、という問題に突き当たる。条件的不死とは、地上である条件を備えることのできた者だけが死後の命を享受するという教理であり、永遠の刑罰とは、その条件を備えることのできなかった者は、死後の命を所有するかもしれないが、それは刑罰を受けるためのものに過ぎない、という教理である。これは、条件的不死と同時に信じられることもあるが、しかし、ある時には条件的不死は、永遠の刑罰の教理を伴わないで、地上で条件を備えることのできなかった者は死によって完全に消滅する、という思想と結びついて教えられたこともある。普遍的回復とは、あらゆるものが、最後には神の愛の中に、喜びと幸福とを味わう世界が出現するという教理である。その時には、すべての人間が、救いを喜ぶことができるのである。ルイスは、地上の生でのわれわれの種々の決断が、徐々にわれわれの性格を形づくってしまい、遂には死後の命において救いを享受できないところまで、われわれが自分を造りあげてしまうことがあり得ると主張した(34)。

もちろん、このルイスの主張は、死後においても人間が善へか悪へか、自分の選ぶ道を進み、成長して行くことを含んでいるのであって、地上の生で一切が決定されてしまうということではない。しかし、人間は自由な存在であるから、神の愛に反逆し続けて、遂には神の愛も救うことができないほどに悪魔的に頑固な存在となり得る、と言うのである。ルイスの思想は、死後の命での人間の自由をも肯定した上での、条件的不死と永遠の刑罰との教理上の折衷である。自由の中で自分を頑固にしてしまい、永遠の刑罰に身を投じた人間が、いつかは完全に消滅するのであるかどうかは明瞭ではないが。人間の自由にすべてを集中させて考える実存論的神学の立場をとる者の一人として、私もルイスのこの思想に賛成であったが、このようなルイスの考えに、今(二〇〇一年)の私は同調できなくなってしまっている。そのことは後の章で明らかにしたい。

普遍的回復を弁護する強力な意見が、ジョン・ベイリーによって提出されている(35)。神の愛と人間の自由な決断との関係において、人間の決断が重要な要素であることはもちろんであるが、しかし、神の愛がいつでも、神学においては先行すべきではないであろうか。したがって、あらゆる人々が、死後においても神の愛に支えられてなおも向上し続け、最後には救いに至るのではないか。これがベイリーの主張である(36)。またフォーサイスも、プロテスタンティズムが煉獄の思想を完全に棄ててしまったことを嘆いており、そして、興味あることには、カルヴァン主義者の彼が予定論を解釈し直して、すべての者が神の愛に予定されているという思想に同意している(37)。

実存論的に考えて、普遍的回復の思想は一つの点で魅力がある。それは、すべての人が——たとえどれほどにわれわれにとって憎悪に値する人物であっても——、神の絶対的に棄てない愛の中にある存在であり、永遠の救いに予定されている尊い人格であるが故に、愛されるのが当然であるという点であろう。[38]確かに一面、このような普遍的な救済説が、われわれに地上の生の尊さを教えてくれて、すべての人への愛を抱かせるでもあろう。しかし、普遍的な救済説によらなくても、地上の生の尊さを味わわせることができるのではないであろうか。この地上でわれわれがする一つ一つの決断が、真実に豊かな深い神への愛の中に没入することであり、自分を真の意味で実現していくことであるか、それとも、神から離れて行き、遂には、自分の存在の根底である神から隔離することを通しての自己壊滅の道を行くことであるか、このような決断をなすことのできる一人一人の人格が、本当の意味での人格尊重を教えてくれるのではないであろうか。一人一人のする一つ一つの決断が――どれほどに些細なものであっても永遠の重みをもっているものであることを、ブルンナーの言うように、[39]そこでわれわれが神の聖愛の裁きに出会う時でもあることを、真に認識することこそ、実存論的神学の主張してよいことではないであろうか。このようにして初めて、自分の、また、隣人のなす一つ一つの決断を、愛し、見守り、励まし、真剣に取りあげるようになるのではないであろうか。

Ⅳ　民衆の中に生きるキリスト教

二〇〇一年

第八章　万有救済論

1　命あるものすべての上に

第七章までで、一九六四年の拙著『実存論的神学』（創文社）は終わっているが、現在の時点から振り返って見るといろいろの点で不満足である。私自身の神学の基本線が変わったとは少しも思わないのではあるが、その展開が一九六四年には十分になされていたとは言いがたいように思うのである。気になるいくつかの点をこの機会に修正したり、私の神学の基本線の展開が、一九六四年以降の世界の神学界の諸潮流との対話の中で、どのような様相を呈するに至っているかを述べてみたい。

前章においで私はジョン・ベイリーなどの普遍的回復の思想に反対し、ルイスの主張に賛成して、どうしても永遠に救われがたい人々が存在すると述べた。しかし、その後の研究は私をしてこの意見を逆転させてしまったのである。その大きなきっかけは、私が日本の民衆仏教に対して深い興味と尊敬を抱くようになって行ったことにあった。別に、世界の神学界が、東洋特に日本の禅に表現されている大乗仏教との対話に入ることに興味を示し始めたことが、そのきっかけとなった訳ではない。キリスト教神学が禅との対話に熱中し、それが一種のブームとなった時期は、恐らく一九六〇年に来日して禅学者たちと対話し、大きな刺激を受けて、両者の対話を自分の神学の中に生産的な形で展開していったティリヒの始めたものと言ってよいだろう。もちろん、比較宗教学の分野で、このような研究は以前から行われていたけれども、キリスト教が対話の相手である仏教の信仰や主張を尊重しながら、神学的に相手から学びつつ、大きな潮流を形成するような仕方でそれ自体を反省し始めたのは、やはりこの頃からではなかったか。ユニオン神学校で彼の講義に魅せられた私が、そのような彼の展開に影響されなかったとは言えないが、しかし、私の大乗仏教への興味をかきたててくれたのは、八木誠一氏による禅とキリスト教との対話に関する諸研究であった。しかし、周知のように、何が本当の仏教であるかを知ること自体が、仏教の研究者たちにとって既に一つの課題である。八木氏に感謝しつつも、私の興味は禅やその他の仏教宗派よりも、大乗仏教が日本の民衆の中に受け入れられていった、その様相にあった。これは私が、真言宗の熱心な信徒であった父の信仰から影響されたものであるかもしれない。民衆仏教の中には、仏教学者の多くが受け入れていない、個人霊魂の存在や輪廻転生への信仰が厳として存在する。そこには日本の神道との習合さえも見られるが、そのような民衆仏教との対話こそが、日本にキリスト教を土着させる重要な手段ではないか、と私は考えるようになり、その思いを神学的に叙述したものが『キリスト教と民衆仏教――十字架と蓮華』(1)であった。

『実存論的神学』の基本的主張を延長して、キリスト教を日本の民衆宗教の一つとして土着させようとの意図を、私はもち始めたのである。それでは、民衆仏教としてのキリスト教が具体的にどのような様相を呈するものとなるだろうかを、私はここで今問題にしている普遍的回復や万有救済説の局面に光を当てるような形で展開してみよう。(2)

民衆仏教の中で特に人々の厚い信仰の対象となっているのは観世音菩薩であるが、この仏は一切の衆生を救って下さる仏であり、この仏についての経典は多々あるけれども、もっとも愛されているのは『法華経』の中でこの仏について述べた章である。通常は、この章を『観音経』と称するが、そこで説かれている教えは、キリスト教教理史においていつも生き残ってきた「万人救済説」をわれわれに思い出させる。もっとも『観音経』の場合には、生きているすべての生物また自然さえも救われると説いているのであるから、その教えは「万有救済説」であると言った方がよいかもしれない。元来大乗仏教は、すべての人々が仏性を具えているが故に、悟りを求めて菩薩の修業を行えば、ことごとく必ず救われて仏になれるとする。この世でまだ修業が足らなくとも、(観世音菩薩がその脇侍である)阿弥陀仏の名を唱えさえすれば、その唱名だけで、阿弥陀仏の国である極楽浄土に行くことができる。これに対して、原始仏教や部派仏教では、一般人は仏になれるとは考えられておらず、仏になるためには出家して修業し、悟りを得なければならなかった。

ところが、大乗仏教の中でも、唯識法相宗《ゆいしきほっそうしゅう》では万有救済を説かない。その教えでは、一間提《いっせんだい》と呼ばれる人々は、三乗(すなわち、将来は仏になり得る信者の三段階である声聞《しょうもん》・縁覚《えんがく》・大乗)のいずれにもなれないのである。この法相宗の教えはわれわれに、永遠の昔より神によって救いから除外された人々が存在すると説く、アウグスティヌスやルターやカルヴァンの予定論を思い出させる。長い間の信仰的な苦闘と思索を経て、民衆の信仰が大体においてこのような予定論にみられる信仰的エリート主義とは無縁であることを知り、いつとは知らずこれに共感を覚えるに至ってしまった私は、とうとう（前から受け入れることができなかった）予定論ばかりか、ルイスなどの（遡って行けばウェスレーの福音主義に行き着いてしまう）信仰さえもてば救われるという説にも賛成できなくなってしまったのである。前に述べたように、福音主義では、元来人間に与えられている自由意志によって神を信じるものは救われるが、その自由意志の故に、最後まで神を信じない人間も存在し得るとし、神も彼らの救いを残念ながら諦めるとするのであるが、心の中での民衆仏教との対話は私に、イエス・キリストの父なる神の愛はそのように安価なものではないことを確信させてしまったのである。あまりにも深い神の愛を知るにつれて、その愛の恐ろしい魅力に圧倒されて、われわれは自らの意志で遂にはみな、神を信じてしまうのである。このような思想の展開には、後述する輪廻転生説を私が受け入れたことも大いに関係していることはもちろんである。

　万人救済説については、前に拙著『神と希望』(3)において詳しく述べたが故に、ここでは大ざっぱな取り扱いをすることになるが、この説の聖書的根拠としては、例えば、「そこで、一人の罪によってすべての人に有罪の判決が下されたように、一人の正しい行為によって、すべての人が義とされて命を得ることになったのです」（『ローマの信徒への手紙』五章一八節）のような、神の愛がすべての人間に対して注がれることを告げる聖句がよく引き合いに出される。しかし、この説の強みは、聖書の中にどれほど多くこれを支える句があるかではなく、聖書の中心である神の愛に直接依存していることにある。人間を救うために最愛の独り子さえもこの地上に送り込み、その子が十字架上で死ぬことさえ忍耐した神が、カルヴァンやその後継者たちが主張するような二重予定論の神である筈がないからである。周知のように二重予定論とは（この論にも、細部で異なったいくつかの種類があることを承知の上であえて大ざっぱに言えば）、神が永遠の昔から人類を二つに分けて、一方を救いに、もう一方を永遠の滅びに予め定め、救われるように定められた人々は信仰をもち、やがて永遠に神とともに住むこととなるが、滅びに定められた人々は、どれほどに努力しようとも、遂に地獄に堕ちて永遠の苦悩の中に伸吟するというものである。個々の聖句ではなく、聖書全体が告げる神の愛と、このような二重予定論は矛盾する、と私は思うのである。

　ところで、『法華経』をその信仰の中心経典とする天台宗や日蓮宗は、一切衆生《いっさいしゅじょう》悉皆仏性《しっかいぶっしょう》を主張し、すべての命あるものにはことごとく仏性が宿っているとすることによって、キリスト教の万人救済説に近い主張をしていると思われるが、両者が全く同じであるとは言えないようにも思う。これら大乗仏教の救いには、人間のみならず一切の命あるものが含まれているが、それに対して、大体のところこれまでのキリスト教は、神による救いの対象を人間に限定してきた。それ故に、大乗仏教とキリスト教とが、救いの対象を等しくすると言えるためには、キリスト教も人間だけではなく、命あるもののすべてが、あるいは、さらにその対象を拡大して、山川草木まで含めて救われることが言われなければならない。そして、このように拡大された対象を救うものが神の愛であることを、深く思索していた神学者がこれまでにも皆無ではなかった。

　ベルジャエフは地獄における永劫の罰という考えを明白に退け、万有救済——ベルジャエフ夫妻が可愛がっていた猫も含めて——を主張した人物であったが、彼の言葉をここに引用してみよう。

> 救いとは、人間が神と再び一致することを通して、神が人間及び宇宙と再一致することである。したがって、個人個人ばらばらの救いだとか、選ばれた者だけの救いは存在しない。十字架や苦痛や悲劇はこの世界の中に存続して行くが、遂には全人類と世界とが救われ、変容され、更生されるのである。
>
> そして、このことがわれわれの世界時期で達成され得ないとしても、救いと変容との業が続行される他の諸時期があるだろう。その業は、われわれの地上の生に限られてはいない。私の救いは、他の人々の救いと結びつけられているばかりか、動物や植物や鉱物の救い、一枚の葉の救いとも結びつけられている。一切のものが変容されて神の国の中にもち来らされねばならない。そして、これは私の創造的な努力に依存している。[4]

　この引用で明らかなように、ベルジャエフにとっては、動物も人間と同じように救われるのであるが、残念ながら動物が動物のままで——つまり、動物が輪廻転生の過程において人間に進化して救われるのではなく——救われるのかどうかは明白ではない。さらに、植物や鉱物の救いに関する彼の考えが具体的にどのようなものであるかは、全くわからない。これに対して、大乗仏教の場合には、動物は人間に転生して救われることがはっきりしている。では、植物や鉱物はどのようにして救われるのだろうか。この点で私の興味を引くのは、最蓮房に問われた時の日蓮の答えである。日蓮はまず宇宙と人間のすべてを妙法蓮華とみる。妙法とは、宇宙のすべてを貫いて流れる仏の法であり、有情《うじょう》衆生一切の生あるものの成仏を意味する。蓮華は非情《ひじょう》（命のないもの）の成仏を表している。したがって、有情の成仏は生の成仏、非情の成仏は死の成仏とも言える。非情の成仏とは、草や木が成仏すると言うよりは、宇宙の法そのものである仏が、草木となって現れるのである。その意味はどのようなものであろうか。日蓮はさらに説明する。衆生は自分たちが久遠《くおん》の生命を宿すものであることを自覚する時に、既にこの地上において仏である。この地上は、迷える凡夫にとっては穢土《えど》であるが、既に自分が事実上仏であると自覚した者にとっては浄土なのである。既に浄土たる仏の国を飾るものとして、山川草木はこのままで仏土の宝樹宝池であり、仏の生命を体現しているものなのである。(5) 大乗仏教、特に『法華経』を解釈する場合に、山川草木の成仏については、これ以上に説得力をもつ解釈を私は知らない。

キリスト教の場合に、このような事柄を考えるに当たってよく引き合いに出されるのは、パウロの『ローマの信徒への手紙』八章一八―二五節である。

現在の苦しみは、将来わたしたちに現される筈の栄光に較べると、取るに足りないとわたしは思います。被造物は、神の子たちの現れるのを切に待ち望んでいます。被造物は虚無に服していますが、それは、自分の意志によるものではなく、服従させた方の意志によるものであり、同時に希望ももっています。つまり、被造物も、いつか滅びへの隷属から解放されて、神の子たちの栄光に輝く自由にあずかれるからです。被造物がすべて今日まで、共にうめき、共に産みの苦しみを味わっていることを、わたしたちは知っています。被造物だけではなく〝霊〟の初穂をいただいているわたしたちも、神の子とされること、つまり、体の贖《あがな》われることを、心の中でうめきながら待ち望んでいます。わたしたちは、このような希望によって救われているのです。見えるものに対する希望は希望ではありません。現に見ているものを誰がなお望むでしょうか。わたしたちは、目に見えないものを望んでいるなら、忍耐して待ち望むのです。

この聖書翻訳はカトリック教会とプロテスタント教会とが共同で行い一九八八年に出版した『新共同訳』によったが、翻訳者たちは、被造物を虚無に「服させた」主体が、父なるキリストの神であるかのように訳出している。しかし、キリストの神が被造物を虚無に「服させた」ことは、パウロの世界観を顧慮すればあり得ないと思っている私にとっては、誤訳であるとしか言いようがない。服従させたのは、神話的に言えば悪魔である。[校注] それはとにかくとして、この文章の中に表されているパウロの希望には、すべての被造物、すなわち、人間のみならず動物や山川草木までもが、(人間が聖化されて) 神の子たちとなり、そのようなわれわれが現れるのを、われわれとともに苦しみ、うめきながら待っているという含みがある。つまり、ここには、前述の大乗仏教における仏国土への期待に山川草木の救いが含まれているのと、同じ発想が見られるのである。確かにパウロの文章には、大乗仏教の山川草木悉皆仏性のようには意味が明白でないところが多くある。しかし、両者の発想が同じであることを踏まえるならば、日蓮の考え方でパウロの文章を解釈しても一向に差し支えがないのではないか。

発想が同じであれば、辿り着く結果も大体のところ同じになる。ただ、人間以外の被造物の救いについては、大乗仏教の方が深く考え抜いていることは疑い得ない。旧約聖書にしても新約聖書にしても、神と人間との人格的な交わりにすべてを賭けたとでも言うべき信仰的雰囲気が濃厚であり、その点はユダヤ教やキリスト教のもつ深みと評価できる。しかし、そのために、人間以外の被造物の救いについての関心は存在しないと言わざるを得ない。このような局面では、キリスト教は仏教から多くを学ぶ必要があると私は思う。それ故に、山川草木悉皆仏性をキリスト教の万人救済説と結合させて、(現世で既に成仏した人間たちを取り囲む山川草木を、そのままで宝樹宝池であるとした) 日蓮の解釈を未来志向的に解釈し、天国においてすべての生あるものが救われる時に、山川草木さえもそこでは、救われた生あるものの霊的な体にふさわしいように、(霊的な時間と空間とを構成するものに) 変容されるだろうと私は考える。もちろん、私がここで使っている天国などの概念は、永遠の世界での救われたものたちの状態を、われわれの今の言語で表現するための、やむを得ない神話的表現なのだが。

2 あらゆる人間が神の像

ところで、生あるものがすべて救われるという主張は、輪廻転生説と結びつきやすい。輪廻転生説は——元来の仏教にこのような説はなかったとは思うが——、大乗仏教が日本の民衆の中に入り込んだ時に取り入れられたものであろうが、普通われわれキリスト者は、この説に表現されている信仰とは自分たちは無縁であると思い込んでいる。しかし、キリスト教と深いかかわりをもっていたマニ教や、中世の南フランスのキリスト教であったカタリ派は、この説の信奉者であった。[6] また、近代以降も、ベルジャエフ[7]を含めて、何らかの形態での輪廻転生を唱える神学者は跡を断たない。自分たちの祖先の霊魂が何らかの形で死後も存続していると信じる古来からの祖霊信仰をもち、かつ、それと混合した形で大乗仏教や輪廻転生説を受け入れてきたわれわれ日本人のことを考えると、もしもキリスト教が輪廻転生説を積極的に採用することができるならば、キリスト教とわれわれ日本人民衆との大きな接点となることは疑いを入れない。私も大分前から、輪廻転生説を神学の中に受け入れてきた。

このように輪廻転生説を受け入れたり、万有救済説を受け入れてしまうことは、世界や宇宙に関する観念を神学の中に導入することであって、実存の日々の決断に集中して考え抜く実存論的神学としては不適当ではないか、との疑問をもつ読者もおられよう。この読者の方々は、ブルトマンやその弟子たちと実存論的神学を脳裏に浮かべながら、この疑問を抱かれるのであろうが、私のようにブーバーの「我と汝」の対面に集中する神学を実存論的神学と規定している者にとっては、神について知ることが神への決断の中に含まれているのである。そこには、神が永遠のアガペーであることとか、神がどのような仕方で私たちを処遇して下さるかに関する知識は当然のこと、神学の中に重要な部分を占めてくる。つまり、実存論的神学と言っても、種々の形態が存在し得るのである。

それでは、バルトやブルンナーのような「神の言《ことば》の神学」と、私が考えているような実存論的神学との違いはどこにあるのだろうか。それは前者が神の言葉から人間存在を理解しようとするのに対して、後者が人間実存を理解する角度から、語りかけてくる神の言葉を理解することに集中するところにある。このように理解すれば、実存論的神学は神と人間との対面に固執するが故に、それを一種の主観主義とする誤りからも逃れることができよう。

この問題との関連で私の注意を引いたのは、熊沢義宣氏の好論文「身体性と神学――特に障害者神学の視点から」[8]が提起した問題点である。熊沢氏がその論文の中で実存論的神学を主観主義であると批判されている訳ではないが――恐らくその論文の視野に実存論的神学は直接に入ってはいない――、主観主義に歪められた実存論的神学には手痛い問題点の指摘がなされていることには変わりがない。この論文の中で熊沢氏は、北ドイツのベーテルという町の社会福祉施設を訪れた時の体験を語っている。そこの重症患者の部屋で、氏は焦げ茶色で長さ五十センチくらいの丸太のようになってしまった人物に出会った。この人物は生まれた時からこのような状態で、既に五十年以上を過ごしてきたのであった。ナチスの時代にヒトラーは、障害者を安楽死させて施設を閉鎖するように命令したが、施設で働いていた人々は棄て身で障害者を守りとおしたため、ヒトラーも遂に自分の方針を貫けなかったとのことである。つまり、その時に、この丸太状の人が施設に働く人々にとって、ヒトラーに抗するシンボルとなったのであった。

熊沢氏はこの感動的な物語の後で、人間の価値は、ヒトラーが考えていたように、その人間の能力によるものではなく、人間が神の像を宿す存在であることにあると主張しているが、もっともな主張である。ところで、この物語が実存論的神学と接触してくる点は、恐らくこの丸太状の障害者が主体性を失うほどの重症であること、したがって、この人物に宿る神の像を（うっかりすると、われわれが考えてしまうようには）、主体性と同一に考えることができない点にある。神の像も、神学においては、一つの関係概念であって、何かその人間のもつもの、能力とか主体性などではない。神の像は、神と人間との関係の中で認識されなければならないものであり、神の愛の眼差しが相手の人間に投じる光によって、人間の側に描かれる投射円のことなのである。実は主体性も（それを神学的に考えるなら）そのような関係概念であり、人間の神に対する応答性なのだが、障害のために意識的に明確な形で応答できなくなってしまった人々を、応答性を重視する実存論的神学は果たして十分に神学的に取り扱うことができるのか。これが、この物語が実存論的神学に投げかける問いであるように思う。

この問いに対してまず言われなければならないことは、神の像を宿す人間が尊いとされる時に、その人間存在と、その存在がもつ障害とを同一視する危険を、われわれは心して避けなければならないということである。障害そのものが尊いのではなく、障害のない人々も（実は、心の中に罪という障害をもっているのではあるが）、障害のある人々も、変わらずに救って下さる神の愛を、われわれは賛美すべきなのである。ナチに抗して、一人の丸太状の人物を守り抜いた人々は、そのような障害者であっても、神が愛しておられるが故に、人々が勝手に処置することのできない神聖な存在であることを証ししたのである。決して丸太状の障害そのものを賛美したのではない。もしもその障害そのものを賛美したとすれば、そこにあるものは不幸そのものの美化であり、不幸への病的な耽溺である。意識さえもない人々のことであるから、これは比喩的にしか言えないが、自分の障害に気づけば、誰であっても自分の障害をできる限り取り除いてもらいたい筈である。障害をもつ人々がわれわれ神学者に提起する問題は、不条理との関連で、また神義論との関連で取りあげられなければならないものなのである。神が欲したが故にその人々は障害をもっているのではなく、神の意志に反して、無のもつ不条理の故にその人々は障害者なのである。

健常者のようには言葉を話せず、通常の意味では主体性のない人々も、輪廻転生の結果いつの日にか神の摂理の下に健常者となり、自覚的に言葉の中に生きる主体的存在となって、たくさんの生の体験に基づいた決断によって、神を信じるようになる、と私は確信しているのである。

3　生かされ／生かし、生まれかわり／死にかわり

キリスト教史上の万人救済論が人間の救いだけにかかわってきたのに対して、大乗仏教の場合には生命あるすべての存在の救いにかかわる万有救済論を唱えていることは既に述べたが、私はこの点で大乗仏教に触発され、――前に引用したパウロの言葉に、既に潜在している万有救済論を顕在化させて――万有救済論をキリスト教神学の中に大きな位置を占めるものとしたいと思う。チャールズ・ダーウィン（Charles Darwin）以降の生物進化論が、――人間が進化してきたそ

の途上の――下位の動物たちと人間とが、生物学的に強い繋がりをもっていると主張していることはさておいて、われわれの日常生活の中で、われわれはそれらの動物と不十分ながらも愛の関係を結ぶことができるのに気づく。この愛の関係の中には、その動物と死によって訣別することとなるならば、われわれの永遠にわたる存在の喜びが、どうしようもない仕方で傷つけられるという要素がある。神が愛であることは、神があらゆる愛の関係を救おうとされることを意味するが故に、そして、救われて行く中で愛は――われわれがこの地上で知っているものよりも、もっと――深められて行くことを思えば、動物の愛が深められて人間の段階に進歩したとしても少しも不思議ではない。つまり、動物も輪廻転生して行くうちに人間の愛を体験するようになってくるし――すなわち、人間になるし――、人間もやがて天使的存在となり、今よりも段階的に上位にある愛で、互いに愛し合うことができるようになる。

拙著『神と希望』(9)において、私は輪廻転生について詳細に書いているので、ここではなるべく重複を避けたいけれども、重要点だけは繰り返さざるを得ない。その拙著の中で私は、ゲデス・マグレガー（Geddes MacGregor）が聖書の二つの記事について説明している叙述を引き合いに出している。一つは『ヨハネによる福音書』であるが、そこでは生まれつき目の見えない人に関して、弟子たちがイエスに尋ねた言葉が書かれている（九章一―三節）。「ラビ、この人が生まれつき目が見えないのは、誰が罪を犯したからですか。本人ですか。それとも両親ですか」（九章二節）。「本人ですか」という質問の背後にはもちろん、本人が前の人生で罪を犯したからではないかという輪廻転生の思想が存在したに違いないのである。

もう一つの聖書の記事は『マタイによる福音書』であるが、ここでイエスは弟子たちに、人々は自分を誰と言っているかと問われている（一六章一三―一四節）。彼らの答えは、「『洗礼者ヨハネだ』と言う人も、『エリヤだ』と言う人もいます。ほかに、『エレミヤだ』とか、『預言者の一人だ』と言う人もいます」であって、この答えもイエスをこれら先人の再生した存在と考えており、その発想は輪廻転生を土台としていることが明白である。

そして、これら二箇所で重要なことは、どこにもイエスが輪廻転生をはっきりと否定しておられないということである。前の場合でも、生まれつき目の見えない人の、この病の原因に当たる罪を、この人の人生では見出し得ないこと、他は知らず、この病はむしろ、（前世を含む）過去の罪の結果ではなくて、神のみ業が今、彼の上に現れるためであるとイエスは言っておられるのであって、決してこの人に前生がなかったとか、人間には元来前生などなく、この世の一回限りの生涯しか与えられていないのだ、などとイエスは主張されているのではない。もちろんこの記事から、イエスが輪廻転生を積極的に信じ、それを説いて回っていたとは言えないのであるが、しかし、少なくともイエスがここで、そのような思想に反対しているのでないことは確かである。それに反対する言葉は、新約聖書のどこにも見当たらない。しかし、どう考えてもイエスを取り巻く宗教的環境に、輪廻転生を信じる一般的風潮があったことを想定しなければならないであろう。真摯な研究者たちばかりでなく、一般向きの教養書においてさえ定着してきた説であるが、イエスの生まれ育った地域であるガリラヤは、異教の多くの文化が流入し、多宗教の混在したところであったことを思えば、これは少しも不思議ではないであろう[10]。

ところで、もしもキリスト者が、聖書の中で否定されてはいないにしても、積極的には説かれていない思想である輪廻転生を信じるとするならば、神学上のどのような根拠によってそのことは是認されるのであろうか。キリスト教を実存論的な視角から民衆の宗教として把握する神学であっても、特別な神学方法論がある訳ではない。ただし、バルトの神学のように自然神学を全く拒否するならば、そこでは私が意図する実存論的な民衆キリスト教神学は成立しない。自然神学を完全に否定するバルトのような立場には、輪廻転生の問題を別としても、私が賛成していないことは、既にこれまでの論述で明らかである。そして、拙著『神と希望』第二部第一章「キリスト教と神話」の中でチャールズ・ケチャム（Charles Ketchum）に言及しながら述べたように、人間の体験の諸次元、すなわち、神学の次元はもちろんのこと、文化の次元、社会（政治・経済）の次元、自然との関係の次元などのすべてにわたって、イエスにおける神の啓示を理解するのに役立つものが存在することを、私は認めるのである。役立つ仕方は、まず何と言っても、これらの次元における人間の体験が、啓示に対して質問を突きつけるところにある。

例えば、次のような究極的な質問さえも、啓示に対して突きつけられる可能性はいつでも存在する。それらの次元のどれを探ってみても、人間の生きる意味が見出せないけれども、一体人間が生きることには意味があるのだろうか、というような質問である。これほどに究極的なものではないにしても、生の諸次元からのもろもろの質問に対して、神学は啓示に基づいて、神との愛の関係の中にこそ答えがあることを告げなければならないのである。

問いと答えとのこのような関係は——啓示を信じる前にも、その信仰への準備としての神の働きが存在するというのが、自然神学の意味内容なのであるから——、問いをもたざるを得ないように仕向ける神の働きを想定しており、当然のことながら、自然神学に入るものである。しかし、自然神学にはそれだけではなく、イエスを通しての神の啓示では明瞭に理解できない真理を、その啓示との有機的連関を保ちながら——したがって、その啓示と矛盾しないように注意しながらではあっても――、理性的に解明する働きも含まれている。ふるびた自然神学では今日もはや通用しないと私は思うが、例えば、かつての教会のある神学者たちが提唱していたものがある。それは、『創世記』に記されている、神による六日間にわたる天地創造物語の一日一日を進化論と妥協させて、その一日が長い進化のある時期を表しているという主張である。これは明らかに、この種類の自然神学であった。ところが、進化論など全く知らなかった『創世記』の著者は、その当時の幼稚な科学思想に則って神による創造を物語ったのであって、『創世記』の著者の言う一日は、われわれの経験する一日と同じものである。それをあの神学者たちは、自分たちの創造への信仰と矛盾しないように、理性的に進化論を土台として補足し、一日を一定の時期に変えたのであった。

中世のカトリック教会が説いた地獄や煉獄の思想も、前述のような意味での自然神学であることは明瞭であろう。新約聖書は、当時の世界の考え方であった三階建ての建物のような世界像を背景としてもっており、われわれが住む地表の上の方には天空があって、そこには神や天使たちがおり、地表の下の方には、悪霊などの住む冥府《よみ》があると信じられていたのである。後にダンテがその『神曲』の中で展開したような天国についての叙述は、新約聖書にはない。そして、『神曲』で表現されている、いくつもの階層をもつ地獄などは、新約聖書の冥府の考え方とは遠く離れた神学的発展であると言わざるを得ない。まして、それほどに遠くない時期にこの世の終わりを待望していた新約聖書の終末論からいって、死んだ人間が煉獄において長い修錬の期間を経て徐々に聖化され、やがて天国に受け入れられるようになるという発想は、何らかの理性的操作を経ない限り出てくる筈がない。これは、この世の終わりにこの地上に到来すると信じられていた――新約聖書の告げるような――神の国がいつまで経ってもこないで、多くの信者たちがその間に死んで行く事情を見てきた教会が、神の国を天国と考えるようになった結果、そこに出てきた理性的説明なのである。すなわち、あまり立派とは言えないわれわれが死んだあと、すぐさま天国に行けるとは信じられないので、修錬の期間を置く必要があると考えられた結果が、煉獄思想の展開であった。

さらに、『創世記』の天地創造の物語から、後の教会が主張するに至った「無からの創造」(creatio ex nihilo) という教理が造られたのも、自然神学によってであった。『創世記』第一章の創造物語によると、神が創造を始められた時に、地表は混沌状態にあり、それを神は大空の上の水と地表の水とに分け、地表の水を陸地と区別することによって、秩序を造りあげられた。後の教会が主張した「無からの創造」は、『創世記』の創造物語にはない。すなわち、「創造する」という言葉は、われわれが聖典としている聖書の中では、後の教会が意味させようとしたものを意味していない。経外典である

『マカバイ記二』にある記述、「人の出生をつかさどり、あらゆるものに生命を与える世界の造り主は……」（七章二三節）が、後の教会が主張したような仕方で創造が意味された最初であるとしばしば言われてきたが、これもはっきりしない。

要するに、「無からの創造」は、創造を神と、神に敵対する力との二元論的争いによると考えていたグノーシス主義に反対するために、一元論的正統主義が造った教理であった。一元論的正統主義は、すべてを神が支配するなら、天地のすべてが何もないところから神によって造られたに違いないと理性的に類推したのである。したがって、この「無からの創造」という教理は、まさに自然神学的操作の結果の産物である。

プラトンに倣って、創造に当たっては、神に敵対する無の力を想定している私のような者にとっては、むしろグノーシス主義の二元論の立場の方が自分に近いと思わざるを得ない。そして、これも一つの自然神学であることは、再説せずとも明らかであろう。

創造論にしても煉獄の思想にしても、聖書から直接に導き出されたとは言えないものではあるが、イエスにおいて与えられた神の啓示においては明確でない事柄に関し、当時の文化の次元を土台として理性的に考え、啓示を補ったものである。しかし、この自然神学的操作は、竹に木を接いだような不自然なものではなく、やはりイエスにおける神の啓示を当時の文化的状況の中で、さらに際立たせるような仕方での接ぎ木であった。私もこれまでの――前述したような――自然神学的操作に倣って、今の状況の中で自分なりの自然神学を展開しているのである。そして、その一要素が、輪廻転生によってイエスにおける神の啓示を補う操作なのである。輪廻転生という思想は、新約聖書の告げる世の終わりがこなかったし、未だにきていない現代において、中世の煉獄思想に似て、死後いきなり神のところへ行けるほどには聖化されていない者たちが、聖化されて行く経過を物語るものとして私が採用したい神学的素材なのである。既に新約聖書において、この思想への反対が見られないこと、日本においてのみならず広く世界中の民衆宗教において、この思想が古代以来連綿と続いてきていること、などを考えると、私には、この思想を神学の中に取り入れることは賢明であると思われるし、そのように行っても、それは教会がこれまでに行ってきた自然神学的操作を継続するだけであると思えるのである。

自然神学を造りあげるに当たっての素材が、これまでのキリスト教が主に素材としてきたヨーロッパの諸宗教的風習や諸哲学思想だけではなく、今は大きな拡がりを見せているアジアの諸宗教や諸哲学も素材となってきているのであるから、神学はその性格を否応なしに変えざるを得なくなっている。それ故に、ここでもう一度、今の自然神学的操作と、前に述べた人間の体験の諸次元との関係を明瞭にしておく必要があるかもしれない。

自然神学の素材となる他の諸宗教は、いずれもその中核に信仰という信者の決断を据えつけたものなのであるから、いくつもの同心円の一番内側の次元に属する部分をもつ。これらの宗教のいずれかの中核が、キリスト教の中核と全く同じであれば、両宗教は同じものであることとなるが、そのようなことは現実には存在しないだろう——二つ以上の宗教が長い間の対話の末に、全く中核を同じくするようになることを否定するものではないが。とにかく、対話の最初には、大体において、それぞれの中核は互いに多少ともずれたものであろう。その場合、それでもキリスト教はそのずれている中核から、キリスト教にとって自己を発展させる栄養分を吸収させてもらうし、他の宗教にもキリスト教から栄養分を吸収してもらいたいのである。しかし、さらに、この円の外側にある文化の次元——宗教はことごとく信仰に文化の衣を着せたものであることを読者には想起していただきたいが——からも、キリスト教神学は多くのものを吸収できる。私は、輪廻転生の思想を取り入れる自然神学的操作は、主に信仰——及び神学——の次元と、文化の次元にわたる事柄であると思っている。このようにして取り入れられた輪廻転生の思想は、イエスの説く愛の神と見事に適合して、それを補うものとなる。これも正統主義の「無からの創造」や、中世の煉獄思想と同じように自然神学の系列に属するから、やがては排除される日がくるかもしれないが、しかし、その日がくるまではそれらと同じように、それ自体の場所を神学の中に占めてよい権利をもっている。

人間の段階にまで発展してきた存在が輪廻転生する場合に、人間よりも低い段階の存在に転生することもあり得るのか、という質問が当然ここで出されるであろうが、これはなかなかに答えるのに困難である。しかし、人間の中には事実の問題として、動物しかも下等動物よりも劣るような、残忍でずる賢く、怠惰で不潔な者もいることを考えると、誠実で愛らしい犬の方が、まだしも高い段階に到達しているのではないかとも思う。生物の進化によってここまで昇り詰めた人間が、存在の段階のずっと下、昆虫などに生まれ変わるとは私には信じられないが、一つ二つ下の段階は、転生の視野に入ってくるのではなかろうか。

本書の序章「現代の状況と福音の理解」の終わりの方で、ゴーガルテンの思想を紹介しながら、人間が神から委託された世界管理を行わねばならないことに私は触れたが、今は私はこの問題についてもっと複雑な考えをもっている。神から委託された管理を人間は実行しなければならないのであるから、既に述べたように、それが現代においては——自然や環境を破壊していると——批判されなければならない、科学技術による人間の世界自主管理とは異なることはもちろんであるけれども、さらに、神から委託された管理には、人間と他の生物、特に他の動物との愛の関係が土台とならねばならないことを、私は強調したいのである。人間が——神から委託された管理の中で——他の生物に愛を注ぐだけではなく、他の生物からの——その生物の段階に相応した、援助や愛情や守護などの——愛を受けるのである。

神から委託されたと言ってみても、それに続く管理という言葉は、一方的に人間から他の生物を考えており、今の私の考えを盛りきってくれていないようにも思える。神から委託されたのは、相手の生物のそれぞれの段階に応じて、人間が他の生物と愛の関係をもつことではないか、と今の私には思えて仕方がない。これこそが、今の環境破壊から私たちを守る道ではないか。今は汎神論ではなく、アニミズムの復活を真剣に考える時期に私たちはきているように思えて仕方がない。ユダヤ教やキリスト教の天使信仰には、歴史的にアニミズムが役割を果たしていることを、われわれは想起しなければならないであろう。

4　民衆宗教としてのキリスト教

もう既に長い期間にわたっているが、私は民衆宗教としてのキリスト教神学の創造を提唱してきた。これは、実存論的神学の私なりの進展であるが、既に述べた事柄から明らかなように、この神学の方法論は自然神学を全面的には排除しないという点を除けば、バルトに見られるようなキリスト教神学の方法論とも似た面を多々もっている。そして、バルト神学の方法論を採用せずに、実存論的神学を提唱する私の場合でも、その方法論と全く別のものとは言えないであろう。人格的な神からの啓示に出会うことが、神学の出発点である点などは、バルトと私との共通する点であろう。しかし、振り返ってみれば、バルト神学のように、自然神学を全く承認しない神学は、キリスト教神学の歴史の中で、独特かつ例外的なものなのであるから、バルト神学を唯一絶対の正しい神学であると考える脅迫観念から、日本の教会はそろそろ自由になった方がよいであろう。では、私の志向する神学は、どのような点において、——バルト神学とは違って——自然神学を認めてきた従来の神学から異なるのだろうか。

実存論的神学を土台としながら、私が提唱する民衆宗教としてのキリスト教神学は、他の宗教に対して排他的で、他の宗教から学ぶものは何もないと、始めから決めてかかっているエリート意識の強い神学とは、どうしても一線を画すことになるだろう。しかし、イエスにおいてわれわれに啓示された愛の神の現実から思索を始める点では、他の神学方法論と、その方法論を異にするものではない。ただし、自然神学を建設するための資料として、大きく他宗教との対話の領域が視野に入ってくるだろうし、神学する実存が単にこれまでのように文化や社会的状況（政治・経済）の中で把握されるだけではなく、他の諸宗教との対話の中に生きるものとしてとらえられるであろう。

それでは、民衆宗教としてのキリスト教神学も、これまでのエリート意識の強い神学と同じように、ひどく難しい、民衆にはわかりにくいものになるのではないかという批判があり得るが、それはやはり当を得ていない。民衆の中にも高度の思索に耐える人々がたくさんいるし、また、いなければならないのである。民衆とは、権力を振りかざさずに、すべての人々と自分は同じ人間、神や仏の前でみな平等なのだという思いに、意識的にも無意識的にも、貫かれている人々のことなのだ。民衆はドングリの背較べをして、何とか自分の他に対する——社会階層的な——優越性を獲得して、自分の存在の意味をそこに基礎づけようと悲しい努力をするかもしれないが、しかし、心の奥底ではそれが無意味な努力であって、自分の存在の意味が神や仏から与えられるものでしかないことを知っているのだ。もちろん、ある場合には、頼る神や仏の代わりに、貧しい者たちのための社会正義の実現、またその実現のために努力する集団が民衆の帰依の対象となっている場合もあろうが。

後述するように実存論的神学は、古典的なプラトン哲学に依存したギリシア神学の系譜の延長線上にあると私は思うに至っているが故に、プラトンの真・善・美を内包した存在こそ神なのであるから、その追求の姿勢がたとえ無神論的なものであっても、社会正義の実現の追求は、私の視角から見ると、神や仏への道程を辿り行く——善へと向かう——、宗教的なものなのである。そして、そのような人々にとっては、その社会正義の実現を追い求める集団が依存の対象となっているのだ。

5 多元宇宙の中の生と死

ところで、キリスト教の場合においては、われわれの輪廻転生の展開する場を、この地球上の時間と空間に限る必要はない。その場は、神が大宇宙のいわば外側からこの大宇宙に介入してくると信じているわれわれにとっては、大宇宙の中の他の時間と空間であると考えても一向に差し支えがないのである。あるいは——大宇宙の時間や空間での体験に加えて、または、それなしで——、この大宇宙の時間や空間を超越したところで、われわれは輪廻転生を体験することとなるのかもしれない。究極的な存在者である神が、人格的な愛であることを信じているわれわれキリスト者には、このように考えることが仏教徒よりは容易な筈である。

究極的な存在者が人格的なアガペーの神であって、しかもすべての生けるものが救われて行くという万有救済説を信じている者には、輪廻転生を理由にして——前生の悪行の結果、その刑罰的報いとして現世で最低のカーストに生まれるというような――、インドのカースト制度に少しでも同意することなどできはしない。まとわりつく不条理にもかかわらず、それと闘いながら神がどのように深くわれわれを愛して下さっているかを知るために、生けるものを愛することの喜びと悲しみとをどん底から味わうために、神及び神の遣わされる神々や仏たちを愛し敬うことの喜びや、神やその遣わして下さるものたちを信じないことの悲しみや希望のなさ、ニヒリズムの絶望、人々から愛されず、蔑まれる生活の悩みと悲しみ、皮膚の色や貧困によって差別されることの屈辱などを、とことん味わうために、われわれの一つ一つの生はあるのである。善き行為には良き報いがあること、悪しき行為には罰があることという道徳的法が現実をある程度支配していることを、私は否定するつもりはないが、その法の有効性も、互いに不条理にまといつかれた者同士の間の事柄であってみれば、行おうと意図してもできない事柄もあるが故に、相対的なものである。意図しても実行できない相手の状況を知れば、互いに許し合うこととともなる。法の実践よりも愛が優先するのである。人間同士の愛について言えるこのことは、もっと大きなスケールで神とすべての生あるものとの間についても言える。輪廻転生に含まれる一つ一つの生は、道徳的法がすべての個々の生を支配しているという現実を学ぶためのものであるばかりでなく、法を内に含みながらも、それを超えて支配している愛を学ぶためのものである。互いに生かし合うことの方が、善行良果、悪行必罰の法の徹底よりも大切なのである。愛することの喜び、愛されないことの淋しさを知ることの方が、歓喜と絶望を体験することの方が、笑い泣くことの方が、緻密な道徳的計算よりも大切なのである。

つまり、道徳的なものを否定しないが、しかし、それを超えた一つ一つの生の存在の深みを味わうために、われわれは生きるのである。ある一つの生で、われわれは神仏を信じず、人を蹴落としても自我の拡大だけに生きるかもしれない。そのような生が最終的には空しいものであることを体験するために。ある一つの生を、われわれは絶望して自殺で終わらせるかもしれない。神なき人生の究極的な空しさの証しとして。ある一つの生をわれわれは、差別される、例えばアメリカ合衆国でのアフリカ系アメリカ人として送るかもしれない。蔑まれ差別されることが、どのように苦しく悲しいものであるかを体験するために。このようにして、一連の生の連続を通して、われわれの生は存在の深みを知るに至るのである。そして、互いにそのような存在であることを知れば、信仰者と不信仰者との区別などは無意味となる。信じることそれ自体が今喜びをもたらしてくれるが故に、われわれは信じるのであって、信じない人もいつの日にか――ある一つの生において信じるようになり――、救われるのであれば、彼我の価値に区別も優劣もない。

一連の生を体験するものは、一つの魂たる実体であろうか。

大乗仏教では、究極的なものが空、無、真如であるために、いつまでも変わらない本質をもつ実体という概念は採用しないが故に、実体としての魂は認めていない。もちろん、輪廻転生し、一連のいくつもの生を貫いて因果応報を受けて行くものが存在する訳であるから、実体としての魂に近いものを——少なくとも輪廻転生の存在を信じるようになってしまった——人々は想定していると言わざるを得ないが、それでもなお、このような人々の多くが実体概念を否定するのは、やはり空や無の理解からきているのであろう。空や無は因縁の意味と根底的に結合しており、すべての存在するものは互いに依存し合って存在しているとする。たくさんの因縁の線が交わる交点が一つ一つの存在なのであるが、線の方が強調されており、どの交点もそれ自体の主体性を認められていないのである。それに対しキリスト教の場合には、神の支配する摂理の中に因縁に当たる現実も思考されてはいるが、そればかりでなく、交点がある場合には、責任ある諸存在者（すなわち、人間）として考えられてきたのである。そして、中世の神学はこれを実体として言い表したのであった。この点は恐らく、大乗仏教とキリスト教とのもっとも重要な相違であろうが、その相違は、キリスト教が人格的な神を信じるところからきているのであろう。人格神は人間に語りかけてくる訳だが、また人間から応答を要求しもする。責任ある主体性が、どうしてもキリスト教の人間理解の中心とならざるを得ない。面白いことに、今日の民衆仏教になると、人間の魂が実体として考えられているのであるが、これはキリスト教と結合した西欧文化の中に、否応なしに生きて行かねばならない日本の民衆仏教家が、知らず知らずのうちにキリスト教的人間観をもつに至ったものであろう。

6　愛の物語

ところで、大乗仏教の因縁論と近い形で、人間霊魂の実体としての存在に対して否定的な見解を表明しているのが哲学者、ウィリアム・ジェイムズである。彼は人々が、不滅の霊魂を信じることに反対はしないのであるが、科学的にはその存在を仮定する必要は全くなく、むしろ心理学的にはその存在を証明することができないものであることを論じている[11]。

ジェイムズの議論を理解するために少し回り道になるかもしれないけれども、既に述べた事柄、大乗仏教が実体としての霊魂の存在を認めない事情を、もう少し理解しておこう。例えば、戸崎宏正氏は次のように述べている[12]。

まず、無我を唱道する仏教は認識者（個我）を認めないということである。その認識論は無我論を前提とした上でのそれである。彼らにとっては「私は花瓶を見る」と言うことは正しくないし、「私に花瓶が見えている」と言うことも厳密な意味では認められない。ただ「花瓶が見えている」、それだけである。同氏はさらに、大乗仏教の認識論を貫徹したものとして唯識説を取りあげ、法称《ほっしょう》の認識論に触れているが、法称においては、認識における主観と客観との区別は存在せず、例えば青という色彩の認識であれば、青という内容をもった知が自ずから輝き現れるだけだとする。つまり、そこにあるものは主客未分の自己顕現なのである。それを主観が客観的な青という現象を見ているように思うのは、無明のなせる業、われわれの迷いに由来する。[13] そして、一つの知覚がある長さの時間にわたって継続するのは因果論で説明される。つまり、前の刹那の知覚が因となり、次の刹那に果として受け継がれ、取り入れられて行くのである。[14]

このように徹底して個我を否定する大乗仏教に個的な霊魂の存在や、輪廻転生のさまざまの段階のすべてを貫いて変わらない実体的なものを求めることは不可能であろう。ところで、西欧の自我と環境との対立から出発する哲学的伝統を受け継ぎ、イギリスの経験主義の流れに棹さすジェイムズの場合には、主観－客観の区別は当然のこととして前提されている。大乗仏教が無明として棄却したこの区別こそがジェイムズの出発点であった、と言ってもよい。それにもかかわらず、ジェイムズも霊魂の存在を否定して、むしろ大乗仏教における因果論に近い形で、われわれの認識における継続性を理解する。それをジェイムズは「思想の流れ」(stream of Thought) と呼んでいる。これは、ある時間における体験されたものについての思想をAとすると、次の時間における思想Bは、このAを内に含むのであり、さらにその次の時間の思想Cは、Aを含んだBをその内に含む事情を言っているのである。このようにして、われわれの思想は一つの流れを形成しており、その流れの中に主観として自分自身を客観視する通常は自我──と呼ばれているもの──の働きも含まれてしまう。わざわざこの思想の流れの深みや外側や背後に、その流れを統括する霊魂を想定する必要は全くない。思想の流れだけで、われわれの体験は十分に解明できる、とジェイムズは主張するのである。もちろん、思想の流れの中で自己反省の要素の存在を強調するジェイムズの場合には、今の時間の主観が積極的に働いて過去の時間の体験をそれ自体の中に取り込むのであって、主観の存在が無明《むみょう》として退けられている大乗仏教の認識論とは異なるのであるが。

面白いのは、このように霊魂の存在を否定するジェイムズが、死後の命の存続を否定していないことである。彼には、一つ一つのアトムのような霊魂がただ死後の聖なる世界に存続することに、多くの人々が執着するとは考えられないのであって、むしろ多くの人々にとって大切なのは、死後も現在の生と連続している意識の流れ (a stream of consciousness continues with the present stream) があるということなのである。そして、倫理的観念が発達した今日においては、死後の命──不死──はどうしても目的論的に考えられなければばならないとし、われわれが不死を信じることができるのは、われわれがそれにふさわしい（fit）存在であることを前提としなければならない、とジェイムズは言う。このようなジェイムズの論理を追って行くならば、倫理的にふさわしくない存在は、それが――多くの宗教の信者たちが信じているような――霊魂であろうが、――ジェイムズが提唱するような――思想の流れであろうが、一切そのような不死をもてないこととなる。これは一種の行為主義であると言わざるを得ない[15]。倫理的英雄だけが不死を獲得できるのである。神の愛がすべての生あるものを最後には救って下さることを信じている私のような者にとっては、何とも首肯することのできない論理の展開である。

前に問題とした、人間としての、否、動物のような意識さえも失ってしまった、丸太のようにただそこに存在している障害者は、思想の流れをもてないのであるから、ジェイムズの考えでは全く不死を獲得できないこととなる。科学としての心理学には、ジェイムズの言うように思想の流れだけで十分であるかもしれないし、心理学を超えて不死について語るにしても、倫理学との関係ではやはり思想の流れだけで間に合うのかもしれないが、十分に宗教的な――万人救済や万有救済という――救いの論理を展開するためには、それでは不十分である。われわれは、思想の流れや意識の流れを超えて、輪廻転生を語らねばならない。もっとも大乗仏教の場合には、――輪廻転生を信じる人々であっても――、輪廻転生を主張しながらも実体としての霊魂については語らずに、無明に過ぎない意識の流れだけで済ましているところがある。しかしこれでは、これから述べるような悲惨な存在が、この世に存在することの積極的な意味を主張することなど元来できないのではないか。無明の意識の流れが、輪廻転生のある段階で丸太のような存在になってしまったとしたら、そのことの意味をどのように説明できるのか。このような思想の中では、そのような丸太のような存在は存在する必要がないのではないか。このように、実体としての霊魂が主張されていないところでは、最後には不死ではなく、滅却が救いとなっているように、私には思えて仕方がない。そこでは、目に見えない霊的世界においても、無が有に優先しているのではないか。

一連の輪廻転生の生のいくつかが、意識のない存在として過ごされるとしても、あるいはいくつかの生において、他人に迷惑ばかりかけて、生きていることが意味がないどころか、存在しない方が世の中のためであるような生をわれわれが過ごすとしても、不条理と闘っている神の摂理の中で、それらの生を奥底まで味わい尽くして行くことが、神の意志であると言わなければならないのではないか。終身刑の牢獄の中でも、その前途空漠たる生活をとことん味わうことが、その人間の、その生の課題なのではないか。死刑囚が宣告された死刑を目前に控えて、死の恐怖をどん底まで味わうことも、神と不条理との争いの中で展開される、その生のもつ意味なのではないか。死刑の瞬間までその生を自殺せずに生きて行かねばならないことを主張できるのが、神学なのである。（このことが、いきなり死刑制度の肯定にはつながらないことも、言っておきたい。）なぜならば有こそが神の働きであり、神は基本的に無に抵抗されるからである。このようなことが言えるためには、どうしても大乗仏教やジェイムズの思想とは違って、実体としての霊魂の存在を主張せざるを得ないのである。この主張は心理学が実証できるようなもの、また倫理学がどうしても要請しなければならないようなものではなく、あくまでも宗教的な次元で信じられねばならない問題である。

このように、無や空を生にとって究極的な関心事とせずに、人格的な神の愛を究極的な関心事とするわれわれにとっては、輪廻転生は、個としての霊魂の不滅を明確に肯定するものである。以上のように輪廻転生を考える時に、われわれの究極的な救いの保証は、すなわち最後にはすべての存在が救われるという確証は、どこに見出されるのであろうか。われわれが全知・全能の神がすべてを支配しているという観念を棄てた以上は、当然のこと輪廻転生が、運命のように人間にとってどうしようもない仕方で展開されるものとは考えられない。本書の第一章第3節（七二頁以下）で書かれているように、私はこれまで、運命という言葉を星の運行やサイコロの運のように、われわれの自由意志や主体性とは無関係に必然的に展開されるものとして理解し、それに対して宿命という言葉を、われわれの存在それ自体に宿っているものが――人生の展開の中にどうしても存在しているに決っている運命的なものとの折衝において――、われわれの自由意志や主体性を通して展開してくる事態を意味するものとして使ってきた。したがって、私にとっては、輪廻転生は宿命的なものであって、運命的なものを超えている。

神学的に考えるならば輪廻転生は、自由な人格的存在である神と、もちろんはるかに小さなスケールにおいてではあるが、――他の生物を愛において管理するように神から委託されているので、他の生物をも代表するものとしての――同じように自由な人格的存在である人間との間に展開される愛のロマン、――時間と空間に限定されたこの大宇宙、また時空を超えた世界をも巻き込む――両者の織りなす物語なのである。この物語は、必然の運命のようなものではなく、行き先の不確かな、冒険に満ちたものであり、われわれをわくわくさせる。それがわれわれや他の存在するものすべての救いに終わることの確かさは、新約聖書の終末論が告げているように、その物語が祝福された結末に至ることを、われわれが信じるところにある。最終的にはわれわれすべてが、愛の神のみ許《もと》で永遠に生きることができるという物語を信じるのである。われわれの――精神や環境の――それぞれの状況に神は可能な限りもっともよい仕方で対応して下さり、ある時は力ずくで妨害物を除去して下さるし、それができない時には、できるようになるまで忍耐強く待っておられるし、ある時は妨害物を迂回されて愛の意志を貫徹し、われわれを全き救いに到達させて下さるのである。この信仰こそがわれわれの救いの確かさなのであるが、この神の摂理は、神による創意工夫の結果的展開なのである。

　このような神の摂理の中に、神との人格的な交わりをもち、神の意志と一つになりながら生きることは、私が摂理神秘主義と呼んでいる事態である。摂理神秘主義には、拙著『神と希望』[17]に私が書いたように、二つの要素が同時に存在していなければならない。一つは神・神秘主義であり、人格的な神との——人間は神ではなく、神から存在論的に断絶した個であるという——断絶を含んだ、深い神秘的な意志的な一致であり、もう一つはわれわれの存在の根底が神と不条理との織りなす現実であることの体験である。われわれはその現実から少しも遊離せずに、それに密着しながら、現実の中の神の意志の展開に自分の生のリズムを合わせて、神の意志にふさわしい仕方での自己実現を目指すのである。現実の奥底を構成するのは神ではなく、それは不条理と神とによって織りなされるものではあるが、この現実と密着してしか、われわれは真に生きられないが故に、私はこれを現実・神秘主義と呼んで尊重している。しかし、これら二つの要素のうちどちらが欠けても、そこにあるものはもはや正しい神学ではなく、結局は不条理を神とする存在論的神学となってしまう。

〔校注〕『ローマの信徒への手紙』八章一八節に関しては、かなり意見の違いがあるとマレーが指摘するように（John Murray: The Epistle to the Romans, Michigan, 1959）、この「主体」が誰であり、「被造物」としてパウロは何を言っているのかという議論がある。たとえばブルトマンは「《服従させた者》という言葉によって、パウロが何を理解しているのか（神か、サタンか、アダムか）はっきりしない」と述べるにとどまっているが（ブルトマン著作集第四巻、一九九四年、六五頁）、「神と人間とに敵対する反逆的な諸力の支配する領域が、創造の領域の中には存在する」ことが前提になっていると言う。また、ヴァレンティノス派によれば、ここの「被造物」という言葉はデミウルゴスとの隠れた関係として解釈される（Elaine Pagels: The Gnostic Paul. Philadelphia, 1975）。

第九章　神と実存

1　コスモスの色彩

旧版の拙著『実存論的神学』を読み返してみて、その時の思想と今の私の考えとを比較する時に、違いとして私が気づく一番大きな点は、不条理や神、存在や二元論についての思索に関してである。旧版では極力一元論や二元論、神や存在や不条理についての客観的思索が避けられており[1]、その代わりに、それらの概念がことごとく実存との関係の中だけで取りあげられている。つまり、旧版に見られる実存論的神学は、実存を根底づけている二元論的現実や、実存を救う神について思索することを思弁として退けたのである。しかし、主に第六章第2節「神の適応性と傷――ルイス」を読んで下さった読者が既に気づかれたように、「我と汝」という神と実存との出会いを中心として思索する実存論的神学は、どうしても実存の相手である神について、また、その神と実存とが出会う場である二元論的現実を、その出会いを理解するために必要な限り、思索しなければならない、と今の私は考えるに至っている。なぜなら、このような思索は、神とわれわれとの実存的な出会いから、われわれの思索の目を逸らす思弁ではないからである。したがって、私は自分の立場が、今は初代キリスト教史上のマルキオンや中世のカタリ派の二元論に近いものであることを告白しなければならないだろう。

この点を理解するために、旧版の中での議論に遡らねばならないだろう。現代における実存論的神学はブルトマンの神学的貢献から始まったことは旧版にも詳しく述べられているが、彼の非神話化論は、新約聖書のメッセージが当時の古代的世界像、すなわち天・地・冥府《よみ》という三階建て家屋のような世界像に含まれているという認識から出発した。そして、当時のグノーシス主義的な、天使的存在の天からの下降と、その存在によって救われた人間たちの天への上昇という神話、さらに後期ユダヤ教的な、間近に迫っている世の終わりという終末神話などが、古代世界像とともに新約聖書のメッセージを包み込んでいるとするのである。つまり、ブルトマンの言う神話とは、イエスにおいて啓示された神のメッセージ――つまり、ケリュグマ――が、新約聖書の時代にそこに受肉した、文化的な肉体のことなのである。ところが、現代に生きるわれわれは、もはやこのような前近代的で非科学的な肉体を理解できない。そこでケリュグマを何とかそのままの姿で、古代的肉体から現代の文化的状況へ移植して、今の肉体の中へ受肉させなければならない。これが、ブルトマンの言う非神話化の意味であった。

そして、彼がその移植のための媒体として用いたのが、ハイデガー哲学であった。ところで、旧版でも述べた事柄であるが、ハイデガー哲学を前期と後期とに分け、後期ハイデガー哲学は存在論的であって、前期の実存論的なものとは質的に異なるという、ハイデガーの弟子たちの見解があるけれども、私も既に述べたように、その区分に与する者である。つまり、前期ハイデガー哲学では、自分が死ぬべき存在であることを、それがあまりにも恐ろしい現実であるが故に、日常の自分の意識にありのままにのぼせることができずに、意識下に押し隠している人間が、思索の前面に出てきている。しかし、死をどれほど意識下に抑圧しても、それが完全に成功することはなく、死は現実の至るところにある間隙から顔を出して、人間を脅かし不安にする。このようにいつも不安である人間を実存と言うのであるが、ハイデガーによれば、死に至る存在である人間が、その事実を直視し、またその事実を主体的に引き受けて、死によって限界づけられた自分の生をどのように形成して行くかを自分で自由に決断する時に、その実存は本来の在るべき姿を現すことができるのである。

旧版の拙著でも展開したこの議論をもう少し続けよう。そのことによって、同じ事柄が今の私の立場から見られた場合に、どのように理解されるかを鮮明にするためである。ブルトマンが媒体として用いたのは、この前期ハイデガー哲学であるが、彼によると、このような人間理解は何もキリスト教を信じていなくても、誰しもが理性的に到達し得るものである。ブルトマンによれば、この人間理解は、聖書に表されている神の啓示に含まれる人間理解と同じものであるが、信じる前のわれわれでも理性的にこれに到達できるという意味で、ブルトマンはこれを前理解と言う。この前理解を携えてわれわれが聖書のところにきて、自分という実存を、本来の在るべき姿を表す仕方で生きるためには、自分はどのような生き方をすべきであるかを聖書に問いかける時に、初めて今日この場で、つまり私の生きる現代の状況という肉体に受肉する仕方で、聖書のケリュグマが私に語られるのである。ハイデガー哲学によれば、実存がありのままに理解され、どのように生きたならば本来の自分の姿になり得るかが理性的に理解できれば、つまりその知識がわれわれによって獲得されれば、われわれには本来的な生き方ができるという訳であるけれども、ブルトマンは、これは知識を獲得するという行為によって救われようとすることであると批判する。知ったからといって、人間にはハイデガーの描くような本来的な生き方などできはしない、と彼は主張するのである。死を含む一切の未来も、現在も過去もことごとく、イエスにおいて啓示された神の愛のみ手の内にあると信じてこそ、人間は生きる意味を与えられ、不安を乗り越えて、自分の在るべき姿で生き始める、とブルトマンは言う。

ここに見られるブルトマンの神学的方法論は確かに独創的であり、旧版における私の叙述からもわかるように、私は彼の方法論によって大きな影響を受けてきた。しかし、時が経つにつれて、彼の方法論の一種の禁欲主義と言うべきものが、私には物足らなくなってしまった。つまり、彼の言う前理解に応答する神の啓示だけに、彼は神学を限定してしまっているが、そのような方法論では、実存の本来的な、個としての豊かな生き方だけが、まるで人間の主観を色彩だけで描いた抽象画のように乱舞することになってしまっている。その画面には、客観的な形態に当たるものが全く見られない。イエスの十字架と復活の出来事とが、まるで瞑想に耽る禅僧の前に掛けられた禅画のように取り扱われていて、われわれがこの世に囚われている自我を十字架に掛け、本来的な自己に甦るという、主体の体験を助けるものとなってしまっている。――神が愛の行為としてイエスを通して歴史において行われた――十字架と復活のもつ客観的な出来事としての意味はそこでは問題とされずに、主体の中の出来事の生起を促す象徴としてだけ、その意味が取りあげられているのである。

この問題はブルトマンの主張する前理解に深くかかわっている。彼の前理解における人間はあまりにも狭く理解されており、死によって限定された実存という事実にに集中されてしまっている。実存はもっと広く、それがもつ社会的関係、それが住む自然的環境、また地球やその外に拡がる宇宙との関係によっても限定されている。神学が政治学、社会学、環境学、自然科学、天文学などに干渉してよいとは、次元的思考を提唱する私は考えないけれども、神学はそれらの現代科学と接触できなければならない。それらの科学が独自の領域をもつものとして神学の領域からは区別しながらも、神学とそれらの領域とが相互に影響し合うことを認識しなければならないのである。これが私の言う次元的区別であることは、読者の方々は理解して下さっていることと思うが、神学とこれらの科学の次元との境界領域での思索がどのようなものとなるかは、相手の諸科学が時代によって移り変わるが故に、その思索は、まさにケリュグマをその時代に受肉させるという、神学にとっての絶えざる営みとなるのである。これが、――一般の神学にとってもそうであるが、私のように「我と汝」との邂逅に集中する――実存論的神学の中に世界観の要素が入り込んできて、その思索を彩る理由となっているのである。

したがって、私にとってはブルトマンと違って、イエスの十字架の意味するものは、人間が自分の理性や行動力に頼って生きることを単に棄てることであり、復活の意味するものは、そのようなものを棄ててこそ本来的な生き方が可能であるということだけではなくなる。ブルトマンにとっては――そして、旧版を書いた頃の私もそれに引き摺られていたのだが――、神が、実存に対し、真に生きるようにと迫るものとしてだけ、われわれの考察の対象とされるのであるから、幅のない、位置だけを示す点のようなものであってよかった。その点――神――からは、実存の決断を迫るケリュグマという放射直線だけが出てくればよかったのである。位置だけを示す点については、それがそこにあるという以外は何も語れないが故に、神学において語られるものは、神についての客観的な事柄では全くなく、実存が神に向かってどのような姿勢を取るかだけとなる。これが、神学が実存のムード的色彩の乱舞となってしまう理由なのである。

今、私が展開している実存論的神学においても、このような、実存が日々実践する真理としての、ケリュグマに対する実存の応答という局面の叙述が失われる訳では全くないが、それをも含んで、もっとイエスや神について――造形的に言うと――点というよりは形を語りたいのである。色彩の譬えで言うならば、ケリュグマへの実存の決断という色彩だけではなく、形を含む神やキリストへの言及が、諸科学のもつ多彩な諸次元という状況と、どのような仕方で照らし合っているかを考慮すること、言い換えれば、色彩と、その中から浮かび上がる形状との華麗な定着を、私は目論んでいる。現代の科学的な宇宙論や歴史観が互いに照らし合う中に、次元的区別を損なわずにケリュグマの色彩を受肉させ、それらとの照らし合いを楽しもうと目論んでいるのである。そのために、私の提唱する実存論的神学は、これまでのキリスト教が取り込むのを躊躇《ためら》ってきた民衆宗教の諸要素をも咀嚼し、キリスト教を豊かにしようとする。そしてこの場合に、私にとって役立つものが、初代教会の神学を形成する上で大きな役割を果たした、あのプラトン哲学の流れなのである。

2 プラトン系列の神学にわれ立つ

プラトン哲学への言及は、多くの読者にとって唐突の感を免れないものかもしれない。しかし、実存論的神学は、私にとっては哲学史上や神学史上で、プラトンの系列に入ると思われる。残念ながらここで詳細にわたる哲学史や神学史の上での、実存論的思索とプラトン主義との関係を述べることはできないが、プラトンによるこの地上における人間霊魂のあり様の思索一つを取っても、このことは明瞭であろう。よく言われることであるが、神学史上におけるアリストテレス主義が、実証できるような現実から出発して神認識に到達しようとしているのに対して、プラトン主義は、人間霊魂に生まれながらにして具わっている真・善・美への憧れから出発した。つまり、人間の外にある現実を客観的に認識することから神認識に到達するアリストテレス主義とは異なって、人間が自己の内面に既にあるもの、客観的な実証を必要としないもの、すなわち憧れから出発するのがプラトン主義であった。中世神学史を見ても、生来の人間に具わっているものを認めるという点では、いわゆる自然神学を認めながらも、神の啓示と人間との出会いの場を内面に求めたことがプラトン主義の特徴であったが故に、プラトン主義者たちは内面における神秘的な啓示の直接体験を主張し、後に自然科学や諸人文科学と結合することとなったアリストテレス主義者たちと袂をわかっていたのである。このようなプラトン主義の特徴が、例えば今日の実存主義の祖とも言えるゼーレン・キルケゴールの思索を特徴づけていたことは、彼の「人生の諸段階」の思想を一瞥しただけでも明瞭である。美的段階、倫理的段階、宗教的段階と、空間的に下から上へと昇る階段のように思索された人生のあり様は、まるで私の言う次元的区別を実存の内面の中にもち込んだかのようである。美的段階とは、自分にとって生きる土台が、人生を美的に眺める角度であり、倫理的段階も、その角度が倫理と変わっただけである。宗教的段階にまで実存の視角が深められると（あるいは、上下空間的比喩を使えば、上昇すると）、その段階は宗教性Aと宗教性Bとに分けられているけれども、Aはまだ——これまでの議論における言葉を使わせてもらえるなら——自然神学に入るような、人間の生まれながらの体験の中に存在する宗教性、つまり、汎神論的な宗教性であるのに対して、Bはキリストにおける神の啓示に出会った体験、人間の体験には内在していない神との出会いなのである。そして、この神との出会いは、われわれの環境を形成する自然や、文化諸科学のような領域での体験からは質的に異なっており、区別されなければならないものである。この出会いの体験は、人間の全くの内面的な体験なのであり、このような思索は神学史上のプラトン主義の系列の中にあるとしか言いようがない。

このようなキルケゴールを祖とする実存論的神学は、やはりプラトン主義の系列に属すると見るのが妥当であろうが、長年にわたる研究の末に、私は自分が実存論的なプラトン主義者であると認めざるを得なくなっている。

ところで、プラトンの諸著作の中でもその神概念は、研究者たちの間で、それが何を意味するものであるかが論議されていて決着がつかないものの一つであるようだが、プラトンにとっての神概念が、単に——真・善・美やその他のイデアが属する——イデア界の諸イデアの動的性格を神話的に表現したものであると見るのはやはり無理であろう。プラトンにとっても、神は人格的存在であったとするのが至当であろう。

神の存在との関連で、プラトンにとっていつも問題となったのは、この世における悪の存在であった。これに関してもプラトンは決して一貫した答えを与えてはくれない。しかし、大体のところプラトンの答えは、神が、神とは別に存在するイデア界の諸観念を、物質に刻印してこの世界の諸物を造りあげた折に、物質がその刻印に反抗したが故に、この世界は不完全になっているということであった。この不完全さが悪であるという訳である。ところが『パルメニデス』の中では、美や善の観念（形相）と同じように、醜悪や不善の観念も存在しており、それらの形相が物質を醜悪にも不善にも造るとなっているし、『パイドロス』では魂の中に永遠の昔から粗野なものが存在していて、それが悪の原因であるとされており、また『国家』では、人間の自由意志が悪の原因となっている。さらに、『法律』となると、プラトンの神はまるでイスラエルの預言者たちの説いたヤハウェのように崇高な存在となり、そこではイデア界の存在は思索の背景に押しやられてしまい、理性的な存在である神がすべてを合理性と秩序によって治めるのである。そして、この世には神に敵対する悪の世界霊魂が存在し、神はこの、ある程度人格的な悪の原理と絶えず闘う。ここにプラトンに対するゾロアスター教の二元論の影響を見る研究者もいる。

多くの神学者たちがそうであったように、序章で紹介したエドウィン・ルイスも、最初は悪の存在の問題を愛の神に対する人間の自由意志の乱用という形で、つまり、神と人間との関係の外に悪の原因を探索しないで解決しようとしたようであるが、それは彼にとって結局不可能となり、既に述べたような創造者・反創造的なもの（破壊的なもの）・（創造の）原料となるものという三元論的な現実理解を提唱するようになった。想像するに、ルイスがこのような立場に立たざるを得なくなった理由は、いくつかあっただろう。例を私自身の体験から取って説明すれば、まず、いくら人間が社会的な存在であるからとは言え、個人の罪に対する刑罰としては、結果的にあまりに大きな刑罰を個人が背負わなければならないということが挙げられる。例えば、一国の戦争の惨劇は、その戦争突入に賛成した者にも不賛成であった者にも同じようにのしかかってくるものであるが、賛成した者はもちろんその惨劇に責任があるけれども、彼が賛成したこと自体、彼一個人の責任だけであると言い切れるものであろうか。戦争に突入させようとする政府の宣伝や、反戦思想への政府による抑圧や、反戦行動への政府の弾圧、また、思想統制もあるだろう。それらの事柄を考えるならば、賛成者一個人に対する刑罰としても、戦争の惨劇はあまりにも均衡が取れていないと言えるのではないか。さらに、繰り返し述べてきたように、天災地変などの勃発は、片一方に全能・全知で全き愛の神を置き、もう一方に人間の自由意志を置くだけでは説明できない。それだけではなく、何故に人間が生まれながらに罪人であるかということさえも説明できないだろう。神が愛で全能で全知であるなら、このような事柄が起こらないようにご自分の創造の業を調節できたであろうからである。それ故に、ルイスはプラトンの『法律』に見られる思索に近い形で、創造者たる神と、万物がそれから造られた原料の他に、神に敵対し、神の行為に介入してくる破壊者――プラトンの悪の世界霊魂に近いもの――を想定する。この破壊者はプラトンの場合と同じように、半ば人格的な言語で表現しない訳にはいかない存在なのである。この場合、原料はそれ自体で神の創造行為に反抗するものではなくなり、単に消極的な受動性にとどまるものとなる。

考えてみれば、――前に述べた事柄であるが――神学史の中でプラトン哲学の系譜に属する神学者たちは、アリストテレスの系譜に属する神学者たちと違って、人間を取り巻く環境――例えば、自然――から理性的に神の存在を証明する試みには冷淡であった。彼らはむしろ、自分の魂の内的な直接的神体験から出発し、その後で理性に頼る傾向が強かった。この意味で実存論的神学は、実存を豊かに生きるためには神に依存しなければならないという魂の直接的体験に土台を置いていることからも、それ自体がプラトン的系列に属するものであることを明らかにしている。そして、このような視角から考察するならば、われわれが、自分が神によって救われることの確かさを神の全能や全知に求めるのは、あまりにもアリストテレス的であって、実存論的神学にはふさわしくないとも言える。神はこの世に起こるすべての事柄を知っておられ、しかも、何もかもが可能である存在であるが故に、私の救われることは確実であると主張するのは、元来魂の中での直接的体験である筈の自分の救いの確かさを、前もって理性的操作を行うことによって自分に納得させようとするものでしかない。

実存論的神学に立てば、このように理性が納得できる客観的保証である神の全能や全知の想定は無用となる。実存のすべてを賭けて、科学的な、また理性的な一切の保証なしに、そのように信じないならば生きていけないというただ一つの根拠によって信じるというのが実存論的神学の本領であるが故に、神が私を必ず救って下さることを信じるのに、人間がその信仰を前もって合理的に保証しようとする神の全能や全知という想定は必要ではなくなる。神は全能でもなく、全知でもなく、絶対者でもなくて、相対的な存在であって一向に差し支えがない。プラトンやルイスや、その他の有限の神の主張者たちの系列に私も入っているのであるが、私の場合にはルイスの主張と同じく、神はひたすらなる愛の存在となり、愛の想像的創造性を発揮されて、人間の歴史創作に人間の主体性を脅かさない仕方で介入されるのである。

西暦三九二年にキリスト教がローマ帝国の国教となって以来、ローマ・カトリック教会は排他的に他宗教ばかりか、意見の異なるキリスト教徒たちをも迫害したが、そのような独裁的な教会が造りあげた教理である全能・全知の神という観念には、どうしても政治的な独裁者の臭いが強い。例えば、旧約聖書も新約聖書も、――恐らくはアニミズムの、山川草木に住む妖精的諸存在に由来する――多数の天使の存在を示しており、それらを信じる人々を描写しているけれども、ダンテの『神曲』に見られるように、それら天使はひたすらに神に服従する存在となってしまっている。ひたすらの愛である主なる神を、自分は自分の実存の唯一の根拠として信じるという実存の告白であるべきものが、他の信者たちが他の神々を信じることの否定に通じるようになり、形而上学的に他の神々の存在を否定し、天使たちもひたすらに形而上学的な唯一神に服従するものに変えてしまっている。

実存論的神学にとっては、神は形而上学的な独裁者である必要はない。人間の主体性を尊重して、自由に展開される多彩な人間模様の中を、また他の神々や天使たちが主体的な動きを見せる中を、イエス・キリストの父なる神は力強い愛の説得を行いながらそれらの自由な展開の間を縫って、独創的に、想像豊かな創造性の展開を試み、個々の人間の生を救い、充実させて下さる。愛と、強制や独裁は矛盾概念である。愛の神を信じるキリスト教は、形而上学的には多神教を前提としても一向に差し支えがないのである。(2)

このようなキリスト教理解が諸科学に矛盾し、――ゴーガルテンが言うような――人間に神から委託された自然支配とも矛盾すると考えるのは、私が主張する次元的思考を理解していただけないところに由来する。ここで述べられている事柄は、文化諸科学や自然科学の次元とは異なった、それらを超えた次元の問題なのであり、それらの次元と無関係だとは言わないが、しかし、一応区別されるべき次元の事柄なのである。

かつて私は拙著の中で、(3)ホワイトヘッド哲学に依存したプロセス神学に言及し、それが自然と歴史との次元的区別をなくし、歴史を創る人間の自由意志と、程度の差こそあれ同質のものを、自然の中の物質にも認めようとすることを、キリスト教神学の中に再びアニミズムをもち込みかねないものとして批判した。しかし今は、私自身が多神教を神学的に容認しなければならないと考えるようになってしまった。宗教史的に見れば、アニミズムこそが神々や天使たちの、あるいは、諸仏や、摩利支天《まりしてん》、弁財天など諸天の、存在の前提であったのである。しかし相変わらず、私は歴史と自然との次元的区別を主張して止まないのである。今はホワイトヘッドの言うように、自然の物質までもが、人間の自由意志に類似の動きをしていることを私も認めるけれども、しかし、人間の自由な創作の場である歴史と、そうでない自然とでは、やはりその間に類似性があるとしても、あまりにも程度が違い過ぎると私は思っているので、次元の相違は当然なのである。

そして、ホワイトヘッドが自分の信じる――正統主義キリスト教が信じる絶対者ではなく――有限の神の存在を、一種の宇宙論的証明とでも言うべき仕方で哲学的に証明しようとしたことを、私は相変わらず神学とは無縁であると思っている。人間が神を信じるのは、信じなければ自分の存在には究極的に意味がないからであり、自分が生きられなくなるからである。しかし、前掲の拙著の同じ章の中で、私はホワイトヘッド哲学やジョン・カブ（John Cobb）のプロセス神学の主張する神が巨大なコンピュータのようだと批判しているが、これには少し説明が必要であるかもしれない。

前掲の拙著で批判しているように、今の私も巨大なコンピュータのような神では神学としては不十分だと考えている。そこでも述べた事柄であるけれども、プロセス神学の神は人間の主体性を重んじて、その自由な決断を待って人間を導いて行くだけだが、私は神は人間の魂に内的にも働きかけると考える。その働きかけは、親子や夫婦や親しい友人たちの間に不完全な程度においてではあるが見られる、互いの主体性を脅かさない仕方での感化や影響を無限に強力にしたようなものであろう。人間は何度裏切っても決して自分を棄てず、自分を愛することを止めない神に、遂には魅惑され、神を愛さなくてはいられなくなってしまうのだ。それが人間の宿命なのだ。つまり、神が暴力的に、力ずくで人間を運命のように支配するとは、私には到底考えられないけれども、自分が愛の宿命に生きなければならない存在であることに、すべての人が神の愛によって遂には目覚めさせられ、すべての人間が救われる宿命をもっているのだと考えざるを得なくなっている私は、そのような意味での宿命論者なのである。

その場合に今の私は、プロセス神学の考えているコンピュータのような神を、部分的に神学の中に取り入れてもよいのではないかと考えるようになっている。しかし、それは神と人間との関係のごく表面的な部分についての説明に役立てるためである。人間の主体的な自由による決断と行動との間を縫って、神はその業を貫徹されると前に私は書いたが、その説明だけに利用するのである。神は巨大なコンピュータのように、あらゆる人間の主体的な行動を記憶の中に保存し、個々の人間に対しても、人間集団に対しても、その現在の決断や行動にどのような可能性があるかを、過去の記憶に照らしてその人間に選択の可能性として提供してくれるのである。そして、それら人間の行動によって歴史が壊滅しないようにと、それらの行動をうまく調節して下さる。だが、神学としては、このような調節者としての神だけでは全く物足らない。

3　絶対的な宗教はない

歴史を導く神について語れば、それは摂理論という神学の部分に当たることは言うまでもない。歴史の中の神の働きは、この摂理論から見れば、神の働きに敵対する不条理の故に、やむを得ずにジグザグとした進展の仕方を取りながらも、愛の国をできる限り完全に近い形で、この地上に――人間たちを導いて――もたらそうとするだろうし、また、所詮人間にはこの地上に完全な愛の社会を造りあげることは不可能であるが故に、この地上を超越したところに完全な愛を実現した天国を人間たちに幻視させることともなる。そして、キリスト教（教会）も、またその神学も、このような神の摂理の中でそれ自体を変化させ、完全な真理の実現を追求する。

このような摂理論を土台として思索して行けば、キリスト教が既に絶対の真理を所有しており、それに則って、他の諸宗教を誤謬として排斥できるなどという態度は取れる訳がない。教理史を見れば一目瞭然であるように、これまでにキリスト教はそれ自体を大きく変えてきた。歴史学の検討に曝してみれば明らかなように、種々の信仰の在り方が混在していて、決して一様ではなかった原始キリスト教の時代から、教会組織や信仰の基準である諸信条造りあげ、信仰の在り方を統一しようとした初代教会、そして、十七世紀後半から十八世紀にわたって科学思想を受け入れてきた教会の在り方などを考えるだけでも、この事情は明瞭である。歴史の中のキリスト教に完全な真理が宿っていると想定することは誤りであるが、この事情は他の宗教、また哲学などについても言えることである。

つまり、歴史の中には完全な真理を所有している個人や集団などは存在しないのであって、存在するものは完全な真理の追求だけである。絶対は――キリスト教用語で言えば――終末の彼方で出会えるものでしかなく、この生ではすべては相対的なのである。だが、このことは、相対的なもの同士の間に程度や方向づけの相違があることを否定するものではない。宗教の場合には、その相違は、まずどの方向に向かって自分の絶対の真理探求の歩みを進めればよいかという、方向づけが重要な相違となっている。例えば、愛の人格神を信じ、その神と「我と汝」の関係にわれわれが入ることを絶対的な真理への方向づけとするキリスト教と、ダルマ（法）という現実の奥底にあるものへの帰依を絶対的な真理への方向づけとする仏教とでは、基本的に相違する。この基本的な相違の上で、同一の方向づけの路上の歩みにおいて、個人や集団の進展の度合いの差が出てくるのである。

絶対的な真理の把握がこの生において不可能であるからといって、われわれがどれか一つの方向づけを選ばなくて済むものではない。もしもわれわれが、宗教や哲学などがことごとく相対的であることにあまえて、どの方向づけも選ばずに済まそうとして、あらゆる宗教や哲学などの奥底にある一致を夢み、普遍的な宗教性に辿り着いたとするならば、それも一つの相対的な方向づけを選んだに過ぎない。そこにも絶対的な真理はない。存在論的な思索の方向を選んだという、相対的な事態があるだけである。

あらゆる宗教を相対化することと、それにもかかわらずどれか一つの宗教の方向づけを選ばなければならないという事情とが、興味深いことに弘法大師空海の周知の大作『秘密曼陀羅十住心論』にも明らかにされている。この著作には、空海自身による袖珍本《しゅうちんぼん》とでも言うべき『秘蔵宝鑰《ひぞうほうやく》』があるが、両者ともに教判論の展開である。教判論とは、自分の思想が真理であることを示すために、他の諸思想と較べて自分の思想が最も深いものであることを論じることであり、仏教用語である。ただし、空海の場合には青年期の著作『三教指帰《さんごうしいき》』以来、彼の思想の土台となっている包括性が『十住心論《じゅうじゅうしんろん》』にも顕著である。

『三教指帰』では、仏教、儒教、道教を代表する論者が登場して、それぞれの立場が他に較べて優れていることを示そうとするのであるが、結局は仏教の優秀さが結論となっている。しかし、空海はこの最初の著作の中で、儒教や道教を完全には棄て去らずに、むしろ仏教に関する彼の思想の展開の中に、それらの思想のよきものを包括しようとする。そして、この思想的な態度は『十住心論』の中でも貫かれているのである。ここでの十住心とは、十種の心の境地のことであって――詳細は多数の優れた空海思想の紹介本にゆずるとして――、ただ欲望のままに生きる最初の住心から第三番目までのそれは世間道であり、四番目と五番目は、いわゆる小乗の立場であり、六番目と七番目は権大乗（仮の大乗）の立場、八番目と九番目が大乗の立場である。八番目には天台宗を、九番目には華厳宗を空海は当てはめているが、十番目が秘密《ひみつ》荘厳心《しょうごんしん》であり、これが神通乗と呼ばれる真言の密教である。一番目から九番目までの住心までを空海は顕教と呼び、顕教では教えられていない秘密の教えが十番目の真言宗には教えられているが故に、密教であるとしている。だが、空海は顕教を棄て去らずに、密教によって包摂しようとする。つまり、九顕一密なのだが、同時に九顕十密なのである。

これは、真言密教に包摂された方の宗派にとっては納得ができなかったであろう。例えば天台宗は、このような空海の立場に猛烈な抵抗を示している。しかし、あらゆる宗派、さらにあらゆる宗教の根源をなすものは一つであるとして、抽象的な宗教性の探求こそがわれわれのなすべきことであるとするならば別であるが、豊かな具体的宗教に生きようとすれば、当然そこには、自分の飛び込んだ宗教が他の宗教より優れているという判断がなければならない。具体的な宗教は、それぞれが未来の、終末の彼方にあって、まだこの世では実現されていない絶対的な宗教を追い求める。自分たちが信じる道の目指す彼方にこそ、絶対的な宗教が存在する筈だと信じて、それぞれの宗教は自由に競争するのが正しいのである。他によって何と言われようと、空海は遠慮などできない筈であった。

キリスト教神学も空海の態度に学ぶ必要がある、と私は思っている。その場合には、十住心論ではなく、われわれの展開する住心論は、あるいは十二住心論になってしまうかもしれない。空海の展開した十住心を延長して、例えば第十一番目にユダヤ教、特にその一派であるエッセネ派を置き、十二番目には――パウロに見られるような――キリスト理解を置くことになるかもしれない。いずれにしろわれわれも単に排他的にならずに、空海のように他の住心をキリスト教信仰の中に包摂したいものである。

そして、このような考えは、通常にキリスト教神学において予型論と言われている教理についても、特定の考え方をわれわれに強いるのではないか。周知のように予型論は、旧約聖書に述べられている出来事や予言的叙述を、将来に起こる出来事を予め告げ知らせている原型――つまり、予型――とすると、イエス・キリストをめぐる新約聖書の叙述はその成就だとする見解である。ところで、この予型論については、ニューイングランド・ピューリタニズムのジョン・コットン（John Cotton）とロジャー・ウィリアムズ（Roger Williams）との論争によって、二種類の予型論の存在が表面化している。[4]それらは、コットンに見られる水平的な予型論と、ウィリアムズに見られる垂直的な予型論であるが、前者は旧約聖書に見られる予型が、イスラエルの歴史を直線的に延長したところのキリストの出来事において、現実に成就されると主張するものであり、予型と成就とをユダヤ教とキリストとを結ぶ直線だけに限定する。ところが、後者では――予型と成就との関係が――歴史上の一つの現実的な連続性――つまり、旧約聖書とキリストとの結びつきだけに限定された――は絶たれて、キリストにおいて成就される予型は多元的に理解されている。前者では、キリスト教徒はイスラエルの宗教と現実的な連続性の関係にあるが故に、他の宗教や文化の中に少しもキリストの出来事への予型を認めることができず、それらに対して排他的とならざるを得ない。ところが後者では、イスラエルの歴史とキリストの出来事とは、排他的なものとは見なされずに、イスラエル予型の恩恵には感謝しながらも、程度的にはイスラエル予型よりは受ける恩恵の度合いは少ないかもしれないが、他の民族や歴史の中にも予型を認めることに対し、少しの抵抗感ももたないのである。この立場では、横たわる直線に対して、例えば垂直に上方に立つキリストを想定すれば、イスラエルとキリストとを結び横たわっている直線とは別のところにある、多数の点（予型）から上に見られる成就たるキリストと結びつく直線が、多数の垂直線――とは言えないほどに斜めになっているかもしれないが――のように見られる訳である。私のような神学の立場の者がコトンに賛成できる訳はなく、ウィリアムズの予型論こそが私の採用するものである。

キリスト教が唯一神を信じる宗教であるが故に、多神教である他宗教をどうしても排斥しない訳にはいかないというような議論も、既にわれわれが検討してきたように、キリスト教も多数の天使的存在を信じていることが理解されれば、雲散霧消してしまう。もしもわれわれが、それでも唯一神教の特徴を神学的に表現したいならば、存在するすべてのものが自由に蠢《うごめ》いている中を、イエスの父なる愛の神だけがすべての存在の動きを――力ずくではなく、恐ろしく深い愛によって――調節して下さっていることを言うべきであろう。

4　われわれはどこからきて、どこへゆくのか

摂理論を私は、神による広大な宇宙の創造から終末までのあらゆる事柄を含む、大きな概念として用いたいのであるが、通常キリスト教神学での創造論の一事項として取り扱われる「無からの創造」という教理は、私にとっては、無という素材からの抵抗と闘いながら、神が天地万有の創造に参加されたことを表現する。あるいは、「無からの創造」は、神のイニシアティヴ――つまり先手――で始まったものではなく、無がそれ自体の展開で存在するものを造りだしていたその途中から、神が地球に関する限り介入してきたと考えることもできるだろうが。もちろん、地球の歴史のどの時点から神の介入があったかは、明瞭にすることができないであろうけれども。このように無は、私の通俗的なプラトン主義において は、愛に基づいて創造しようとする神の働きに抵抗するのである。この無の抵抗を私が不条理と呼ぶことは、既に理解していただけたことであろう。私は歴史上の通俗的なプラトン主義と同じように、われわれには愛の神が創りあげたものとはどうしても思えないような、宇宙の中に存在する悲惨な出来事、神学が伝統的に悪と呼んできたものの原因がこの無の抵抗に由来すると思っているのである。

そして、私のこのような通俗的なプラトン主義には、さらにもう一人のプラトン主義者であったベルジャエフから教えられたものが付け加わるのである。彼によると、無は神の働きである創造に抗して、すべてを無に帰そうとする破壊の情熱であるが、この無が、人間などのように無から創られた人格的存在の中では、自由の要素を形づくっている。神の愛の働きによって創られたものとして、人間は愛を目指すものであるが、人間がそこから創られた素材である無が、人間の中で愛を破壊し、すべてを無に帰そうとする。このように愛と無との狭間にあることこそが、人間が人格的存在であるということであり、これが人間の主体的な自由である。ベルジャエフの思想においては、神もこの無から生まれた。もちろんこれはベルジャエフが造った新しい神話であるが、ただしこの神話は、新約聖書のもつ古代的世界像のように、そこからキリスト教のメッセージを切り放さねばならないようなものではない。今日のわれわれの科学的思惟をもってしても表現できない魂の次元の事柄を、何とかわれわれの言語で表現し

ようとした一段と深い神話なのである。

　この神話によって考えられた神も、無をご自分の中にもっているのであるから、破壊の情熱を伴う意味でしか自由ではない。ところが、われわれと違って神の場合には、ご自分の本質である愛によっていつもその自由を抑制しておられるのである。否、抑制という言葉は、神がご自分を嫌々ながら愛に服従させておられるという印象を与えて、他律的な感じを伴うが故に使わないほうがよいかもしれない。むしろジグムント・フロイト（Sigmund Freud）の言葉を借りて、神はご自分の自由を常に愛に昇華させておられる人格的存在者であると言うべきであろう。神が無から生まれたというベルジャエフの神話はとにかくとして、私もベルジャエフと同じように、神を永遠の寂静に住む静的な存在とは考えておらず、いつも動的にご自分の中で無と闘い、恒常的に無に勝利している存在と考えているのである。そして、人間も神に倣ってその自由を愛に昇華させて行かねばならないのである。愛に反して破壊し、すべてを無に返そうとする罪や死に抵抗することが、人間の聖化なのである。自由の存在価値は、それ自体にあるというよりは、それがなければ愛が元来存在し得ないからなのである。

　人間の原罪と言われてきたものも、そして、人間が日々に犯す罪も、この自由との深いかかわりの中にある。罪は合理的に考えて、人間の心理に潜む遺伝的な悪癖のようなものが原因となり、それが表面化したものであると考えることもある程度は可能であろう。深層心理学が人間の犯す罪を理解するのに役立っていることは事実である。しかし、それだけで罪を理解したことになるのであろうか。深層心理学が到達しうる心理の奥底よりももっと深いところには、自由の神秘が渦巻いているのではないか。その自由の神秘から罪に対する責任感が湧き出してくる。深層心理学のおかげで、われわれは限定された罪の領域を狭めたり、その頻度を軽減したりすることはできるであろうが、人間が自由な存在であるが故に、もはや罪を犯すことのない人間を創造することはできないだろう。さらに、われわれ人間が不条理なる無を、破壊の情熱である自由を素材として造られたことを了解するならば、たとえ人間に神の恵みや愛の介入があると信じても、人間には自分の素材たる自分の奥底に潜んでいる虚無に対する責任はない。その虚無に負けて、その蠢《うごめ》きに協力した時には、もちろんその罪の責任は負わなければならないが。カルヴァン主義の原罪説のように、遺伝するようなものとして原罪を考えるのは、原罪が人間の自由と無関係なものとなってしまうので、私には受け入れがたいし、遺伝された原罪にまでわれわれが責任を取るように強制されているのは納得ができない。

　ところで、地球がその中に存在している銀河系宇宙も、広大な宇宙の中の小さな存在であることがわかってきている今日、神と無との闘いは壮大なものであると言わざるを得ないだろう。もちろんのこと、地球上の人類を含めてこの闘いは続行されており、われわれが宇宙に存在する法則と考えているものは、あるいはこの闘いにおける神と無との妥協の産物であるのかもしれない。既に読者が了解して下さっているように、私は愛に反する無の働きをカミュに倣って不条理とも呼んできたが、私の神学は、神と地球人類との間——他の宇宙空間に存在する知的生物に対しては、神はイエスにおいてご自分を顕されたのとは、また別のかかわり方をされているかもしれないと私には思われる——のロマンとなるが、それはまた、不条理に対する神と人間との共同による抵抗の物語でもある。

このように、われわれをその中に包み込む物語が信仰の中心を占めてくると、過去の歴史上に実際にイエスと呼ばれた人物が存在し、十字架にかけられて殺されたという事実は、ブルトマンが主張するように、単に今ここで、日々われわれが実践しなければならない——この世を生きる基準としている日常的な自我に絶えず死んで、本来の自己に生きようとする——真理が、つまり、自我を十字架にかけて真の自己に復活せよとの使信が、神によってわれわれに投げかけられているというような主体的な事柄だけで済むようなものではない。ブルトマンによると、ケリュグマ（イエスにおいて、われわれに与えられている、神からのこのようなメッセージ）をわれわれが教会で聞く時に、このように生きよ、との命令を神から投げかけられるという事件が、われわれ一人一人にそこ——つまり、教会——で起こるという訳であるが、ブルトマンにとってはイエスの存在は、そのような事件の最初であった。しかし、いつも起こり得る事件の最初の出来事というように、実存的にではあっても史的イエスを普遍化してしまう、つまりいつでも同じことが起こり得るという真理に変えてしまうことは、イエス・キリストにおいてわれわれに出会って下さる神の人格性や主体性を薄め、神と人間との出会いのもつ「我と汝」という性格を蔑ろにすることのように私には思える。復活のイエスがわれわれと今、われわれのこの時、この場所で出会って下さるというキリスト教の独自性をブルトマンは棄て去り、それをわれわれの主観的出来事に変えてしまっているとしか、私には思えない。

われわれがこの世に執着することを放棄して、神に土台を置いた生活に生きることこそが、われわれにおいて十字架と復活を行ずることだとする普遍的で主体的な真理を否定せずに、それをも包み込んで、さらに言えば、われわれの向こう側に立つイエスの生と復活において、神が罪と死の不条理の中に入り込んで下さったのである。（イエスの）死において虚無の力である死を、信者のために死なせて下さったのである。それほどに神の愛が力強いものであることを、私の主観に向かい合って立つ神がイエスの十字架の死と復活において示された、と私は信じているのである。

神が虚無にうちかたれたという物語は、実存的な真理を包み込んでいるにしても、ある意味では宇宙論・世界観となってしまうが、もちろんこれは自然科学上の真理ではない。したがってこれもまた——新約聖書神話のように現代の科学的思惟と矛盾するもの、非神話化の対象となるものではないにしても——、科学的な理性では把握できない、理性を超えた物語であって、まさに神話であると言うより仕方がないものである。しかし、これは現代に受肉し得る神話である。ブルトマンの非神話化論が、実存を、それを取り巻く新約聖書神話の枠組みから抽象し——取り出し——て、いつでも通用する実存を活かす主体的真理を浮き彫りにした功績は大きいが、抽象されたものをいつまでも抽象されたままでおくことは、実際には不可能なのである。そのままで放置しておくと、非神話化された実存論的真理が、いつの間にか向こう側にいる神からの語りかけによって成立しているものであるという特徴を失い易く、そのうちに実存が自力で哲学的に発見した真理と成り下がる恐れがある。さらに、もう一つの問題点は、その抽象された真理を、今ここでわれわれが自分の実存に受肉させ、それによって再び具象化する時に、受け入れる側のわれわれの状況と、どのような仕方でその抽象された真理を結合させるかを、われわれが十分に考えた上でない場合には、その抽象的真理は、われわれの状況を反映したものに変形させられる恐れがあることである。あの時あの場所からの抽象が、その抽象がもつ——われわれの状況に対する——批判的契機を喪失し、この時この場所のわれわれの状況に都合のよいものに変えられてしまうのである。

そして、そのことが杞憂でないことを、われわれはブルトマンの非神話化論を取りあげて前述したのだが、今の論述との関係でそれをもう一度述べる必要があるようである。私は新約聖書のケリュグマは、人間を解放するものだと思っている。解放にはいくつかの次元がある。個人を罪から解放することは新約聖書の中心的なメッセージであるが、罪と病とが信仰的に切り放せなかった古代においては当然のことであったが、解放は病からのそれでもあった。深く考えてみれば、新約聖書では罪は神からの離反を意味しており、神は人間に元来の健やかな、人間がその中にもつ神の像を十分に生かすような、幸福な生活を送らせたいのであるから、病からの解放も、当然新約聖書の意図する解放には含まれている。さらに、旧約聖書から新約聖書を貫いて、歴史全体に対する神の姿勢が、つまり弱者を特に顧みるような社会的正義の実現が希求されていることを考えると、解放には社会的な次元も含まれていると言わざるを得ない。ところがブルトマンはそのような諸次元の存在などは全く考慮せずに、ケリュグマを現代の状況に受肉させようとした。その結果、ケリュグマは個人生活を——社会的正義を実現するというような実践とは無関係に——豊かに送ろうとする中産階級的生活を是認するものとなってしまった、と私には思える。このようなケリュグマの歪曲を恐れるが故に、私はまず、どのような仕方でケリュグマを受け入れるべきかを、受け入れる側の状況をできる限り正確に把握した上で考えたいのである。

新約聖書のケリュグマを現代に受肉させようと望むならば、現代の実存を取り巻く諸関係を詳細に検討し、ケリュグマをどのようにその諸関係の中に受け入れるべきかを考えなければならないのであるが、そうすると神学は当然のこと、既に述べたように政治学や社会学などと、また天文学をも含む宇宙論や世界観とも接触しなければならなくなる。そして、そのような諸学との関係の中で神の働き、すなわち、神の摂理を語らなければならないのであるから、神学はまたもや神話的にならざるを得ない。しかし、既に理解されたように、この場合の神話は、新約聖書の神話のように、古代的世界像や後期ユダヤ教やグノーシス的宇宙論にまとわりつかれたものではもはやない。それは、今日のわれわれの科学的理性の働きを出し尽くした上でのものである。人間の理性や言語の可能性の限界の外でもなお、人間は神と宇宙、また神と人間との関係を知りたいのであり、それを物語りたいのである。その物語こそが、今日われわれが是認できる神話なのである。このような神話さえも否定することは、人間はどこからきたのか、生きることには意味があるのか、死んでどこへ行くのかなどという、それへの答えなしでは実存が十分に生きられないような答えを受け取ることの虚無主義的な拒否である。

5　民衆の中へ

次に問題としたいのは、究極的なもの（the Ultimate）と絶対的なもの（the Absolute）との相違についてである。究極的なものという言葉によって、私はプラトン的キリスト教の流れに棹さしながら、人間の魂に植えつけられている真・善・美への憧れを成就してくれるものを意味する。それに対して、絶対的なものという言葉は哲学的概念であって、相対的なものという概念と対になる。もしも神を絶対であると言うならば、その神は一存在（a being）ではあり得ない。なぜなら一存在は、他の諸存在と並んで存在するに過ぎない一つの相対的存在であるからである。したがって神を絶対的なものとすると、どうしてもその神は存在者ではなく、ティリヒの言うように、諸存在を存在させるような存在の力、あるいは、そこからすべての存在するものが出てきて、またそこへ帰って行くような存在の根底とならざるを得ない。(5) 私のようなプラトン的キリスト教の延長線上にある実存論的神学の立場から言うと、このような絶対としての神は無であり、不条理であるに過ぎないのである。

哲学は理性的にあらゆるものを包括する概念を目指すが故に、多から一へ、複数から単数への道を歩む。これは絶対の探求とも言えるものであるが、神学は必ずしもこの絶対の探求の道の上を歩む必要はないのではないか。人間が求める神は真・善・美への憧れを十分に満たしてくれる究極的な存在者であって、絶対的なものではないのである。この点が本書の旧版の『実存論的神学』では、明瞭ではなかった。そして、旧版[6]で、私は三位一体論を取り扱い、レナード・ホジソンの社会的三位一体論（social trinity）を、古典的三位一体論の用語であるペルソナを誤解したものであり、教理史的にも根拠が薄いとして退け、バルトの三位一体論、すなわち、ペルソナは主体たる神の三つの存在の在り方を表すという立場に賛成したのであるが、その後の新約聖書の研究は私に、むしろホジソンの立場を取らせるに至っている。

　神とキリストと聖霊とは、新約聖書では、まだ後に発展した三位一体論的様相を示しておらず、それぞれが今日で言うペルソナ（人格）として、つまり三主体の交わりとして活躍している。社会的三位一体論が、教理史的に根拠が薄弱であることは、私にとっていつの間にか重要ではなくなってしまった。それは多分、すべての存在を自由に活動させ、それらの存在の主体性を肯定しながら、それらの自由な活動をことごとく利用し尽くす神の観念に、自分の思考を慣らしてきたからであろう。教理史的な根拠よりも、今の私には、新約聖書にある神の物語に忠実で、しかも現代に適合する神観念の方が大切なのである。

　絶対という哲学的なものを神とすれば、その神は、そこからすべてのものが出てきて、またそこへ帰る場なのであるから、その神は善も産出するが悪も産出する。つまり、その神は善悪混合である。存在の根底とか無とかいう、善悪を超越したものに魅せられる心情は、むしろ――善を選ぶか悪を選ぶかというような決断的行為からは一歩退いて、その神を眺めるという――美的鑑賞を主とするものであって、現実世界の中で自分や他人の悪に悩みながらも、何とかして少しでも善を実現しようと苦闘する宗教的魂とは無縁である。かえって、このような魂を嘲笑うものでしかない。キリスト教的な美への憧れの満足は、善悪を超越したものについての楽天的鑑賞というよりは、善悪の狭間で不条理に悩み抜く悲劇的美であり、存在の根底とか絶対無などに対する嫌悪を含んだ諦念でもあろうか。

　哲学的に絶対とか無などという言葉で表現されているものは神ではなく、そこで神や人間やその他の存在が生きて、真・善・美を求めて苦闘する場であると私は考えているのだが、これは教会教父たちの贖罪論に見られる二元論に近い発想である。本書の第五章第5節「贖罪論――神と悪魔との闘争」（旧版『実存論的神学』第六章第4節以下）で既に述べたことだが、十一世紀頃までの――キリストがどのような手続きを経て人間を救うことができたか、についての理論である――贖罪論は、その主流が、神と悪魔が人間の魂を求めて闘争するという二元論を土台とするものであった。このことはグスタフ・アウレンが教会史の事実として明らかにしてくれたことを、既に旧版において私は述べているが、私の立場はこのようなアウレンの分類による古典的贖罪論に近い。古典的贖罪論においては、神がイエスの死において悪魔の手中にわざと入り込み、悪魔の力を死の中で打ち破ったと言われるのであるが、これは既に述べた私の立場、神がキリストの死の中で死を滅ぼしたという立場に近い。古典的贖罪論における悪魔は、無の破壊の力、不条理の神話的表現に過ぎないからである。

無という場の中で、神や人間やその他の存在が生き、かつ存在しているという多元論は、哲学的な絶対という観念によって養われてきた過去の神学の主張する全知・全能の神という神観と矛盾するが故に、多くの人々にとっては早急には受け入れがたいものであろう。多数の――神をも含めてすべて――相対的なものが蠢《うごめ》いている現実の中では、神があまりにも弱く見え、われわれの救いを貫徹して下さるかどうか不確かだからであろう。このような理由から私にとっても、多元論はなかなかに受け入れがたいものであった。私がそれを受け入れるようになったのは、ルイスの影響下にあった頃に読んで多大の感銘を受け、その後も読み続けてきたウィリアム・ジェイムズの徹底的経験論（radical empiricism）のおかげであった。彼のいくつかの著書、特に『多元的宇宙』（A Pluralistic Universe）から受けた影響は計り知れない。また、山梨県などに主に見られる丸石神への興味が、私に多元論を受容させるに当たって大きな力があったことも事実である。丸石神は、縄文時代からの信仰であるとのことであるが、卵型であったり、ほぼ完全に丸かったりする石をただ一つ、あるいはいくつかのそのような石を、神々として拝む信仰なのである。それらの石を統括する何かがある訳ではなく、互いに隙間をもちながらいくつかの石が、見た目には雑然と積み重ねられているだけなのであるが、それらは――私の見るところでは、無という空間に共同して拮抗し――不思議な調和を形づくっている。何ものによっても強制されずに、個が個としてそこにある。考えてみれば、キリスト教の説く愛は、他者にこちらの思う通りに生きてもらおうとするものではなく、他者をその個のままで生かし抜くものである。史上、絶対的な全知・全能の神がしばしば専制政治に利用され、民衆を弾圧する道具に使われてきたことを考えると、多元が多元のままで、そこに愛による――時代によって形が独創的に変化して造られる――調和形成を目指す多元論の方が、キリスト教という愛の宗教にはふさわしいと思うのである。

アウシュヴィッツなどの強制収容所におけるナチによるユダヤ人虐殺、中国などにおける日本軍による虐殺事件、広島や長崎への原爆投下、東京下町の大空襲などを体験したわれわれにとっては、もしも神が全知であり全能であるならば、何故にそれらの出来事を阻止できなかったのか、理解に苦しむのである。戦争は人間が引き起こすものなのだから神には責任がないというような議論は、戦争を引き起こした直接の責任者である政治家や高級軍人たちよりも、彼らによって戦争に駆り立てられた民衆の方が、比較にならないほどに苦しむという一事を考えただけでも、愚劣である。（無に由来する）人間の自由のもつ破壊の力であるこのような罪に抗して、愛の神が――相対的ではあっても、その全力を奮って――人間とともに闘って下さると言う方が、絶対的な神が自分勝手な理由や思惑や計画から、人間の罪の荒れ狂うのを傍観しているとする考え方よりも、はるかにキリスト教的ではないのか。

ルイスの思想を借りて私なりに言えば、神は、もしもそれが可能ならば不条理をご自分の力で破壊し、それができなければ不条理を迂回してわれわれを導くのである。神はわれわれの主体性を重んじて強制は全くなさらず、われわれが破壊へ向かう時も、ご自分が――比喩的に言えば――傷つけられながらも、神はわれわれが自分たちの自由で神のところに帰ってくるのを待つ。神はこの宇宙空間の中で不条理を征服したり、迂回したりして闘いながら、被造物との間に愛の共同体を創って行くのである。われわれは神の凄《すさ》まじい、悲劇的な愛に魅せられて、反抗を重ねながらも遂に――自ら進んでその愛の虜《とりこ》になるのである。われわれが帰ってくるのをいつまでも待つ神の愛の凄さに、負けてしまうのである。これこそがイエスが山上の説教で説かれた愛ではないか。

神の愛と不条理との闘いという思想に長年にわたり思いを凝らしているうちに、偶然のことであったが、私は中世のカタリ派の文献に出会った。カトリック教会から異端とされたこのキリスト教は、十二世紀にその最盛期を迎え、カトリック教会が派遣した最後の十字軍によって弾圧されて、十四世紀の半ばには、ヨーロッパには一人のカタリ派の信者もいなかったということである。

カタリ派はプラトン的キリスト教の流れに棹さした教派であったが、その教理は、善の神と悪の力との闘いという二元論を土台としたものであった。カタリ派の前身であったブルガリアのボゴミール派も同じ原理に立っていた。カタリ派の活動の舞台はミディと呼ばれる南フランスや、北イタリアであったが、ミディは当時フランス国王の支配を受けていなかった。

どのような点で、私が特にカタリ派に引きつけられたかというと、当時の政治権力であったフランス国王や教会権力であったカトリック教会を、カタリ派が神の支配の代行者とは見なさずに、悪の原理に操られているものと考えたところであった。ボゴミール派の場合も同じで、信者の大部分を占めていた農民たちは、ブルガリア政府を悪の権化と見なして反乱を起こし、それと対決した。メソジスト運動は、その聖霊主義的な教理のおかげで、例外的に民衆の宗教運動から造られたプロテスタントの大教派であると私は思っているが、聖公会や宗教改革の大教派たるルター派とカルヴァン派は、大体のところ領邦君主や貴族、また大学教授、台頭しつつあった経済的実力者たちをまず味方につけ、その高みから下の民衆を教化した。いわば、上から下への運動であった。そのために、上の権力は神の権力を代行するものと見なされ、民衆は宗教的にも服従を強いられたのである。ところが、カタリ派やボゴミール派は、このような政治権力や宗教的権力を悪魔の支配下にあるものとして、これに抵抗した。これこそ純粋の意味での民衆のキリスト教ではないか。カタリ派との出会いは私に、神と無との闘いや、多元論によってキリスト教を理解する道こそが、下から上への道を辿る民衆のキリスト教を現代社会の中で形づくる上での、唯一の神学的方法であるとの確信を強めさせたのである。

ところで、キリスト教を一つの民衆宗教として日本に受肉させたい私にとって、ますます重要になりつつあるのは、われわれの国で既に広汎な民衆によって受け入れられている諸宗教との接触である。キリスト教を日本の文化的土壌にどのように根づかせるかは、私にとっても長い間の関心事であり、神道、道教、仏教などについてできる限り勉強してきたが、最終的に今、私の興味を惹くのは高遠な仏教哲学や国家と結びついてきた神道などではなく、民衆の日常生活の中に溶け込んでいる——いろいろな宗教的流れが混合している——、民衆宗教なのである。

民衆宗教との出会いによって私が学んだ一番大きな事柄は、民衆は神や仏を信じるに当たって実に自由であるということである。民衆は自分にとって利益になる神や仏しか信じないし、ご利益を与えてくれない神や仏はあっさりと棄てる。始めのうちは、民衆によるこれらの神仏信仰がしばしば私には迷信としか思えない実践にまとわりつかれていることもあって、私はこのような宗教性に馴染めずにいたが、そのうちに、ここにこそ人間の自己解放があると思うようになった。大教団や大寺院また大教会の強制する規格品になることを拒否して、民衆は自分という個的存在の宗教的欲求を満たしてくれるものだけを信じる。民衆は愚かであるから宗教的に啓蒙しなければならないと思い込んでいる大教団、大寺院、大教会の方が、実は民衆によって試されているのである。いろいろの宗教的体験を試してみて、自分の移り変わりゆく宗教的欲望をいつも満たしてくれるもの、いつもそこに帰ってこざるを得ないものが、イエスの十字架と復活の真理であってこそ、われわれのキリスト教信仰は本物なのではないだろうか。いろいろの宗教を試さないところには、宗教的自己解放は存在しない。

特に日本のように多数の宗教が共存しているところでは、そうするまいと思っても他宗教との接触が生じてしまうが、私はこの事情をありがたいことだと感謝するようになった。

愛は自己を相対化して、他者を他者のままで生かそうとする。キリスト教は自己を相対化して、例えば地蔵信仰に愛において仕え、地蔵信仰を、これまで地蔵信仰が自ら知らなかったような地蔵信仰自体の深みから、建て直し豊穣にすることができるのではないか。（もちろん、ここで私はキリスト教徒として語っているが、地蔵尊を信じる人々は、地蔵信仰こそが、キリスト教をその根底から立ち直らせるもの、その手助けをするもの、と考えて下さって良いのである。）地蔵信仰が最終的に求めているものも、人間が地蔵尊や他の仏を棄てても、さらにまた棄てても、人間を少しも棄てずに愛し抜く仏の愛なのであるから、キリスト教と地蔵信仰との間には接点がある。この接点が両信仰の相互浸透を可能にする。そして、相互浸透の結果、いつの間にか地蔵信仰はキリスト教の中に場を占めて、地蔵尊が高級な天使的存在として崇められるかもしれないのである。

　教会の歴史を知る者にとっては周知の事柄であるが、カトリック教会はヨーロッパの民衆宗教を取り入れて、それ自体を豊かにしてきた。その好例が聖母マリア信仰であるが、カトリック教会と較べてヨーロッパの民衆宗教から比較的に自由になったプロテスタント教会は、日本でこの地の民衆宗教を取り入れるのに、カトリック教会よりも有利な立場にある。日本の民衆宗教という、これまでのキリスト教にとって異質なものも恐れずに咀嚼し取り入れて、それ自体を豊かにしてこそ、この地でのキリスト教のこれからの進展があるのではないだろうか。

後書き

巻頭の「完全版に寄せて」でも触れたが、本書『民衆の神キリスト――実存論的神学完全版』は、一九六四年に旧版を刊行して以来、長い歳月を経ての再刊である。第八章、第九章を新たに書き下ろし、また全体にわたって増補・改訂の手を加えた。

振り返って見ると、本書の旧版『実存論的神学』を書くに当たって、自分の神学思想をそれらの人々と対話しながら展開した相手方の多くが、死去されてしまった。人生の無常、また、不条理を深く実感するこの頃である。神学の面白さを最初に教えて下さった熊野義孝、北森嘉蔵両先生ももはやおられない。また、ドルー大学神学部に留学中、親身になって私の神学的自己形成を励まして下さったエドウィン・ルイス先生や、私よりも年齢が十歳上であって、私をまるで弟のように指導してくれたカール・マイケルソン、そして、私にハイデガー思想の重要性を、折あるごとに強調して下さったスタンレー・ホッパー先生も、もういない。ニューヨークのユニオン神学校の在学中には、ラインホルド・ニーバー先生とパウル・ティィリヒ先生の講義には夢中になったものだが、これらの先生方もこの世を去ってしまわれた。このお二人からは社会の問題をキリスト者としてどのように考えるべきかについて、個人的にもいろいろと教えていただいたが、同様にエキュメニズム研究に導いて下さったジョン・ベネット先生にも会うことはできない。時折、ご自分の著書を贈って下さり、質問には丁寧な返事を下さっていた、フリードリヒ・ゴーガルテン先生に、いつかお目にかかりたいと私は言い続けていたのだが、その機会はもう得られなくなってしまった。国際基督教大学に講師として来日され、それを機に面識を得、その後も交わりを続けていただいたフリッツ・ブーリとネルス・フェレー両先生との温かい交わりももうない。このように、随分と長い歳月が、『実存論的神学』を出版してから経ってしまった。

第八章と第九章とをお読み下さった読者が感じられたように、私の神学思想も変化した。一貫したものはもちろんあるけれども、今の私は熊野先生が教えて下さったニカイア・カルケドン信条の重要性を強調しなくなっている。他の諸論文の中で展開してきたことだが、新約聖書に見られる「神の子」、「人の子」というようなイエス・キリストへの言及の方が、私にはニカイア・カルケドン信条の神人二性の一人格のキリスト論よりも、事柄の本質をよく表現しているのではないか、と思うに至っている。新約聖書のキリストは、終末の時に現れる大天使と考えた方がよいのだ。他にも天使たちが新約聖書の中には現れるが、それらの天使たちよりも特別の使命をキリストは与えられている。確かに、実存の視角から見れば、この大天使キリストもわれわれの神に向けられた視線に貫かれているのだから、後から――神によってわれわれに――贈られてきた聖霊と並んで、神・キリスト・聖霊の三位が、われわれを救う業を行って下さる点で一体の行動をとっておられるが故に、実存論的神学のキリスト論はニカイア・カルケドン信条を受け継いでいる。だが、今の私は、神・キリスト・聖霊という三位が、実存と結びつく直線だけでは満足できなくなっている。もちろん、私の『実存論神学』は、増補・改訂されていない姿においても、キリストが神ご自身であるとは言っていない。本質的にキリストは、神の言葉であると理解している。ところが今の私は、この直線だけでは満足していない。私の信じる神は、私の実存とただ一本の直線で結びついて下さっているだけではなく――この一本の直線を否定せずに――、直線上のそのキリストは、他の宗教の神仏や――アニミズムを起源とする――天使たちや精霊や妖精たちと手を結んでおり、その現実を通して、われわれの視野の拡大を要求しているのである。つまり、旧約・新約聖書に現れる天使たちのみならず、当時の他宗教の神々や、今日の諸宗教の神々や仏たちをそれぞれ天使たちとして、視野を拡大されたキリスト理解を受け入れるように、とわれわれは要求されているのである。今後は排他性ではなく、(他の宗教に対する)受容性こそが、キリスト教神学の歩まねばならない道だ、と私は信じている。そして、キリスト大天使論こそが、互いの切磋琢磨を許しながら、愛において他の神仏を受け入れ、他の天使たちからその愛の深さの故にキリストが(民主主義的に)尊敬を獲得し、協力を受けるようになる唯一の道だ、と私は信じている。神学は常に前進しなければならない。私も、実存論的神学の道から逸れはしないだろうが、これからも前進し続けたい。

最後になってしまったが、増補・改訂にあたっては雑誌『黎明』の編集責任者・松鶴亭(出版部)の林昌子氏に大変にお世話になった。ここに深甚なる感謝を捧げたい。

二〇〇一年十月十二日

野呂芳男

注

序章　現代の状況と福音の理解

（1）Ebeling, Gerhard: Das Wesen des christlichen Glaubens, Tübingen, J. C.B. Mohr, 1959, S. 10.〔ゲルハルト・エーベリング『キリスト教信仰の本質』飯峯明訳、新教出版社、一九六三年〕

（2）Baillie, John ed.: Revelation, London, Faber & Faber, 1937, pp. 116-117.

（3）『文化と宗教――ティリッヒ博士講演集』高木八尺編訳、岩波書店、一九六二年刊、一三八―一四〇頁。及び、Tillich, Paul: Systematic Theology, vol. 2, Chicago, The University of Chicago Press, 1957, pp. 86-88.〔パウル・ティリッヒ『組織神学』第二巻、谷口美智雄訳、新教出版社、一九六九年〕

（4）The Saturday Evening Post, August 26, 1961.

（5）例えば、トレルチの大著 Troeltsch, Ernst: Die Soziallehren der christlichen Kirchen und Gruppen, Tübingen, J. C. B. Mohr, 1912 もその仮定の上に書かれている。〔エルンスト・トレルチ『古代キリスト教の社会教説』高野晃兆・帆苅猛訳、教文館、一九九九年〕

（6）Bultmann, Rudolf: "Neues Testament und Mythologie," in Kerygma und Mythos, Band I, herausgegeben H. W. Bartsch, Herbert Reich, Evangelischer Verlag, 1951, S. 21.〔ルドルフ・ブルトマン『新約聖書と神話論』山岡喜久男訳、新教出版社、一九八〇年〕

（7）Tillich, Paul: The Protestant Era, trans. by J. L. Adams, Chicago, The University of Cicago Press, 1948, p.42ff.

（8）Gogarten, Friedrich: Der Mensch zwischen Gott und Welt, Stuttgart, Friedrich Vorwerk Verlag, 1956, S. 269.

（9）ibid., S. 94 und die folgenden.

（10）Wingren, Gustaf: Theology in Conflict, trans. by E. H. Walstrom, Muhlenberg Press, 1958, p. 28ff.

（11）Bultmann, Rudolf: "Neues Testament und Mythologie," in Kerygma und Mythos, Band 1.

（12）ブルトマンの使信と世界観との対立についてのきわめてすぐれた叙述が、マイケルソンによってなされている。ここでは、世界観は、聖書の神話という概念に含まれて述べられているが。Michalson, Carl: The Hinge of History, New York, Charles Scribner's Sons p.191ff.

（13）Troeltsch, Ernst: The Place of Christianity among the World Religions," in Christian Thought, Its History and Application, ed. by Baron von Hügel, New York, Living Age Book, 1957, chap. 1.

（14）Troeltsch, Ernst: Die Absolutheit des Christentums und die Religionsgeschichte, Tübingen, J. C. B. Mohr, 1912.

（15）混合説との対決がきわめて鋭い形でなされているものの例として、次の書物を挙げておきたい。Kraemer, Hendrik: Religion and the Christian Faith, London, Lutterworth Press, 1959, esp. p.387ff.

（16）Michalson, Carl: The Hinge of History, p. 182 ff.

（17）Tillich, Paul: Systematic Theology, vol. 1, Chicago, The University of Chicago Press, 1951, p. 132.〔パウル・ティリッヒ『組織神学』第一巻、谷口美智雄訳、新教出版社、二〇〇四年〕

（18）Tillich, Paul: Systematic Theology, vol. 2, pp.95-96.〔パウル・ティリッヒ『組織神学』第二巻、谷口美智雄訳、新教出版社、

二〇〇四年〕

(19) Tavard, George H.: Paul Tillich and the Christian Message, Charles Scribner's Sons 1962, p.47ff., pp. 66-67, 96-97.

(20) Bultmann, Rudolf: Glauben und Verstehen, Band 1, Tübingen, G. C. B. Mohr, 1954, S. 214.〔ルドルフ・ブルトマン『神学論文集I』著作集第一一巻、土屋博訳、新教出版社、一九八六年〕

(21) Camus, Albert: Le Mythe de Sisyphe, Paris, Librairie Gallimard, 1942.〔アルベエル・カミュ『シジフォスの神話』矢内原伊作訳、新潮社、一九五三年〕: Camus : The Rebel, trans. by A. Bower, London, Hamish Hamilton, 1953.〔アルベエル・カミュ『反抗的人間』佐藤朔・白井浩司訳、新潮社、一九五六年〕

(22) Thody, Philip: Albert Camus. A biographical study, London, Hamish Hamilton,1961, p.131ff.〔フィリップ・ソディ『アルベール・カミュ』安達昭雄訳、紀伊國屋書店、一九六八年〕

(23) Camus, Albert: The Rebel, trans. by A. Bower, p.21ff., esp. p.28.

(24) 『シジフォスの神話』の中でカミュは、実存主義への彼の反対を表明している。彼によると、ドストエフスキー、キルケゴール、カフカ、シェストフ、フッサール、ヤスパースなどの実存主義者は、現実の不条理を指摘する点においては彼と同じである。ところが、この不条理を跳躍板として彼らは、いきなり神に飛躍すると言って、カミュは非難する。すなわち、不条理が理性的に解決できないものであるという理由から、理性を超えた神の支配を想定し、それに盲目的に服従しなければならないとする。それ故に、カミュは彼らに反対なのである。カミュは、人間の理性が、絶対的に有用なものでもなく、また、全く役に立たないものでもないという、相対的な理性の効用を主張する立場にとどまり続けようと努力している。Thody: op. cit., p. 51ff. キリスト教信仰への反対が、カミュのこのような実存主義に対する批判からきていることも事実である。しかし、カミュの立場に対する私自身の批判は、後で述べようと思うので、ここでは差し控えておく。

(25) Brightman, Edgar S.: The Problem of God, New York, The Abingdon Press, 1930 はもっともよく彼の神観を表現している。さらに次の箇所を参照のこと。Brightman, Edgar S.: Philosophy of Religion, New York, Skeffington & Sons, p. 184 ff.

(26) Berdyaev, Nicolas: The Destiny of Man, trans. by N. Duddington, London, Geoffrey Bles, 1937, p. 23ff.

(27) 恐らく、ルイスによる、創造者を将棋差しのように考える神の摂理についての理解は、アメリカのプラグマティズムの哲学者の一人であるウィリアム・ジェイムズからきているように思われる。ジェイムズもこのように神を考えている。ウィリアム・ジェイムズ『信ずる意志』福鎌達夫訳、日本教文社、一九六一年、二三三頁参照。

(28) Lewis, Edwin: The Creator and the Adversary, New York, Abingdon-Cokesbury Press, 1948.

(29) Brightman, Edgar S.: "A Growing Mind", in The Drew Gateway, Winter, 1950.

(30) Thody: op. cit., p. 2.

(31) カミュは後に『転落』(La Chute) という作品を発表したが、ある批評家たちは、これはカミュがカトリシズムへ改宗する兆候ではないかと考えた。しかし、この憶測は、ソディも指摘しているように、誤りであろう。『転落』の中でカミュが表現したのは、神を信じない人々でも、キリスト教的な原罪説をしばしば信じていて、全人類、または一階級の連帯的な罪を強調するあまり、相対的な善悪の区別を全く失ってしまうことへの警告である。その警告の中には、コミュニズムへの批判がある。それは、ブルジョア階級を糾弾するに当たって、すべてのその階級に属する人々が、その階級の罪を背負っているとした。ブルジョア的な道徳は、そこでは全く無差別に、完全に非難されたのである。このようなコミュニズムの思考に対するカミュの批判が、隠されていたのである。それ故に、この作品をもって、カミュがキリスト教へ接近したことの証拠と考えるのは、誤っていると思う。そこでもわれわれの気づくことは、カミュが、人類の普遍的な罪性というキリスト教的見解に、むしろ批判の目を向けて考えていた、という事実であろう。Thody: op. cit. p. 171ff.

(32) Dewey, John: A Common Faith, New Haven, Yale University Press, 1934, chap. 2.

(33) Barth, Karl: Fides Quaerens Intellectum, Zürich, Evangelischer Verlag, 1958,(Zweite Auflage).〔カール・バルト「知解を求める信仰 アンセルムスの神の存在の証明」(吉永正義訳)著作集第八巻、新教出版社、一九八三年〕

(34) Barth Karl: Die Kirchliche Dogmatik, II/2, Zürich, Evangelischer Verlag, 1948 (dritte Auflage), S. 256 und die folgenden, S. 264 und die folgenden.〔カール・バルト『教会教義学 神の言葉II／2』吉永正義訳、新教出版社、二〇〇九年〕

(35) Troeltsch, Ernst: Christian Thought, Its History and Application, ed. by Friedrich von Hügel, New York, Meridian Books <Living Age Books>, 1957, p.40ff.

(36) ところが、フライの言うように、また、私も前述したように、トレルチのような立場からは――私はデューイの宗教からも、トレルチと同じような批判がなされるだろうと考えるが――、実存論的神学は超自然主義であるという批判が当然なされるであろう。つまり、実存論的神学は、まだそれが歴史体験の中での神の行為の介入について語る限り、超自然主義と言わない訳にはいかないのである。歴史を実存史(Geschichte)と世界史(Historie)とに次元的に分ける思考態度は、その証拠なのである。すなわち、前述したように、実存論的神学には、可視的な奇蹟という意味での超自然的な神の介入はなくなったが、不可視的な内的な奇蹟――ブルトマンのWunderのような――は残されている。徹底的な経験論は、確かにこれを許容できない筈である。

むしろバルトの立場に賛意を表しているフライの、このような実存論的神学への批判はなかなかに厳しい。確かに実存論的神学は、バルト神学を右に、ブーリのような非ケリュグマ化を提唱する神学を左に見て、ちょうど中間に立たされている感がある。イエス・キリストにおける神の歴史への介入を認めながら、しかも、客観主義を避けていけば、どうしても両方の立場からの攻撃を免れないであろう。これは、もはや、神学的立場をどこに定めるか、という決断の問題である。私は実存論的神学に、私の実存を賭けていきたい。Frei, Hans W.: "Niebuhr's Theological Background", in Faith and Ethics–the Theology of H. Richard Niebuhr, ed. by Paul Ramsey, New York, Harper, 1957, pp. 8-64.

(37) Bultmann, Rudolf: Marburger Predigten, Tübingen, J.C.B. Mohr, 1956, S. 205.〔ルドルフ・ブルトマン『知られざる神に――マールブルク説教集』松本武三訳、みすず書房、一九八〇年〕

(38) 後の章で詳しく述べることであるが、わざわざ私がここで、聖書の中にイエスという名で呼ばれている人物の画像と描いたのは、歴史に実在したイエスと、聖書の中にイエスという名で書かれている人物の画像との間に、類比の関係を想定しているからである。そのことは、実際にイエスという名の人物が存在したか、存在しなかったかという歴史的研究の対象である事柄を、信仰によっては解決できないことを意味する。言い換えるならば、仮に、イエスという固有名詞で呼ばれている人物が歴史的に実在しなかったとしても、聖書の中でイエスという名で呼ばれている人物の画像に類比の関係にある人物が、いつかどこかに存在したとすればキリスト教は成立するという、後に述べるようなパウル・ティリヒの思想を私は支持する。しかし、便宜上私は、イエス、またはイエス・キリストによって、聖書の中でイエスという名で呼ばれている人物の画像を意味しよう。

(39) Ferré, Nels. F. S.: Christ and the Christian, New York, Harper, 1958, p. 111 & p. 99ff. 〔ネルス・フェレー『キリストとキリスト者』緒方純雄訳、新教出版社、一九六一年〕

(40) Camus, Albert: The Rebel, pp. 219-221.

(41) Macquarrie, John: The Scope of Demythologizing, London, SCM Press, 1960, p. 98.

(42) Whale, John S.: Christian Doctrine, Cambridge, Cambridge University Press, 1952 (7th impression), pp. 49-50.

(43) Niebuhr, Reinhold: An Interpretation of Christian Ethics, New York, Harper, 1935, p. 118.

(44) Tillich, Paul: Systematic Theology, vol. 2, p.29ff.

(45) Brunner, Emil: Das Ewige als Zukunft und Gegenwart, Zürich, Zwingli Verlag, 1953, S. 114 und die folgenden.

(46) 『コリントの信徒への手紙二』一五章二六節。

(47) Bultmann, Rudolf: "Neues Testament und Mythologie", in Kerygma und Mythos, Band 1, herausgegeben H. W. Bartsch, S. 20.

(48) Ebeling, Gerhard: Das Wesen des christlichen Glaubens, S. 155 und die folgenden.

(49) Gogarten Friedrich: Der Mensch zwischen Gott und Welt, S. 78, 134 und die folgenden; Gogarten: The Reality of Faith, trans. by Carl Michalson, Philadelphia, Westminster Press, 1959, pp. 159, 33, 50 ff.

(50) Gogarten: Der Mensch zwischen Gott und Welt, S. 142-143.

(51) ibid., S. 19.

(52) ibid., S. 19-20.

(53) ibid., S. 136 und die folgenden.

(54) 『ローマの信徒への手紙』八章一七節。

(55) Gogarten: Der Mensch zwischen Gott und Welt, S. 342 und die folgenden.

(56) ibid., S. 80 und die folgenden.

(57) ibid., S. 115 und die folgenden. また、私は職業について発言している、ルターの美しいクリスマス説教を忘れることができない。Bainton, R. H.: The Martin Luther Christmas Book, Philadelphia, Westminster Press, 1958, p. 43.

(58) Gogarten: Der Mensch zwischen Gott und Welt, S. 331.

(59) ibid., S. 234.

(60) ibid., S.293-294. Bonhoeffer, D.: Letters and Papers from Prison, trans. by R. H. Fuller, London, SCM Press, 1953, p. 122. 〔ディートリヒ・ボンヘッファー『たとい我死の蔭の谷を歩むとも――ボンヘッファーの手紙』倉松功編訳、新教出版社、一九五六年〕

(61) Bultmann, Rudolf: "Neues Testament und Mythologie", in Kerygma und Mythos, Band 1, S. 16 und die folgenden.

(62) Gogarten, F.: Entmythologisierung und Kirche, Dritte Auf. Stuttgart, Vorwerk-Verlag, 1953, S.111 und die folgenden.

第一章　話し合いの問題と神学的認識論

(1) ブルトマンの神学及びブーリの神学の関係については、序章の三一—三八頁の注記において既に述べた。

(2) Bultmann, R.: Offenbarung und Heilsgeschehen, Beiträge zur Evangelischen Theologie, 7, 1941. この論文は後に改題され、そのままわれわれの手に入り易くバルチの編集した書物に載せられている。Bultmann R.: "Neues Testament und Mythologie", in Kerygma und Mythos, Erster Band, herausgegeben H. W. Bartsch. 〔三四三頁注（6）、邦訳『新約聖書と神話論』参照〕

(3) Brightman, Edgar S.: A Philosophy of Religion, pp. 53, 13, 23.

(4) ibid., p. 78.

(5) Prior, A. N.: "Can Religion be Discussed?" in New Essays in Philosophical Theology, ed. by Antony Flew & Alsdair Macintyre, S.C.M. Press, 1955. この論文は戯曲風に書かれており、いろいろな立場の代表者たちが、宗教について討論することが可能がどうかを論ずる仕組みになっている。その中で興味深いのは、バルト的な信仰に立つキリスト者が出てくるが、彼は最初から自分のキリスト教信仰について討論する余地は全くないものとして、話し合いをする意志をもたずに舞台に登場してくることである。共通の地盤に立って討論することはできないのが信仰であるとし、宣教及び告白の立場は討論を容れるものではないとしている。

(6) Barth, Karl: Nein! Antwort an Emil Brunner, München, Kaiser Verlag, 1934. 〔カール・バルト「ナイン！—エミール・ブルンナーに対する答え」著作集第二巻、井上良雄ほか訳、新教出版社、一九八九年〕: Brunner, Emil: Natur und Gnade, Tübingen, J. C. B. Mohr, 1934. 〔エミール・ブルンナー「自然と恩恵」著作集第一巻、清水正訳、教文館、一九九七年〕

(7) カール・バルトの自然神学に対する態度を知るためには、前に挙げたブルンナーとの論争の文献の他に、次の書物が参考になるであろう。Barth, Karl: Die Kirchlich Dogmatik, 1/1 (Die Lehre vom Wort Gottes). S. 198-239, Zürich, Evangelischer Verlag, 1952, Siebenter Band. 〔カール・バルト『教会教義学 神の言葉Ⅰ／1』吉永正義訳、新教出版社、二〇〇五年〕: Barth: The Knowledge of God and the Service of God, (The Gifford Lectures, 1938), London, Hodder & Stoughton, 1938, pp. 3-12.

(8) このカール・バルト表象についての思想は、次の論文に代表的にみられる。Barth, Karl: 'Revelation', in Revelation, ed by John Baillie & Hugh Martin, London, Faber & Faber, 1937, esp. pp. 62-74.

(9) Baillie, Donald M.: God was in Christ, New York, Charles Scribner's Sons, 1948, pp. 52-54.

(10) カール・バルトは予定論において、カルヴァン的な二重予定論に反対してアルミニアン的予定論を提唱しているにもかかわらず、彼の信仰への自由の問題に対する立場は二重予定論的である。人間の主体的な信仰への自由を神学の問題として扱わないことは、要するに彼の理論を結論まで問いつめれば、神が選んだ者だけが信仰を与えられ、信仰を与えられない者は神が選ばない人々のみである。神を信じない場合、カール・バルトの神学では、人間の責任はどうなるのであろうか。理論的には神の責任にならないであろうか。カール・バルトの予定論については次の書物を参照のこと。Barth, Karl: Gottes Gnadenwahl, München, Chr. Kaiser Verlag, 1943; Barth: The Knowledge of God and the Service of God, pp. 77-79. 人間の主体的な信仰への自由をカール・バルトは聖霊の働きとしてのみ理解しているが、これが私の言う、彼が二重予定論的に信仰の可能性について理解している証拠である。次の諸頁を参照のこと。Barth, Karl: Die Kirchlich Dogmatik, 1/2, S. 222-304, Zürich, Evangelischer Verlag, 1948（Vierter Auflage).

(11) この点は、Tillich, Paul: Biblical Religion and the Search for Ultimate Reality, Chicago, The University of Chicago Press,1955 を見れば明らかである。

(12) 以上の諸点については以下を参照されたい。Barth, Karl: Die Kirchlich Dogmatik, 1/1, S. 194-261, 373-380, 143; Barth: Die Kirchlich Dogmatik, 1/2, S. 518-530; Tillich, Paul: The Protestant Era, trans. by J. L. Adams, p. 66ff.; Tillich: Systematic Theology, vol. 1, pp. 72-75; Brunner, Emil: Die christliche Lehre von Gott (Dogmatik, Erster Band.), S. 161-165, 183, 319 und die folgenden〔エミール・ブルンナー『教義学I』著作集第二巻、川田殖ほか訳、教文館、一九九七年〕; Althaus, Paul: Die christliche Wahrheit, Gütersloh, C. Bertelmann, 1952, S. 56, 33-46.

アルトハウスは一般啓示を原啓示（Ur-Offenbarung）または根本啓示（Grund-Offenbarung）と呼び、それと、彼がイエス・キリストにおける神の救いの啓示（die Heils-Offenbarung Gottes in Jesus Christus）と呼ぶ特殊啓示との関係を追求する。アルトハウスは両者の関係を、原啓示がイエス・キリストにおける神の啓示の必然的な前提であることを主張し、それらがティリヒの主張するように質問と応答との、また、期待と成就との関係にあることを確言する。しかしながらアルトハウスは、われわれの世界観が真実の深さを獲得するのは神について知った時であり、われわれは神との邂逅以前に所有するわれわれの世界観とわれわれの信仰との調和を、われわれの信仰の側から見出さなければならないと主張して、ティリヒよりももっと積極的に神学と哲学との相互関連を前面に押し立てる。

(13) Vinet, Alexandre: Études sur Blaise Pascal, Lausanne Librairie, Payot & Cie, 1936, pp. 17-18.

(14) この有名な証明は、彼の著書 Proslogium, c.ii に書かれている。

(15) このトマスの五つの証明は次の箇所に見られる。Thomas Aquinas: Summa Theologica, pt. 1, Quaest. ii, An Deus sit? Art. 3.

(16) 例えば、手に実際もっている百の銀貨と頭の中で考えている観念としての百の銀貨を考えてみるとして、両方とも同数の銀貨であり、円さ、その色、厚さ、重さ等は同じである。両者の相違はその性質によらず、実際もっている百の銀貨はわれわれの感覚に訴え、存在するものとして概念を造るという点にある。それ故に、存在がどのような観念にも始めから含まれていると考えるのは、カントによれば誤りである。このカントの本体論についての批判の叙述は次の書物によっている。Kant, I.: Of the impossibility of an ontological proof of the existence of God, trans. by H. R. Mackintosh in "Selections from the Literature of Theism", ed. by Caldecott & Mackintosh, Edinburgh, T. & T. Clark, 1931 (Third Edition), pp. 190-200.

(17) トマスの証明のこの批判の叙述において、私はデイヴィッド・ヒューム（David Hume）に負うところが大きい。特に次の箇所を参照のこと。Hume, David: Dialogues concerning Natural Religion, part IV & part XI in "The English Philosophers", ed. by Edwin Burt, New York, The Modern Library, 1939, pp. 712-717 & 744-753. なおキリスト者で、人間の経験するすべての不幸が、結局は神の愛のみ手の中にあるとする人がいるとしても、それは、信仰の事柄であって、経験的にそれを証明できるからではない。

（18） Brightman, E. S.: Philosophy of Religion, pp. 130-132.

（19） 最近このような神の存在証明についての大変見事な議論が、実証主義的な哲学者と信仰者との間に交わされ、それが出版されているので紹介しておきたい。"The existence of God", by F.F.C.Smart; "Can God's existence be disproved? by F.N.Findlay, G.E.Hughes, A.C.A.Rainer; "A Religious way of knowing", by C.B.Martin; "Theology and falsification", by Antony Flew, R.M.Hare, Basil Mitchell & I.M.Grombie in Essays in Philosophical Theology, ed. by A.Flew & A. Macintyre.

（20） このティリヒの主張については、以下を参照のこと。Tillich, Paul: Systematic Theology, vol.I, pp.233-238.; Tillich: Dynamics of Faith, New York, Harper & Brothers, 1957. pp.44-48.

（21） ベイリーの議論については次の書物を参照のこと。Baillie, John: Our Knowledge of God, New York, Charles Scribner's Sons, 1939, pp.228-258.

（22） von Hügel, Friedrich: Eternal Life, Edinburgh, T.& T. Clark, 1913（Second edition), pp.152-156; von Hügel, The Mystical Element of Religion, vol.2, London, J.M.Dent & Sons, 1927, pp.280-283.

（23） 運命という言葉は、太陽や月や星の「運行」、また賭け事の「運」などというように、人間の外側で規定された事態を指している。それに対して、宿命という言葉は、もちろん仏教的な色彩を濃厚にもった言葉であるから、決定論的な意味をもってはいるが、しかし、この語のもつ決定論は人間の内側から人間を規定する。われわれの国語の中には、私が表現したいような意味内容をもった言葉が厳密にはないが、宿命という言葉は、内側から自分を規定するという意味を含有している以上、人間の主体性を含み得る可能性を少なくとももっているように思えるので、ここには宿命という言葉を私は使ったのである。

（24） 私が存在論的な、そして創作的な自分の宿命を成就するというこの考えを形成するに当たって、一番影響を受けたのは、私の恩師である元ドルー神学校教授、エドウィン・ルイスからであった。彼の三元論的な存在論には賛成できないところが多々あるが、創作的な生の在り方を肯定するような素地を私に与えたのは彼であった。またこの点については、ニコライ・ベルジャエフの影響をも忘れることができない。私は彼のベーメ的存在論にも賛成できないけれども、創作的エロースに基礎を置く彼の人間の宿命の成就についての倫理観は、私を奥底からゆさぶった。また、自由と宿命との関係については、以上の他にパウル・ティリヒから教えられた。Lewis, Edwin: The Creator and the Adversary; Berdyaev, Nicolas: The Meaning of the Creative Act, trans. by Donald A. Lowrie, New York, Harper & Brothers, 1954; Bedyaev: The Destiny of Man, trans. by Natalie Duddington, esp. pp. 126-153; Tillich, Paul: Systematic Theology, vol. 1, pp. 184-186.

（25） Smith, Huston ed.: The Search for America, Englewood

Cliffs, Prentice-Hall, 1959, p. 172ff.

(26) Tillich, Paul: Dynamics of Faith, pp. 114-115.

(27) Troeltsch, Ernst: Deutscher Geist und Westeuropa, herausgeben von Hans Baron, Tübingen, J.C.B. Mohr, 1925.

(28) Gogarten, F.: Der Mensch zwischen Gott und Welt, S. 355 und die folgenden.

(29) ラインホルド・ニーバーは、彼の神学の方法論については特にまとまっては書いていないが、彼の議論の土台となっている方法論が分かるであろう。Niebuhr, Reinhold: "Intellectual autobiography", in Reinhold Niebuhr, His Religious, Social and Political Thought, New York, The Macmillan Co., 1956, esp. pp. 15-17.

第二章　啓示と実存

(1) Gilson, Étienne: Reason and Revelation in the Middle Ages, New York, Charles Scribner's Sons, 1954.〔エティエンヌ・ジルソン『中世における理性と啓示』峠尚武訳、行路社、一九八七年〕

(2) James, William: Pragmatism, New York, Meridian Books, 1958.〔ウィリアム・ジェイムズ『プラグマティズム』桝田啓三郎訳、岩波文庫、一九七九年〕

(3) ibid., p.71 ff.

(4) 直接にはウィリアム・ジェイムズとの関連で扱っている訳ではないが、このような現代の唯物論の紹介が、ブライトマンによってなされている。Brightman, E. S.: A Philosophy of Religion, p.88ff.

(5) ティリヒによる決定論及び非決定論についての論議は、次の書物に見られる。『文化と宗教――ティリッヒ博士講演集』高木八尺編訳、一二三頁。ティリヒは、この決定論と非決定論についての論議を、もっと広く人間の「自由と宿命」との関連で次の箇所でも取り扱っているが、そこでもやはり、自由と宿命との両方を包容して考えていて、自由という極からだけ宿命を考察する立場は取っていない。Tillich, Paul: Systematic Theology, Vol. 1, p.182ff.

(6) Barth, Karl: Kirchliche Dogmatik, 1/2, S.148 und die folgenden.

(7) Barth, Karl: Die Menschlichkeit Gottes, Zürich, Evangelischer Verlag, 1956.〔「神の人間性」『カール・バルト戦後神学論集 1946-1957』井上良雄編訳、新教出版社、一九八九年／著作集第三巻、新教出版社、一九九七年〕

(8) ibid., S. 7-8.

(9) Barth, Karl: Einfürung in die evangelische Theologie, Zürich, Evz-Verlag, 1962, S. 18.〔カール・バルト『福音主義神学入門』加藤常昭訳、新教出版社、一九六八年第一版、二〇〇三年復刊〕

(10) Barth, Karl: Der Römerbrief, Zürich, Evangelischer Verlag, 1921.〔カール・バルト『ローマ書講解』上下、小川圭治訳、平凡社、二〇〇一年〕

(11) Barth, Karl: Fides quaerens Intellectum.

(12) Gaunilo: Liber pro Insipiente adversus Anselmi in Proslogio ratiocinationem, Caldecott & Mackintosh: Selections from the Literature of Theism, Edinburgh, T. & T. Clark, 1931, 3rd edition, p.6.

(13) Barth, Karl: Fides Quaerens Intellectum, S. 149.

(14) ibid., S. 199, 166 und die folgenden.

(15) ibid., S. 106 und die folgenden, 153, 172.

(16) ibid., S. 131 und die folgenden.
(17) ibid., S. 80-81, 117.
(18) ibid., S. 112.
(19) ibid., S. 83-85.
(20) ibid., S. 102, 89.
(21) ibid., S. 24-25, 28, 19.
(22) ibid., S. 37 und die folgenden.
(23) Tillich, Paul: Systematic Theology, vol. 1 & vol. 2.
(24) ティリヒが哲学博士の学位を、シェリングの研究論文によって獲得したことは著名である。Tillich, Paul: Die religionsgeschichtliche Konstruktion in Schellings positiver Philosophie, ihre Voraussetzungen und Prinzipien, Breslau, Fleischmann, 1910.
(25) Michalson, Carl: The Hinge of History.
(26) ibid., p.145ff., 35.
(27) ibid., p.35.
(28) ibid., pp.44-45.
(29) 日本語の未来と将来とをこのように区別して用いたのは波多野精一博士である。波多野精一『時と永遠』波多野精一全集第五巻、岩波書店、一九四九年、一二頁。
(30) 例えば、マッコーリーはこれを指摘している一人である。Macquarrie, John: An Existentialist Theology, London, S. C. M. Press, 1955, p.164ff.. ハイデガーの時間論については、次の箇所を参照のこと。Heidegger, Martin: Sein und Zeit, Tübingen, Neomarius Verlag, 1957 (achte Auflage), S. 378 und die folgenden.〔マルティン・ハイデガー『存在と時間』全三冊、桑木務訳、岩波文庫、一九六〇—六三年〕
(31) Löwith, Karl: Wissen, Glaube, und Skepsis, Göttingen, Verlag Vandenhoeck & Ruprecht, 1956. 日本語訳では『知識・信仰・懐疑』川原栄峰訳、岩波書店、一九五九年、一二四頁以下。
(32) Wild, John: The Challenge of Existentialism, Bloomington, Indiana University, Press, 1959.
(33) Niebuhr, Reinhold: An Interpretation of Christian Ethics. ニーバーの愛と正義及び相互愛の関係についての優れた解釈として、次の書物を挙げておこう。Harland, Gordon: The Thought of Reinhold Niebuhr, New York, Oxford University Press, 1960, p.21ff..
(34) Brunner, Emil: Justice and the Social Order, trans. by Mary Hottinger, London, Lutterworth Press, 1945, p.83ff..
(35) Weber, Max: The Protestant Ethic and the Spirit of Capitalism, trans. by T. Parsons, New York, Charles Scribner's Sons, 1930.〔マックス・ヴェーバー『プロテスタンティズムの倫理と資本主義の精神』大塚久雄訳、岩波文庫、一九八九年〕; Troeltsch, Ernst: Die Soziallehren der christlichen Kirchen und Gruppen.
(36) ティリヒは、三位一体論のように神の本質に関する論議を、実存との関係の中でのみ展開している。ティリヒ『文化と宗教——ティリッヒ博士講演集』一二頁以下、六二頁以下、八〇頁以下参照。また、次の書物の箇所で、ティリヒが「神の属性」を実存的な象徴としてのみ理解していることを参照のこと。Tillich, Paul: Theology of Culture, ed. by R.C. Kimball, New York, Oxford University Press, 1959, p.58ff., esp.p.62, 4ff..〔パウル・ティリッヒ『文化の神学』著作集第七巻、谷口美智雄訳、白水社、一九九九年〕
(37) Tillich, Paul: Systematic Theology, vol. 1, pp.237, 263.

（1）Niebuhr, Reinhold: The Self and the Dramas of History, New York, Charles Scribner's Sons, 1955, p. 77.

（2）Kegley & Bretall, ed.: The Theology of Paul Tillich, New York, The Macmillan Co., 1956, pp. 10-11.

　興味深いことであるが、ある自伝的な文章の中で、ティリヒは、学生時代に体験したキルケゴール及び後期のシェリングの実存主義的な哲学との出会いについて語っている。シェリングの思想は存在論的なものであるが故に、この体験の中にも、存在論とキルケゴールのような実存論的な思索とが、ティリヒの神学の中には統一されているという私の意見を肯定する事実が存在している。

　マルティン・ブーバーの思想をみるためには、もちろん次の書物が最も重要である。Buber, Martin: Ich und Du. Leipzig, Insel-Verlag, 1923.〔マルティン・ブーバー『我と汝・対話』植田重雄訳、岩波文庫、一九七九年〕

（3）ティリヒが、現代アメリカの文化的状況との折衝を企てた論文の一つとして、次のものを挙げておこう。Tillich, Paul: "The Lost Dimension in Religion", in The Saturday Evening Post, June 14, 1958, published weekly by Curtis Publishing Co., Philadelphia.〔パウル・ティリッヒ「宗教における失われた次元」、サタデー・イーヴニング・ポスト編『わが精神の冒険』西村孝次ほか訳、荒地出版社、一九六一年〕

（4）Tillich, Paul: Dynamics of Faith, p. 41 ff.

（5）ティリヒのこのような宗教観は、その著書の至る所に、暗黙の了解事項として存在しているものであるが、特に次の箇所はこの宗教観を明白に示している。Tillich, Paul: "Religion as a dimension in man's spiritual life", in Theology of Culture, p. 8 ff.

（6）前掲のティリヒの論文 "The Lost Dimension in Religion" を参照のこと。

（7）Tillich, Paul: Dynamics of Faith, p. 41ff.

（8）Tillich, Paul: Theology of Culture, p. 67.

（9）Tillich, Paul: The Protestant Era, p. 76ff.; Tavard, George H.:Paul Tillich and the Christian Message, p. 29ff..

（10）Tavard, George H.: op. cit., p. 59.

（11）Tillich, Paul: Dynamics of Faith, p. 48ff..

（12）Bultmann, Rudolf: Jesus Christ and Mythology, New York, Charles Scribner's Sons, 1958, p. 18.

（13）Tillich, Paul: Systematic Theology, vol. 2, p.152.

（14）Tavard, George H.: op. cit., p. 110.

（15）Tillich, Paul: Dynamics of Faith, pp. 12-53.

（16）Tillich, Paul: Systematic Theology, vol. 1, p. 30ff..

（17）Tillich, Paul: Biblical Religion and the Search for Ultimate Reality.

（18）『文化と宗教――ティリッヒ博士講演集』一九八頁。

（19）Tillich, Paul: Dynamics of Faith, p. 11ff..

（20）Tillich, Paul: Theology of Culture, p. 14ff..

（21）ibid., p. 25.

（22）Tillich, Paul: Systematic Theology, vol. 2, p. 106ff..

（23）Tillich, Paul: Systematic Theology, vol. 1, p. 205.

（24）Tavard, George H. op. cit., p. 20.

（25）Barth, Karl: Die Kirchlich Dogmatik, 1/1, S. 329, 415, 417; Barth: ibid., 2/1, S. 320.

（26）Ramsey, Paul: "The Theology of H. Richard Niebuhr", in Faith and Ethics–The Theology of H. Richard Niebuhr, ed. by

Paul Ramsey, New York, Harper & Brothers, 1957, p. 103 ff..
(27) Michalson, Carl: The Rationality of Faith, New York, Charles Scribner's Sons, 1963, p. 126ff..
(28) Ott, Heinrich: Denken und Sein, Der Weg Martin Heideggers und der Weg der Theologie, Zürich, 1959, S. 29-30.
(29) Tillich, Paul: Systematic Theology, vol. 2, p. 37ff..
(30) Niebuhr, Reinhold: "Biblical Thought and Ontological Speculation", in The Theology of Paul Tillich, ed. by Kegley & Bretall, p. 219ff.; Tillich, Paul: Systematic Theology, vol. 1, pp. 255-256.
(31) Tillich, Paul: Systematic Theology, vol. 2, p. 33.
(32) ibid., p. 44.
(33) Marcel, Gabriel: Man against Mass Society, Chicago, Henry Regnery Co., 1952, p. 67ff..
(34) Niebuhr, Reinhold: "Biblical Thought and Ontological Speculation, in The Theology of Paul Tillich, ed. by Kegley & Bretall.
(35) キルケゴールの思想における不安と罪との関係を、ソルボンヌの哲学者、ジャン・ヴァールが素晴らしい叙述で描いている。私はこの箇所で、彼の叙述に多くを負っている。Wahl, Jean: Études Kierkegaardiennes, Paris, Librairie, Philosophique, J. Vrin, 1949, la deuxieme edition, pp. 200-228.
(36) このツストからの引用は、この章におけるキルケゴールについての叙述で多くを負っているヴァールの書物からの再引用である。Wahl, Jean: Études Kierkegaardiennes, p. 231.
(37) Niebuhr, Reinhold: The Nature and Destiny of Man, New York, Charles Scribner's Sons, 1949, Part 1-Human Nature, p. 182ff..
(38) Tillich, Paul : Systematic Theology, vol. 1, p. 188.
(39) ibid., p. 110.
(40) ibid. .
(41) Tillich, Paul: The Interpretation of History, trans. by Rasetzki & Talmey, New York, Charles Scribner's Sons, 1936, p. 122.
(42) 『文化と宗教――ティリッヒ博士講演集』七六頁。
(43) エミール・ブルンナーも、大体においてティリヒと同じように、思弁的な存在論によって、神と無との関係を考えているが、ブルンナーに対しても、ティリヒに対してと同じような批判がなされるであろう。Brunner, Emil : Das Ewige als Zukunft und Gegenwart, Zürich, Zwingli Verlag, 1953, S. 218 und die folgenden.
(44) Tillich, Paul: "The Lost Dimension in Religion".
(45) Tillich, Paul: Systematic Theology, vol. 2, p. 133.
(46) ibid., p. 95.
(47) ibid.,p.135.
(48) ibid., p. 135.
(49) ibid., p. 126 ff..
(50) ibid., p. 147 ff..
(51) Tillich, Paul: The New Being, New York, Charles Scribner's Sons. p. 47.
(52) ibid., p. 49.
(53) Tillich, Paul: "The Lost Dimension in Religion".
(54) Kegley & Bretall, ed.: The Theology of Paul Tillich, p. 4ff..
(55) 例えば、レーヴィットの実存主義への批判は、Löwith, Karl: Welt und Weltgeschichte.(『世界と世界史』柴田治三郎訳、岩波書店、一九五九年)に見られる。

（56） Gogarten, Friedrich: Der Mensch zwischen Gott und Welt, S.341-342, 384.
（57） Wahl, Jean: Études Kierkegaardiennes, p. 224.
（58） Tillich, Paul: The Protestant Era, p.42ff..
（59） このようなカイロスの理解は、ティリヒの宗教的な歴史理解からきている。単に時計の時間が示すような、量的な時の継続が歴史ではなく、歴史の中にはそこで永遠と出会う垂直的な次元が存在するのであり、水平面的な時間の継続中に、この永遠の侵入が浮き彫りのように目立つ時に、それをカイロスと言ったのである。したがって、ティリヒの他律・自律・神律という構造による歴史理解は、宗教的歴史観である。Tillich, Paul: Religious Situation, trans. by H. R. Niebuhr, New York, Meridian Books, 1956, p. 36ff..
　しかし、永遠と時間との関係についての考察において、すなわち、垂直的なものと水平的なものとの関係についての考察において、ティリヒの場合には、あまりにも永遠が時間の中に自然法的な仕方で内在化しているのではないだろうか。
（60） Tillich, Paul: "Autobiographical Reflections", in The Theology of Paul Tillich, ed. by Kegley & Bretall, p. 4.
（61） Niebuhr, Reinhold: "Reply to Interpretation and Criticism", in Reinhold Niebuhr. His Religious, Social, and Political Thought, ed. by Kegley & Bretall, New York. The Macmillan Co., 1956, p.433.

第四章　神学における主観－客観の構造の超克

（1） Ferré, Nels F. S.: Christ and the Christian, p. 27f..
（2） Renan, Ernst : La vie de Jésus, Paris, Michel Lévy Frères, 1863.〔エルネスト・ルナン『イエスの生涯』忽那錦吾・上村くにこ訳、人文書院、二〇〇〇年〕
（3） Herrmann, Wilhelm: Der Verkehr des Christen mit Gott, Göttingen, J.C.B. Mohr, 1921（die siebente Auflage）, S. 164-150.
（4） Ebeling, Gerhard: "Die Frage nach dem historischen Jesus und das Problem der Christologie", in Wort und Glaube, Tübingen, J.C.B. Mohr, 1960, S. 306.
（5） Schweitzer, Albert : Geschichte der Leben-Jesu-Forschung, Tübingen, J.C.B. Mohr, 1951（die sechste Auflage）.〔アルベルト・シュヴァイツァー『イエス伝研究史』全三冊、遠藤彰・森田雄三郎訳、白水社、二〇〇二年〕
（6） Gogarten Friedrich : Entmythologisierung und Kirche, S. 53 und die folgenden. この問題をもっと詳細に取り扱ったゴーガルテンの著作には、次のものがある。Gogarten, Friedrich: Die Wirklichkeit des Glaubens, Stuttgart, Vorwerk Verlag, 1957.
（7） Sartre, Jean-Paul : Being and Nothingness, trans. by Hazel E. Barnes, New York, Philosophical Library, 1956, pp.3, 73ff., "Translator's Introduction", p.ixff.〔ジャン＝ポール・サルトル『存在と無――現象学的存在論の試み』上下、松浪信三郎訳、人文書院、一九九九年〕
（8） ibid., Part Two,"Being-for-Itself".
（9） Whitehead, Alfred N.: Religion in the Making, New York, Macmillan, 1926, p.16.〔アルフレッド・ホワイトヘッド『宗教とその形成』著作集第七巻、斎藤繁雄訳、松籟社、一九八六年〕
（10） Tillich, Paul: "Let us dare to have solitude", in Union Seminary Quarterly Review, May 1957.
（11） ブルトマンの言う決断がこのような意味のものであることは、彼がキリストなきキリスト教的理解が、神学において不可能であることを主張していることから明らかである。彼がここで言う存在、すなわち、信仰における生活は、「直接法によって叙述され得るような状態ではなくして、直接法に対して直ちに命令法が入ってくる」もの、決断を要求されているものなのである。したがって、人間のキリストによる自己理解の中にはキリストへの決断が含まれているのである。Bultmann, Rudolf: "Neues Testament und Mythologie", in Kerygma und Mythos, Erster Band, herausgegeben H. W. Bartsch, S. 30 und die folgenden Seiten.

（12） Buber, Martin: Israel and the World, New York, Schocken Books, 1948, p.17.

（13） Collingwood, R. G.: The Idea of History, Oxford, Clarendon Press, 1946.〔R・G・コリングウッド『歴史の観念』小松茂夫・三浦修訳、紀伊國屋書店、二〇〇二年〕

（14） Bultmann, Rudolf: "Neues Testament und Mythologie", in Kerygma und Mythos, Erster Band, S. 42.

（15） Gogarten, Friedrich : Entmythologisierung und Kirche, S.95 und die folgenden.

（16） Barth, Karl: Die Menschlichkeit Gottes, S. 19 und die folgenden.

（17） この点でブルトマンはきわめて明瞭である。Bultmann, Rudolf: "The meaning of God as acting", in Jesus Christ and Mythology.

（18） Althaus, Paul: Das sogenannte Kerygma und der historische Jesus, Gütersloh, Carl Bertelsmann Verlag, 1958, S. 22-25.

（19） ibid., S. 25.

（20） ibid., S. 23.

（21） ibid., S. 23.

（22） ibid., S. 24.

（23） Brunner, Emil: Das Ewige als Zukunft und Gegenwart, S. 135 und die folgenden, S. 206.

（24） ibid., S.170.

（25） Bultmann, Rudolf: History and Eschatology, Edinburgh, The University Press, 1957; Gogarten, Friedrich: Der Mensch zwischen Gott und Welt.

（26） 歴史体験を二つの次元、実存史と世界史で考えることは、実は少しも唐突なことではない。もっと広い角度から、すなわち、人間と世界という関係で二つの次元の相違と相互影響とを取り扱ったものに、ブーバーの二つの根源語——「我と汝」と「我とそれ」——がある（Buber, Martin: Ich und Du, Leipzig, Insel Verlag,1923.）。さらに、この機会に付言すれば、私がここで使う体験という言葉には、ブーバーの言う「我‐汝」の出会いの次元も含まれている。ブーバーは、この体験という言葉を「我‐それ」の次元のみに限って用いてはいるが。体験と経験の使用に当たって私がどのような区別をしているかは前に第一章で述べたが、それを参照して下されば、以上のブーバーへの私の言及が理解されると思う。

（27） Bonhoeffer, Dietrich: Letters and Papers from Prison, ed. by E. Bethge & trans. by R. H. Fuller, London, S. C. M. Press, 1953, p.122ff. 旧版『実存論的神学』を改訂し、本書『民衆の神キリスト』を刊行するに当たって、最後に付加された新しい二つの章（第八章、第九章）の中では、ボンヘファーやゴーガルテンの「非宗教化された世界」に関する私の思想が変化してきている。世界の非宗教化と、世界のアニミズム的な、宗教的な理解とが互いに排他的なものとしては考えられなくなり、むしろ、共存できるものと考えられるに至っている。ただし、ボンヘファーやゴーガルテンの主張にあるように、キリスト教の神は世界を超越していて、アニミズム的な宗教性を批判し、それを正しい位置に置こうとしているのである。むしろ、アニミズムはキリスト教の中に取り込まれ、それ自体を近代の合理性によっても正されるのである。

(28) Gogarten, Friedrich: Der Mensch zwischen Gott und Welt, S. 360 und die folgenden.

(29) ibid., S.380.

(30) Bultmann, Rudolf : "Die Art der Betrachtung", Einleitung im Jesus, Tübingen, J.C.B. Mohr, 1926.

(31) Bultmann : Jesus, S. 11.

(32) ibid., S. 15.

(33) Robinson, James M.: A New Quest of the Historical Jesus, London, S.C.M. Press, 1959, p. 19ff.. 一九六〇年のブルトマンの論文によると、彼は復活の出来事を、それ以前のイエスの歴史の光によって解釈することに反対ではない。しかし、彼はこのような史的強調が、イエスを信仰の対象として見ることの代わりに、単純に歴史研究の対象に変えてしまうことを恐れている。彼は前と同じように、史的イエスと信仰のキリストとの間に、結合点になるようなものを見ることを拒否しているのである。Bultmann, Rudolf: Das Verhältnis der urchristlichen Christusbotschaft zum historischen Jesus, Heidelberg, 1960, S. 26 und die folgenden.

(34) Barth, Karl: Die Kirchlich Dogmatik, 1/1, S. 171, 115. 424 und die folgenden; Barth: Die Kirchlich Dogmatik, 1/2, S. 71, 77-113, 150 und die folgenden, S. 56, 135; Barth: Credo, Universität Utrecht, 1935, Kap. 8 und 10.

(35) Barth, Karl: Die Menschlichkeit Gottes.

(36) ibid., S.4.

(37) ibid., S.14.

(38) Buri, Fritz: "Entmythologisierung oder Entkerygmatisierung der Theologie", im Kerygma und Mythos, der Zweite Bd., Hamburg-Volksdort, Herbert Reich, Evangelischer Verlag, 1952, S. 85 und die folgenden; Buri: Die Reformation Geht Weiter, Verlag Paul Haupt, 1956; Buri: Theologie der Existenz, Bern, Verlag Paul Haupt, 1954.

(39) Macquarrie, John : The Scope of Demythologizing, p. 96.

(40) Robinson, James M.: A New Quest of the Historical Jesus, pp.65, 69ff. さらにブルトマンの直接の影響下にはなかったが、ブルトマン後の人々と多くの共通点をもった神学者、D・M・ベイリーもこの事実を指摘している。Baillie Donald M.: God was in Christ, p. 56ff..

(41) Baillie, D.M. : God was in Christ, p. 57.

(42) D・M・ベイリーは、その点を非常に強く取りあげている。ibid., p. 52.

(43) 小田垣雅也「ウェスレーのキリスト論」『基督教論集』第九号、青山学院大学基督教学会編、所載。

(44) Robinson, J.M.: A New Quest of the Historical Jesus, p. 111.

(45) Bornkamm, Günther: Jesus von Nazareth, Stuttgart, W. Kohlhammer, 1956, S.23.〔ギュンター・ボルンカム『ナザレのイエス』善野碩之助訳、新教出版社、一九六一年〕。ボルンカムは、史的イエスとの出会いを通して神との出会いが達成される事情を、史的イエスの画像と行為とによるものとして、前述のように表現した訳であるが、フックスもまた、それをイエスの行為という角度から表現している。彼は、われわれはイエスの行為を通して神の行為に出会うのである、という表現方法をとっている。Fuchs, Ernst: Muß man an Jesus glauben, wenn man an Gott glauben will? Zeitschrift für Theologie und Kirche, 1961, S. 60.

（46） Macquarrie, John: The Scope of Demythologizing, p. 93.

（47） Bornkamm, Günther: Jesus von Nazareth, S. 18.

（48） Kierkegaard, Søren : Philosophical Fragments, trans. by D.F. Swenson, Princeton, Princeton University Press, 1946, p. 87.〔ゼーレン・キルケゴール『哲学的断片』大谷長訳、創元文庫、一九五四年〕

（49） Tillich, Paul: "On the Boundary", in The Interpretation of History. trans. by Rasetzki & Talmey, New York, Charles Scribner's Sons, 1936, p. 33;『文化と宗教――ティリッヒ博士講演集』二四二頁。

（50） タヴァードは、ティリヒがこの関係を皆無と見なしたとしてこの点を突いているが、しかし、タヴァードが見逃してしまったのは、ティリヒには、使信のキリストの背後に、ある意味で実在の人物が仮定されていることである。画像の類比（analogia imaginis）の論理である。Tavard, George H.: op. cit., p., 106 ff..

（51） Tillich, Paul : Systematic Theology, vol. 2, p. 114.

（52） Gogarten, Friedrich : Entmythologisierung und Kirche, S. 73.

（53） しかし、ブルトマン後の人々の努力の中に、もう一度、史的イエスに対して実存的に出会う信仰の次元と、科学的に歴史研究をする次元――この両方の次元の混同に陥る危険性が見られなくはない。後で述べることであるが、例えばエーベリングによるキリストの復活についての理解の中には、私はその危険性が見られるように思う。

第五章　キリストとしてのイエスの出来事

（1） Werner, Martin: Die Entstehung des christlichen Dogmas, Bern-Leipzig, Verlag Paul Haupt, 1941.

（2） ibid., S. 692 und die folgenden.

（3） ibid., S. 578-635.

（4） この点をブルトマンは、そのギフォード講演の中で論述している。Bultmann, Rudolf: History and Eschatology.

（5） Werner, Martin: op.cit., S. 52 und die folgenden.

（6） Tillich, Paul: Systematic Theology, vol. 2（Existence and the Christ）, Chicago, The University of Chicago Press, 1957, p. 114ff..

（7） Tillich, Paul: Systematic Theology, vol. 1, The University of Chicago Press,1951, p. 239ff..

（8） Tillich, Paul: Systematic Theology, vol.2, p. 114.

（9） Harnack, Adolf von: Lehrbuch der Dogmengeschichte, dritten Bd., Tübingen, J.C.B. Mohr, 1931-32（die fünfte Auflage).〔アドルフ・フォン・ハルナック『教義史綱要』山田保雄訳、久島千枝、一九九七年〕

（10） Harnack, Adolf von: Das Wesen des Christentums, Leipzig, J.C.Hinrichs, 1900.〔アドルフ・フォン・ハルナック『キリスト教の本質』深井智朗訳、春秋社、二〇一四年〕

（11） Schleiermacher, Friedrich: Der christliche Glaube, neu drucken, zweiter Bd., Berlin, Walter de Gruyter, 1960.

（12） Ebeling, Gerhard: Was heisst Glauben? Tübingen, J.C.B. Mohr, 1958.

（13） Heidegger, Martin: Sein und Zeit, die erste Hälfte, die vierte Auflage, Halle, Max Niemeyer, 1935, S. 301-333.
（14） Bultmann, Rudolf: "Das christologische Bekenntnis des Ökumenische Rates", Glauben und Verstehen, zweiter Band, Tübingen, J.C.B. Mohr, 1952.
（15） Bultmann, Rudolf: Glauben und Verstehen, zweiter Band, S. 257.
（16） Macquarrie, John: An Existentialist Theology, pp.166-180.
（17） この点をもっとも明瞭に示しているものはブルトマンとティリヒとの神話や象徴についての理解の相違であると思うが、それについては後述したい。
（18） Bultmann, Rudolf: Jesus Christ and Mythology, pp.32-34.
（19） Bultmann, Rudolf: "Neues Testament und Mythologie", Kerygma und Mythos, Erster Band, herausgegeben H. W. Bartsch, S. 22.
（20） Tillich, Paul: Dynamics of Faith, p.48 ff.
（21） 彼がこれを broken myth と呼んでいることは、前に述べた。
（22） Pittenger, W. Noman: The Word Incarnate, Digswell Place, James Nisbet Co., 1959, p.35 からの再引用。
（23） Bultmann, Rudolf: Jesus Christ and Mythology, p.68ff..
（24） ブルトマンはよくこのメランヒトンの言葉を、新約聖書のキリスト論を表すものとして引用している。例えば、以下はその一例である。Bultmann, Rudolf: Glauben und Verstehen, Erster Band, Tüubingen, J.C.B. Mohr, 1954. S. 262.
（25） ibid. S. 262.
（26） Barth, Karl: Rudolf Bultmann. Ein Versuch, ihn zu verstehen. Zollikon-Zürich, Evangelischer Verlag. S.17-18.〔カール・バルト「ルドルフ・ブルトマン――彼を理解するための、一つの試み」著作集第三巻、井上良雄ほか監修、新教出版社、一九九七年〕
（27） ibid, S.18-19.
（28） Tillich, Paul: Systematic Theology, vol.2, p.106.
（29） Bultmann, Rudolf: Jesus Christ and Mythology, p.61ff..
（30） Tillich, Paul: Systematic Theology, vol.2, p.140ff..
（31） ここに、ニカイア（三二五年）及びカルケドン（四五一年）の会議の結論を引用しておくのも有用であろう。カルケドン会議も賛成したニカイア会議における有名なキリスト論的発言を引用すれば次のようなものである。「神の子、われわれの主イエズス・キリスト、すなわち父の本性より神のひとり子として生れ、神からの神、光からの光、まことの神からのまことの神、作られずして生れ神と同一の実体である。天と地にあるすべてのものはかれによって造られた。われわれ人間とわれわれの救いのために下り、受肉し人となり苦しみ、三日目に復活し、天に昇って、生者と死者を裁くために来るであろう。また聖霊を（われわれは信ず）」。

また、カルケドン会議の結論は次のようなものであった。

「われわれはみな、教父たちに従って、……同じ唯一のキリスト、主なるひとり子であり、二つの本性において、混合、変化、分割、分離せずに存在する。この結合によって二つの本性の差が取去られるのではなく、むしろ各々の本性の特質は保存され、（両方の本性は）唯一のペルソナ（位格）と唯一のヒュポスタシス（自存者）にともに含まれている。また存在するのは二つのペルソナに分離し分割されたものではなく、唯一の同じひとり子、神のみことば、イエズス・キリストだけである」（『カトリック教会文書資料集』H・デンツィンガー編、A・シェーンメッツァー増補改訂、A・ジンマーマン監修、浜寛五郎訳、エンデルレ書店、一九八二年)。

(32) Pittenger, W. Norman: op.cit., p.92; Campenhausen, Hans von: The Fathers of the Greek Church, trans. by S. Godman, New York, Pantheon,1959, p.145ff.

(33) Tavard, George H.: op.cit., pp. 129-130.

(34) Mascall, E.L.: Christ, the Christian and the Church, London, Longmans, Green & Co., 1955, p.8ff.

(35) Pittenger, W.Norman: op.cit., p.92.

(36) DuBose, William P.: The Reason of Life, Longmans, Green & Co., 1909, p. 245; DuBose: Ecumenical Councils, Edinburgh, T.&T. Clark, 1896, p.15. デュボースへの賛成を表現しながら、ピテンジャーがデュボースのキリスト論を簡潔に紹介しているところを参照のこと。Pittenger, W.Norman: op.cit., p.95.

(37) Baillie, Donald M.: God was in Christ, p.117ff.

(38) Pittenger, W.Norman: op.cit., p.238ff.

(39) ibid., p.241.

(40) Lewis, Edwin: A Philosophy of the Christian Revelation, New York, Harper & Brothers,1940, p.3ff.

(41) Brunner, Emil: Der Mittler, Tübingen, J.C.B. Mohr,1927.

(42) Barth, Karl: Kirchliche Dogmatik, 1/2, S.324 und die folgenden.

(43) Brunner, Emil: The Mediator, trans. by O. Wyon, Philadelphia, The Westminster Press, 1947, p. 185ff.

(44) ibid., p. 319.

(45) ibid., p. 249.

(46) Brunner, Emil: Die christliche Lehre von Schöpfung und Erlösung (Dogmatik, zweiter Band), Zürich, Zwingli-Verlag, 1950, S. 422 und die folgenden. 〔エミール・ブルンナー『教義学II』著作集第三巻、川田殖ほか訳、教文館、一九九七年〕

(47) Barth, Karl: Kirchliche Dogmatik, 1/2, S. 151 und die folgenden.

(48) ibid., S. 178 und die folgenden.

(49) レオンティウスの説を、バルトと同じ方向で、しかもティリヒの用語を使って解釈した試みがある。それによると、キリストの人格は「中心をもたない」(anhypostasis)のでもなく、「自分の中に中心をもったもの」(hypostasis)でもなく、「神の中に中心をもっているもの」(enhypostasis)であるが、それはちょうどティリヒの言う他律でも自律でもなく神律であるという事情と同じである。このようにティリヒの用語を使って説明する方が、バルトの言っている事柄をもっと分かりやすく説明しているように思う。Hardy, Edward R.: Christology of the Later Fathers, Library of Christian Classics, vol. 3, Philadelphia, The Westminster Press, 1954, p. 375ff. しかし、レオンティウスが本当に、このティリヒの用語を使っての説明に当てはまることを言ったのかどうかは、疑問の点である。もしもレオンティウスが本当にこの説明の通りであれば、私がこの章で展開しているカルケドン信条のアンティオキア学派的な解釈と少しも矛盾せず、私もレオンティウスの説明を肯定できる訳である。

(50) Barth, Karl: Kirchliche Dogmatik, 1/2, S. 176.

(51) 文字通りにとれば、改革派の立場は受肉の内でも外でも全き永遠の言葉に出会うということであり、ルター主義の立場は、受肉の内だけで全き永遠の言葉に出会うということである。両者とも、あまりにも物質的に神を考えているかのような感を与えるので、本文のように私なりに説明しておいた。

(52) ibid., S. 184 und die folgenden.

(53) Gogarten, Friedrich: Entmythologisierung und Kirche, S.

66 und die folgenden.

(54) Williams, Daniel D.: What Present-Day Theologians are Thinking, New York, Harper&Brothers, 1952, p. 102ff..

(55) Forsyth, Peter T.: The Person and Place of Jesus Christ, Boston, The Pilgrim Press, 1909.〔ピーター・フォーサイス『イエス・キリストの人格及び位置』選集第二巻、上与二郎訳、長崎書店、一九四二年〕

(56) この点に私の注意を惹いたのはノーマン・ピテンジャーであった。彼のキリスト論から私は多くのものを教えられたが、特にこの点では感謝したい。Pittenger, W. Norman: op.cit., p. 197.

(57) パウル・ティリヒのこの点についての理解を参照のこと。Tillich, Paul: Systematic Theology, vol.2, p.95f. & p.162ff..

(58) ibid., p.155ff..

(59) Hodgson, Leonard: The Doctrine of the Trinity, London, Nisbet & Co., 1943.

(60) Barth, Karl: Die Kirchliche Dogmatik, I/1 S. 378 und die folgenden.

(61) ibid., S. 311 und die folgenden.

(62) Tillich, Paul: Systematic Theology, vol.1, p.157, p.228ff., p.250ff.; ibid., vol.2, p.90, p.143ff..

(63) ibid., vol.1, p.251f.. 及び『文化と宗教――ティリッヒ博士講演集』一二―一三頁を参照のこと。

(64) Tavard, George H.: op.cit., p.119.

(65) Aulén, Gustaf: Chistus Victor, trans. by A.G. Hebert, London, S.P.C.K., 1950, p.20ff..

(66) スウェーデン神学のルターの贖罪論理解に関しては、次の書物が良く紹介している。Carlson, Edgar M.: The Reinterpretatioin of Luther, Philadelphia, Westminster Press, 1948, esp. p.48ff..

(67) この点に関して非常に優れた叙述がJ・S・ウェールによってなされている。ウェールは、前掲のスウェーデン学派とは異なった角度からルターの贖罪論を取りあげている。彼によるとルターの贖罪論は、やはり刑罰代償説的なものであって、スウェーデン的ないわゆる古典説とは異なったものとされている。Whale, J.S.: The Protestant Tradition, Cambridge, The University Press, 1955, p.74 ff..

(68) 贖罪論の諸形態についての大変によくまとまった紹介と批判とが、クイックによってなされている。なおクイックは、以上の三形態の他に、新約聖書『ヘブライの信徒への手紙』の中に表現されている犠牲説（sacrificial theory）を取りあげ、この説に自分の贖罪論を根拠づけているが、犠牲説は、今までの教理史上大きな位置を占めてきていないので、ここでは紹介しなかった。ウェールもこの犠牲説に賛成している。この説の特徴は次の点にあるように思われる。(1)キリストは、人間の方から神の怒りを宥めるための犠牲ではなく、むしろ神の方からの人間への贈物である。(2)したがって、贖罪においては、神の方から和解の手を最初に差しのべたのである。(3)犠牲はその清さに価値があるが、キリストが人間としての苦しみを知り、誘惑にすべてうちかったのは、この清さを獲得するためである。(4)犠牲の効果は、神の側に影響を及ぼすところにはなく、むしろ、その犠牲を捧げた人間の側に影響を及ぼすものである。すなわち、その犠牲たるキリストの清さは、人間が自分自身で獲得してゆく聖化の面に影響するのである。以上が大体ウェールやクイックの主張する犠牲説の概略であるが、この説について私は次の点を問題にしたい。その第一は、この説が贖罪の効果を聖化と結びつけている点についてである。この点において、この説は、むしろ主観説と似ていると言える。この説では、主観説に現れているように、贖罪における人間の側の参与が、その主要因として取りあげられているからである。そこにこの説の強みがある。しかし、この説においても主観説と同様に、キリストの犠牲が、神が本来ならば赦すべからざる罪人を、今は赦して下さるという、あの愛への転換を問題にしていないという点で、贖罪論としては物足らないのである。すなわち、キリストは、赦すべからざる罪人であった者を、しかもその罪人のままで今は赦そうという、神の意志の新しい決定を意味する象徴なのであるが、この神学的側面がこの説では現されていないのである。Quick, Oliver Chase: Doctrines of the Creed, London, Charles Scribner's Sons, 1951, p.216ff.; Whale, J. S.: Christian Doctrine, Cambridge, the University. Press, 1952, p.74ff.

(69) Heim, Karl: Jesus der Weltvollender, Hamburg, Furche-Verlag, 1952, S. 96 und die folgenden.

(70) ibid., S. 99 und die folgenden.

(71) Frei, Hans W.: "The Theology of H. Richard Niebuhr", in Faith & Ethics, ed. by Paul Ramsey, pp. 95-97.

(72) Heim, Karl: op.cit., S. 14 und die folgenden. さらに、古典説が非常に力強く説かれている現代の神学者の著書に、エドウィン・ルイスの『創造者と破壊者』(The Creator and the Adversary)がある。彼の思想については後でもっと詳しく述べるが、この書物でも、同じように問題と思われる点は、神に敵対する破壊者の力が人間を通して働くという考え方にある。ここにも、人間の神に対する実存的関係と悪魔的勢力との関係が、聖書の神話的表現をそのまま発展させたような仕方で考えられており、実存論的神学の思考方向とは異なっていると言わざるを得ない。

(73) Baillie, D.M.: God was in Christ, pp. 190-202.; Lewis, Edwin: A Christian Manifesto, New York, Abingdon Cokesbury Press, 1934, p. 170.

(74) Berdyaev, Nicolas: Dostoevsky, trans. by Donald Attwater, New York, Meridian Books, 1957, p. 196ff.〔ニコライ・ベルジャーエフ『ドストエフスキーの世界観』斎藤栄治訳、白水社、二〇〇九年〕

(75) Unamuno, Miguel de: The Tragic Sense of Life, London, Macmillan, 1921, pp.132-155.

(76) Pittenger, W. Norman: op.cit., pp. 167-168, p. 164.

(77)『ローマの信徒への手紙』八章二九節。

(78) Bornkamm, Heinrich: Luthers geistige Welt, Gütersloh, Bertelsmann Verlag (die dritte Auflage), 1959, S. 87-88.

ボルンカムがここで言う担保とは、もちろん、客観的な保証ではない。この場合、担保は疑おうと思えば疑えるものであって、言葉と同じである。イエスが神からの形をもった言葉であるということである。保証であれば、疑おうと思ってもそうすることができないもの、信仰の決断を要求しないもの、むしろ、それからの逃避を許すものを指すことになる。

第六章　時と永遠

(1) Cullmann, Oscar: Christus und die Zeit, Zürich, Evangelischer Verlag, 1948 (die zweite Auflage).

(2) ibid., S. 33.

(3) ibid., S. 38 und die folgenden.

(4) ibid., S. 54.

(5) ibid., S. 55.

(6) ibid., S. 53.

（7） Augustinus: Confessiones, liber XI, 13.2.

（8） Cullmann, Oscar: op. cit., S. 60.

（9） ルイスがクルマンの「永遠と時」に対する考え方に影響されたことはないようである。それは、ルイスがその立場を確立したのが、クルマンの前掲書の出版前のことであるから明らかである。しかしながら、ルイスの思想に対するホワイトヘッドの哲学の影響は、その哲学を少しでも知っている者には明白なことである。しかし、私はこの論文でホワイトヘッドの哲学とそのルイスに対する影響とを論じるつもりはない。われわれの目的は、哲学的なことよりもむしろ神学的な面にあるからである。

（10） Lewis, Edwin: A Christian Manifesto, New York, Abingdon Cokesbury Press, 1934.

（11） Niebuhr, Reinhold: The Nature and Destiny of Man, vol.2, pp. 55-57.

（12） Lewis, Edwin: A Christian Manifesto. p. 158.

（13） ibid., p.155f.

（14） ibid., p. 156.

（15） 例えば、ルイスは次のように記している。「福音書によれば、イエスは次第に、世の罪のために死ななければならない、と悟るに至ったのである。この福音書の物語はある深い意味で、神ご自身のみこころの経過を象徴していはしないだろうか。すなわち、救いの目的実現のためには自らのなし得るもっとも高価な犠牲が必要なのだ、と次第に悟られるに至ったのではなかろうか」(ibid., p.158f.)。

（16） Lewis, Edwin: The Creator and the Adversary, p. 161f..

（17） ibid. p. 175.

（18） Lewis, Edwin: "Predestination", in Harper's Bible Dictionary, New York, Harper & Brothers, 1952.

（19） James, William: The Will to Believe and Other Essays in Popular Philosophy, New York, Dover Publications, 1956.〔ウィリアム・ジェイムズ『信ずる意志』著作集第二巻、福鎌達夫訳、日本教文社、一九六一年〕

（20） ルイスの自由主義時代のキリスト論については、Lewis: Jesus Christ and the Human Quest, p. 330 & p.322ff., New York, The Abingdon Press, 1924 を参照のこと。新正統主義時代のキリスト論については、Lewis: A Christian Manifesto, p.39 f., 193, 91, 170 を参照のこと。晩年の新自由主義時代のキリスト論については、The Creator and the Adversary 及び Interpretation, vol. 1, 1947 の論文"Humiliated and Exalted Son"を参照のこと。

（21） Lewis : A Christian Manifesto. p. 170.

（22） 既にこの問題については、私は詳しく論じたことがある。拙著『ウェスレー』日本キリスト教団出版局、一九六三年の第六章「義認と聖化」を特に参照のこと。

（23） von Hügel: Eternal Life, p. 231.

（24） ibid.

（25） ibid., p. 298.

（26） Bergson, Henri: Essai sur les données immédiates de la conscience, la dixième edition, Paris, Alcan, 1907.〔アンリ・ベルクソン『意識に直接与えられたものについての試論』合田正人・平井靖史訳、ちくま学芸文庫、二〇〇二年〕

（27） von Hügel: Eternal Life, p. 298.

（28） Bosanquet, Bernard: The Principle of Individuality and Value, London, Macmillan, 1912, pp. 338-340, また、von Hügel: Eternal Life, p. 302 参照。

（29） von Hügel: The Mystical Element of Religion, vol. 2, pp.

247-248.

(30) von Hügel: Eternal Life, p. 365ff.

(31) Gilson, Étienne: The Spirit of Mediaeval Philosophy, trans. by A. H. C. Downes, New York, Charles Scribner's Sons, 1940, pp. 95-96.

(32) Wahl, Jean: Études Kierkegaardiennes, suit a la p. 242.

(33) von Hügel: Essays & Addresses on the Philosophy of Religion, 1st series, London, J. M. Dent & Sons, 1949, p. 191.

神が苦しみに影響されることなく同情して下さるという思想をフォン・ヒューゲルは、神は compassio をもたれるが passio はもたれないとした聖ベルナールから学んだもののように思われる。"Impassibilis est Deus, sed non incompassibilis, cui proprium est misereri semper et parcere".（Bernard : Sermones in Cantica Canticorum, xxvi, 5 及び von Hügel: Essays & Addresses on the Philosophy of Religion, 2nd series, London, J. M. Dent & Sons, 1951, p.194 を参照のこと）。

(34) von Hügel: Essays & Addresses on the Philosophy of Religion, 2nd series, p.195.

(35) ibid.

(36) ibid., 1st series, p. 292 ff..

(37) von Hügel: The Life of Prayer, London, J. M. Dent & Sons, 1929, p.14f..

(38) von Hügel: Essays and Addresses on the Philosophy of Religion, 2nd series, p. 221.

(39) ibid., p. 200.

(40) von Hügel: The Life of Prayer, p. 19.

(41) ibid., p. 19f..

(42) Holland, Bernard ed.: Selected Letters of Baron Friedrich von Hügel, London, J. M. Dent & Sons, 1927, p. 329.

(43) Jackson, Thomas ed.: The Works of John Wesley, vol. II, London, Wesleyan-Methodist Book-Room, 1931 (3rd edition.), p. 436.

(44) Tertullianus: Adversus Praxeam, xxix.

(45) von Hügel: Essays & Addresses on the Philosophy of Religion, 2nd series, p.213.

(46) ibid., p. 161.

(47) von Hügel: The Life of Prayer, p.21.

(48) von Hügel: The Mystical Element of Religion, vol. 2, p. 100ff..

(49) 「普通われわれが神と同一視して考えているところの〈絶対〉という人間的理念は、世界の映像であり、究極的には実に不幸なことに人間人格の映像である。……われわれは神が何であるかというわれわれの知識を、われわれの思惟の限界的観念として、われわれが永遠・無限・全能また不可分性について知っていると思っているものから引き出してはならない。逆に、神について知ることのできるものから、すなわち、神がご自身についてわれわれに語られたことから、われわれは永遠・無限・全能また不可分性についての知識を引き出さねばならない」(Barth, Karl: The knowledge of God and the Service of God, London, Hodder & Stoughton, 1949, pp. 32-33.)。

(50) Barth, Karl: Die Kirchliche Dogmatik, 2/1, Zürich, Evangelischer Verlag, 1948, S. 321 und die folgenden.

(51) 永遠の理解が時間内の思惟作用によってなされることをわれわれが充分に知るならば、バルトが永遠と時とのある種の類比について語ることは少しも不思議ではない。例えば、バルトにおいても、信仰はわれわれの知性を排除するものではないのである。

「(信仰において)彼(信じる者は)少しも知性の犠牲(sacrificium intellectus)をしない。反対に、彼は思索するのであり、そして彼が人間が考える場合に可能である限り、厳密にまた終始一貫して思索することが望ましかったのである。それは知性を眠らせるようなものではなかった。彼は何ら神秘的な恍惚境にも陥らなかった。かえって、可能である限り彼は目覚めており、また、冷静であった。それでは、彼の宗教性はどうであったか。彼は多分、彼の宗教への能力をも表現したであろう。簡単に言ってしまえば、すべての事柄が全く人間的に起こったのである。彼はそれに対して、何かがそれを知ったり、また欲したりすることなしに生起するところの石や丸太ではない。逆に、彼も人間が決断する普通の仕方でもって決断したのである」(Barth: The Knowledge of God and the Service of God, p.50, 108f. また、彼の Dogmatics in Outline, trans. by G. T. Thomson, London, S.C.M. Press, 1949, pp.22-23.)。

(52) Barth: Die Kirchliche Dogmatik, 1/1, S. 139.
(53) ibid., 2/1, S. 587 und die folgenden.
(54) ibid., S. 479.
(55) ibid.
(56) ibid., 1/1, S. 257.
(57) ibid.
(58) ibid., 2/1, S. 689.
(59) ibid., S. 695.
(60) ibid., S. 694-695.
(61) Brunner, Emil: Das Ewige als Zukunft und Gegenwart, S. 47-62.
(62) Barth, Karl: Kirchliche Dogmatik, 2/1, S. 353-354.
(63) ibid., S. 698 und die folgenden.
(64) ibid., S. 695.
(65) ibid., S. 693, 685.

この点でのバルトの発言を次に引用しておこう。

「発端・進行そして終末。また、現在・過去・未来。また『未だ来らない』と『今』と『既にない』。また、静止と運動。また、可能性と現実。また、どこからどこへ。また、ここことあそこ。また、これとあれ。以上のすべてのものの間には(神においては)何らの対立も衝突も争いもない。ただ平和があるのみである。神においてはすべてが同時的である。神の全能と知と意志とによって、すべてのものが一緒に結合されており、裂け目も苦痛もなき全体であり、そして、われわれの時間内においては通常である死の威嚇も存在しない――これが永遠を時から区別するのである。しかし、このことは決して前述の対比(この引用の最初に見たような—引用者注)において表現されている区別をなくしてしまうことではない」(ibid., S. 690)。

(66) ibid., S. 721.
(67) Brunner, Emil: Die christliche Lehre von Gott, (Dogmatik, der ersten Band), S.347 und die folgenden.
(68) ibid., S. 367-368.
(69) Barth: Gottes Gnadenwahl, 及び Barth: The Knowledge of God and the Service of God, pp. 77-79.
(70) Brunner: Die christliche Lehre von Gott, (Dogmatik, der ersten Band), S.378.
(71) Barth: Die Kirchliche Dogmatik, 1/1, S. 186-187.
(72) Barth: The Knowledge of God and the Service of God, p. 78.
(73) Barth: Der Römerbrief, S. 14.

(74) Barth: The Knowledge of God and the Service of God. p. 28.
(75) Barth: Die Kirchliche Dogmatik. 2/1. S. 385-386.
(76) ibid.
(77) ibid. S. 338-339.
(78) Welch. Claude: The Trinity in the Contemporary Theology. London. S.C.M. Press. 1953. p. 185.
(79) バルトが永遠と時との接触に関して、どのように考えていたかをよく表している箇所を引用しておこう。
「神が罪深い被造物の裁き手として、また、助け手として為すところのことを、神はあるがままの神ご自身としてなし、何ものによっても動かされず触れられず、ご自分に忠実であり、変わらざるものとしてなされる。神が応答される時、神はご自分の中に少しも矛盾をもたないものとして、また、世の創造者であり主である者として、世の罪にあずかることのできない者として応答される。否、神はご自分を、罪の世に対して義と宣言してご自分を主張されるが故に、また、ご自分をその永遠の本質において啓示するような仕方で、また、ご自分の永遠の本質において世に現在するような仕方で、そして世のただ中に活動的であるような仕方で、常に新たに常に正しく罪の世にご自分を結びつけるが故に、神は応答されるのである。この新しい業――神が世に対して啓示し、また与える救いは、どのような状況の下においても次の事柄の中に成立しない。すなわち、あたかも神ご自身がある程度その律法を引っ込ませたり柔げたりするように無理強いされたり、また、恵を義に対して優先するように強いられたりするような意味において、堕落の事実を真剣に取りあげなくてはならないかのように、神がある種の譲歩を世に対してなすという事柄の中には成立しないのである。神は、神ご自身以外の何ものになることもできないし、なろうともされない。神が神以外のものになることによって、世は助けられもしないし、また、世がその現実のあり様よりもいくぶんよりよいものであると証明されもしないのである。世は、むしろ、神が神であることにとどまって下さることによって、神がまず義であられることによって助けられる。神は神に敵対するものを滅ぼすことにおいてではなく、神がそれを保存し終わりまで導くことにおいて、反逆の結果起こる災害から世を救うことができるのである。以上のことが、神の無限性について言われなければならない。神はこのように無限性において、彼の啓示の中に贖い主として、イスラエルおよび教会の主として、また、将来の贖いの与え主としてご自分を示し、また活動しておられる」（Barth: Die Kirchliche Dogmatik. 2/1. S. 567.）。

　私には、バルトが始めから神の不受苦性という見解をもっていたとは考えられない。例えば、Der Römerbrief の中で、バルトは「彼（神）は旧約聖書を通じて大いなる受難者（der Grosse Leidende）として過ごしておられる。それ故に、彼が十字架につけられた方としてわれらの前に示されるのはふさわしいことである」と言っている（Barth. Der Römerbrief. S. 509.）。　さらに、ギフォード講演の中でも、「イエス・キリスト、そして彼のみが独り罪と死のまことの意味を知っておられた。イエス・キリストの十字架における神の全き謙虚と、神がここでなし遂げられた限りない自己犠牲とは、神に対する人間の反抗から不可避なものとなったこと――苦しみと死のみならず、奈落も冥府も、時と永遠との裁きも――すべてのことを神としてのご自分にはふさわしくないことだとは全く考えずに、人としてのご自分の身にお引き受けになったことの中にあるのである。神のみ子がゴルゴタで殺された時、神はどこかにおられて、神として、やはり何かを残し置かれたのであろうか。かつて犠牲というものがあったとすれば、イエス・キリストの死が犠牲の犠牲だということは確かに真実のことである」と述べている(Barth: The Knowledge of God and the Service of God, pp. 83-84. ibid., p. 84 & p. 86)。

　以上二つの引用に示されているバルトの見解はルイスの見解に似ている。この考えによれば、神は死なれ、その永遠の本質に痕をもち、そののち復活により、ご自分が死の力も及ばない方であることを示されたということになるのである。

(80) Ferré, Nels F.S.: Evil and the Christian Faith, New York, Harper & Brothers, 1946, p. 83.

(81) ibid., p. 83f.

(82) Randles, Marshall: The Blessed God Impassibility, London, Charles H. Kelly, 1900, p. 175.

(83) ibid.

(84) Vinet, Alexandre: Études sur Blaise Pascal, pp. 5-6.

第七章　死後の命

(1) Baillie, John: And the Life Everlasting, London, Oxford University Press, 1950, Sixth impression, p. 9.

(2) ibid., p. 24.

(3) ウィリアム・ジェイムズ『信ずる意志』福鎌達夫訳、ジェイムズ著作集第二巻、日本教文社、一九六一年、一二七頁。

(4) Forsyth, P. T.: This Life and the Next, London, Independent Press, 1948, pp.44-47.

(5) ibid., p. 46.

(6) ibid., p. 14.

(7) Heidegger, Martin : Sein und Zeit, S. 252 und die folgenden.

(8) ibid., S. 145.

(9) ハイデガーは明白に、自分の立場をこれから区別している。ibid., S.145.

(10) Forsyth: This Life and the Next, p. 10.

(11) Brunner, Emil: Das Ewige als Zukunft und Gegenwart, S. 103.

(12) ブルンナーは死後の命への信仰の喪失が、人間の地上の生に与える影響として、次のようなものを挙げているが、なかなか洞察に富んでいる。

　(1)終わりへの過度の恐怖。これは人生の終わりである死を過度に恐れるために、地上の生を平和なく送り、地上の生の中ですべての喜びを獲得しようとする焦りである。(2)ニヒリズムへの傾向。(3)死について真実に考える勇気を喪失したことからくる、死についての自己欺瞞。(4)権力意志に見られるような、地上の生命の絶対化。Brunner: Das Ewige als Zukunft und Gegenwart. S.101 und die folgenden.

(13) Baillie, John: And the Life Everlasting, p. 86f.

(14) Baillie: And the Life Everlasting, pp. 180ff., 166ff.

(15) "A Philosopher's Assessment of Christianity", in Religion and Culture, ed. by Walter Leibrecht, New York. Harper & Brothers, 1959.

(16) Bultmann, Rudolf: Jesus, S. 37.

(17) Unamuno, Miguel de: Tragic Sense of Life, trans. by J. E. C. Flitch, New York, Dover Publications, 1954.

(18) Baillie: And the Life Everlasting, p. 97.

(19) Pasternak, Boris: Doctor Zhivago, trans. by Max Hayward & Manya Harari, New York, Pantheon, 1958, p. 67ff.

(20) Michalson, Carl: Faith for Personal Crises, New York, Charles Scribner's Sons, 1958, p. 157ff.; Pasternak : op. cit., p. 451.
(21) Bultmann, Rudolf: "Neues Testament und Mythologie", in Kerygma und Mythos, Erster Band, herausgegeben H. W. Bartsch.
(22) Ebeling, Gerhard: Das Wesen des christlichen Glaubens, S.80 und die folgenden.
(23) Baillie: An the Life Everlasting, pp. 128ff., 140ff., 152-156.
(24) Barth, Karl: Die Auferstehung der Toten, Zürich, Evangelischer Verlag, 1953 (Vierter Band), S.79; Brunner: Das Ewige als Zukunft und Gegenwart, S.164.
(25) ブルンナーが「空虚の墓」の奇蹟を、信仰の対象として考えていないことは明瞭である。Brunner, Emil: Dogmatik (Zweiter Bnad), S.437 und die folgenden.
(26) アルバート・シュヴァイツアー『わが生活と思想より』竹山道雄訳、白水社、一九五六年、五六頁。Bartsch, H. W., herausgegeben: Kerygma und Mythos, Erster Band, S.46 und die folgenden.
(27) Forsyth: This Life and the Next, p. 22.
(28) Baillie: And the Life Everlasting, p. 50.
(29) ibid., p. 53ff.
(30) Brunner: Das Ewige als Zukunft und Gegenwart, S. 119.
(31) Forsyth: This Life and the Next, p.56.
(32) Baillie: And the Life Everlasting, p. 225.
(33) Forsyth: This Life and the Next, p. 78.
(34) これは、私の懐しい思い出の一つである恩師、エドウィン・ルイスとの会話が土台になっている。残念なことに、彼はこれを文章に書き残していかなかった。
(35) Baillie: And the Life Everlasting, pp. 238 ff., 244 ff.
(36) C・H・ドッドも、その『『ローマの信徒への手紙』の注解』の中で、この手紙の一一章三二節にあるパウロの主張、すべての人が今神に不従順であるのは、神がすべての人を憐れむためであるという主張を解釈して、これは普遍的救済を意味している、と言っている。Dodd, C. H.: The Epistle of Paul to the Romans, New York, Harper & Brothers,1932, p. 183.
(37) Forsyth: This Life and the Next, p. 34, p. 16.
(38) また、フォーサイスは次のように言った。普遍的救済説に立った時に、われわれは神に向かって、既にこの世を去った人々のために祈ることも許されるであろう、と。ibid., p. 36.
(39) Brunner: Das Ewige als Zukunfut und Gegenwart, S. 201-202.

第八章　万有救済論

(1) 拙著『キリスト教と民衆仏教——十字架と蓮華』日本キリスト教団出版局、一九九一年。
(2) この問題については、青山学院大学神学科卒業生の会である青山学院キリスト教学会の機関誌『キリスト教論集』三七号、一九九四年四月に掲載した「民衆宗教としてのキリスト教——万有救済説を中心とする一考察」という拙論がある。ここでは、それを土台としながら、再度論じることとする。
(3) 拙著『神と希望』日本キリスト教団出版局、一九八〇年、三二四頁以下を参照されたし。
(4) Berdyaev, Nicolas: Dream and Reality, trans. by K. Lampert, New York, The Macmillan Co., 1951, pp.319-320.
(5) 姉崎正治『法華経行者日蓮』改定新版、博文館、一九三三年、二五一頁。

（6）原田武『異端カタリ派と転生』人文書院、一九九一年。Nelli, René : Les Cathares, Culture, Art, Loisirs, Paris, 1972, p. 77 ff.

（7）Berdyaev, Nicolas : The Destiny of Man. trans. by N. Duddington, London, Geoffrey Bles, 1954, Fourth Edition, pp. 275, 279.

（8）日本組織神学会編『身体性の神学』新教出版社、一九九〇年、二〇九頁以下。

（9）『神と希望』三四七頁以下。

（10）Gruber, Elmar R. & Kersten, Holger: Der Ur-Jesus, 1994, Albert Langen/ Georg Müller Verlag, München.（エルマー・R・グルーバー／ホルガー・ケルステン『イエスは仏教徒だった？——大いなる仮説とその検証』岩坂彰訳、市川裕・小堀馨子監修・解説、同朋社、一九九九年）。及び、Lynn Picknett & Clive Prince : The Templar Revelation, 1997, Lavinia Trevor.（リン・ピクネット／クライブ・プリンス『マグダラとヨハネのミステリー——二つの顔をもったイエス』林和彦訳、三交社、一九九九年）。

（11）James, William: The Principles of Psychology, vol. 1, Harvard University Press, 1981, p. 330 ff.

（12）「認識」『インド仏教』三、岩波講座・東洋思想第一〇巻、岩波書店、一九八九年、一六一頁。

（13）同書、一七八頁以下。

（14）同書、一六四頁以下。

（15）James, William : op.cit., vol. 1, p. 330 ff..

（16）『神と希望』第一部第三章の終わりの部分。

第九章　神と実存

（1）例えば、本書第二章第3節「理性と実存、三つの類型」ではウィリアム・ジェイムズのプラグマティズムに言及し、主張している。

（2）拙著『キリスト教と民衆仏教——十字架と蓮華』において既に述べた。

（3）『神と希望』第一部第一章。

（4）大西直樹『ニューイングランドの宗教と社会』彩流社、一九九七年、七五頁以下などを参照されたい。

（5）『神と希望』一一二頁以下。特にティリヒにおけるウーク・オン（ouk on）とメー・オン（me on）について参照。

（6）本書の第五章「キリストとしてのイエスの出来事」の３「キリスト論」の終わり辺りを参照。

解説　民衆宗教へ

岩田成就

『実存論的神学』（創文社、一九六四年、＊以下『実神』）は、野呂芳男が自らの神学的立場をはじめて本格的に世に問うた本であり、日本の神学史に名を刻む名著である。本書は入手困難になって久しいこの書物を、より読みやすい形で改訂するとともに、続編とも言うべき二つの章を加えたものである。この増補・改訂の作業は野呂自身の手によって二〇〇一年頃にほぼ完成されていたが、ある事情により『ジョン・ウェスレー』（松鶴亭出版部、二〇〇五年）の公刊が優先されたため、本書は出版されないまま、二〇一〇年に野呂は亡くなった。今回の『民衆の神　キリスト――実存論的神学完全版』の出版は野呂が生前に果たせなかった思いを実現するものと言える。

本書が『実神』の歴史的意義を改めて問い直す機会を与えるものであることは言うまでもないが、野呂神学に興味をよせる者にとってとくに興味深いのは、それが「後期野呂問題」を考える上での重要な資料となるに違いないからである。

『実神』は日本のキリスト教のうちに「実存論的」と呼べる神学思想の流れを生み出した。だが、その後十数年を経て出版された『神と希望』（日本基督教団出版局、一九八〇年、＊以下『希望』）では、それまでの立場からの大胆な思想的転換がなされ、さらにその約十年後の『キリスト教と民衆仏教――十字架と蓮華』（日本基督教団出版局、一九九一年、＊以下『蓮華』）では、その新しい志向はより奔放に拡大された。野呂神学を全体としてとらえようとするとき、『実神』に代表される前期の思想と、『希望』や『蓮華』に代表される後期の思想との間の違いに関して考えざるを得なくなる。私はこれを「後期野呂問題」と呼んでいる。

このような言い方に異議をとなえる人もあるかも知れない。しかし、私があえて「後期野呂問題」が存在すると考えるのは、『実神』で野呂神学に接して感銘を受けた人々の中には、『希望』や『蓮華』で展開されているあまりにも大胆な主張に戸惑いを覚え、ついていけないと感じた人が少なからずいると思われるからである。『実神』には、ニューヨーク帰りの新進気鋭の神学者が、当時の最新の思想を用いながら伝統的キリスト教の様々な素朴な諸表象をばっさり切り捨てていくような印象があった。これに対して、後期の『蓮華』に登場するのは、観音様やお地蔵様であり、輪廻転生の物語など、民衆の素朴な信仰そのものであって、「キリスト教」という枠さえ飛び出して、自由気ままに展開されているようにも見える。前期の禁欲的とさえ言える厳密な方法論はどこへ行ってしまったのか。あらゆる神学的主題を、「われわれが実存するという事柄との関係の中に入ってくる限りにおいて」（本書、二六頁。＊以下の頁数は断りがない限り本書）考察するという『実神』で貫かれた姿勢はどうなってしまったのか。野呂神学を真剣に検討しようと試みる者ならば、このような問いを避けることができない。そして、「後期野呂問題」とはそのような問いのことである。こうした問いを考える上で、本書はきわめて重要な資料となるはずである。野呂自身の手によってこの改訂作業がなされたのは、すでに『希望』や『蓮華』が出版された後のことである。前期の野呂に対して後期の野呂がどのような態度を取るのかという問いが、本書に対しては向けられるだろう。

そこで、まず形式的な点から二つの版の違いについて確認をしておけば、旧版部分（本書、序章―第七章）の改訂では分かりづらい文章を平易にし、旧漢字や仮名遣いを改めるにとどめられている。つまりそこでは、後期の立場から前期の思想を修正するということはなされていない。したがって、本書によっても、前期野呂神学とそれが当時持っていた意義を十分に知ることができる。これに対して、三十七年を経ての思想的な変化は、新たに増補された第八章と第九章において存分に語られている。後期野呂の神学的思索と、二〇〇一年の時点までに彼が到達した立場はこの新しい二つの章において、野呂本人の整理によって知ることができる。

加えて、今回ぷねうま舎から出版されるにあたっては、いくつかの形式上の変更もあることを付記しておかなければならない。まず、全体が四部に分けられ、それぞれにタイトルがつけられた。二〇〇一年に加筆された二つの章は第Ⅳ部としてまとめられた。また旧版の「第一章」を「序章」に改め、以降の章のナンバーが一つずつ繰り下げられた。旧版では各章がいくつかの節に分かれていたが、その各節に内容を示す見出しが新たにつけられた。節の区切り方も変更されている場合が若干ある。さらに、全体が大部になったために二段に組み直された。これらの変更は野呂自身によるものではないが、彼が全幅の信頼を置いた昌子夫人が出版社と協働して行ったものであるから、我々は安心して野呂自身の著作として本書を読むことができる。ただし、旧版の「はしがき」（本書、ⅳ頁）にも記されているように、『実神』の論述は元来「螺旋状」のものであるから、今回の再構成はあくまでも読者の読みやすさを図ったものであって、当然のことながら、野呂神学を新たに体系化しようといった意図のものではないことは断っておくべきだろう。

さて、以下では、最後の二つの章において、どのような点が変化したのかということに絞って述べて見たい。野呂は後期における変化を大きく二つの問題に分けて扱っている。第八章では「万有救済論」の問題が、第九章ではいわゆる「二元論」の問題が扱われている。後期に経験された変化の中で、とくに『実存論的神学』で取り上げられていた問題に関連して最も重要であると野呂が考えたのは、この二つのテーマであったということであろう。

1　民衆宗教への共感と万有救済論

第八章のタイトルになっている「万有救済論」の主張は、野呂の民衆宗教への共感、そしてアジアの民衆宗教のうちに流れる輪廻転生の信仰への共感と深く結びついている。こうした傾向は、一九七〇年代半ばくらいから、彼の中で徐々に頭をもたげはじめていたようである。その当時を振り返って野呂は次のように書いている。

その時期は私にとって、キリスト教以外の宗教性、特に日本の宗教性に深く目覚めてゆく苦闘の時期であった。

（「『慈子（あつこ）』の思い出」『黎明』第一号、一九九六年、一一二頁）

東京下町の生まれで少年時代を素朴な民衆宗教の中で過ごした野呂は、五十代にさしかかろうとするこの時期、自分自身のキリスト教信仰が、生まれ育った環境から遊離してしまっているのではないかという思いを抱くようになっていた。そんな中で、秦恒平の小説『慈子』に出会ったことなどが一つのきっかけとなって、日本の民衆宗教、とくに輪廻転生の世界に目を向けるようになったのである。このような民衆宗教への視線が、前期から後期への転換を促す大きな要因の一つであったことは間違いない。そして、その直接の結実が、『希望』であった。

とりわけ『希望』第二部第四章「宿命の物語」では、このような思いが、同時にこの頃の野呂のうちに芽生えてきた普遍救済論への共感と結びつけられていく。普遍救済論は旧版『実神』では退けられていた神学的立場だが、神の本質をアガペーと考える野呂にとって、どうしても救われない人が出てしまう予定説のような考え方よりも、どんな人も最後は必ず救われるとする普遍救済論の方が、神学的に正統な主張であると思われるようになっていた。そして、そのような神学的主張は、「民衆宗教」の根底に流れる基本的な態度のうちに通じ合うものを見出すのである。

本書の第八章では、この『希望』での考察がさらに深められているわけだが、とりわけ印象的なのは、「人格主義」（八木誠一「野呂芳男氏の神学」『福音と世界』二〇一一年九月号、四五頁）とも言うべき傾向についての一定の修正である。神学の課題を神の語りかけへの応答という「我－汝」の次元に限定する前期の立場に対して、この第八章では、神による救いの対象を、神と「我－汝」の関係をもつことのできるような人格的存在に限定する立場が強く反省されている。それが万有救済論や輪廻転生を支持する論拠として語られているのである。重い障害のために他者の呼びかけに意識的には応答できない人々や、人間以外の生き物たちの救いを、人格的な応答関係にのみ関心を限定する神学では十分に語ることができない。こうした通常の意味では主体性のない存在もまた、輪廻転生を経る中で主体性を獲得し、やがて救われていくのだと野呂は言う。

ただし、ここで野呂は人格主義の立場を捨てているのではないことにも注意が必要である。神の愛は、主体性を十分にもつことができず、神との人格的な応答関係をもてない存在にも及ぶ。しかし、そのような存在がそのままで救われるのではなく、輪廻転生の中でやがて主体性をもつようになって救いに導かれると考える。その意味では、人格主義的なものは根本的には変わらず残っているのである。このように、万有救済論を採りながら人格主義的な主張をあくまで貫こうとする野呂にとっては、あらゆる存在が長い時を経る中で少しずつ神と深くかかわり合う存在に変えられていく過程としての輪廻転生という考え方が、どうしても必要だったのかも知れない。

これとの関連で、もう一つ興味深いのは、『実神』で述べられていた「世界管理」という考え方についての修正である。人間が神から世界管理を委託されているという考えそのものは変わらないが、そのような管理には、「人間と他の生物、特に他の動物との愛の関係が土台とならねばならない」（三〇九頁）。人間が一方的に働きかけるだけではなく、人間と動物との間には何らかの相互的な交流が考えられるべきである。それが「今の環境破壊から私たちを守る道ではないか」（三一〇頁）と野呂は言う。

さらに、そこから、「アニミズムの復活を真剣に考える時期に私たちはきているように思えて仕方がない」（三一〇頁）とまで言う。これは民衆宗教との対話の中で、観音菩薩や地蔵菩薩などの神々をキリスト教のうちに取り込んでいく姿勢と軌を一にしたものである。正統的なキリスト教、とくにプロテスタントは、従来、アニミズム的なものを「偶像崇拝」として排除してきたが、野呂はそのような態度からここで脱却しようとしている。

さて、万有救済論と輪廻転生に関する思索が、宇宙的次元へと拡大されている点にも留意すべきだろう。こうした宇宙的次元への関心は、これが書かれた十年ほど前からのものである。一九八九年に米国の惑星探査機「ボイジャー二号」が海王星に接近した出来事に見られるような、地球外の宇宙空間への人間の視野の広がりが、このようなキリスト教神学に何をもたらすかが、その時期の野呂のもう一つの大きな関心になっていた（「神学における発想の転換――開けゆく宇宙に促されて」『聖書と教会』一九九〇年一月号）。本書第八章では、「われわれの輪廻転生の展開する場を、この地球上の時間に限る必要はない」（三二一頁）とし、さらにその場は、「大宇宙の中の他の時間と空間であると考えても一向に差し支えがない」（三二一頁）と述べている。そこでは多元的宇宙論までもが彼の視野に入っているのである。こうした宇宙論的な視野に対して、キリスト教神学がどのような態度を取っていくべきかは、今後数百年という単位で神学の歴史を展望するとき、きわめて重要な課題となるはずものである。

しかし、こうした万有救済論、輪廻転生説、そしてそれらの宇宙的次元への拡大をめぐる思索は、前期・後期を通しての野呂神学の特徴である神の人格的な愛の強調によって支えられている。同じ輪廻転生説を前提にしていても、たとえば「インドのカースト制度に少しでも同意することなどできはしない」（三二一頁）のはそのためである。カーストの考え方は、輪廻転生を因果応報という法則でとらえており、そのような法を超えて働く神の愛を考慮に入れていないのである。それに対して野呂は、われわれが輪廻転生の長い時間を必要とするのは、「まとわりつく不条理にもかかわらず、それと戦いながら神がどのように深くわれわれを愛して下さっているかを知るため」（三二一頁）なのだと言う。神を人格的な存在と考え、神と人間との間に応答関係を見る態度は、大乗仏教に対するキリスト教の大きな特徴であって、キリスト教神学に輪廻転生説が取り入れられた場合、その中でこうした特徴が逆に生かされるべきなのである。

以上のように、「万有救済論」の主張は、いくつかの修正や新たな思想的傾向と結びついているが、それらすべての根底には「民衆宗教」への共感がある。自分の神学が「エリート意識の強い神学」とは一線を画すものであることを野呂は強調しているが、知的に洗練された前期の神学になじんだ人々にとっては、そのような後期野呂神学の傾向が、逆に新しい立場を理解する上で大きな障壁になっている面もあるかも知れない。ただし、野呂は「民衆」という言葉で、決して単に知的に素朴な人々のことを意味しているのではない。「民衆の中にも高度の思索に耐える人々がたくさんいるし、また、いなければならない」（三二一頁）と言う。野呂にとって「民衆」とはむしろ、「権力を振りかざさずに、すべての人々と自分は同じ人間、神や仏の前でみな平等なのだという思いに、意識的にも無意識的にも、貫かれている人々のこと」

（三二一頁）である。反権力は前期の時代から野呂神学に一貫した姿勢であるが、そのような姿勢が一部の知的エリート層だけのものではなく、むしろ社会の底辺に生きる民衆たちのものでこそあることに、後期の野呂はしだいに自覚的になっていったのではないだろうか。

2　悪の問題と二元論

第九章「神と実存」は、後期野呂の神論の展開を改めて論述したものである。ここでの議論の根本的な発想の出発点は、後期野呂の出発点でもある『希望』にある。それは主として神論を主題にした大著であった。この世界に存在する不条理や悪に対する強い嫌悪と、そのような現実に対して「神は希望であって欲しい」という強い願いが、この著作を貫いている。神を絶対、つまり対を絶するものであると考えるなら、神は一存在者ではありえず、それは存在そのもの、あらゆる存在者を包摂する存在の根底のようなものにならざるを得ない。すると、現実世界のあらゆる不条理と悪とが神の部分であることになってしまう。こうした神の理解に対して徹底的に抗することが野呂の根本姿勢であった。それが、有限の神や二元論の主張へと向かうのは自然なことである。

有限の神や二元論の主張は、『実神』においてもすでに取り上げられていた（本書第六章）。ただ、こうした問題への取り組みはそこでは限定されたものだった。しかし、『希望』では、神、無、人間が織りなす物語が大胆に語られるようになる。

『希望』から十五年を経て出版された『キリスト教の本質』（松鶴亭出版部、一九九五年、＊以下『本質』）では、その神学的主張がより率直な言葉で述べられている。今回公刊される本書第九章のもとになっているのは、この『本質』で展開された議論であろう。

この第九章でまず目をひくのが、「長年にわたる研究の末に、私は自分が実存論的なプラトン主義者であると認めざるを得なくなっている」（三二三頁）という発言である。プラトン主義への共感は、実は一九五〇年代に米国留学時の恩師エドウィン・ルイスから受け継いだものであって、野呂にとって新しいどころか、実はむしろ実存論的神学より以前からの傾向である。いつ頃から自分の中にある「プラトン主義」が意識されていたかは分からないが、少なくとも『本質』においてその自覚は改めてはっきりと打ち出され、本書でそれが再度確認されているわけである。

しかし何故プラトン主義なのか。第一に、この世界を不条理と悪の渦巻く場所として体験せざるを得なかった野呂にとって、プラトンの霊肉二元論、真善美への憧れは、神と世界のありかたを最も説得的に説明してくれるものだったためである。この世界は不完全であるがゆえに悪が存在する。しかし、この世界の向こう側には希望がある。それは野呂の神理解と一致するのである。ルイスは、悪の問題との取り組みの中で、創造者、創造の原料、破壊者という三元論的な現実解に達するが、野呂もまた『希望』においてそれに近い理解に立つに至っている。第二に、実存的な賭けとして信仰をとらえるところがプラトン主義にはあるということである。野呂によれば、アリストテレスの系列に属する神学者たちが、人間をとりまく客観的なものから神の存在を理性的に証明しようとするのに対して、プラトンの系列に属する神学者たちは、自らの魂の内的な直接的神体験から出発し、その後に理性に頼る傾向が強い。「実存のすべてを賭けて、科学的な、また理性的な一切の保証なしに、そのように信じないならば生きていけないというただ一つの根拠によって信じる」（三二五頁）という実存論的神学は、後者に属すると言うのである。

ところで、このようなプラトン主義への評価は、キリスト教の中のヘブライズムとヘレニズムとを対立させ、前者から後者を切り離そうという近現代の神学にしばしば見られる傾向へのアンチ・テーゼである。本書には書かれていないが、『本質』において野呂はこのような傾向を強く批判している（『本質』二八頁）。それはキリスト教の精神から肉体をはぎとってしまうことであると言う。たとえば、そのような一例としてニグレンの『アガペーとエロース』を野呂は批判する。ニグレンは、愛するに値しない罪人を愛する「アガペー」と、自己を豊かにすることを目的にするプラトン哲学の言う「エロース」とを峻別する。聖書の愛を説明する常套手段となることの多いこうした理解を、野呂は否定する。たしかに、聖書の神の愛は無償の愛である。しかし、そのような愛の赦しを信じた者は、自分自身を赦されたものにふさわしく変えていかなければならない。神のアガペーは、人間がよきものをもとめるエロースの営みを決して全否定するようなものではないのである。キリスト教はヘレニズム的なものを身にまとうことでより豊かなものになってきたと野呂はとらえる。そして、このとらえかたは、キリスト教が日本に土着していく上でも重要なポイントとなるはずのものである。

さて、次に目をひくのは、「究極的なもの」と「絶対的なもの」との対比である。この対概念が最初にあらわれたのは、『希望』（一三二頁）においてであったが、『本質』では、この対比がより分かりやすく整理されて述べられている。そしてこの章では、プラトン哲学への共感と関連づけながら、それらについて改めて言及されている。神を「絶対的なもの」とするなら、神は一切の現実を包摂することになり、不条理や悪を含み込む、言い換えれば許容することになる。『希望』では、こうした「現実一切の背後にある絶対者への追求」がバルト、ティリヒ、キルケゴールら神学者たちの中にもあって、それらは結局ドイツ観念論に由来するものであると説明されている（『希望』一三二頁）。しかし、「神学は必ずしもこの絶対の探求の道の上を歩む必要はない」（三三五―三三六頁）というのが本書での主張である。神学は、そのような現実のすべてを呑み込んでしまう「絶対」の追求ではなく、むしろ「究極的な」ものへの憧れであるべきなのである。「人間が求める神は真・善・美への憧れを十分に満たしてくれる究極的な存在者であって、絶対的なものではないのである」（三三六頁）。

以上、二つの注目すべき点にしぼって述べたが、こうした思索とのかかわりの中で、自らの立場を「マルキオン」や「カタリ派」の立場に近いと感じるまでになったことが表明されている。野呂は、立教大学での最後の年の講義「民衆宗教の世界」の中で、カタリ派はもっとも純粋な「民衆宗教」の一つであると語っていたが、ここでも同様のことが述べられている。そしてこの場合、「民衆宗教」というのは、先に触れたように、徹底して反権力の立場に立つという意味である。カタリ派こそ、「純粋の意味での民衆のキリスト教」（三三九頁）ではないか、と野呂は言う。野呂自身、大学を定年退職して後は、大学、学会、教派等の活動からきっぱりと身を引き、在野の伝道者、研究者、つまりは一人の民衆宗教家として生を全うした。本書には、そのような晩年の野呂の生き様そのものがより直裁に表現されているように思われる。

おわりに

さて、「後期野呂問題」について、本書は何を教えてくれるだろうか。第一に、前期、後期を通じて貫かれる野呂神学の基本姿勢があるということである。それは、神との人格的な応答関係を神学の中心に置くということ、そして、そのような応答関係の外にその関係を保証するような客観的なものを求めないということである。ただし第二に、神学的考察をこの実存的な応答関係に限定し、その周囲にある他の次元には目もくれないという禁欲的な方法論は、後期には捨てられるということである。人間が生きているリアリティは、汝と我の次元だけではなく、それを取り囲む多くの次元からなっている。同じようにキリスト教の信仰の周りを多くの他の信仰が取り囲んでいる。そうした他の次元、他の宗教についても、神学は語ることができるし、語るべきなのである。野呂はそのような自由を民衆宗教から学んだと言うが、そうした自由によって様々な宗教を試した上で、なおもキリスト教が自分の中心にあるとすれば、そのような信仰こそが本物であると野呂は言う（三三九頁）。このような自由さは、まさに信仰を賭けとしてとらえる中でしか生まれようがない。それは自由気ままという意味での自由ではなく、その結果を自らが全実存をもって引き受けていかなければならないような自由なのである。後期野呂神学は、その意味では依然として実存論的神学なのであって、「後期野呂問題」もまた、そのような真剣な自由の中で各自が実存的に格闘していくしかない問題であろう。

苦悶とこれから　後序

『実存論的神学』が初めて出版された一九六四年から約三十五年後、野呂芳男がその増補・改訂版を上梓し、世に送り出すことをなぜ望んだか、そのあたりの神学的関心の推移については本書第八章および第九章をお読みいただきたい。ここで私に求められているのは、もっとも近くで著者を観察することができた者の視点から、実存論的神学が著者のどのような心情のもとで展開されていったのか、いくつかの事情を踏まえつつできる限り読者にご紹介することであろう。

十三歳のときに野呂が受洗した東京深川の猿江教会は、ホーリネス系教会であった。日中戦争はすでに始まっており、教会も国による迫害を受けていた。軍事教練から早く逃れたいという理由で都立第三中学校を一年早く四年で修了し、十六歳の時に慶應義塾大学予科に入学した。その三年後、法学部在学中に徴兵され、その年三月十日の東京大空襲で両親と一つ上の姉を失った。兄はすでに戦死していた。その頃の茫然自失の体験は、『キリスト教と民衆仏教――十字架と蓮華』(日本基督教団出版局、一九九一年)第二部第四章に詳しい記述がある。

たった一人残されて生きることは、自分自身が死ぬことよりもはるかに辛いということを、こうして野呂は二十歳の時に知った。八月の敗戦当時には、心の傷のみならず右脚にも大きな傷を負っていて、それから二週間後にやっと陸軍病院で麻酔なしの手術を受けることができた。右脚切断は免れたものの、地獄はむしろ退院後の生活の方にあった。

野呂には生涯、そこにくると動悸がしたり、精神的不安に襲われる駅が二駅あった。それは上野駅の地下通路と渋谷駅である。戦争直後の上野駅の地下通路は戦災孤児で溢れていたが、彼らの姿と当時の自分とが記憶の中で重なるという。ほんの三、四歳遅く生まれていたならば、自分も間違いなくあの孤児らの一人となっていただろう。空襲で両親を失い、家は焼かれ、極端な食料不足の中、その日を生き延びるだけが精一杯であった当時二十歳の青年には、そのように思えてならなかった。当然、将来の夢も断たれた。大学卒業後には、尊敬するリンカーンに倣い、弁護士資格を得た後、外交官になるつもりだった。しかしもう学費を払うことはできないし、何より、自分が支えて行かなければと思っていた家族はもういない。

敗戦より一カ月半後、空漠とした心境の中、十月一日より日本基督教神学専門学校に編入することになった。学費はかからなかったし、本当は牧師にもなりたかったからだ。神学校在学中の二十二歳の時に、小学校教員で熱心なクリスチャンであった野呂さととの養子縁組が成立し、林姓から野呂姓に変わった（なお、養母野呂さとの死亡を原因とする離縁が二〇〇八年に成立し、離縁前の氏である林に復姓した）。空襲で家を失った被災者であった野呂には、当時不足していた材木の購入優先権があった。すべてを失った彼にとっての唯一の財産ともいえたその権利と、教員として安定していた野呂さとの経済力とを、養子縁組によって協働させることにより、代々木山谷に家を建てることができた。そうして翌年四月、日本基督教団代々木山谷教会の主管者となり、翌月には同教団阿佐ケ谷教会副牧師となったのである。

戦争中にキリスト者としての信仰告白をなし、戦争終了の年に神学校にはいった……わたしが一番苦しめられてきた問題は不条理の問題である。もちろんこれには、戦争中の体験が大きな影響を与えている。しかし、それぱかりではなく、性格的にそういう問題に敏感に悩むように作られているからかもしれない。……戦争・戦後の生活体験を通して、自分をもふくめて人間の罪の醜さをいやというほど感じたけれども、それだけでなく、人間の悲しさをも深刻に感じた。そして、この感じは牧師として、実際に人々の悩みや苦しみを身近に知るようになるにつれて増加した。その、この世界は人間のためにそれほどつごうよく創られてはいないという実感なのである。自分の生存に気がついてみたら、人間は不条理の中に投げ出されていたという感じである。

（「実存論的方法論確立の苦悶」）『興文』一九六五年一二月号、＊以下、「苦悶」）

不条理の問題には、日本基督教神学専門学校卒業当時もなお、野呂は苦しんでいた。この問題は、それまでに学んでいた正統主義的な創造論や摂理論では解決され得なかったからである。卒業論文「ウェスレーに於ける義認と聖化」が米国メソジスト教会のミッショナリー・ボードに注目され、そこからクルーセイド・スカラシップ奨学金を得た彼は、その苦しみから逃れる端緒を求めるようにしてアメリカに留学した。

しかし留学時代も相変わらず、野呂は人生の不条理観に常に苦しめられていた。しかしそれでもなお、「わたしの中に存続していた正統主義が、こういう（ルイス神学的な）思想に強く反撥した。ユニオン神学校に提出した論文は、体験主義に立脚していたとは言え、『神の不受苦性』という、こういう（ルイスのような）主張に反対したところの正統主義的な香りのきわめて強いものであった」（「苦悶」）。

一九五五年ユニオン神学校に提出された博士論文『不受苦の神』（Impassibilitas Dei）の中心は、日本基督教神学専門学校時代の恩師、北森嘉蔵（一九一六―一九八年）による、神の痛みの神学との対決であった。英米的な経験主義的色彩の濃い、メソジストの伝統の上に立つルイス神学に対しては、魅了されるのを漠然と感じていたものの、戸惑いの方が勝っていた時代であった。

野呂がユニオン神学校から博士号を受領した頃の日本は、帰国の際に上陸した横浜港で出会った「神風タクシー」にみられるように、高度成長期に入る頃であった。とはいえ日本全体としては米国に比べればまだかなり貧しく、米国に残って研究職に就く選択肢の方がよほど魅力的だったはずだ。それでも青山学院大学への就職を選択したのは、自分の留学生活が奨学金によって賄われていたこともあるけれども、日本人である自分は、帰国して日本の人々に対して伝道するべきだという召命感が勝ったからである。

旧版『実存論的神学』が出版された一九六四年には、すでに学生運動は各大学で盛んであったが、野呂が当時勤務していた青山学院大学にもやがてその波が押し寄せた。同書出版から八年後の一九七二年、野呂の苦難はピークに達した。大学の自治を、そして学生を国家権力や機動隊から守るため、文学部長として理事会の決議に抗った彼は、依願退職という形で大学から放逐された。世の中に誰一人として味方がおらず、精神的に孤独な闘いの時であった。生涯、渋谷駅にくると精神的不安を覚えたゆえんがここにある。退職五年後には神学科の廃止が決定された。

野呂が民衆宗教に出会った後、とくに立教大学退職後に、一在野神学者として実存論的神学を構築するに際しては、自分の神学の系統はルイスの神学に与すると宣言されている（本書第九章）。ここでの野呂の新鮮な目覚めの感覚は、ルイスから一旦離れた野呂が遠回りをして再びルイスと出会ったような印象を私たちに与える。しかし一九六五年時点で野呂はすでに、「この当時（一九四九年から一九五六年にわたる米国ドルーおよびユニオン神学校留学時代）一番強く影響されたのは、（ドルー神学校時代の恩師）エドウィン・ルイス教授からであった」と言う（「苦悶」）。それにもかかわらず、野呂の実存論的神学が志向する実存論が、ドイツ語文化圏のそれの影響が色濃いとみなされることがしばしばある。なぜそのような見解が生じるのであろうか。

それはおそらく、『不受苦の神』から旧版『実存論的神学』までの間、野呂神学が克服を試みたのが、主にドイツ語文化圏で興隆した弁証法的神学であったからではないだろうか。実際、『実存論的神学』で扱われているのは、圧倒的にドイツ語文化圏の神学者が多い。それは弁証法的神学やその土台である自由主義神学の流れが、主にドイツ語文化圏において形成されてきたという事情に依っている。

しかしそれとは別の問題として、この間、実存論的神学と実存主義ないし実存論の哲学との違いについての弁明に、野呂は追われていた。彼が構築しようとしている神学は、バルト的な実存的（existenziell）神学でもなく、ましてや哲学や文学の運動としての実存主義とは異なっている。弁証法といってもヘーゲルのそれではもちろんなく、むしろキルケゴールの逆説的弁証法の方法論に依っている（「実存論的視角より回顧した弁証法的神学」『理想』一九六七年五月号）。しかも実存論的（existenzial）という言葉から多くの人々が連想するドイツ的、たとえばハイデガーの実存論的立場、とくに後期ハイデガー思想とはむしろ相容れないのだ。

野呂の実存論的神学の様相とは結局、どのように言い表されるのかと問われるならば、それは読者が野呂の実存論的神学から何を見出すことができるか次第であるということになるだろう。それほどに著者のキリスト教理解は重層的だし、何よりその層の厚さは、近年、原始および初期キリスト教研究の充実によって、原始・初期時代のキリスト教の多様性が明らかにされてきていることと関連している。

本書では、著者自らの神学的立場がプラトン的キリスト教の伝統の上に立つことが宣言されている。そして彼にとってその思想の脈絡の中心は、ルイス神学を遡って行けば辿り着くであろう、一世紀以来のキリスト教の中にあった二つの流れの一つである、「パウロを承けて古い律法を破棄しようとしたキリスト教の流れ」（シモーヌ・ペトルマン『二元論の復権――グノーシス主義とマニ教』神谷幹夫訳、教文館、一九八五年）の延長線上に求められるといえる。

この点は、旧版との比較において増補・改訂版である本書の大きな論点であり、これを執筆した頃は、野呂の神学上の関心がもっとも二元論的キリスト教の伝統に近づいた時期でもある。その、聖書にさえ表されているにもかかわらず異端として退けられてきたキリスト教史上の思想運動が、野呂神学によって評価され受容されるときには、プラトン哲学の流れに属するキリスト教の流れとは何か、それ自体が大きな問いになり得る。そして、ルイス神学に野呂が与するというとき、それはとりわけその世界観または神観を志向している。また、プラトン哲学の流れに属するキリスト教の系譜の上にあるとされる思想や運動、たとえば本書第九章で述べられているカタリ派の思想を、野呂は全面的に受容しているわけでもなかった。とくにそのコミュニティにおける中世的な禁欲主義や殉教の優位性は、現代人には受け入れることが難しいのである。さらには、カタリ派のみならずボゴミール派やワルドー派などとの比較検討も、野呂の視野にはあったことも加えておきたい。

実存論的聖書解釈を土台にして組織神学形成を試みたマイケルソンを介して、ルイス神学における世界観を受容した上で、自らの神学を安心して構築することができるとしていた野呂にとってさらなる課題は、それをどのようにして教会形成の礎とするかであった。

これは実践してみるよりしかたがない。……これはわたしの問題であるばかりでなく、実存論的な方法論を神学的に採用されている方々すべての問題であると思う。したがって、今のわたしの心を占めているのは、広い意味での教会論の形式である。礼典・教会制の問題や倫理の問題である。（「苦悶」）

この問題提起を胸に抱きつつ野呂は、日本基督教団青山学院教会の主任担任教師として四年間務めを果たし、その後同教団みずき教会を設立、青山学院から解雇されるまで、みずき教会で伝道を行った。解雇直後に拾われた立教大学では十九年間、大学教員として比較的穏やかな学究生活を送ることができた。七十六歳の時に単立キリスト教会ユーカリスティアを設立し、自らは名誉牧師に就任し、若き時代に自らが提起したその問題と再び対峙する機会を得た。そしてその問題意識は現在、ユーカリスティア記念協会に引き継がれ、その代表である筆者もまた、今後のキリスト教のあり方を実存論的神学の延長線上で模索し続けている。

旧版から完全版としての本書への野呂神学の変化と一貫性についでは今後、研究がますます深まることを望みたい。野呂の問題提起より導き出される組織神学上の各論については、キリスト教が直面している現在の困難を克服しようと試みる上で、真剣に取り組むことが私たちには求められるだろう。これらを検討する機会が、今後さらに多くもたらされることを願う。

ユーカリスティア記念協会　代表

林　昌子

野呂芳男

1925年東京生まれ. 2010年, 没. 専門は組織神学・ウェスレー研究. 1955年, 神学博士（Th.D., ユニオン神学校）, 70年, 文学博士（京都大学）. 日本基督教団正教師. 青山学院大学教授, 立教大学教授を歴任. 2002年, キリスト教会ユーカリスティア設立.
著書：『実存論的神学』（本書の旧版, 1964）,『実存論的神学と倫理』（70）,『ウェスレーの生涯と神学』（75）,『神と希望』（80）,『キリスト教と民衆仏教――十字架と蓮華』（91）,『キリスト教の本質』（95）,『キリスト教と開けゆく宇宙』（96）,『ジョン・ウェスレー』（2005）ほか.

民衆の神 キリスト　実存論的神学完全版

2015年12月18日　第1刷発行

著　者　野呂芳男《のろよしお》
発行者　中川和夫
発行所　株式会社 ぷねうま舎
〒162-0805　東京都新宿区矢来町122　第2矢来ビル3F
電話 03-5228-5842　ファックス 03-5228-5843
http://www.pneumasha.com

印刷・製本　株式会社ディグ

ISBN 978-4-906791-52-1　Printed in Japan

事項索引

サ 行

タ　行

ナ-ハ行

マ－ヤ行

ラ-ワ行

人名索引

＊イタリック体は注の頁数を示す.

サ　行

タ　行

ナ　行

ハ　行

マ　行

ヤ　行

ラ-ワ行